原題: 淨土敎汎論

淨土敎槪論

坪井俊映 著／韓普光 譯

如來藏

序　文

　이「淨土敎槪論」은 日本 京都佛敎大學의 元老敎授인 坪井俊映博士의 力著「淨土敎汎論」을 韓普光 學人이 우리 말로 옮긴 것이다. 普光 學人은 東國大學校 佛敎大學과 大學院을 거쳐 至今은 京都佛敎大學에서 博士課程을 밟고 있는 淨土敎硏究에 관심이 깊은 學人이다. 특히 譯者가 보충하고 있는 韓國淨土 部分은 그의 學問의 深度를 알게하는 것이어서 充分히 주목할 만 하다고 본다.

　흔히 불교의 修行門을 八萬四千이라 하고 그것을 徑截門의 禪宗과 念佛門의 淨土宗과 灌頂門의 眞言宗과 言說門인 敎宗의 四分으로 크게 나누고 있다. 이 四宗中 淨土敎를 形成하는 阿彌陀佛 信行에 관한 經論이 약 二百七十餘部나 되어 전체 經論의 三分의 一을 차지하고 있는 셈이다. 이것은 불교에 있어서 淨土敎의 비중이 얼마나 큰가를 말해주는 것이며, 그러한 經論의 註釋家로써 龍樹, 天親, 慧遠 등이 등장하는 것은 周知하는 사실이다.

　淨土敎에서 西方極樂淨土에 往生하고자 하는 입장과, 이 婆娑世界(穢土)를 그대로 淨土로 變現하고자 하는 입장의 두 가지를 들 수있다. 그러나 우리가 淨土敎에 관심을 갖지 않을 수 없는 것은 그 어느 쪽이든 淨土敎가 大衆佛敎 중에서 가장 宗敎的이며, 實踐的이라는 점이다. 또 淨土敎는 진실한 自己를 영원한 淨土에서 求하고 이룩할 것을 가르치며 自己를 떠나서 淨土가 없음을 강조한다. 이것이 곧 唯心淨土이며 自性彌陀이다. 때문에 오늘 날 物質文明으로 인한 풍요와 그 반대편 그늘인 결핍속에서 自己를 잃고 방황하며, 고통하는 現代人에게 그러한 淨土思

想을 일깨워주는 것은 그들에게 큰 希望을 안겨줄 것이다.

따라서 本書가 淨土敎硏究에는 물론, 그러한 淨土思想의 고취에도 기여할 것을 기대하며 序文에 가름한다.

佛紀 2528년 8월 1일

伽倻山人 釋 智 冠 謹識

韓國語 出版에 즈음하여

일본은 동양의 불교문화권중에 있어서 念佛信仰이 대단히 성한 나라이다. 이 念佛信仰이 여러가지 있지만, 그 중심을 이루는 것은 法然이 제창한 本願念佛의 가르침이다. 이 가르침을 계승하여 宗派敎團을 이룬 것이 淨土宗(法然), 眞宗(親鸞), 西山淨土宗(證空), 時宗(一遍)이 있으며, 이외에도 融通念佛宗(良忍), 天台眞盛宗(眞盛)이 있다. 그 위에 現世利益的인 내용을 포함한 民間念佛信仰이 농어촌의 민중의 사이에 널리 퍼져있다.

이와 같은 여러가지의 念佛信仰은 천여년 가까운 역사를 지나면서 형성된 것으로 널리 民衆에게 宗敎心을 길러왔다.

그 가운데 주류를 이루는 法然門流의 四宗派에 대해 본다면 모두 法然의 念佛思想을 부연하는 것이기 때문에 根本聖典이라고 하는 「淨土三部經」은 말할것도 없고 신앙의 대상인 阿彌陀佛을 부르는 念佛도 같다. 그런데 종파의 開祖라고하는 祖師의 念佛에 대한 獨自의 理解(己證)를 중요시하고 종파의 신조로서 해설하기 때문에 각기 별다른 念佛思想이 설해지게 되었다. 따라서 일본의 念佛은 「祖師信仰의 念佛」이라고 한다

本書는 淨土敎 一般에 대한 이해와 法然의 念佛思想을 중심으로 祖師信仰에 대하여 槪說한 것이다.

本書가 佛敎大學大學院 博士課程에서 在席중인 韓國留學僧 韓 普光스님에 의하여 한국어로 번역간행되게 되었다. 본서의 번역자인 韓 普光 스님은 韓國 東國大學校에서 大學院을 마치고 지금 日本에서 淨土硏究에 전념하고 있는 중이다. 한국의 新羅淨土敎는 日本의 淨土敎發展에

미친 영향이 큰 바 앞으로 그 연구업적에 기대되는 바 크다.

 本書가 한국어로 번역되어 한국의 사람들에게 소개됨은 저자로서 이이상 더 기쁜 일이 없다. 이것을 機緣으로 韓日兩國의 親交가 더욱 깊어질 것을 念願하면서 한국어 번역에 대한 序에 가름하고져 한다.

1984年 7月　日

日本 佛敎大學淨土學硏究室에서

坪 井 俊 映

淨土敎槪論 目次

序　文　　　　　　　　　　　　　　　　　　　　　李　智　冠
韓國語 出版에 즈음하여　　　　　　　　　　　　坪井俊映

緖　論

머리말 ··13
淨土敎學의 廣狹二義 ···16
  1. 佛土의 意義 ···16
  2. 國土를 맑히는 意義 ·····································17
  3. 淸淨한 國土의 意義 ·····································20
諸佛의 淨土 ··22
  1. 他方淨土說 ···22
    (ㄱ) 阿閦佛의 妙喜世界 (22) / (ㄴ) 藥師佛의 瑠璃光淨土 (24)
    (ㄷ) 彌勒菩薩의 兜率淨土 (26) / (ㄹ) 그 외 十方淨土 (29)
  2. 靈場淨土說 ···31
    (ㄱ) 觀世音菩薩의 補陀落淨土 (31) / (ㄴ) 釋迦如來의 靈山淨土 (33)
  3. 唯心淨土說 ···35
    (ㄱ) 維摩經의 唯心淨土 (35) / (ㄴ) 唯識論의 說 (37)
  4. 汎神論的 淨土說 ···39
    (ㄱ) 華嚴經의 說 (39) / (ㄴ) 梵網經의 說 및 그 외 (41)

本　論

第一章　淨土 및 阿彌陀佛의 名義와 그 起源 ······43
  1. 淨土의 名義 ···43

2. 阿彌陀佛의 名義 …………………………………………………46
　3. 阿彌陀佛 信仰의 起源 …………………………………………48

第二章　淨土敎의 根本聖典과 宗典 ……………………………………53
　1. 根本經典 ……………………………………………………………53
　　(ㄱ) 無量壽經 (53)／(ㄴ) 觀無量壽經 (56)／(ㄷ) 阿彌陀經 (57)
　2. 根本論書 ……………………………………………………………58
　3. 그 밖의 淨土敎經典 ………………………………………………59
　　(ㄱ) 般舟三昧經 (59)／(ㄴ) 華嚴經 (60)／(ㄷ) 法華經 (60)／
　　(ㄹ) 隨求陀羅尼經 (60)／(ㅁ) 尊勝陀羅尼經 (60)
　4. 그 밖의 淨土敎論書 ………………………………………………61
　　(ㄱ) 大乘起信論 (61)／(ㄴ) 究竟一乘寶性論 (61)／(ㄷ) 十住毘
　　婆娑論 (61)／(ㄹ) 攝大乘論 (61)
　5. 宗派의 宗典 ………………………………………………………62
　　(ㄱ) 淨土宗의 宗典 (62)／(ㄴ) 西山淨土宗의 宗典 (63)／
　　(ㄷ) 時宗의 宗典 (64)／(ㄹ) 眞宗의 宗典 (64)／(ㅁ) 融通念
　　佛宗의 宗典 (65)／(ㅂ) 天台眞盛宗의 宗典 (65)
　6. 根本聖典의 槪要 …………………………………………………66
　　(1) 淨土三部經 ……………………………………………………66
　　　(ㄱ) 無量壽經 (66)／(ㄴ) 觀無量壽經 (72)／(ㄷ) 阿彌陀經 (75)
　　(2) 往生論 …………………………………………………………76

第三章　淨土敎의 地位(敎相判釋論) ……………………………………79
　1. 敎相判釋의 意義 …………………………………………………79
　2. 淨土敎의 敎相判釋과 그 立場 …………………………………82
　　(ㄱ) 難易二道判의 立場 (82)／(ㄴ) 聖淨二門判의 立場(末法思
　　想) (84)／(ㄷ) 頓漸二敎判의 立場 (91)
　3. 難易二判道의 意義와 系譜 ………………………………………92
　4. 聖淨二門判의 意義와 系譜 ………………………………………97

(ㄱ) 法然의 說 (98) / (ㄴ) 證空의 說 (102) / (ㄷ) 一遍의 說 (104) / (ㄹ) 親鸞의 說 (104)

  5. 頓漸二敎判의 意義와 系譜 ··107
　　(ㄱ) 聖冏의 說 (108) / (ㄴ) 融觀의 說 (111)

第四章　淨土往生의 行 ··113
  1. 正依, 傍依의 經典에서 說하는 往生의 行 ··························113
　　(ㄱ) 無量壽經에서 說하는 往生行 (113) / (ㄴ) 觀無量壽經에서 說하는 往生論 (114) / (ㄷ) 善導가 說하는 觀經의 往生行 (115) (ㄹ) 阿彌陀經에서 說하는 往生行 (118) / (ㅁ) 般舟三昧經의 往生行 (119) / (ㅂ) 傍依의 經典 (119)
  2. 正依의 論書에서 說하는 往生의 諸行(五念門) ···················121
　　(ㄱ) 世親의 往生論 (122) / (ㄴ) 源信의 往生要集 (123) / (ㄷ) 五念門의 主意 (124)
  3. 觀念과 稱名 ···125
　　(一) 觀念의 念佛 ···125
　　　(ㄱ) 念佛의 意義 (125) / (ㄴ) 往生論註의 說 (127) / (ㄷ) 觀經疏의 說 (130) / (ㄹ) 往生要集의 說 (133)
　　(二) 稱名念佛 ···136
　　　(ㄱ) 諸經典에서 說하는 稱名 (136) / (ㄴ) 龍樹의 稱名不退說 (137) / (ㄷ) 世親, 曇鸞의 稱名 (138) / (ㄹ) 道綽, 迦才의 數量信仰 (139)

第五章　本願의 念佛 ··141
  1. 本願의 意義와 內容 ··141
　　(ㄱ) 總願과 別願 (141) / (ㄴ) 四十八願의 呼稱과 分類 (144)
  2. 四十八願을 일으키는 因緣 ··147
  3. 法然의 本願念佛 ··150
　　(ㄱ) 第十八願의 解釋 (150) / (ㄴ) 稱名選取의 理由 (154) / (ㄷ) 五種正行의 選定 (156) / (ㄹ) 念佛과 助業 (163) / (ㅁ) 選

擇本願의 念佛 (166) /(ㅂ) 念佛相續의 規範 (169) /(ㅅ) 念佛의 行儀 (171)

  4. 證空이 說하는 本願念佛·····································172

    (ㄱ) 第十八願釋 (172) /(ㄴ) 行門, 觀門, 弘願門 (179) /(ㄷ) 顯行, 示觀 (180) /(ㄹ) 三重六義 (181) /(ㅁ) 弘願念佛 (185)

  5. 一遍이 說하는 本願念佛·····································188

    (ㄱ) 獨一의 念佛 (188) /(ㄴ) 託阿의 念佛 (191)

  6. 親鸞이 說한 本願念佛······································194

    (ㄱ) 親鸞의 本願 (194) /(ㄴ) 要門, 眞門, 弘願門 (197) / (ㄷ) 信心往生과 報恩念佛 (202)

  7. 良忍이 說하는 念佛··204

  8. 眞盛이 說한 念佛 및 그 외·································207

第六章 念佛하는 마음(安心)·····································213

  1. 菩提心··213

    (ㄱ) 經說과 諸家의 說 (213) /(ㄴ) 法然의 菩提心 (217) / (ㄷ) 證空, 親鸞의 菩提心 (222)

  2. 信 心···226

    (ㄱ) 信의 意義 (226) /(ㄴ) 經說 및 曇鸞, 道綽의 信心 (229)

  3. 善導의 三心··232

  4. 法然의 三心··240

    (ㄱ) 善導의 三心釋의 受容 (240) /(ㄴ) 三心相互의 關係 (246) / (ㄷ) 三心具足의 형태 (250)

  5. 證空의 三心··256

    (ㄱ) 領解의 三心 (256) /(ㄴ) 三心의 釋義 (258)

  6. 一遍의 三心··265

  7. 親鸞의 三心··269

第七章 信仰對象의 陀彌陀佛 및 淨土····························277

1. 淨土三部經에서 說하는 阿彌陀佛 및 淨土 …………………277
   (ㄱ) 無量壽經 (277) / (ㄴ) 觀無量壽經 (280) / (ㄷ) 阿彌陀經 (281)
2. 阿彌陀佛 및 淨土의 性格 ………………………………283
   (ㄱ) 佛身論 (283) / (ㄴ) 佛土論 (287)
3. 曇鸞의 佛身佛土說 …………………………………………289
   (ㄱ) 法性法身, 方便法身 (289) / (ㄴ) 實相身, 爲物身 (291)
4. 阿彌陀佛의 報身, 化身說 …………………………………292
   (ㄱ) 慧遠, 吉藏의 說 (292) / (ㄴ) 道綽, 善導의 說 (294)
5. 法然이 說하는 阿彌陀佛 및 淨土 …………………………300
   (ㄱ) 三身說 (300) / (ㄴ) 報身의 受容 (303)
6. 證空이 說한 阿彌陀佛 및 淨土 ……………………………305
   (ㄱ) 報身說 (305) / (ㄴ) 六字釋 (309)
7. 一遍이 說하는 阿彌陀佛 및 淨土 …………………………311
   (ㄱ) 報身說 (311) / (ㄴ) 淨土說 (314)
8. 親鸞이 說하는 阿彌陀佛 및 淨土 …………………………315
   (ㄱ) 十劫, 久遠의 佛 (315) / (ㄴ) 眞佛土, 化身土의 說 (317) / (ㄷ) 名號說 (318)

第八章 救濟의 對象이라고 하는 凡夫 ……………………………323
1. 凡夫의 意義 ……………………………………………………323
2. 法然이 說하는 凡夫 …………………………………………325
   (ㄱ) 凡夫의 意味 (325) / (ㄴ) 末法의 凡夫 (326) / (ㄷ) 煩惱具足의 凡夫 (329) / (ㄹ) 罪惡生死의 凡夫 (332) / (ㅁ) 罪惡을 自覺하는 凡夫 (336)
3. 親鸞이 說하는 凡夫 …………………………………………339

맺음말 ………………………………………………………………342

付　錄
一. 淨土敎의 諸師 ……………………………………………347
　1. 인도의 淨土敎家 …………………………………………347
　2. 中國의 淨土敎家 …………………………………………349
　　(ㄱ) 廬山慧遠流 (350) / (ㄴ) 道綽善導流 (351) / (ㄷ) 慈恩流 및 그 외 (353)
　3. 韓國의 淨土敎家 …………………………………………354
　4. 日本의 淨土敎家 …………………………………………357
二. 淨土宗 各 宗派의 宗典 解說 …………………………359
　1. 淨土宗의 宗典 ……………………………………………360
　2. 西山淨土宗의 宗典 ………………………………………369
　3. 時宗의 宗典 ………………………………………………372
　4. 眞宗의 宗典 ………………………………………………373
　5. 融通念佛宗의 宗典 ………………………………………375
　6. 天台眞盛宗의 宗典 ………………………………………376

後　　　記 ……………………………………………………378
譯者의 말 ………………………………………………………379
參考文獻 …………………………………………………………381
索　　　引 ……………………………………………………383

緒　論

머 리 말

　阿彌陀佛의 서방정토에 관한 신앙은 2500여년의 오랜 佛敎의 역사에 있어서 하나의 커다란 조류를 이루어 왔다. 이 신앙권은 중앙아시아(西域) 중국 한국 일본 및 인근 여러 지역에 있어서 관음신앙 미륵신앙과 함께 많은 사람들에 의해 신봉되어 왔다. 이것은 스리랑카 버마 태국 등의 남방불교권에서는 볼 수 없다. 단 북방으로 전한 불교 중에서 싹 터 발전하고 드디어 일본에서 法然에 의해 처음으로「淨土宗」으로 종파교단이 조직되었다. 그리고 다시금 法然의 門人이었던 親鸞에 의해서「眞宗」, 證空에 의해서「西山淨土宗」一遍에 의해서「時宗」이라고 하는 교단이 이루어 졌다. 또 天台宗의 良忍을 開祖로 해「融通念佛宗」眞盛에 의해「天台眞盛宗」이 열리게 되었다. 따라서 현재 일본에서는 아미타불 신앙을 설하는 교단으로서 상기와 같이 淨土宗 眞宗 西山淨土宗 時宗 融通念佛宗 天台眞盛宗 등의 종파교단이 있으며 또 이 종파교단이 분파해서 현재는 20여 종파를 헤아릴 수 있다.
　이와 같이 아미타불 신앙은 일본에서 많은 宗派敎團을 형성하고 있지만 이들 종파교단에서는 開宗의 祖라고 하는 宗祖(開山)의 교설을 절대적 권위있는 敎義로서 또 종파의 권위있는 신조도 존경하고 각 종파는 각각 自宗 敎義의 독자성과 우월성을 과시하고 있다. 그 때문에 宗派敎學이란 것이 조직되어 淨土宗學 眞宗學 西山敎學 등이 이루어 진다.
　그렇지만 이들의 종파교단의 敎義는 어느 것이나 아미타불을 신앙 대상으로 하고 염불을 唱하며 신심을 고취시키는 점에 있어서 모두 같고 단지 아미타불에 대한 이해, 염불에 대한 해석, 信心에 대한 생각과 방법이 다를 뿐이다. 또 이것에 따른 敎說에 相違가 보일 뿐이고 서방에 아미타불 및 淨土의 존재를 인정하고 그 세계에 나는 것을 가르치는 근본의 敎說에 있어서는 조금도 다른 점이 없다.

이 밖에 法然의 淨土宗을 낳은 母體였던 天台宗에서는 傳敎大師 慈覺大師 이래 天台淨土敎로서 常行三昧의 중에서 아미타불이 신봉되고 眞言宗에서는 金剛界曼茶羅 胎藏界曼茶羅의 한 聖尊으로 아미타불이 수용되고 있는 외에 眞言淨土敎로서 아미타불 신앙이 설해 지고 있다. 또 南都의 諸宗(三論宗・華嚴宗・法相宗)의 學匠이면서 아미타불의 정토에 왕생을 원한 사람도 있으며 또 禪家의 僧이면서 좌선과 염불을 함께 수행한 사람 및 唯心의 정토를 말한 사람도 있고, 아미타불 신앙은 그 신앙의 형태에 있어서 여러 가지 相違點은 있지만 불교 각 종파를 통해서 넓게 신봉된 것이다.

이러한 아미타불의 신앙은 널리 일본 불교 여러 종파에 퍼져 있지만 아미타불만에 의한 宗派敎團의 형성은 일본만의 독특한 것이고 중국과 한국에 있어서는 아미타불 신앙만을 말한 사람도 있지만 종파교단은 형성되지 않고 三論敎學 天台敎學 그외 禪 等에 부수된 신앙으로서 신봉되고 특히 近世(十世記) 以後에 오면서 禪淨倂修, 律淨兼修의 淨土敎로 되었다.

그런데 일본의 종파교단에서는 開山祖로 된 祖師의 敎說을 절대시 하고 그것을 받드는 사람들의 집단을 有機的으로 조직하여 통일하고 있지만 절대적 권위의 것으로 존경하는 開山祖의 敎說을 낳은 모체라고 하는 것은 중국의 淨土敎이며, 다시금 그 근원을 찾는다면 그것은 인도에서 성립된 아미타불 경전이다.

바꾸어 말하면 인도에서 성립된 아미타불 신앙이 경전으로 중국에 전해져 많은 人師에 의해 이것이 널리 설해 졌으며 여러 가지의 敎說이 설해지기에 이르렀다. 그런데 특히 주목할 것은 善導의 淨土敎이고 이

것이 일본의 法然에 의해 계승되어 민중의 가르침으로 설하므로 그 門下門流의 宗徒에 의해 널리 일본 국내에 弘布되었으며, 上記의 종파교단이 형성된 것이다.

다시금 현재 일반에서 淨土敎라고 하는 것은 아미타불 신앙만을 지적하고 있지만 2500년 동안 계속된 장구한 불교의 역사에서 이 세계와는 다르게 佛의 정토가 존재하는 것을 말한 여러 가지 경전이 있으며 또 靈場信仰이 바꾸어 져서 현세 정토의 신앙이라고 된것, 또 전세계, 전우주의 신비성과 복잡성을 신격화시켜 佛의 정토라고 하는 곳의 汎神論的 淨土說 등이 설해 지고 있다. 이들의 가르침에는 어느 것에나 정토의 존재를 말하고 있기 때문에 역시 같은 淨土敎라고 말 할 수 있다.

그러나 이러한 넓은 의미의 淨土敎라는 것은 경전・論疏 중에서 설해 지고 있을 뿐 현재 산 신앙으로는 거의 볼 수가 없다. 단지 아미타불 신앙만이 현재 일본에서 宗派敎團의 교설 가운데 뿌리 깊이 신앙되고 널리 민중의 사이에 신봉되고 있다. 따라서 현재 淨土敎라고 하는 경우는 일반으로 아미타불 신앙에 관한 敎說만을 의미한다.

本書는 현재 일본에서 성행되고 있는 宗派敎團의 아미타불 신앙에 관한 敎說을 말함을 직접의 목적으로 하지만, 넓은 의미의 淨土敎도 지금까지는 동양의 여러 민족 사이에서 신봉되어 왔기 때문에 처음에는 이것을 略說하고 이어서 狹義의 淨土敎라고 하는 아미타불 신앙에 관한 敎說을 述하고져 한다.

淨土敎學의 廣狹二義

淨土敎는 어떠한 학문인가 라고 하는데 대한 해답으로 여러 가지 견해가 있을 수 있지만 간단히 말한다면「淨土敎學은 불교의 내부에 있어서 성립 전개된 부처님의 淨土에 관한 敎說을 총합적 조직적으로 연구를 하는 학문이다」라고 말할 수 있을 것이다. 현재 일본에 있어서「淨土」라고 말하면 아미타불의 서방정토를 가르치고 있지만 불교 여러 경전 중에는 서방정토 외에 동방정토 現世淨土를 설하는 가르침도 있고 또 정토는 土(國土)를 밝히는 가르침이라고도 이해하기 때문에 우선 최초에「淨土」는「무엇인가」라고 하는 것을 해명하고져 한다.

불교의 여러 經論을 보면「淨土」라고 하는 문자는 곳곳에서 보여지고 있지만 그 用法을 크게 나누어 보면 2종류로 나누어 볼 수 있다. 그 (一)은「淨土」의「淨」을 動詞로서 사용된 경우이고 그 (二)는 형용사로서 사용되는 경우이다.「淨」을 動詞로 사용된 경우는「土(國土)를 깨끗이 한다」라고 하는 의미이고 형용사의 경우는「깨끗한 土(國土)라고 말하는 것이다.

1 佛土의 意義

우선 처음에「淨土」의「土」라고 하는 말은 무엇을 가르키는가 라고 하는 것에 원래「土」라는 것은 불교에서는 國土 佛土 穢土라고하여 부처님 또는 迷한 인간이 사는 세계를 말한다. 따라서 迷한 인간이 사는 세계를 穢土 穢國이라고 말하며 부처님이 거주하는 세계를 佛土라고 부르며, 또는 佛國土, 佛國, 佛界, 佛刹이라고도 말한다. 이 佛土

〈佛刹〉에는 두 가지 의미가 있다.「깨달음」을 연 부처님이 사는 청정한 세계라고 하는 의미 외에 부처님이 迷한 중생을 제도하기 위해 출현하시는 迷의 세계도「佛土」라고 부른다. 이것은 부처님이 교화(제도)의 대상이라고 하는 세계라 말하고 그 세계는 오염된 세계이기 때문에 깨끗한 세계로 하기 위해 迷한 중생이 사는 세계에 출현하신다. 따라서 이 경우 佛土라고 부르지만 그것은 청정한 국토라고 말하는 것은 아니다. 즉 佛土라고 하는 말에는 (一)부처님께서 만든 청정한 세계라고 하는 의미 외에 (二)迷한 중생을 제도하기 위하여 출현하신 세계 즉 오염된 세계를 의미하는 것이다. 바꾸어 말하면 佛土는 淨穢를 묻지 않고 부처님이 머무시는 세계를 말하며 정토는 그 중의 청정한 세계를 말하는 것이다. 요약한다면, 「土」는 佛 및 중생이 머무는 세계를 의미 하는 말이고 淨穢를 포함한 것이다.

2 國土를 맑히는 意義

그러니까 淨土의「淨」은 動詞라고 한 경우의「國土를 깨끗이 한다(맑힌다)」라고 하는 것은 어떠한 것을 말하는가 하면 이것은 오염된 세계를 맑히는 것이고 이것에 (一)중생이 사는 세계(此土)를 맑게하여 청정한 나라로 하는 것과 (二)이 세계와는 다른 청정한 정토를 만들어 거기로 사람들을 인도하는 것이 있다. (一)이 세계를 청정한 곳이라고 하는데 관해서 불교 경전에서는 이것을 부처님의 교화활동(중생제도)으로서 말하는 것이지만 주로 보살(대승불교의 수행자)의 활동으로 말하고 있다 『放光般若經』第十九建立品(正藏八卷)에서는

> 須菩提가 부처님께 여쭈기를 세존이시여, 보살은 어떻게 잘 佛土를 맑힙니까? 부처님께서 말씀하시기를 初發意(初發心)이래 늘 身・口・意를 깨끗이 하고 따라서 他人을 감화시켜 身・口・意를 깨끗이 하게 하며……이런 까닭에 보살은 衆惡을 버리고 스스로 六波羅

密을 행하며 또한 다른 사람에게 권해 六度를 행하게 하며 이 공덕을 가지고 중생과 함께 佛國의 淸淨을 구한다.

라고 하여 「佛土를 청정히 함」을 말하고 있다. 『放光般若經』에 의하면 보살이 佛道를 수행함에 있어서 자기 자신의 身·口·意의 삼업을 청정히 함과 더불어 다른 사람에게도 가르쳐 身·口·意의 삼업을 청정하게 하고 더욱 그 머무르는 세계를 청정한 나라로 하고져 하는 것이다. 身·口·意 삼업을 청정한 것으로 하고져 하는 구체적인 실천덕목으로서 일반에게 바라밀의 행이 설해지고 있다.

6 바라밀은 혹은 六度라고도 말하며 대승불교의 가르침을 받드는 보살 (수행자)이 실천 수행하지 않으면 안되는 六種의 덕목으로 보시바라밀·지계바라밀·인욕바라밀·정진바라밀·선정바라밀·지혜바라밀이다. 波羅密이란 것은 산스크리트語의 파―라밀다―(pāraitā)의 音寫이고 波羅密多라고도 쓰고 到彼岸, 度無極이라고 중국에서 번역하고 있다. 迷의 此岸(세계)에서 「깨달음」의 彼岸(세계)에 도달한다는 의미이고 일반으로 보살이 「깨달음」의 세계에 들어가기 위해서 수행하는 行이다. 이 경우의 六波羅密은

一. 布施波羅密―衣食 等의 物資와 敎法을 佛과 僧과 가난한 사람에게 베푸는 것을 말하며 탐심을 일으키지 않고 기쁜 마음으로 베푸는 것을 말한다.

二. 持戒波羅密―부처님이 설한 敎誡와 敎團의 掟(律儀) 등을 완전하게 지키는일.

三. 忍辱波羅密―타인으로부터 侮辱과 피해를 받아도 깊이 참고 조금도 성내지 않으며 또 곤란한 경우를 만나도 마음이 동요됨이 없이 「깨달음」을 구함에 멈춤이 없는 것.

四. 精進波羅密―불도수행의 완성을 목표로 계속해서 선행에 힘쓰는 일.

五. 禪定波羅密―마음을 하나의 대상에 집중하여 사물의 도리를 깊이

思惟하는 것으로 보살이 般若의 지혜 또는 신통을 얻기 위해 수행하며 冥想하는 것.

　六. 智慧波羅密—일체의 사물과 대상의 正邪를 결정하여 번뇌를 끊는 정신작용으로 인간적인 理性을 초월한「깨달음」의 智慧의 일.

　이 외에 方便波羅密・願波羅密・力波羅密・智波羅密의 四波羅密을 더해 十波羅密이라고도 한다. 결국 대승불교를 신봉하는 보살이「깨달음」을 얻기 위해 수행하는 경우의 행이다. 이러한 실천 덕목을 행하여 자기 자신의 身・口・意의 삼업을 청정하게 함과 더불어 많은 사람들에게도 이것을 설해 가르치고 그런 사람들의 身・口・意 삼업을 청정하게 하고 또 이 세계를 청정한 나라(社會)로 하고져 하는 것이다. 즉「淨土」의「淨」을 動詞로 이해할 경우는 대승불교의 보살도를 의미하는 것이라고 한다.

　다음에 (二)보살이 이 세계와는 다른 곳에 청정한 세계를 만들려 하는 것으로「土」를 청정히 하는 것이라고 말한다. 즉 이 세계는 五濁의 더러움으로 가득한 세계이며, 疫病・飢饉・寒暑・鬪爭 等이 있고 또 不淨不潔이 있기에 참된 樂이라고 할 수는 없다. 사람은 모두 단명하고 세상은 전부 무상하여 영원한 것이 없기 때문에 이러한 더러움과 不淨이 없는 이상적인 청정 安樂世界를 이 세계(穢土)밖에 만들어진 것을 말한다.『無量壽經』卷上에서는

　　時에 世饒王佛(世自在王如來)는 法藏比丘에게 告하기를『너가 수행할 곳의 佛國을 장엄하는 청정한 행은 너스스로 알리라』比丘(法藏)이 부처님께 여쭈기를『이 뜻 깊어 저희 境界에 맞지 않습니다. 오로지 원하옵나니 世尊이시여! 넓게 살피시어 諸佛如來의 淨土의 行을 敷演하소서 저희들 이를 듣고 마땅히 설하신 바와 같이 수행하여 소원을 이루고져 하나이다.』

라고 설하고 있다. 여기서「諸佛如來의 淨土의 行」이라고 하며 또「佛國을 장엄하는 청정의 행」이라 하는 것은 보살의 행이지만 이것은 현

세와는 다른 別處에 淨土를 만들고져 하는 것으로 이것을 「淨土의 行」이라고 말하고 있다.

이와 같이 「國土를 청정히 하는」 「淨土의 行」이라고 하는 경우에 現世를 청정한 나라로 하고져 하는 것과 현세와는 별도의 다른 곳에 청정한 나라를 만들고져 하는 것의 두 가지의 의미가 있지만 어느 것이나 보살의 수행을 말하기 때문에 「淨」을 動詞로서 본 경우이다.

3 淸淨한 國土의 意義

다음에 「淨土」의 「淨」을 형용사로서 이해한 경우는 청정한 국토 청정한 세계라고 하는 것으로 穢土·穢國에 대하여 사용되는 말이다. 이것은 大乘의 보살이 長年의 수행을 완성하고 드디어 성불하여 만든 청정한 세계를 말한다. 吉藏의 『大乘玄論』第五(正藏卷四五 六七頁)에서는

  정토는 필경 제불보살의 所栖의 영역으로 衆生이 돌아갈 바이니,

라고 말하며, 道世의 『諸經要集』第一에는

  세계의 皎潔을 보고 淨이라 하며 그리고 淨의 所居를 이름하여 土라 한다.

라고 설하고 있다. 즉 淨土는 佛과 보살이 머무르는 청정한 세계를 말하고 있기 때문에 그 세계는 더러움과 迷의 相과 惡行惡想이 없고 일체의 모든 것이 청정으로 더없이 아름답고 깨끗한 境域이기 때문에 그 부처님의 세계를 정토라고 한다.

이와 같이 「淨土」라고 하는 단어는 動詞로서 볼 경우와 형용사로서 볼 경우와의 두 가지의 의미를 가지고 있지만, 지금 말한 경우의 淨土는 第二의 청정한 국토의 것으로 대승보살이 수행하는 波羅密行을 말하는 것은 아니다.

이러한 정토의 존재를 설한 가르침에는 단지 北方으로 전래된 대승불교 가운데에서 싹터 발전되었고 스리랑카, 버마 등에 전해진 南方佛敎와 「깨달음」에 들어서 心身 모두 함께 空, 無로 돌아가는 (灰身滅智) 것을 설한 소승불교에 있어서는 볼 수가 없다. 대승불교에서는 많은 佛道 수행자(보살)가 있음을 설하며 또 수행(보살도)을 완성하고 깨달음을 연 부처님이 多數 있음을 설할 때부터 많은 淨土의 존재가 설해 지고 있다. 『아미타경』에서는 東・南・西・北・上・下의 六方에 각각 많은 부처님이 계시고 제각기 정토를 만들어 계심을 설해 밝히고 있다. 다시금 이 異譯經典에서는 이 六方에 東南・西南・西北・北東의 四隅를 더해 十方에 부처님의 세계가 있음을 설하고 있는 것처럼 대승불교에서는 많은 부처님의 존재를 설할 뿐만 아니라 十方에 무수한 정토가 있음을 설하고 있다. 또 『十住毘婆娑論』 第九 「易行品」에서는 善德佛 以下百三佛의 존재를 설하며 『三千佛名經』에는 과거 현재 미래의 三世에 각각 千佛이 출현한 것을 설할 경우는 모두 이 예이며 이 經에 의하면 過・現・未의 三世에 三千의 정토가 존재한다고 되어 있다.

이와 같이 대승불교에서는 十方에 많은 부처님이 계시고 淨土도 또한 무수하게 있지만 인도 중국 일본의 三國에 있어서 많은 사람들에 의해 실제로 신앙된 것은 옛날 阿閦如來 및 그 정토를 妙喜世界 미륵보살의 兜率天 및 아미타불의 서방정토의 신앙이다. 그 중에 가장 넓고 오래 되었으며 또 현재도 강하게 신앙되고 있는 것은 아미타불 신앙이다.

따라서 넓은 의미로 淨土敎라고 말할 경우는 아미타불 신앙 이 외의 정토를 설한 모든 가르침을 포함하고 있지만, 아미타불 신앙만은 정토에 관한 모든 신앙의 中心 主流로 형성되었기 때문에 그 명칭을 독점하고 있다.

上述한 바와 같이 아미타불의 정토신앙 외에 불교경전에서는 여러 가지의 정토 및 부처님의 존재를 설해 밝히고 있기 때문에 이것을 他方淨土說・靈場淨土說・唯心淨土說・汎神論的 淨土說로 분류해 다음에 略述하고져 한다.

諸佛의 淨土

1 他方淨土說

 이것은 이 세계로 부터 멀리 떨어진 곳에 부처님이 계시는 淨土가 있다고 생각하고 서방 또는 동방 등의 특정의 방위에 정토가 존재하는 것을 밝히는 것과 十方에 정토가 있다 라고 하는 것이 있다. 阿閦佛의 東方妙喜世界 藥師佛의 東方淨瑠璃世界 釋迦佛의 西方無勝淨土 아미타불의 서방극락 등은 前者의 설이며『兜沙經』과『隨願十方往生經』에서 설한 十方淨土說은 후자에 속한다. 이 외에 미륵보살의 兜率天은 佛의 정토와는 다르며 보살의 수행하는 세계라고 하지만 이 도솔천에 태어나는 것을 원하는 신앙은 옛부터 있었으며 또 이것은 도솔정토라고도 부르며 西方의 미타정토의 신앙과 병행하여 넓리 사회에 신봉되었기 때문에 이들을 他方淨土說 가운데 받아 들이고 있다.

(ㄱ) 阿閦佛의 妙喜世界

 阿閦佛의 淨土에 관한 신앙은『阿閦佛國經』을 처음으로『道行般若經』과『維摩經』과『法華經』등의 많은 경전에 설해 지고 있고 아미타불신앙에 앞서 이루어진 신앙이며 諸佛 신앙의 가운데 가장 오래된 것이라고 말하여 진다.
 이 경우에 오로지 阿閦佛의 신앙만을 설하는 경전으로서 中國譯으로는 다음과 같다.

 一.『阿閦佛國經』二卷 後漢 支婁迦讖譯

二. 『阿閦佛刹諸菩薩學成品經』二卷 東晋・支道根譯(欠本)
三. 『大寶積經不動如來會』二卷 唐・菩提留支譯

지금 이 『阿閦佛國經』(支婁迦讖譯)에 의해 佛 및 정토에 대하여 설한 것을 보면 이 佛은 동방에 정토를 만든 부처님이고 동방 거기(閻浮提)를 가서 千世界를 지나간 곳에 阿比羅提(Abhirati 妙喜・善快・妙樂의 뜻)라고 하는 세계가 있으며 이 세계의 교주라고 말한다.

처음으로 이 세계에 大目如來라는 부처님이 출현하셔서 많은 보살을 위해 육바라밀의 行을 설할 때에 한 비구가 부처님의 가르침을 듣고 큰 서원을 세우기를 「저희가 지금부터 대보리심을 일으켜 원을 발하오니 瞋恚를 끊고 음욕을 끊어 正覺을 성취하오리다」라고 발원하셨다. 그리하여 영겁동안 계속해서 보살행을 권하고 공덕을 쌓아 드디어 원을 성취해 성불하여 阿閦佛이라고 하는 부처님이 되셨다. 이 부처님은 동방에 출현하셔 阿比羅提 세계에서 설법하고 계신다. 이 부처님은 옛날 보살로 계셨을 때 無瞋恚의 원을 세워 수행을 닦았으므로 그 이름을 阿閦 (Akṣobhya 無動 無瞋恚의 뜻)이라 부른다고 한다.

그리고 阿閦佛의 정토의 광경에 대하여 樹木은 모두 七寶로 되었고 그 나라에는 三惡道(지옥, 아귀, 축생) 三症, 三態, 三毒 등이 없으며, 수목에는 항상 꽃과 열매가 열리며 자유로이 따먹을 수가 있을 뿐만 아니라 식사는 생각에 따라 눈앞에 나타난다. 또 못에는 八功德水가 충만하고 목욕하고 싶다고 생각하면 청정한 못이 생각하는 곳에 나타난다. 이리하여 이 나라는 阿閦佛을 法王으로 주민은 음욕이 없고, 珠玉은 수목으로부터 자유로이 얻을 수 있으며, 의복도 나무에서 쉽게 가져 입을 수 있다. 阿閦佛은 언제나 大光明을 놓아 三千世界를 비추기 때문에 日月은 빛을 나타낼 수가 없다. 또 阿閦佛의 걸음에는 자연히 千葉의 蓮華가 생긴다.

그리고 그 나라에 태어난 중생은 부처님의 설법을 듣고 어느 것이나 四果(預流果・一來果・不還果・阿羅漢果・소승불교에 있어서 수행의 階

位)를 얻음이 무수하며 또 이 나라로 부터 忉利天에 통하는 금・은・유리의 삼종의 계단이 있고 天人은 이 계단으로 내려와서 阿閦如來를 공양한다. 다시금 阿閦佛이 열반에 들 때에 衆香手菩薩에게 성불의 記別(預言)을 주고 그의 뒤를 이어서 성불하여 敎主로 된다고 말한다.

이 阿閦佛의 나라에 태어나고 싶다고 원하려면 阿閦佛의 명칭을 들어도 왕생의 인연을 맺게 되며 육바라밀의 善根을 쌓는다면 그 공덕에 의해 阿閦의 정토에 왕생할 수가 있다. 또 현세에 있어서 阿閦佛의 명호를 부르면 各種의 災害를 면한다고 설하고 있다.

이와 같이 阿閦佛은 十方諸佛 가운데 동방 세계에 머무는 부처님이며, 東方諸佛을 대표하는 부처님이라고 한다. 이 부처님은 아미타불 신앙에 앞서 오래된 신앙이지만, 이 부처님이 어느 정도 넓게 신앙되었는가는 알 수 없다. 중국・일본에서 阿閦佛의 造像이 보이며 密敎의 曼茶羅에서는 東方의 一尊으로 위치하고 있지만 阿閦신앙만 단독으로 신앙된 흔적은 볼 수 없다. 그러면서 中國譯의 阿閦經典에 3종류의 것이 전해 졌고 지금 그 중의 二本이 현존하고 있을 뿐만 아니라 『行道般若經』『維摩詰所說經』『首楞嚴三昧經』『大品般若經』『法華經』『悲華經』 등에도 설해지고 있음이 보인다. 아미타불 신앙에 앞서 일찍 불교 교단의 일부 사람들에 의해 신봉되었다고 알 수 있다.

(ㄴ) 藥師佛의 瑠璃光淨土

藥師佛은 阿閦佛과 같은 모양으로 동방세계의 교주라고 하는 부처님이며 그 정토를 瑠璃光淨土 또는 淨瑠璃世界라고도 이름한다. 藥師(bhaisajyagaru)佛은 또 大匡王佛 醫王善逝라고도 말하며 십이의 큰 원을 세워 인간의 병을 치료하고 무명 번뇌의 痼疾을 치유하며 法藥을 베푸는 부처님이다. 일반의 佛像으로 左手에 약병을 가지고 右手에 施無畏의 印을 結하고 있다.

『藥師經』에는 다음과 같이 中國譯이 전해 지고 있다. 즉

一. 『佛說灌頂拔除過罪生死得脫經』一卷 東晋・帛尸梨密多譯
二. 『藥師瑠璃光經』一卷 宋・釋慧簡譯
三. 『藥師如來本願經』一卷 隋・達摩笈多譯
四. 『藥師瑠璃光如來本願功德經』一卷 唐・玄奘譯
五. 『藥師瑠璃光七佛本願功德經』一卷 唐・義淨譯

이러한 경전의 성립및 번역의 사실 등에 대하여 연구할 많은 것이 있지만 이것은 잠간 두고 이 중에 玄奘譯의 『藥師本願功德經』만이 오직 널리 세상에 유행되였기 때문에 이것에 의해 藥師佛의 정토를 살펴보고져 한다.

經에서는「동방 十항하사의 佛土를 지나 세계가 있으니 淨瑠璃라고 하며, 그 나라에 부처님이 계시니 藥師瑠璃光如來라 한다」라고 하며 이 如來는 옛날 보살로 계시던 때「十二의 大願」을 세워 성불하여 이 淨瑠璃世界의 부처님이 되셨다. 이 淨瑠璃世界의 장엄은 아미타불의 서방극낙세계처럼 미묘장엄을 다한 아름답고 안락한 세계이며 그곳에는 여인이 없으며 三惡道 및 고통도 없다. 大地는 유리로 되어 있고 금줄로서 길의 경계를 하며 宮殿・樓閣・羅網 등은 모두 七寶로 만들어져 있다. 그리고 日光・月光의 두 보살이 협시로 되어 藥師佛의 교화를 도움고 있다.

따라서 서방정토는 往生을 원하기 전에는 왕생이 결정되지 않지만, 만약 이 藥師如來의 이름을 듣는다면 목숨이 마칠 때 대보살에 의해 서방 아미타불의 정토왕생을 할 수 있다고 서방정토왕생을 말하고 있다. 그리고 만약 사람이 중병에 걸려 죽음이 임박했을 때 이 如來를 예배하고 49번 이 경을 독송하면 神識(意識)이 회복되어 목숨을 이을 수가 있다고 말한다.

이 藥師佛에 대한 신앙은 중국, 한국, 일본에 있어서 옛부터 넓게 행해 왔지만 이것은 上記의 阿閦佛과 아미타불의 신앙과 다르게 주로 질병에 걸렸을 때 부처님의 가피력에 의해 병을 치료하여 목숨을 잇는 것으로 소위 現世 이익적인 신앙이다. 『藥師本願經』에 설하는 藥師佛의 十二大

願에도 藥師佛의 淨瑠璃世界에 왕생하려는 원은 볼 수 없다. 이와 같이 藥師淨土의 신앙은 아미타불 신앙과는 달리 現世 이익적 요소가 강하지만 그 신앙의 성립, 중국에서 경전으로 전파진 사실 및 『藥師本願經』에서 정토의 광경을 설한 「극락세계와 같다」라고 하는 것 등을 생각해 보면 아미타불 신앙 다음에 일어났다고 생각된다. 그러나 이 신앙이 인간의 疾病平癒라고 하는 현실 생활에 밀접한 관계를 가지고 있는 것만으로 넓리 사회에 전파되었다. 또 약사여래의 造像도 많아서 奈良藥師寺의 尊像 法隆寺金堂의 벽화에 있는 藥師淨土變相圖는 특히 유명하다.

(ㄷ) 彌勒菩薩의 兜率淨土

이것은 56억 7천만 년의 미래에 「깨달음」을 열어 성불한다고 믿어지는 미륵보살이 사는 兜率天의 일이다. 미륵보살에 관한 경전으로 다음의 것이 보인다.

一. 『彌勒菩薩下生經』(彌勒成佛經·彌勒當來下生經) 一卷 西晉·竺法護譯.
二. 『彌勒菩薩所問本願經』 一卷 西晉·竺法護譯.
三. 『觀彌勒菩薩上生兜率天經』 一卷 劉宋·沮渠京聲譯.
四. 『彌勒菩薩所問經』 一卷 元魏·菩提流支譯.

이 외에 여러 종류의 異譯經典이 보인다. 兜率天(tusita)은 都率 都史多라고도 쓰며, 喜足 喜樂이라고도 번역한다. 六欲天(四王天·忉利天·耶摩天·兜率天·化樂天·他化自在天)의 하나로 耶摩(yama)天의 위에 있으며 미륵보살이 사는 세계라고 한다. 이것은 염부제(閻浮提 jambu-dvīpa 인간세계의 일)로 부터 삼십삼만유순(由旬은 거리의 단위 一由旬은 약九哩)의 높이라 하고 耶摩天으로 부터 十六萬由旬도 上方의 虛空密雲의 위에 있고 八萬由旬의 넓이이며 最後身의 보살(佛이 되기 일보 전의 보살)이 사는 곳이라고 믿고 있다. 석존도 이 현세에 탄생되기 전에는 활동했고 도솔천에서 살았다고 믿고 있다. 미륵보살은 현재 補處

의 보살로서 이 하늘에 있다고 한다. 이 兜率天은 內處(內院)와 外處(外院)의 두 가지로 분류되어 內處(內院)는 미륵보살의 정토이며 外處(外院)는 天衆이 欲樂하는 곳이라고 한다.

『觀彌勒菩薩上生兜率天經』에서는 미륵보살의 淨土의 모양을 기술하기를

> 五百億의 天子가 보살을 위해 五百萬億의 寶宮을 만들고 하나하나의 보궁에 七重의 담장이 있고 하나하나의 담장은 七寶로 되어 있고 하나하나의 보배로 부터 五百億의 광명을 발하며 하나하나의 광명의 가운데에 五百億의 연화가 있고 모두 五百億의 七寶行樹를 만들고 있다.……따라서 하나하나의 龍王은 이 七寶行樹에 비를 내리고 있다.
>
> 또 미륵보살을 위해 善法堂이 만들어져 摩尼의 광명은 공중을 배회하여 四十九重의 寶宮이 되고 또 북이 스스로 울려지는 樂器가 있고 諸天女는 이에 맞추어 춤을 춘다…….

라고 말하여 兜率淨土의 미묘한 장엄의 모양을 記述하고 있다. 그리고 많은 공덕의 善根으로 보살의 형상을 奉祀하고 그 이름을 부르면 반드시 彌勒의 兜率天에 나며 미륵보살이 閻浮提에 下生하여 성불해서 미륵불이 될 때 함께 下生하여 龍華樹의 아래에서 三回의 설법(三會의 說法이라 한다. 初會는 九十六億, 二會는 九十四億, 三會는 九十二億의 사람에게 설법하는 일)을 듣고 성불할 수 있다고 밝히고 있다.

이 미륵보살의 兜率天 신앙은 인도에서는 옛부터 성행한 듯하다. 『마하―바므사』(Maha-vaṃsa 大王統史)(南傳藏六〇卷 三六八頁)에 의하면 실론의 두와다카마리王(duṭṭhagāmani)(BC 161~137)은 임종시에 미륵보살 및 所居의 하늘 이야기를 듣고 兜率天으로 부터 온 수레를 타고 그 하늘에 태어 났다고 한다. 또 無著은 매일밤 兜率天의 彌勒으로 부터 대승불교의 要義를 전수받았다고 하는 점은 인도에 있어서 미륵신앙이 옛부터 널리 행해진 것 같다.

중국에서는 『彌勒下生經』 一卷이 竺法護(231~308?)에 의해 번역되고 잇달아 彌勒經典이 傳譯되어 彌勒의 兜率天에 上生을 원하는 신앙은 점차 널리 전파했다. 『法苑珠林』 第十六 彌勒部第五($\frac{正藏五三卷}{四〇〇頁}$)에 의하면 東晉의 道安(312~385)은 제자 法遇 等과 함께 彌勒의 앞에 서원을 세워 兜率天에 上生하기를 원해서 임종시에 다달아 異僧의 來現을 느꼈으며 그 天宮의 伎樂을 듣고 入寂했다고 한다. 靈幹은 병으로 우연히 氣絶해서 兜率天에 올라가서 慧遠·僧休가 모두 그 天宮에 있는 것을 보고 蘇生한 뒤에 사람들에게 말했다고 한다. 玄奘은 임종시에 彌勒을 염하면서 사람을 시켜「南謨彌勒如來應正等覺」이라고 念하게 했다고 한다. 이 외에 彌勒의 도솔천에 上生하고 싶다고 원한 많은 사람들이 있었음이 諸傳記에서 보여지고 있다. 또 아미타불 신앙의 興隆과 더불어 兩信仰의 사이에서 생긴 兜率·西方의 優劣論이 다툰 일도 있었다.

다음에 미륵신앙이 널리 전파됨과 함께 造像·圖像도 많이 행해 졌다. 『同書』에 의하면 僧護는 剡縣石城山에서 千尺의 彌勒像을 조각하려고 발원하여 채 이루기 전에 서서 入寂했기 때문에 僧祐가 그 遺志를 받들어 天監十五年에 준공하여 剡縣의 大佛 또는 三世石佛이라고 일컬어 졌다고 한다. 또 大同雲崗(山西省)의 石窟에는 彌勒洞이 있고 五十尺의 倚像이 모셔져 있으며 그 외 彌勒像의 많은 유품이 현존하고 있다. 다음에 『觀彌勒菩薩上生兜率天經』에 의하면 미륵보살의 정토인 도솔천궁의 광경을 圖畵한 彌勒淨土變은 隋時代(六世紀) 이후 누차 그려졌다고 전한다.

다음에 일본에서는 欽明天皇 13年에 鹿深臣이 百濟로 부터 彌勒石像 一軀를 전했고, 法隆寺 金堂의 壁面에는 彌勒의 淨土變相圖가 그려져 있다. 또 弘法大師 空海는 入寂에 다달아서 제자에게 말하기를 나는 入定하는 동안 도솔천에 머물러 彌勒에게 시중들다가 五十六億年 뒤에 慈尊(彌勒)과 함께 下生하여 나의 혼적을 찾는다 라고 말했다고 전하고 있다. 鎌倉時代의 解脫上人貞慶은 笠置寺에서 『彌勒講式』을 제작하여

臨終에 다달아 彌勒의 來迎을 느꼈다고 전한다. 또 彌勒의 淨土變相圖 도 자주 그려 奈良 藥師寺, 興福寺에 있다고 한다.

이와 같이 彌勒의 兜率上生의 신앙은 인도에서는 아미타불 신앙과 나란히 옛부터 신앙되었고 중국, 한국, 일본에서는 때때로 아미타불 신앙과 優劣論爭을 일으킨 적도 있으며 한때는 성행했지만 아미타불 신앙이 興隆되므로 차차 그 자취를 감추었다. 일본에서는 鎌倉時代 以後는 거의 흔적을 찾아볼 수 없다. 그러나 이 신앙은 그 오래됨과 전파지역의 범위에 있어서 아미타불 신앙과 같다. 이것은 미륵의 정토가 현세에 가깝고 미래에 깨달음을 여는 보살이며, 그 때에는 미륵에 의해 깨달음을 열 수 있다는 친근감이 이 신앙을 널리 퍼지게 했지 않았을까, 또 미륵의 정토에 태어나는 것을 上生이라고 말하며 왕생이라고 하지는 않는다.

(ㄹ) 그 외 十方淨土

이것은 동서남북과 四維(隅)와 上下의 十方에 佛의 정토가 있다고 말하는 것으로 『隨願往生十方淨土經』(帛尸梨密多羅譯) 『兜沙經』(支婁迦讖譯) 『寶月童子問法經』(施護譯) 『華嚴經』(覺賢譯) 『大集經』(曇無讖譯) 『稱讚淨土經』(玄奘譯) 등에서 설하고 있다. 『隨願十方往生經』(正藏二卷 二五九頁)에서는 다음의 정토를 설하고 있다.

東方―香林刹(國). 南方―栴林刹(國). 西方―華林刹(國). 北方―道林刹(國). 上方―欲林刹(國). 下方―水精刹(國). 東南方―金林刹(國). 西南方―寶林刹(國). 西北方―金剛刹(國). 東北方―靑蓮刹(國). 이러한 十方의 佛國에 각각 부처님이 계심을 설하고 있다.

다시금 『兜沙經』(正藏十卷 四四五頁)에 의하면 十方世界에 머무는 부처님과 그 淨土를 다음과 같이 설하고 있다.

　　東方　　阿逝墮佛　　訖連洹國.
　　南方　　阿泥羅墮羅佛　　樓耆洹國.
　　西方　　阿斯墮陀佛　　波頭洹隣國.

北方	阿闍墮佛	占倍洹憻那國.
東南方	阿旃陀墮陀佛	健闍洹國.
西南方	鬱沈墮大佛	羅憐洹國.
西北方	阿波墮陀佛	活逸洹國.
東北方	阿輸那墮國陀佛	優波洹國.
上方	墮色佛	質提捨洹國.
下方	楓摩墮羅佛	藩利洹國.

그러나 이와 같이 十方에 부처님이 계심을 설하는 것은 대승불교 뿐이고 소승에서는 보이지 않는다. 『大智度論』第四($\begin{smallmatrix}正藏二五卷\\九三頁\end{smallmatrix}$)에 의하면

　　摩訶衍論의 가운데는 種種의 인연으로 三世十方의 부처님을 설한다. 그것을 가진 이유로 十方의 세계에는 老病死·婬怒痴 등의 여러 가지 고뇌가 있기 때문에 부처님은 당연히 그 나라에 출현하신다.

라고 하고 十方世界는 迷의 세계이고 老病死 등의 고뇌중생이 있으며 부처님은 이 중생을 제도하기 위해 그 나라에 나타나신다고 한다.

『墮願十方往生經』에 의하면 十方淨土는 모두 우열의 차별이 없고 원에 따라 각각의 정토에 왕생할 수가 있지만 그 중에 특히 서방아미타불의 정토는 마음이 산란한 無志의 사람을 위해 설하고 있다고 한다. 그래서 중국 淨土敎家의 경우 道綽·善導 등은 이 經에 의해 아미타불의 서방정토가 散心의 범부를 위한 정토라고 했다.

다시금 『大般涅槃經』第二十四($\begin{smallmatrix}正藏十二卷\\五〇八頁\end{smallmatrix}$)에 의하면 석가의 정토를 無勝이라 이름하고 西方四十二恒河沙의 佛土를 지나서 있으며 현세에 출현하신 석가는 이 無勝淨土로 부터 方便示現된 化身佛이라고 한다.

또 『悲華經』에서는 彼土 往生을 설하며 아미타불을 처음으로 阿閦·觀音·勢至 등의 佛과 보살이 이 穢土를 버리고 먼 彼土에서 성불할 것을 원해 번뇌의 중생을 돌봐주지 않는다. 이것에 대해 釋迦佛은 此土의

五濁惡世를 두려워 하지 않고 五百의 大願을 세워 번뇌가 두터운 중생을 직접 제도할 것을 本志로 하신 부처님이다. 따라서 석가는「정진의 보살」이라고 이름 붙일 수 있다. 아미타불의 彼土 성불에 대해서 釋尊의 穢土 성불을 숭앙하고 있다.

아미타불의 극락정토도 이 他方淨土說의 하나이다.

2 靈場淨土說

이것은 生身의 佛, 또는 보살이 이전에도 거주하고 또 현재에도 계신다고 믿어지는 靈地靈場을 가지고 淨土라고 하는 신앙이다. 이것에는 인도·중국·한국·일본에 있어서 觀音의 靈場인 補陀落을 가지고 補陀落淨土라고 하는 신앙 및 釋尊이 永年居住하신 인도 靈鷲山을 가지고 靈山淨土라고 말하는 것 등이다.

(ㄱ) 觀世音菩薩의 補陀落淨土

이것은 관세음(Avalokiteśvara)보살이 상주하는 정토로 阿閦佛과 미륵보살의 정토가 이 세계를 멀리 떠난 他方世界에 있다고 하는데 對해 이것은 이 세계에 있는 정토로서 인도·중국·한국·일본의 四國에 걸쳐 전설적으로 믿어진 靈場信仰에 함께 된 淨土說이다. 補陀落이라는 것은 산스크리트語의 포타라카(potalaka)의 音譯으로 普陀落, 補陀羅迦라고도 쓰고 白華, 小花樹라고도 번역된다. 六十華嚴(覺賢譯) 第六十一(正藏九卷 七一八頁)에 의하면

> 차츰 遊行하여 光明山에 이르러 그 山 위에 올라 두루 찾아 보았다. 관세음보살이 山의 西阿에 住함을 보았다. 곳곳에 모두 流泉浴池이며 숲과 나무는 무성하고 草地는 柔輭하였다. 金剛寶座에서 결가부좌하고 무량의 보살이 공경하며 주위를 돌고 있었다. 이를 위해 大悲經을 연설하고 널리 중생을 攝하는 것을 보고 歡喜踊躍하며 스스

로 견딜 수 없었다. 합장 諦觀하고 눈을 잠간도 감지 못했다…….

라고 있으며, 이것은 求道의 보살인 선재동자가 五十三人의 선지식을 歷訪할 때 光明山에서 生身의 관세음보살을 만났을 때의 광경을 기술한 것이지만 『八十華嚴』 第六十八(正藏十卷 二六六頁)에 의하면 光明山을 補怛洛迦라고 이름하고 生身의 관세음보살이 설법하는 모양을 기술하고 있다. 이 補怛洛迦의 땅에 대하여

玄奘의 『大唐西域記』 第十 秣羅矩吒國의 條(正藏五一卷 九三二頁)에서는

나라의 남쪽 해변에 秣刺耶山이 있으니……秣刺耶山의 동쪽에 呾洛迦山이 있으며 山徑은 위험하고 巖谷은 欹傾하다. 산꼭대기에 못이 있고……못의 측면에 石天宮이 있으며 관자재보살이 왕래하며 쉬는 집이다.

고 있다. 玄奘의 『大唐西域記』에 기술한 布咀洛迦의 지점에 대하여 (一) 남인도의 고모린(comorin)기슭에 가까이 秣剌耶山의 東쪽에 있는 巖谷 欹傾의 언덕이라고 하는 설 (二) 실론섬의 풋다라(puttalam)항구라고 말하는 설 (三) 인데스강의 三角洲에 있는 파다—라(patāla)를 말하는 설 등의 異說이 있어 일정하지 않다. 그러나 옛부터 현세에 관음보살이 示現한 靈場으로 널리 민중의 신앙을 모아 오고 있는 곳이다.

중국에서는 浙江省寧波府定海縣의 동방 海上에 있는 섬을 가지고 補陀落이라고 한다. 중국에서는 보타산이라고 쓰고 문수보살의 오대산 보현보살의 峨眉山 지장보살의 九華山과 함께 四大靈場으로서 널리 민중의 신앙을 모으고 있다. 이것은 海上의 舟山島로서 주위 사십여리이고 大小의 봉우리가 있으며 그 중 가장 높은 봉우리를 白華頂이라고 한다. 普濟寺, 法雨寺의 두 큰 절 외에도 많은 사원이 있다. 여기는 옛날 일본승 惠萼가 開創한 觀音靈場으로 처음에는 唐의 시대에 어떤 승려가 오대산으로 부터 觀音像을 가지고 돌아 왔을 때 배가 이 섬 근처에서 움직이지 않았다. 그 때문에 像을 모시고 寶陀寺를 세운 것이 처음이라고 한다.

따라서 인도에서 관음의 靈場을 補陀落이라고 불러 그 이름을 따서 보타산이라고 이름했다. 그 이후 고구려·신라·일본 등의 諸國에 왕래하는 사람들은 이 섬에 멈추어 관음보살을 예배하면서 항해의 안전을 기원했다고 한다. 南宋(十二世紀)以來 역대의 황제는 이것을 보호하고 일이 있을 때 마다 기도가 행해졌다. 또 일반민중의 참배도 성행했다고 한다.

일본에서는 和歌山縣의 那智山 靑岸渡寺의 山門을 가지고 補陀落山의 東門으로서 이 서방에 補陀落淨土라고 믿은 듯하다. 옛날 那智山 靑岸渡寺의 住僧이 補陀落山을 건넌다고 배를 만들어 二·三일의 식량을 가지고 바람에 맡겨 南海로 향했다고 한다. 후세에 靑岸渡寺의 住僧이 사망했을 때 유해를 배에 실어 물에 버려 水葬한 것을 補陀落渡海라고 부른다고 한다.

이와 같이 관음의 補陀落淨土의 신앙은 원래 관음이 현세에 示現했다고 하는 靈場信仰이지만 이것을 補陀落淨土라고 부르게 된 것은 아미타불의 극락정토사상의 영향에 의한 것이라고 생각된다. 이 정토는 阿閦佛과 藥師佛 및 아미타불과 같이 彼岸의 정토가 아니고 현세의 정토이다.

또 티벹에서 다라이라마(dalai-lama)는 현세에 있어서 관음의 화신이라고 숭앙하고 主都 랏사(Lhasa)에 있는 왕궁을 파다라(potala)라고 부르는 것은 補陀落(potalaka)의 訛音이 아닌가 한다.

(ㄴ) 釋迦如來의 靈山淨土

이것은 釋尊이 오랫동안 계시면서 설법하신 인도의 영축산을 가지고 정토라고 생각한다. 영축산은 또 耆闍崛山이라고도 한다. 샨스크리트語의 그리드라쿠타(gṛdhrakūṭa)의 譯이다. 靈山이라고 하는 것은 그 약칭이다. 이 영축산을 가지고 정토라 하게 된 것은 『법화경』에 있는 듯하다. 『법화경』第五壽量品(正藏九卷/四三頁)에서

중생을 제도하기 위해 방편으로 열반을 보이신 것은 실지로는 滅度하지 않았다. 영원히 영축산에 머물러 설법하신다. ……衆生心을 하

>나로 하여 부처님을 친견코져 하여 스스로 身命을 애석해 한다면
>때때로 나는 衆僧과 함께 영축산에 출현하여 가끔 중생에게 이야기
>한다……항상 여기에서 없어지지 않는다……阿僧祇劫이 지나도 항
>상 영축산 및 그 부근의 여러 곳에 머물며 중생은 劫이 지나 큰 불
>에 타더라도 그때 나의 이 땅은 安穩하여 天人이 영구히 충만하며
>園林諸堂閣 및 여러 가지의 보배장엄이 있으며 寶樹花果가 많아 중
>생의 遊樂하는 곳이 되리라.

고 한다. 영축산은 釋尊이 항상 머물러 설법하는 곳이기 때문에 비록 劫末(세상의 末)이 되어 큰 화재가 일어나 이 세계가 모두 타서 없어져도 이 영축산의 경우는 타지 않고 항상 安穩하고 天人은 충만하여 園林堂閣으로 장엄된 불멸의 안락한 정토라고 한다.

이 靈山淨土의 설은 이 외에 『金光明經』과 『觀普賢菩薩行法經』및 『大智度論』 등에도 설한 곳이 있고 영축산을 가지고 「釋尊이 영원히 머무시는 곳」이라고 하는 생각이 있지만, 인도의 世親은 『法華經優婆提舍』下(正藏二六卷 九頁)에서 이 『법화경』의 문장을 해석하기를 큰 불에 없어지지 않는 것은 報身如來의 眞實淨土이며 第一義諦의 所攝이기 때문이라고 하고 있다.

이 신앙은 아미타불의 서방정토신앙이 성행되므로 자극되어 일어난 것이라고 생각되어 진다. 중국, 일본에서는 이것을 繪畫로서 靈山淨土變이라고 불러진 예가 많이 보인다. 특히 법응사 金堂의 벽화에 있는 釋迦淨土變은 유명하다.

日蓮은 이 靈山淨土를 가지고 法華行者의 발원할 淨土라하여 『如說修行鈔』(正藏八四卷 二九一頁)에서

>목숨이 마칠 때에 나무묘법연화경, 나무묘법연화경이라고 부르고,
>부르면서 죽는다면, 釋迦는 多寶, 十方의 諸佛, 영산회상으로 契約
>하여 잠간사이 날라와 손으로 어깨를 당겨 靈山으로 달려가니 二

聖・二天・十羅刹女는 受持者를 옹호하고 諸天善神은 天蓋을 가지고 幡을 세워 우리를 수호하며 찬란한 寂光의 寶刹로 보내지리라. 아아 기쁘고 기쁘도다.

라고 했다. 命終時에 있어서 唱題에 의해 釋迦, 多寶, 十方諸佛의 영접을 받아 靈山淨土에 가서 잇따라 寂光淨土에 往詣한다고 말한다.

3 唯心淨土說

이것은 인간의 마음가짐에 따라서 현세를 정토라고 하는 설로서 『維摩經』에서 설한 「心淸이 佛土淸」이라고 하는 설과 『唯識論』의 생각을 가지고 唯識所變의 정토를 설해 가르치고 있다. 그 외에 眞言密敎에서 설한 密嚴淨土 및 중국・한국・일본의 禪家에서 말하는 唯心淨土說이 보여지고 있다.

(ㄱ) 維摩經의 唯心淨土

이것은 『維摩經』에 있어서 凡愚의 사람은 마음이 물들어 있기 때문에 이 세계를 가지고 不淨하다고 하지만, 부처님의 知見으로 본다면 이 세계는 청정장엄의 정토라고 하는 설이다. 『維摩經』卷上 佛國品(正藏一四卷 五三八頁)에 의하면 釋尊은 보살이 교화하는 중생에 따라서 정토의 보임을 설하고

　　直心은 바로 보살의 정토이니 보살이 성불할 때에 不諂의 중생은 그 나라에 來生한다. 深心은 바로 보살의 정토이니 보살이 성불할 때에 공덕을 구족한 중생은 그 나라에 來生한다.

라고 말하고 다음에

　　만약 보살이 정토를 얻고져 하면 마땅히 그 마음을 청정히 하라. 그 마음의 청정에 따라 곧 佛土도 청정해진다.

라고 설했다. 그 때 舍利弗은 이 가르침을 듣고

> 만약 보살이 그 마음을 청정히 하면 佛土도 청정해 진다고 하면 우리 世尊이 옛날 보살로 계실 때 그 마음이 不淨하지는 않았을 것입니다. 그런데 그 나라가 不淨한 것은 어떻게 된 것입니까? (取意)

라고 한 의심에 대하여 부처님께서는

> 日月은 빛나고 있지만 맹인은 볼 수가 없다. 이것은 맹인의 허물이지 日月의 허물은 아니다. 이와같이 중생에게는 죄가 있기 때문에 如來의 나라가 청정한 것을 알지 못한다. 이것은 如來의 허물이 아니다. (取意)

라고 설하고, 부처님께서 발을 들어 大地를 누르니 홀연히 이 세계는 寶莊嚴佛의 무량공덕 寶莊嚴世界와 같이 百千의 진귀한 보배로 장식되고 일체중생은 모두 寶蓮華에 앉아 있는 정토로 변했다. 이것을 본 사리불은 未曾有한 감탄을 했다. 그리고 釋尊은 다음에 사리불에게 대하여

> 나의 국토는 이와 같이 항상 청정하지만, 단 下劣한 사람들을 제도하기 위해 惡象不淨의 국토를 보인다 라고 말씀하셨다.

이것은 『維摩經』 佛國品의 뜻이며 「그 마음이 청정함에 따라 즉 佛土도 淸淨하다」라고 생각하는데 의해 현세 淨土를 설하는 것이다.

인간의 심성은 본래 청정한 것이기 때문에 이 마음이 본래 청정함을 깨달으려면 자신의 마음을 밝히려는 그것이 곧 정토라고 한다. 이 心性本淨說에 대해서 禪宗·天台宗에서는 각각 독자의 唯心淨土說을 말하고 있다.

더구나 아미타불의 서방정토의 신앙이 널리 퍼짐에 따라 중국의 禪家에서는 서방정토를 비판하고 열심히 心性淨土說을 주장했다. 慧能의 『六祖檀經』(正藏四八卷 三五二頁)에서는

> 迷한 사람은 부처님을 念하고 彼岸에 나기를 구하지만 깨달은 사

람은 스스로 그 마음이 청정하느니라. 그러므로 부처님께서 말씀하시기를 「그 마음이 청정함에 따라서 즉 佛土도 청정해진다」라고…. 凡愚는 自性을 깨닫지 못하므로 身中의 淨土를 알지 못하고 東을 원하고 西를 원하나 悟人은 在處가 一般이다. 그러므로 부처님께서 말씀하시기를 所住의 곳에 따라 항상 安樂하나니, 心地에 오직 不善이 없으면 西方은 여기를 지나서 갈 필요가 없다.

라고 비평하고, 心性이 본래 청정한 것을 了知하고 「깨달음」을 열면 이 사바세계가 그대로 정토라고 말한다.

다음에 永明寺延壽는 그의 著書『萬善同歸集』(正藏四八卷 九六六頁)에서 唯心의 정토는 마음을 깨달은 사람이 나는 곳이라고 하고

唯心의 佛土는 마음을 깨달으면 반드시 난다. 『如來不思議境界經』에서 말씀하시기를 「三世 일체의 諸佛은 모두 가진 바 없이 오직 自心에 의하며, 보살 혹은 다음의 諸佛 및 일체 법은 모두 오로지 心量이라고 了知한다면 隨順忍을 얻고, 혹은 初地에 들어 몸을 버리고 속히 妙喜世界에 나며, 혹은 極樂淨佛土 중에 난다」고 그렇게 알아라 마음을 알면, 바로 唯心의 정토에 나며 境界에 집착하면 오로지 所緣의 境界中에 떨어진다.

라고 하고 自心이 본래 청정함을 깨달으면 일체의 諸法(現象)은 自心으로 부터 나온다고 말하는 唯心의 도리를 이해한다면 唯心淨土에 날 수 있지만, 서방정토에 집착한다면 그 정토에 떨어진다고 한다. 이 생각은 중국·한국·일본에 있어서 禪宗諸家에서 통용되었던 생각으로 일본의 臨濟宗 向獄寺派의 祖師인 拔隊得勝은 이것에 대해 『和泥合水集』에서 상세히 論하고 있다.

(ㄴ) 唯識論의 說

중국의 隋·唐 時代에 있어서 法相唯識敎學이 성행하므로 그 입장에서

淨土敎를 이해하는 사람도 있었다. 善導의 제자인 懷感은 『釋淨土群疑論』에서 唯識所變의 淨土를 설하고 있다. 즉 同書第一(淨全六卷 八頁)에서

> 如來所變의 土는 佛心이 無漏되면 國土도 또한 無漏이다. 범부의 마음은 아직 無漏를 얻지 못한다. 저 如來의 無漏土 위에서 自心을 變現하여 有漏土를 만들고 더구나 그 중에 난다. 만약 여래의 本土에 대해 요약해 말한다면, 즉 無漏土에 난다고 말할 수 있다. 혹은 自心所變의 土에 대해 요약해서 더구나 受用하는 것을 말한다면 또 설한 有漏土에 난다고 말할 수 있다. 有漏라고 말해도 如來의 無漏土에 의탁해 變現하는 까닭에 궁극에는 佛의 無漏와 같다. 또 衆惡의 허물도 없다.

라고 한다. 즉 唯識所變의 道理에 의해 淨土로서 佛과 凡夫의 識의 所變이라고 생각하고 佛의 측면에서 본다면 如來의 無漏心의 所變에서 無漏의 정토이지만, 범부의 측면에서 본다면, 범부는 有漏心으로 부터 所變의 淨土 또는 有漏의 정토라고 한다.

다음에 아미타불에 대해서 부처님은 自心所變의 影像相分으로서 『同論』第六(淨全六卷 八三頁)에서

> 부처님을 觀할 때에 있어서 아미타불을 本性의 相이라고는 없이 중생의 觀心 如來를 인연할 때 心外에 佛의 眞相을 본다고 하면 당연히 觀心, 影像의 相을 變作하여 이 影像의 相을 이름하여 相分이라고 한다. 能觀의 마음은 이 見分이며 見相兩分은 모두 自證分을 떠나지 않는다 見分力 다음에 相分을 緣하기 때문에 「是心作佛이라고 이름한다」. 이 相分은 즉 이 自證分의 마음이며 별도로 體라고 하는 것이 없기 때문에 是心 是佛이라고 이름한다.

고 하고, 佛은 自證分의 所變이며 相分이라고 하며 이 相分(影像相分)을 見分이 緣하는 것을 觀佛이라고 佛도 淨土도 모두 心外에 없으며 唯

心의 所變이라고 한다.

그리고 天台宗의 智顗은 『摩訶止觀』에서 介爾의 一念心에 十界三千의 性相을 구족한 것을 설하고 정토도 또한 心外에 존재하지 않는다고 한다. 四明의 知禮는 이 설을 받아서 극락정토의 依正二報의 장엄은 모두 一心에 의함을 밝히고 一法이라 하는 心外에 生한다고 하면 이것은 대승불교의 가르침이 아니라고 했다.

4. 汎神論的 淨土說

이것은 『華嚴經』과 『梵網經』에서 설하는 蓮華藏 세계이다. 연화장 세계라는 것은 毘盧遮那如來의 淨土라고 하는 것으로 전 우주가 연화에 쌓여 있는 정토라고 하는 생각이다.

연화장 세계는 산스크리트語의 구슈마타라・그라브하・왓파・람카라・록카댜듀・샤뮤드라(Kusumatala-garbha-vyūhā-laṁkāra-lokadhātu-samudra)의 譯으로 연화에서 출생한 세계, 또는 연화의 가운데 含藏된 세계라는 의미이다. 毘盧遮那如來의 毘盧遮那라는 것은 산스크리트語의 바이로쟈나(vairocana)의 音寫로서 光明遍照 또는 遍一切處라고도 번역된다. 이것은 옛날 태양의 뜻으로 佛의 지혜가 廣大無邊한 것을 상징하는 것이다.

(ㄱ) 華嚴經의 說

이 비로자나여래는 『화엄경』의 敎主라 하는 부처님이다. 이 분은 無量劫海에 공덕을 닦아 「깨달음」을 열어 연화장 세계의 교주로 되신 부처님이다. 『六十華嚴經』第二 盧舍那品(正藏九卷)에 의하면

> 이 蓮華藏世界海는 이 盧舍那佛이 옛날 보살행을 닦을 때 阿僧祇世界에 있어서 微塵數劫에 嚴淨한 곳이다.

라고 하고, 盧舍那佛의 장엄한 세계라 한다. 이 세계는 아래로 十風輪이 있으며 一切의 香水海를 가지고 香水海에 大蓮華가 있어 연화장 세계를 가지고 있다. 이 世界海는 金剛圍山으로 둘러 쌓여 있다고 한다. 따라서 이 蓮華藏世界海의 가운데 하나 하나의 境界에 세계해미진의 청정한 장엄이 있다고 설한다. 이 세계의 광대한 장엄에 대하여 상세한 설명을 하고있다. 다음 『八十華嚴』에서는 중앙의 香水海의 구조에 대하여

중앙에 있는 香水海를 無邊妙華光이라 이름한다. 그 海中에 하나의 大蓮華가 있으며 이 연화의 위에 하나의 세계 집단이 있다. 이것을 普照十方熾然寶光明이라 이름하여 二十重의 세계가 重疊하고 있다. 그 최하에 있는 第一重의 세계를 最勝光遍照라고 하며 一佛刹微塵數의 세계가 이것을 둘러싸고 가운데에 淨眼離垢灯佛이 계신다. 그 上方微塵數의 세계를 지나 種種香蓮華妙莊嚴이라 이름하는 세계가 있으며 二佛刹微塵數의 세계가 이것을 둘러싸고 있다. 따라서 이 가운데에 獅子光勝照佛이라고 하는 부처님이 계신다.
이와 같이 上方에 一切寶莊嚴普照光, 種種光明華莊嚴 等이라고 말하는 시방세계이며 三佛刹 乃至는 十二佛刹微塵數의 세계가 이를 둘러싸고 있다. 따라서 그 세계에는 각각 한 부처님씩 계신다. 다음에 이러한 세계의 上方微塵數의 세계를 지나서 사바세계이다. 이 세계는 금강장엄으로 장식된 種種의 색을 한 蓮華網에 의해 둘러싸인 天宮莊嚴의 도구를 가지고 그 위를 덮었으며 十三佛刹의 微塵數의 세계가 圍繞하고 중앙에는 비로자나여래가 계신다. 다시금 이 사바세계의 上方에 寂靜離塵光, 衆妙光明灯等이라고 이름하는 세계가 있고 十四佛刹 내지는 二十佛刹의 微塵數의 세계가 圍繞하여 그 세계에도 각각의 부처님이 계신다.
이와 같은 세계 외에도 중앙의 香水海의 東南西北 및 四隅上下의 십시에 또 각각 香水海가 있고 그 가운데로 부터 大蓮華가 출현하고

연화 위에 二十重의 세계가 있다. 또 十方十個 세계의 집단 주위에 다시 十方十個二十種의 세계가 둘러 있으며 중앙의 세계 집단과 함께 총계 一百十一個의 세계 집단이 있다. 그리하여 연화장 세계가 구성된다. (取意)

라고 설해 연화장 세계의 구조를 밝히고 있다.

이 연화장 세계의 교주인 비로자나여래는 옛날 태양의 광명을 신격화한 부처님으로 佛의 지혜광명이 전 우주를 비추고 무명의 어두움을 파하는 것을 나타내고 있다.

(ㄴ) 梵網經의 說 및 그 외

다음으로 『범망경』에서 설하는 연화장 세계를 보면 경에서는 이것을 蓮華胎藏世界라고 칭한다. 따라서 『화엄경』의 연화장 세계와는 구조가 다른 세계를 설하고 있다. 『범망경』에서 밝히는 부처님은 노사나불이라고 말하지 비로자나불이라고는 하지 않는다. 이 부처님은 연화대 위에 端坐해 계신다고 말한다. 그 단좌한 연화의 千의 꽃잎 가운데 각각 千의 세계가 있으며 千의 석가가 계신다. 다음에 그 千의 꽃잎 하나 하나에 백억의 나라가 있으며 백억의 수미산, 백억의 日月, 백억의 四天下, 백억의 보살석가가 백억의 보리수하에 앉아 계시고 언제던지 일시에 불도를 성취하는 「깨달음」을 얻었다. 이 이외의 구백구십구의 꽃잎에 계시는 석가도 같은 모양에 천백억의 석가를 출현시킨다. 千葉의 꽃잎에 계시는 부처님은 이 노사나불의 化身이며 천백억의 석가도 또 千의 석가의 化身이다. 즉 이 천백억의 석가는 千釋迦의 化身이다. 이 천백억의 佛의 本身이 노사나불이다 라고 한다.

이것이 「범망경」에서 설하는 佛이며 이 세계가 蓮華胎藏世界라 한다. 별도로 말한다면 중앙의 노사나불의 化身이 千의 꽃잎에 있는 千의 석가이며, 이 千의 석가가 化해 백억의 보살석가가 된다고 말한다. 이 천백억의 보살석가가 머무시는 세계를 말해서 연화장 세계라 한다.
　이와 같이 연화장 세계는 毘盧遮那如來(盧舍那如來)의 淨土라 하고 광대하게 복잡한 구조를 가진 세계라고 하지만 『梵網經』과 『화엄경』은 그 내용 구조가 전연 다르다. 그러나 일반으로 淨土敎에 관계를 가진 것은 『화엄경』에 설하는 연화장 세계이며 인도의 世親의 경우는 아미타불의 서방정토를 해석하여 연화장 세계라고 칭한다.
　또 『觀普賢經』에 의하면 석가여래를 毘盧舍那如來라고 이름하고 그 정토를 常寂光土라 한다. 그리고 『大乘密嚴經』에 의하면 大日如來가 거주하는 淨土를 密嚴淨土라 한다. 眞言密敎에서는 이 現世(穢土)가 그대로 密嚴淨土라고 설한다. 이 외에 『大寶積經』『海龍王經』『大集經』등에서는 諸種의 정토를 밝히고 있다.
　上述한 바와 같이 諸佛淨土의 신앙은 불교 여러 경전에서 여러 가지 설이 있지만, 그 중에 있어서 아미타불의 서방정토 신앙만 널리 성행했고, 諸佛淨土의 신앙 가운데는 이것에 자극되어 일어 났다고 생각되어지는 것도 있다. 그러나 그 중에 있어서 아미타불 신앙과 병행해서 성행한 것은 미륵정토와 관음의 補陀落淨土의 신앙이다. 이 신앙은 아미타불 신앙이 압도적으로 널리 믿어진데 대하여 미륵과 관음정토의 신앙은 어떤 일부의 사람들에 의해 믿어진 것으로 現今은 그 뒤를 볼 수 가 없다.
　이와 같이 정토의 신앙에는 他方淨土・靈場淨土・唯心淨土・汎神論淨土 等의 諸種의 것이 있으며 이것을 연구 대상으로 하는 학문은 모두 淨土敎學이라고 이름할 수 있지만, 이 경우 아미타불이 주하는 서방정토의 신앙이 가장 광범하며, 한편 오랜 동양의 여러 민족간에 신봉되어 현재 일본에서 이 신앙을 중심으로 종파교단이 많이 형성되어 있다. 현재도 살아있는 신앙으로 널리 민중의 마음에 양식이 되고 있다. 따라서 本書는 狹義의 정토교라고 생각하는 아미타불 신앙에 관하여 範圍를 맞추어 論하고져 한다.

本 論

第一章 淨土 및 阿彌陀佛의 名義와 그 起源

1 淨土의 名義

정토교에서 밝히는 아미타불의 서방정토는 安樂·極樂·安養·樂邦이라고도 불려지고 있다. 이것은 산스크리트語의 스구하바티(sukhāvati)의 번역으로 직역하면 「樂有」(즐거움이 있는 곳)라고 하는 의미이다. 安樂 極樂이라고 하는 것은 의미를 중심으로 생각하여 번역한 것(의역)이다. 정토교의 근본 성전인 『무량수경』에서도 「安樂」이라고 하는 단어를 사용하고 있으며 『관무량수경』과 『아미타경』은 「극락」이라고 칭하고 있다. 이 외에 경전에 의해 「無量淸淨土」「無量壽國」「阿彌陀由國」이라고 칭하는 것이 있지만 이것은 언제라도 무량청정불 또는 무량수불(언제나 아미타불의 異名)이 住하는 국토라고 하는 의미로 말하는 것이 아닐런지.

원래 정토라 하는 말은 「청정한 국토」라고 하는 의미 외에 上述한 바와 같이 「국토를 맑힌다」라고 하는 의미를 밝힐 경우도 있지만 지금 말하는 곳은 인간이 住하는 세계가 더러워진 迷의 세계라는데 대하여 佛이 머무는 세계는 「깨달음」에 의해 형성된 국토이기 때문에 이것을 「청정국토」「淨土」라고 하는 것이다. 이러한 의미를 가지고 있는 정토라는 말은 「淨土三部經」에서는 볼 수가 없다. 『아미타경』의 異譯인 玄奘譯에 『稱讚淨土佛攝受經』이라고 하는 명칭이 사용되고 있는 것에서만 보여질 뿐이다.

원래 대승불교에서 설하는 보살도라는 것은 어떤 사람이라도 가르침을 받들어 육바라밀의 수행을 닦으면 「깨달음」으로 부처가 될 수 있으며, 정토를 만들 수 있다고 설하고 시방세계에 많은 부처님과 정토의 존재를 說하고 있다. 따라서 단순히 「淨土」라고 한 경우는 광의의 諸佛 淨土를 가르치고 있지만, 아미타불신앙이 성행되고는 오직 이 명칭을 독점하게 되었다. 현재는 「淨土」라고 말하면 단지 아미타불의 서방극락 정토를 가르치게 되며 또는 淨土教라고 하면 「西方淨土」에 관한 가르침을 말하게 되었다.

그러므로 다음에 「安樂」이라는 것은 어떤 의미를 가진 단어인가 하는데 대해서 『무량수경』에서는

> 법장보살은 이미 성불하여 서방에 계신다. 여기를 가려면 十萬億刹을 지나야 된다. 그 국토를 이름하여 安樂이라고 한다.

라고 설하고 그 명칭을 해석하고 있다.

여기에 대해 袾宏의 『阿彌陀經疏鈔』(卍續藏 三·)에서는

> 法華의 疏에 말하기를 몸에 위험이 없는 것이 安이며 마음에 憂惱가 없는 것이 樂이다.

라고 해석하고, 또 義山의 『無量壽經隨聞講錄』(澤全一四卷 三六五頁)에서는

> 마음을 편하게 즐거움을 받으므로 安樂이라 한다.

라고 설하고 있다. 즉 아미타불의 서방정토는 지옥·아귀·축생의 괴로움이 없으며 身心 모두 安穩하기 때문에 安樂이라고 말한다. 따라서 그「樂」은 人爲的인 것이 아니고 自然法爾의 絶對樂이라고 말한다.

다음에 극락이라고 하는 말은 『관무량수경』 및 『아미타경』에서 사용된 명칭으로 『관무량수경』에서는

> 우리는 지금 극락세계의 아미타불의 곳에 태어난다.

라고 말하고 『아미타경』에서는

> 그 나라를 어떠한 연유로 극락이라고 하는가, 그 나라의 중생은 많은 고통도 없으며 오직 모든 즐거움만을 받기 때문에 극락이라고 이름한다.

라고 하여 아미타불의 국토를 극락이라고 이름하는 이유를 설명하고 있다. 이 극락의 「極」이라는 것은 「究極」 「最上」을 의미하는 단어로서 이 이상의 樂은 없다고 하는 구극의 樂인 것을 나타내는 말이다.

그래서 安樂이라던가 극락이라고 말하는 경우의 「樂」이라고 하는 것은 인간세계와 같이 苦樂相對의 樂이 아니고, 이것을 초월한 絶對樂을 말하는 것이다. 「淨土三部經」에서는 지하·지상·허공에 걸쳐 七寶로 장엄된 風光華麗하고 미묘한 극락세계를 붓을 다해도 말로서는 설명할 수 없을 뿐만 아니라 왕생한 사람들의 一生補處의 德, 諸佛供養의 德, 聞法의 德, 自利利他의 德 등이 얻어짐을 밝히고 있다. 이것은 언제나 淨土의 絶對樂을 표상적 비유적으로 표현한 것이다.

源信은 『往生要集』(淨全十五卷 五四頁)에서 淨土의 安樂을 정리하여 十樂으로 말하고 있다. 이 十樂이라는 것은

  一. 聖衆來迎樂 ; 命을 마칠 때에 맞이 하는 아미타불은 관음 세지의 두 보살과 함께 나타나 淨土로 맞이 하는 것.
  二. 蓮華初開樂 ; 연화에 둘러싸여 정토에 왕생하여 연화가 열려 처음으로 정토의 아름다움을 보는 것.
  三. 身相神通樂 ; 인간보다 뛰어난 三十二相好와 五種類의 신통력을 얻는 것.
  四. 五妙境界樂 ; 五根(五感의 器官)의 대상이 모두 勝妙의 세계인 것.
  五. 快樂無退樂 ; 뛰어난 樂을 받고 窮한 일이 없는 것.
  六. 引接結緣樂 ; 앞서 緣을 맺은 사람들을 정토로 맞이 하는 것.

七. 聖衆俱會樂 ;　보살이라고 하는 수승한 聖者와 같은 곳에 머무르는 것.
八. 見佛聞法樂 ;　쉽게 부처님을 뵐 수 있고 가르침을 들을 수 있는 것.
九. 隨心供佛樂 ;　마음에 생각한 그대로 자유로 十方諸佛의 정토에 가서 부처님에게 공양할 수 있는 것.
十. 增進佛道樂 ;　수행이 저절로 되고 따라서 「깨달음」을 얻을 수 있는 것.

　이 외에 經典과 釋書에서는 여러 가지 표현으로 정토의 絶對樂을 설하고 있지만, 이것은 인간세계와 같은 苦樂의 상대인 樂이 아니고 인간의 思惟(思盧)를 떠난 絶對樂임을 나타내고 있다.

2 阿彌陀佛의 名義

　아미타불은 샨스크리트語의 音을 그대로 한자에 맞춘것(音譯)이지만 一般으로 無量壽佛, 無量光佛이라고도 하며 또 때로는 盡十方無礙光如來, 不可思議光如來(眞宗)라고도 부르고 있다. 현존의 샨스크리트語 경전의 어느 것을 보아도 아미타불이라는 명칭은 없고 아미타브하(Amitābha 無量光) 또는 아미타—요스(Amitāyus 無量壽)라고 되어 있다.

　아미타브하라는 것은 「無量의 광명이 있는 것」이라고 하는 말이며, 아미타—요스는 「無量의 수명이 있는것」이라고 하는 말로서 아미타(Amita) 만으로 「無量」이라고 한다. 따라서 아미타불이라는 原語의 의미로는 無量佛이라고 하게 되며, 무엇이 無量인가 德性을 알지 못하는 부처님을 말하게 된다.

　이것에 대해 『아미타경』에서는

　　이 부처님을 어떤 연유로 아미타불이라고 부르느냐. 舍利弗아 아

第一章 淨土 및 阿彌陀佛의 名義와 그 起源 47

부처님의 광명은 無量하여 十方의 나라를 비추어도 장애가 없기 때문에 이름하여 아미타라고 한다. 또 사리불아 이 부처님의 수명과 그 나라 (인민의 수명)은 無量無邊阿僧祇劫이기 때문에 아미타라고 이름한다.

라고 한다. 무량의 광명과 무량의 수명인 德性을 가진 부처님이기 때문에 아미타라고 부른다고 한다. 그러면 광명, 수명의 두 덕성을 가진 부처님을 왜 이 덕성을 나타내는 말을 제외하고 아미타라고 부르며 샨스크리트語를 그대로 音寫하여 사용했는 가에 대해서는 대체로 다음과 같이 생각되어 진다.

원래 아미타불의 명칭이 中國譯의 불교경전에 사용된 최초는 吳의 支謙(223~282)이 번역한 경전에서 처음으로 있는 것 같다. 여기에는 『阿彌陀三耶三佛薩樓佛檀過度人道經』(一名, 大阿彌陀經)이라고 이름하고 있다. 또 『般舟三昧經』三卷本 一卷本(모두가 支婁迦讖譯)에도 아미타인 명칭을 사용하기 때문에 中國譯의 경전으로는 대개 3세기 경부터 사용되어 왔다고 알려져 있다.

또 初期經典飜譯者의 譯語에서 사용된 예를 보면, 支謙은 아미타불, 無量佛, 無量壽佛이라는 단어를 사용했고, 支婁迦讖은 아미타불, 무량청정불이라고 번역했으며, 佛駄跋陀羅(覺賢)은 『화엄경』에서 아미타불 무량수불 무량광불의 3종류의 말을 사용하고 있다. 따라서 어떤 때는 아미타불인 고유의 原語가 있지 않았는가 라고 想像되지만 유감스럽게도 이러한 原語의 존재로 보여지는 샨스크리트 경전은 볼 수 없다.

아마도 아미타불인 佛名은 번역자가 경전을 譯出할 때에 만든 단어로서 아미타가 무량한 광명과 수명 및 무량의 권속과 청정 등의 많은 덕성을 가진 부처님이기 때문에 이러한 덕성을 모두 포함한 부처님을 나타내기 위해 아미타불타(Amita-budaha)인 단어를 창작하여 이것을 그대로 音寫한 것은 아닌가 라고 생각되어 진다. 그러나 일반으로「무량의 광명」과 「무량의 수명」의 두 덕성을 가진 부처님으로서 숭앙되어 지고 있다.

3 阿彌陀佛 信仰의 起源

정토교의 신앙 대상인 아미타불 및 극락정토의 신앙과 사상이 언제 어느 곳에서 어떠한 이유로 일어났는가 라고 하는 문제는 정토교를 연구하는데 있어서 중요한 연구 命題로서 洋의 東西를 막론하고 많은 학자가 여러 가지 방면으로 연구에 종사해 왔다. 그렇지만 문헌 자료의 대부분이 없어진 古代 인도에서 이 신앙의 기원을 探索하는 것은 지극히 곤란한 일이다. 아마 정확한 결론을 보기는 쉽지 않다고 생각된다. 그러나 이 起源의 문제에 관해서 그 중에 대표적이라고 생각되어 지는 것을 간추려 보고져 한다.

아미타불 신앙이 인도본토 스리랑카 버마 태국 등 南方의 여러 지역에서 볼 수가 없다. 또한 중국으로 부터 멀리 陸路 또는 海路로 인도에 여행한 法顯 玄奘 義淨 등의 인도 여행에 관한 기록에서도 아미타불에 대해 언급하지 않았다. 그것은 중국에 傳來된 불교 가운데 특히 대승불교 경전 중에서 많이 설해 지고 있다. 이러한 대승불교 경전은 주로 카시밀 및 네팔 지방으로 부터 전래된 것이 많기 때문에 이 지방에서 아미타불 신앙이 발생했을 것이다 라고 하는 설이 있다.

원래 이 카시밀(kashmir) 간다라(gandhāra) 등의 西北 인도는 일찍부터 이란의 종교 영향을 많이 받은 곳이기 때문에 아미타불 신앙의 기원을 이란의 고대 신앙에서 찾아 볼 수 있다 라고도 한다. 이 학설은 주로 유럽의 동양연구 학자들이 말하고 있다. 아미타불의 一名인 아미타브하(Amitābha)는 무량의 광명을 가진 부처님이라고 하기 때문에 이 觀念은 이란의 태양 숭배의 영향에 의해 성립된 것으로 원시 대승불교의 보호자인 스기샤族 및 이란人은 모두 태양숭배의 종족이었기 때문에 아미타불신앙은 太陽神話에서 유래한다고도 말한다. 또 아미타불인 佛格은 釋尊으로 부터 連想된 佛이지만, 이란의 오르마즈인 神은 無限의 광명을 가진 神이기 때문에 이 神의 觀念이 불교의 가운데 들어와 발전 변천해서 아미타불인 佛을 생기게 하지 않았는가 라고도 말하여 지고 있다.

　이러한 이란의 古代宗敎에서 아미타불인 佛의 起源을 찾으려 생각하는 사람들에 대하여 인도 內部의 思想에서 찾으려 하는 사람도 있다. 이것은 주로 일본의 불교학자들이다. 그것은 베다聖典에서 설하는 야마(yama 耶摩) 天은 無上幸福의 곳이며, 또 安穩不死의 세계라고 되어 있다. 따라서 야마의 本體는 태양으로 無限의 광명을 가졌다 라고 되어 있다. 그런데 아미타불의 극락정토의 광경은 야마天의 상황을 좀더 誇大하게 기술했다고 생각되는 곳이기 때문에 아미타불신앙의 起源을 이 야마天에서 찾으려고도 한다. 이 밖에 梵天의 神話에서 起源을 찾으려는 설도 있다. 梵天의 세계에서 叙述하고 있는 梵天王의 玉座의 觀念이 無量光의 觀念으로 계속되며, 또 玉座를 푸라나(prāna 生氣)라고 부르는 點이 無量壽의 觀念에 결합된다고 한다. 다음으로 어떤 학자는 인도의 비슈뉴(viśnu)神話에서 起源을 찾아, 이 神의 신앙이 아미타불인 佛을 만들지는 않았는가 라고도 한다. 이 외에 西方의 守護神 바루나(varuna)와의 연관을 찾는 설 또는 아그니(Agni)神의 호칭과 관계를 찾는 설 등이 있다.

　이와 같이 아미타불인 佛의 起源에 대하여 유럽 학자는 주로 이란의 고대종교에서 淵源을 찾으며 일본의 학자는 인도의 고대종교에서 찾고 있지만, 지금 바로 어느 것이 적절한가 한 것을 결정할 수는 없다. 아미타불신앙이 인도 문화권 가운데서 興起했다고 하는 것은 사실이다. 특히 西北 인도는 古代의 인도 문화의 발생지임과 동시에 이란 문화와의 接觸지대였기 때문에 불교사상이 발전된 인도 사상에 이란, 그 밖의 外來思想이 첨가되어 아미타불인 佛格이 생겼다 라고 생각되어 진다.

　다음으로 아미타불신앙이 발생한 故地가 西北인도라고 하는 것은 중국에서 아미타불경전을 전한 翻譯僧의 傳記로 부터 충분히 살펴 볼 수 있다. 아미타불경전을 전한 支婁迦讖 竺法護 鳩摩羅什 覺賢 등의 四世紀 以前에 사람들의 傳記를 보면 언제나 西北 인도와 인연이 깊다. 이렇게 아미타불경전을 전한 사람은 그 출생지를 또는 遊學地에 있어서 아미타불신앙을 見聞하지 않았을런지, 전연 見聞하지 않았던 경전을 번역한다 라고 하는 것은 생각할 수 없다. 더구나 인도본토, 스리랑카 또는 西方아시아 방면에서 이러한 신앙이 있었다고 하는 사실을 볼 수 없기 때문에 西北인도를 가지고 아미타불신앙의 발생지라고 결정하는 점에 異義가 없다고 본다. 그러나 西北인도의 어떠한 곳에서 발생했는가 라는 점은 밝힐 수가 없다.

역시 언제부터 이러한 신앙이 발생했는가 라고 하는 成立年代에 대해서 볼 때 이것 또한 異說이 많아 알 수 없다고 말한 상태이지만, 대체로 紀元前後 경에 일어났다고 하는 것이 定說인 듯하다. 이것은 중국에서 번역된 경전에 기반해서 類推하는 설이다. 아미타불에 관한 경전이 중국에서 번역된 최초는 支婁迦讖譯(147～186)의 『般舟三昧經』 및 『無量淸淨平等覺經』이다. 계속해서 支謙(223～282)에 의해 『阿彌陀三耶三佛薩樓佛檀過度八道經』 二卷이 번역되었다. 따라서 二世紀의 中頃 또는 二世紀의 初에는 대개 아미타불경전이 중국에 존재하고 있었다고 하는 것은 의심할 여지가 없는 사실이다. 그렇다면, 이 신앙이 年代的으로는 어느 頃까지 거슬러 올라갈 수 있는가 라고 하는 것에는 명확한 자료가 현존하지 않지만, 중국의 經典 翻譯史에 있어서 불교경전과 論書가 인도에서 편찬되어 중국에 傳來되기 까지 무릇 100 年 내지 200 年을 경과했다. 이렇게 볼 때 이런 경전은 대체로 紀元 前後에 편찬되었다고 생각되어 진다. 역시 이 신앙은 다시 소급해서 생각해 보면 대체로 紀元前 일세기 경에 소박한 아미타불신앙이 생기지 않았는가 라고 추측된다.

그러므로 다음에 어떠한 이유에 의해 이러한 신앙이 불교교단의 內部로 부터 발생했는가 라고 하는 것에 대하여 생각해 볼 수 있다. 불교교단은 크게 나누어 출가교단과 재가교단으로 나눌 수가 있다. 출가교 단이라는 것은 釋尊의 가르침을 받들고 專心으로 佛道의 수행에 힘쓰는 출가자(比丘)의 집단이다. 在家敎團이라는 것은 出家敎團을 支持하고, 歸依하여 그 출가자의 가르침을 받드는 在俗信者의 집단이다. 대체로 기원 전후의 頃부터 불교교단가운데 출가비구의 교단과는 다른 在家의 불교신자의 단체가 인도 各地에서 成立했다. 그들은 스스로를 가지고 菩提薩埵(bodhisattva) 즉「깨달음을 구하는 사람」이라고 불렀다. 이 보살인 명칭은 원래 석존의 前生을 말하는 이야기(本生譚) 중에 석존을 가르키는 말로 사용되어 온 것이지만, 자기들도 석존과 같이 佛陀가 될 수 있기 때문에 菩薩이라고 부를 수 있다 라고 확신하여 사용하는 듯하다. 이러한 在家信者의 집단 가운데는 출가비구의 교단에 참가한 사람도 상당히 많아 이러한 사람들이 중심이 되어 대승불교 운동이 興起했다고 한다.

이와 같이 대승불교는 在家敎團의 사람들이 중심이 되어 일어난 것이지만, 이때 편찬된 대표적인 불교경전은 『반야경』『법화경』『유마경』『화엄경』 등이 있다. 아미타불신앙도 이러한 재가교단의 사람들이 제창한 新佛敎運動(대승불교운동)의 일환으로 興起하고 『무량수경』 등의 대표적인 아미타불 경전은 이런 사람들에 의해 편찬된 것이 아닌가 하고 말하여 지고 있다. 따라서 이 새로운 불교운동은 釋尊의 遺法을 保守的인 출가교단의 사람들에게 맡겨 둘 수 없다고 하는 일부 진보적인 출가교단의 사람들과 在俗信者가 석존의 참 정신의 顯揚이라고 하는 입장에서 생각해 낸 것일 것이다. 이것은 석존의 참된 모양으로 아미타불을 이해하지만, 다른 어떠한 불교도의 釋尊 이해보다도 眞精神을 파악하고 있다고 하는 信念과 함께 생각해 낸 것이다. 保守的인 출가교단의 枯渴에 대해 在家敎團의 사람들과 一部 진보적인 출가교단의 사람들에 의해 釋尊의 참된 자세로서 묘사된 것이 아미타불인 부처님일 것이다 라고 말하여지고 있다.^(註)

다음에 아미타불신앙의 興起가 대승불교의 흥융에 관계있는 곳으로 부터 『無量壽經』에 설한 法藏比丘의 출가와 成道 및 十方諸佛國으로 부터 보살의 西方淨土往詣의 說話에 관련하여, 대승불교도가 보살도를 닦는 理想的인 사람으로 法藏比丘를 보살도의 완성자로서 아미타불을 생각해 냈다. 現世에는 쉽게 보살도를 완성할 수 없기 때문에 淨土를 보살도 완성의 道場(장소)으로서 十方諸國보다 서방정토에 많은 보살의 往詣를 例示하고 西方往生을 설한 것이 그 처음이 아닌가 라고 말해 지고 있다.

여하튼 간에 불교교단의 내부에서 아미타불신앙이 발생하여 이 부처님을 섬기는 아미타불교도에 의해 경전이 편찬되기에 이르렀지만, 편찬된 아미타불 경전은 시대와 함께 차차 增補, 改竄되고 또 別種의 것도 편찬되었다. 점차로 인도, 西域地方에 널리 또는 많은 대승경전 가운데에 散說되게 되었다. 이것이 중국에 전래되어 현존의 많은 아미타불 경전을 볼 수 있게 되었다.

(註) 宮本正尊編 『大乘佛敎의 成立史的硏究』(三一四頁參照)

第二章　淨土敎의 根本聖典과 宗典

1 根本經典

아미타불의 서방정토에 왕생하는 것을 설한 경전은 다수 중국에서 번역되었지만, 그 중에서 『無量壽經』二卷(康僧鎧譯) 『觀無量壽經』一卷(畺良耶舍譯) 『阿彌陀經』一卷(鳩摩羅什譯)의 三部 四卷의 경전을 가지고 「淨土三部經」이라고 이름한다. 根本聖典으로 한 사람은 鎌創初期에 나타난 淨土宗 開祖의 法然上人이다. 그 이후의 일본의 정토교 諸宗派는 거의 法然의 門下로 부터 파생했기 때문에 法然의 설을 그대로 계승하고 각각 종파의 根本聖典으로 하고 있다. 다음에 이러한 「三部經」에 대하여 略述하고져 한다.

(ㄱ) 無量壽經

이 『無量壽經』二卷은 略해서 『大經』 『雙卷經』이라고도 말한다. 眞宗의 親鸞은 특히 『大無量壽經』이라고도 부른다. 三世紀中頃 즉 曹魏의 嘉平四年(252)에 西域의 康居(中央아시아의 길끼스 또는 사마르간트地方)에서 온 康僧鎧에 의해 번역된 것이다. 그렇지만 『無量壽經』의 中國譯은 이 康僧鎧譯 뿐만 아니라 一千餘年에 걸쳐 장구한 중국의 경전번역사에 있어서 都合 12回 번역되었으며 5本이 현존하고 他의 7本은 散失되어 전해지지 않는다고 말한다. 이것을 古來로 부터 「五存七欠十二」譯이라고 칭한다.

다음에 현존, 전래되고 있는 五本의 『無量壽經』을 번역의 年代順을 따라서 정리하면 다음과 같다.
- 一. 『無量淸淨平等覺經』二卷 後漢 支婁迦讖譯(147～186)
- 二. 『佛說阿彌陀三耶三佛薩楼佛檀過度人道經』(略名『大阿彌陀經』) 二卷 吳・黃武年中 支謙譯(223～282)
- 三. 『無量壽經』二卷 曹魏・嘉平四年(252)康僧鎧譯
- 四. 『無量壽如來會』(大寶積經所收)二卷 唐・開元元年(713)菩提流支譯
- 五. 『大乘無量壽莊嚴經』三卷 趙宋・淳化二年(991)法賢譯

이 밖에 宋의 紹興三十二年(1162)에 王日休로 부터 편찬된 『大阿彌陀經』二卷이 있다. 이것은 上記의 五種類의 번역경전의 경우 康僧鎧譯의 『無量壽經』을 底本으로 他의 『無量淸淨平等覺經』과 『阿彌陀三耶三佛薩楼佛檀過度人道經』 및 『無量壽莊嚴經』의 三本을 비교 대조하고 合糅하여 一本으로 한 것이다. 이것은 경전의 要旨를 五六項目으로 나누어 설하고 있으며 경전의 講讀에 대단히 편리한 점이 있지만 번역된 경전은 아니다. 따라서 漢文의 『無量壽經』에서는 번역된 것과 合糅된 것을 합해서 도합 6종류가 있다.

이 밖에 티벹語로 번역된 것이 있으니 『聖無量光莊嚴大乘經』(Ārya amitābhā vyūha nāma mahāyāna sūtra)라고 이름한다. 이것은 八世紀에 나타난 飜譯者 루이 갸르쟌의 번역이다.

다음으로 주목되는 것은 오랫동안 그 존재가 알려지지 않아서 세계의 학자가 오랫동안 찾았던 『無量壽經』의 原本이라고 생각된다. 『산스크리트文 無量壽經』이 十九世紀에 발견된 것이다. 처음에는 영국의 네팔 駐在公使 홋드쏜(Hodgeson)이다. 그는 네팔에 주재하는 사이에 諸方의 寺院을 탐색하여 많은 산스크리트語 불교경전을 발견했다. 그 중에 『無量壽經』의 산스크리트文이 있었다. 그 후 日本의 大谷光瑞・河口慧海・榊亮三郞 등의 諸師에 의해 네팔, 티벹 등에서 잇달아 『산스크리트文 無量壽經』이 발견되었다. 현재 세계에서 존재가 명확한 『無量壽經』의 산스크리트文은 二十數部의 다수에 달한다. 이러한 경전은 언제라도 슈

쿠파바티—뷰하(Sukhā vati-vyūha) 「樂有莊嚴」이라고 이름하고 내용으로 보아도 동일계통의 것이다. 대체로 西紀十四・五世紀 以後의 寫本이라고 한다. 이와 같이 많은 샨스크리트語의 『無量壽經』이 발견되었지만, 유감스럽게도 현존하는 5種類의 中國語譯의 무량수경의 원본이라고 생각되어 지는 것은 아직도 발견되지 않았다.

그리고 19세기 말에 영국의 막스・뮬러(Max Müller)에 의해 샨스크리트文 무량수경이 英譯되어 『大極樂莊嚴經』(The Larger Sukhāvati Vyūha)라는 이름으로 간행되었다.

上述한 바와 같이 『無量壽經』의 異本異譯은 中國譯으로 五本, 티벹譯으로 一本, 샨스크리트文으로 一本(二十數部이지만 同一系統이기 때문에 一本으로 취급함)의 都合 七本이 있다. 이 경우 中國譯이 비교적 古形態로 전하고 내용도 소박하지만, 티벹譯과 샨스크리트文은 같은 계통에 속하고 내용도 정비되어 있다. 『무량수경』이 紀元 前後에 西北인도에서 阿彌陀佛敎徒에 의해 편찬된 때의 原型이 어떠한 것인가 하는 것이 밝혀지지 않지만, 飜譯年代 및 내용으로 볼 때 中國譯의 『無量淸淨平等覺經』(支婁迦讖譯)과 『阿彌陀三耶三佛薩樓佛檀過度人道經』(支讖譯)이 비교적 소박하다. 번역 年代도 오래된 것일수록 비교적 原型에 가까운 형태를 전하지 않는가 라고 추측된다.

이 밖에 中國譯 『無量壽經』에 七回의 飜譯이 있으나 모두가 散佚되어 전해지지 않는다고 한다. 그 七本은 다음과 같다.

一. 『無量壽經』二卷 後漢・建和二年(148) 安世高譯
二. 『無量淸淨平等覺經』二卷 曹魏・甘露三年(258) 白延譯
三. 『無量壽經』二卷 西晋・永嘉二年(308) 竺法護譯
四. 『無量壽至眞等正覺經』二卷 東晋・元熙元年(419) 竺法力譯
五. 『新無量壽經』二卷 東晋・永初二年(421) 覺賢譯
六. 『新無量壽經』二卷 東晋・永初二年(421) 寶雲譯
七. 『新無量壽經』二卷 劉宋・曇摩密多(424~441)譯

이상의 七本을 「七欠」이라고 하지만, 이러한 七本의 『無量壽經』이 과연 경전목록에 記載되어 중국에 전래되었던가 아닌가에 대해서는 의문점이 많다. 이것은 아마도 경전목록의 편찬자가 無批判으로 經典名을 列記된 곳으로 부터 重記 誤記의 과오로 이와 같이 七回의 번역이 있었다고 전해져 온 것이 아닐런지, 따라서 이 七回의 번역은 원래 없었다고 생각하는 것이 일반이다.

다음에 현존하는 中國譯 五本의 『無量壽經』의 번역자에 관해 여러 학자의 사이에 疑義를 품는 사람이 많다. 특히 康僧鎧譯의 『무량수경』은 오늘날 일본 정토교 각파의 根本聖典이라고 되어 있기 때문에 各種의 방면에서 연구되어 現今의 學會에서는 康僧鎧의 번역이라고 하는 것은 잘못이며, 七欠의 가운데에 기록된 竺法護譯의 『무량수경』二卷이 그것이 아닐까 라고 말한다.

(ㄴ) 觀無量壽經

정토교 根本聖典의 第二位인 『관무량수경』은 또 『觀無量壽佛經』이라고도 하며, 약해서 『觀經』이라고도 한다. 이것의 中國譯은 二回라고 傳해지고 있다. 즉

一. 『觀無量壽經』一卷 劉宋·畺良耶舍(425~453)譯

二. 『觀無量壽佛經』一卷 劉宋·曇摩密多(424~443)譯

이 경우 曇摩密多가 번역한 것은 散失되었고 畺良耶舍譯만이 전해지고 있다. 이 二本의 번역에 대하여 耶舍와 密多와는 거의 동시대 인물이며, 거의 같은 지역을 傳道한 사람이기 때문에 兩者의 傳記가 混同되어 二譯이라고 되었을 것 같다. 현재는 畺良耶舍譯이라고 하는 것만 있지만, 이 『觀經』의 번역에 대해 疑義가 있다. 번역자의 傳記, 경전의 내용, 言語의 표현방법 및 당시 번역된 많은 觀佛經典과 관련하여 볼 때 이것은 번역된 경전이 아니고 중국에서 편찬된 것이 아닌가 라고 말한다.

이것에는 샨스크리트文과 티벹번역이 없고 中國譯 뿐이지만, 斷片으로 위―그르語譯[Uigur 回鶻 西域吐魯蕃(Turfan)附近의 出土]의 것이 발견되었다. 또 정토종의 良忠은 『觀經玄義分記』 第三(淨全二卷五三頁)에서, 이 二回의 번역 이 외에 後漢의 時代에 번역된 것이 있다고 하여 都合 三回의 번역이 있으며, 一本만이 현존하고 나머지는 散失되었다고 한다.

(ㄷ) 阿彌陀經

『阿彌陀經』은 또한 『小經』 『彌陀經』이라고도 略稱되고 있다. 이것은 三回 중국에서 번역되었으며, 二本이 현존하고 있다. 즉

一. 『佛說阿彌陀經』 一卷 姚秦・弘始四年(402) 鳩摩羅什譯
二. 『小無量壽經』 一卷 劉宋・孝建年中(454~456) 求那跋陀羅譯
三. 『稱讚淨土攝受經』 一卷 唐・永徽元年(650) 玄奘譯

이 경우 求那跋羅에 의해 번역된 『小無量壽經』은 散佚되고 전하지 않는다. 따라서 현존 二本 중 鳩摩羅什이 번역한 『佛說阿彌陀經』을 가지고 「淨土三部經」의 하나라고 한다. 『아미타경』에는 中國譯 외에 샨스크리트文 및 티벹譯이 있다. 티벹譯은 『聖大乘樂有莊嚴經』(Ārya sukhāvati vyūha nāma mahāyāna sūtra)라고 이름하며, 8세기 말엽 인도의 論師인 다나―시라(dāna-śila)와 西藏의 飜譯官 僧智部가 共譯했다. 이 아미타경의 샨스크리트文은 일찌기 일본에 傳來되어 4종류 정도가 있다. 書寫하여 相傳하는 사이에 상당의 誤寫가 있기 때문에 19세기 말엽에 알려진 영국의 종교학자, 막스―뮐러(Max Müller)와 일본의 南条文雄은 이것을 교정하여 출판했다.

이와 같이 『아미타경』은 中國譯에 二本, 티벹譯에 一本, 샨스크리트文에 一本의 도합 4종류가 있지만, 이 경우 鳩摩羅什이 번역한 『아미타경』과 티벹譯 및 샨스크리트文은 거의 내용이 같기 때문에 현존의 『샨스크리트文 아미타경』은 中國譯 『아미타경』, 티벹譯의 『樂有莊嚴經』(아미타경의 異名)의 원본이라고 생각해도 차질이 없다. 따라서 中國譯에도

玄奘이 번역한 『稱讚淨土經』은 內容에 加筆, 增廣이 보이며 아직 원본은 발견되지 않고 있다.

上述한 바와 같이 중국에 번역된 『무량수경』에 五本 『관무량수경』에 一本, 『아미타경』에 二本의 異譯이 현존하고 있지만, 그 중에 康僧鎧譯의 『무량수경』 二卷, 畺良耶舍譯의 『관무량수경』 一卷, 鳩摩羅什譯의 『아미타경』 一卷의 三部四卷의 經을 가지고 「淨土三部經」이라고 이름하여 淨土敎의 根本聖典으로 하고 있다.

이 三部四卷의 경전을 가지고 「淨土三部經」의 명칭을 사용한 것은 일본의 法然이 처음이다. 그러나 이 「三部經」이 중국에 전래된 이래 많은 사람들에 의해서 講讀되고 書寫되었으며 또한 解說書도 많이 述作되었지만, 그 이외의 經典, 즉 예를 들면 『平等覺經』(支婁迦讖譯), 『無量壽莊嚴經』(法賢譯)이 널리 講讀되고 注釋書가 述作된 예는 거의 볼 수가 없다. 중국·한국·일본을 통해서 정토교의 근본경전으로서 널리 崇敬된 것은 오직 「淨土三部經」뿐이다.

註 ; 拙著 『淨土三部經槪說』(25頁) 참조

2 根本論書

아미타불 및 극락정토를 설한 論書는 아미타불경전과 같은 모양의 많은 것이 중국에 전해졌지만, 法然은 이 경우 다음 것을 가지고 淨土宗 正依의 論書라고 하고 있다.

『無量壽經優婆提舍願生偈』 一卷 天親(世親)菩薩造 北魏 菩提流支(六世紀)譯

이것은 또한 『往生論』 『淨土論』 『無量壽經論』이라고도 한다. 菩提流支가 번역한 것만이 있고 다른 中國譯은 없으며, 티벹文 및 산스크리트文도 없다. 인도에서 많은 論師에 의해 佛敎論書가 저술되었지만, 그 가운데서 오로지 정토교에 대해서 論述한 것은 이 『往生論』뿐이다. 北

魏의 曇鸞은 이것의 注譯書를 만들어 『往生論註』一卷과 먼저 述한 「淨土三部經」을 가지고 「三經一論」이라고 칭하며, 일본정토교 각종파는 언제나 근본성전으로서 숭앙해 왔다. 이 밖에 정토왕생을 설한 經論으로 다음의 것이 있다.

3 그 밖의 淨土敎經典

(ㄱ) 般舟三昧經

上記의 「三部經」외에 中國初期의 정토교를 형성하는데 큰 역할을 한 것은 『般舟三昧經』이다. 이것은 盧山慧遠(334~416) 및 天台智顗(538~597)이 정토교의 依憑經典이라고 한 것이기 때문에 현재 4종류가 전해지고 있다. 즉

一. 『般舟三昧經』三卷 後漢・光和二年(179) 支婁迦讖・竺佛朔 共譯
二. 『般舟三昧經』一卷 後漢・光和二年(179) 支婁迦讖譯
三. 『拔陂菩薩經』一卷 符秦 以前의 古譯 飜譯者不詳
四. 『大方等大集經賢護分』(大集經所收) 五卷 隋・闍那崛多(559~600) 譯

이 중에 가장 오래된 형태를 전하고 있는 것은 『拔陂菩薩經』一卷이다. 다음으로 一卷本 『般舟三昧經』, 三卷本 『般舟三昧經』이 편찬되었으며 마지막 최후에 나온 것이 『大集經』에 수록된 『大集經賢護分』이 아닐까 라고 한다. 그 중 盧山慧遠, 天台智顗의 정토교를 형성하는데 큰 역할을 한 것은 三卷本의 『般舟三昧經』이다. 후세 일본정토교에 큰 영향을 미친 善導의 정토교는 「정토삼부경」을 기본경전으로 했지만, 그가 저술한 『般舟讚』一卷에는 이 『般舟三昧經』의 영향이 보인다.

다음에 法然上人의 『選擇集』에는 傍依의 경전(傍系로 왕생정토를 밝히는 경전)으로서 다음의 것을 말한다.

(ㄴ) 華嚴經

이것에는 佛馱跋陀羅(Buddhabhadra)(覺賢)(419~420)이 번역한 『大方廣佛華嚴經』 六十卷(六十華嚴·舊譯華嚴이라고도 함)과 實叉難陀(siksānanda)(695~699)가 譯한 『大方廣佛華嚴經』 八十卷(八十華嚴·新譯華嚴이라고도 함)과 般若(prajña)가 譯한 四十卷本 『華嚴經』(四十華嚴)의 3種類가 있다.

(ㄷ) 法華經

이것은 竺法護(265~316)가 번역한 『正法華經』 十卷과 鳩摩羅什(406)이 번역한 『妙法蓮華經』 八卷과 闍那崛多 達磨笈多 共譯(601)의 『添品妙法蓮華經』 八卷의 3종류가 있다. 이 중에서 鳩摩羅什譯의 것이 가장 널리 독송되고 있다.

(ㄹ) 隨求陀羅尼經

이것은 唐 不空이 번역한 『大隨求陀羅尼經 一卷』(本名은 普邊光明淸淨熾盛如意寶印心無能勝大明王大隨求陀羅尼經)과 實思惟가 번역한 『隨求卽得大自在陀羅尼神呪經』 일권 등이 있다.

(ㅁ) 尊勝陀羅尼經

이것은 佛陀波利가 唐의 高祖永淳二年(683)에 번역한 것과 儀鳳四年(679)에 杜行顗가 번역한 것이 있다.

이 밖에 중국에서 번역된 大小乘經典의 總數가 940여부 가운데 아미타불 및 극락정토에 대하여 설하고 있는 경전이 270餘部이며 그 수량에 있어서도 三分의 一을 차지하고 있지만, 지금은 번거로움을 염려해서 略하고져 한다.

4 그 밖의 淨土敎論書

法然의 『選擇集』에서는 上述한 正依의 『往生論』외에 傍依의 論書(傍系에서 淨土往生을 설하는 論書)로서 다음의 것을 말하고 있다.

(ㄱ) 大乘起信論
이것에는 眞諦譯과 實叉難陀譯이 있다. 本書는 이전에 인도의 馬鳴論師(1·2世紀)의 作이라고도 하지만 現今에는 중국에서 選述된 書라고 한다.

(ㄴ) 究竟一乘實性論──四卷 堅慧造 北魏 勒那摩提譯
本書는 티벨文에 의하면 게송은 彌勒論師, 釋은 無著의 것이라고 되어 있다.

(ㄷ) 十住毘婆娑論──十七卷 龍樹造 姚秦 鳩摩羅什譯
本論 중에 易行品은 眞宗에서 중시하고 「七祖聖敎」가운데에 수록하고 있다.

(ㄹ) 攝大乘論──三卷 無著造
이것에는 佛陀扇陀譯과 眞諦譯과 玄奘譯의 3종류가 있으며 또 世親과 無性의 釋書가 전해 지고 있다.

이 외에 정토왕생을 散說하고 있는 論書는 있지만 여기서는 省略한다. 이와 관련하여 眞宗의 繼成이 편찬한 『阿彌陀佛說林』에서는 중국에 전해진 一切經 가운데 아미타불 및 극락정토를 설하는 經典論書를 모두 列記하고 그 要文을 발췌하여 集錄하고 있기 때문에 아미타불의 연구에 큰 便宜를 주고 있다.

上述한 바와 같이 정토교의 근본 성전에서는 경전으로서 『無量壽經』 二卷(康僧鎧譯)『觀無量壽經』 一卷(畺良耶舍譯)『阿彌陀經』 一卷(鳩摩羅什譯)의 三部四卷의 經典을 가지고 있고, 이것을 「淨土三部經」이라 부르고 尊崇하고 있는 외에 天親(世親)이 著述한 『往生論』 一卷을 正依의 論書로서 「三經一論」이라고 숭앙하고 있다. 그 경우 法然의 정토종은 이 三部의 경전은 모두 같은 가치로서 一具經으로 취급하고 있지만, 親鸞의 眞宗은 『無量壽經』을 「三部經」의 中心 經典으로 하고, 證空의 西山淨土宗은 『觀無量壽經』을, 一遍의 時宗은 『阿彌陀經』을 중시하고 三經의 가치에 輕重을 인정하고 있다.

이상은 法然의 門流인 淨土宗·眞宗·西山淨土宗·時宗 等에 있어서의 根本 聖典에 대해서 記述했지만, 이 밖에 融通念佛宗에서는 融觀의 『融通圓門章』에 의해 『華嚴經』과 『法華經』을 가지고 正依의 經典으로 하고 『無量壽經』 『觀無量壽經』 『阿彌陀經』의 「淨土三部經」을 가지고 傍依의 경전이라고 한다. 또 天台宗에서 분파한 天台眞盛宗에서는 다음의 것을 가지고 正依의 經論으로 하고 있다. 즉

「法華三部經」(『無量義經』『法華經』『普賢觀經』)『梵網經』「淨土三部經」(『無量壽經』)『觀無量壽經』『阿彌陀經』)『十住毘婆沙論』『往生論』.

5 宗派의 宗典

上記의 「三經一論」 외에 일본의 정토교 각파에서는 開祖列祖로 숭앙되고 있는 人師가 저술한 것을 「宗典」이라 이름하여 尊崇되고 있으며, 宗派의 敎義를 組成하는 중요한 典籍으로 하고 있다. 다음에 그 명칭을 列記하고져 한다.

(ㄱ) 淨土宗의 宗典

曇鸞—『往生論註』 二卷(天親의 『往生論』을 註譯한 것)

道綽―『安樂集』二卷(『觀經』의 綱要書)
善導―(一)『觀無壽經』四卷(『四帖疏』『楷定疏』『觀經疏』라고도 함.
　　　　『觀經』의 註釋書이지만, 善導의 염불신앙의 요지를 述한 것)
　　　(二)『淨土法事讚』二卷(略하여『法事讚』이라고도 함.『阿彌陀
　　　　經』을 讀誦하는 行義를 밝힌 것)
　　　(三)『往生禮讚』一卷(六時禮讚이라고도 함. 서방아미타불의
　　　　淨土에 왕생하기를 원하고 六時(回)에 佛을 예배찬탄함과
　　　　동시에 懺悔行儀를 밝힌 것)
　　　(四)『觀念法門』一卷(觀佛三昧와 念佛三昧의 行儀를 설한 것)
　　　(五)『般舟讚』一卷(『觀經』등에 의해 般舟三昧의 行儀를 설한
　　　　것)
源信―『往生要集』三卷(觀念과 稱名에 의해 정토왕생을 설함. 法然의
　　　정토교가 형성된 모체라고 하는 것)
法然―(一)『選擇本願念佛集』一卷(法然의 대표적 저작, 選擇本願의
　　　　念佛을 설함)
　　　(二)『一枚起請文』『一紙小消息』이 밖에(『法然上人生集』에 모
　　　　두 수록되었음)
辯長―(一)『徹選擇本願念佛集』二卷 (『選擇集』의 註釋書)
　　　(二)『末代念佛授手印』一卷(傳書)
良忠―(一)『選擇傳弘決疑鈔』五卷(『選擇集』의 註釋書)
　　　(二)『觀經疏傳通記』十五卷(善導의『觀經疏』의 註釋書)
　　　정토종에 있어서는 경전·釋書에 대한 해석은 辯長·良忠의 釋
　　　義를 가지고 指南이라고 한다.

(ㄴ) 西山淨土宗의 宗典

善導의『觀經疏』四卷, 法然의『選擇本願念佛集』一卷 외에
證空―(一)『觀門要義鈔』四十一卷(『觀門義』『自筆鈔』『觀經要義釋觀

　　　　　門義鈔』라고도 함)(善導의『觀經疏』를 注釋한 것으로 證空
　　　　　獨自의 敎旨를 述한 것)
　　　(二)『觀經疏他筆鈔』十四卷(『觀經疏』의 釋書이지만, 彌陀弘願
　　　　　의 敎旨를 설함)
　　　(三)『觀經秘決集』二十卷(西山義의 實相에 대하여 述한 것)
　　　(四)『當麻曼茶羅註記』十卷
　　　(五)『女院御書』그 外
行觀―『四帖疏私記』三十卷(西谷義의 입장에서『觀經疏』를 注釋한 것)
顯意―『觀經疏楷定記』三十六卷(深草義의 立場에서『觀經疏』를 注釋
　　　한 것)

(ㄷ) 時宗의 宗典

智眞―『一遍上人語錄』二卷(一海輯)
眞敎―『二祖他阿上人法語集』八卷
託阿―『器朴論』三卷(時宗의 敎義를 槪說한 것)
以上의 三部의 書를 가지고 時宗宗學의 三部寶典이라고 함)

(ㄹ) 眞宗의 宗典

龍樹―『易行品』一卷(『十住毘婆娑論』에 收錄되어 있음)
天親―『無量壽經優婆提舍願生偈』一卷(『往生論』『淨土論』이라고도 하
　　　지만, 眞宗에서는 특히『淨土論』이라는 명칭을 사용함)
曇鸞―(一)『淨土論註』二卷(天親의『淨土論』을 註釋한 것. (往生論
　　　　　註』라고도 함)
　　　(二)『讚阿彌陀佛偈』一卷(『無量壽經奉讚』『大經奉讚』이라고도
　　　　　함. 아미타불 및 극락정토를 찬탄한 것)
導綽―『安樂集』二卷
善導―『觀無量壽經疏』四卷『法事讚』二卷『往生禮讚』一卷『觀念法

門』一卷,『般舟讚』一卷(上記와 같음)
源信―『往生要集』三卷(上記와 같음)
法然―『選擇本願念佛集』二卷
以上의 十二部 二十一卷의 書를「七祖聖敎」라고 부르며 중시한다.
親鸞―(一)『顯淨土眞實敎行證文類』六卷(略하여『敎行信證』이라고 하며 『本典』이라고도 함)
　　　(二)『愚禿鈔』그 외는『親鸞聖人全集』에 수록)
蓮如―『御文章』(평이하게 眞宗의 安心을 述한 것, 誦經할 때에 拜讀하는 것)

(ㅁ) **融通念佛宗의 宗典**

大通―(一)『融通圓門章』一卷(融通念佛의 敎義의 綱要書)
　　　(二)『融通念佛信解章』二卷(融通念佛의 敎義를 平易하게 설한 것)
良山―『融通圓門章私記』三卷
準海―『融通圓門章集註』八卷
이 良山의『私記』와 準海의『集註』는『融通圓門章』의 二大註疏라고 말하며 重視한다.

(ㅂ) **天台眞盛宗의 宗典**

總所依의 疏章―「法華三大部」(智顗),『往生論註』(曇鸞),『安樂集』(道綽),「善導五部九卷」,『淨土十疑論』(智顗),『選擇集』(法然).
別所依의 疏章―『菩薩戒疏』(智顗),『菩薩戒經刪補疏』(明曠),『往生要集』(源信),『惠心念佛法語』(源信),『奏進法語』(眞盛),『念佛三昧法語』(眞盛).
또 이 외에 각 종파에서 함께 중요한 宗書로서 중시하는 것이 많이 있지만 지금은 대표적인 것만 표현하고 이만 줄이고져 한다.

❻ 根本聖典의 概要

(1) 淨土三部經

아미타불 및 극락정토를 설한 경전은 중국에 많이 전해졌지만, 이 경우 인도 중국 한국 일본에 걸쳐 淨土敎의 중심경전 또는 根本聖典으로서 중요시 하는 것은 『無量壽經』二卷(康僧鎧譯) 『觀無量壽經』一卷(畺良耶舍譯) 『阿彌陀經』一卷(鳩摩羅什譯)의 三部四卷의 경전이다. 현재 일본의 淨土敎 각종파는 언제던지 이 경전을 가지고 正依의 경전으로 숭앙하고 있다.

그리고 각종파의 敎學 및 신앙은 이 경전의 經文을 根據로 설하고 있지만 각종파를 開創한 宗祖의 경전에 대한 사고방식, 견해의 相違에 의해 같은 경전이면서 종파에 따라 해석을 달리하고 있는 현상이 보인다. 이것은 일본정토교 각종파의 교설은 開宗의 祖師라고 숭앙되는 宗祖의 사상신앙을 기본으로 하여 宗派의 敎義를 조직하고, 宗祖의 사고방식을 기본으로「三部經」를 보기 때문에 다른 三部經觀이 설해 지고 있다. 따라서 같은「淨土三部經」을 종파의 근본성전으로 하고 있지만, 別種의 경전과 같이 보여 지고 있기 때문에 각종파에서 각각의「三部經」이 있다고 할 수 있는 현상을 볼 수 있다. 즉 정토종의「三部經」, 眞宗의「三部經」, 西山淨土宗의「三部經」이라고 할 수 있다. 그러나 지금은 이러한 宗派敎學의 생각을 떠나「三部經」의 槪要를 약술하고져 한다.

(ㄱ) 無量壽經

이『無量壽經』은 釋尊이 王舍城 外에 있는 靈鷲山(gṛdhrakūṭa)에서 了本際尊者 등의 三十一人의 佛弟子 및 보현보살 등의 보살, 총계 일만 이천인과 더불어 많은 사람들을 앞에 두고 설한 경전이다. 아미타불인 부처님이 출현하여 서방에 극락세계를 만들어 많은 사람들을 구제하는 인연을 설하고 있다.

(一) 法藏菩薩(阿彌陀佛의 前身)의 수행과 깨달음

「이것은 생각할 수 없을 정도의 불가사의한 일이다. 錠光如來라고 하는 부처님이 이 세상에 계시면서 많은 사람들을 제도하시다가 열반에 드셨다. 그 다음 출현하신 부처님을 光遠如來라고 한다. 이 부처님도 역시 많은 사람들을 제도하시다가 열반에 드셨다. 그 다음에 출현하신 부처님을 月光如來라고 한다. 이리하여 계속 부처님이 출현하셔서 도합 五十三佛이 나타나 많은 사람들을「깨달음」으로 인도하셨다.

그래서 제오십사번째 출현하신 부처님을 世自在王如來라고 한다. 이 부처님의 시대에 한 사람의 國王이 계셔서 如來의 가르침을 듣고는 홀연히 大菩提心을 일으켜 나라와 王位를 버리고 출가하여 사문이 되어「法藏」이라고 이름하였다. 世自在王如來의 앞에서「깨달음」을 열어 成佛할 때는 가장 수승한 淨土를 만들어 일체의 사람들을 이 淨土에서 구제하겠다고 발원하고, 五劫동안 思惟하여 일체의 사람들을 구하기 위해 四十八願을 세워 六波羅密의 보살도를 닦았다. 그 修業은 실로 영겁에 걸친 오랜동안의 수업이었다. 인간계에 생을 받은 때는 거의 없었으며 天上界에 태어났고 또 長者・居士・波羅門・國王・轉輪聖王・欲界의 第六天王과 梵天王으로 태어나서도 이 원과 수행을 버리지 않고 항상 보살도를 닦았다. 또 많은 부처님을 공양하고 많은 사람들을 인도했다.」

그리하여 드디어 깨달음을 얻어 부처님이 되셨으니 이 부처님이 아미타불이다. 이 아미타불이 깨달음을 얻어 이룬 淨土에 대하여 경전에서는

　　法藏菩薩이 지금 성불하여 현재 서방에 계신다. 여기서 十萬億刹를 지나 가면 세계가 있으니 이 부처님의 세계를 이름하여 安樂이라고 한다.

고 하며, 成佛의 시기에 대하여「成佛하기 위해 이 분은 무릇 十劫이

걸렸다」라고 하며 法藏菩薩이 成佛하여 아미타불이라고 칭하게 된 것은 지금부터 十劫前의 옛날이었다. 그 정토는 여기를 지나서 서방 십만 억불토를 가야 한다. (取意)

이 成佛의 시기·淨土의 장소 및 거리 등에 대하여 중국·한국·일본의 淨土敎家는 여러 가지 해석을 달고 宗派敎學에 있어서 중요한 연구 名題라고 한다. (後에 詳說)

(二) 淨土의 모양

이 정토의 모양에 대하여 경전에서는 「大地는 金·銀·瑠璃·珊瑚·琥珀·硨磲·碼磁의 七寶로 되어 아름답게 광명이 비치고 있고. 이 大寶의 大地는 無際限하게 넓다. 수미산과 金剛鐵圍山만큼 높은 산은 없다. 또 大海와 호수 크고 작은 계곡 井戶 凹地도 없이 평탄하다. 춘하추동의 4계절의 변화도 없고 항상 춥지도 않고 온화하여 몸에 적응하기에 좋은 곳이다. 따라서 이 나라는 七寶로 된 수목이 整然하게 무성하며 枝葉花實은 아름다운 七寶로 빛나고 있을 뿐만 아니라 시원한 바람이 이 七寶로 빛나는 나무들 사이에 불면 기묘한 음악을 연주하고 있다.

그 가운데에 아미타불이 「깨달음」을 얻은 보리수가 있으니 높이는 사백만리이며 枝의 넓이는 이십만리나 되며 七寶로 되어 있다. 따라서 月光摩尼와 持海輪寶 등 모두 보배 중 王이라고 하는 것으로 장식되어 있다. 또 講堂·精舍·宮殿·樓閣 등의 뛰어난 건물이 있고 모두 七寶로 되어 있다. 이러한 건물의 좌우에는 七寶로 만들어진 大小의 못이 있으며 八功德水가 가득하다. 못의 언덕에는 栴檀香木이 있고 향기가 감미롭게 풍기며 못에는 靑色·紅色·黃色·白色의 연화가 피어 있다. (取意)

라고 하며 淨土의 뛰어난 風景을 述하고 있다.

(三) 阿彌陀佛의 德相

淨土敎의 敎主인 아미타불에 대하여 「경전에서는 無量壽佛의 光明은

最第一이며 諸佛의 光明이 미치지 않는 곳이다. 이 光明은 널리 十方世界를 비친다. 장해하는 것이 없기 때문에 이 부처님을 無量光佛, 無邊光佛, 無礙光佛, 無對光佛, 燄王光佛, 淸淨光佛, 歡喜光佛, 智惠光佛, 不斷光佛, 難思光佛, 無稱光佛, 超日月光佛이라고 이름하여 十二光佛의 이름을 나열하고 있다. 그리하여 이 光明에 비추어 지는 것은 三毒의 번뇌가 곧 소멸되고 善心이 생기며 命終時에 淨土에 태어날 수 있다.

　다음 또 이 부처님은 영원의 수명을 가지신 부처님으로 聲聞과 緣覺 등의 聖者가 泰山처럼 모여 있고 百千萬劫이라고 하는 오랜 시간을 걸쳐서 수명의 길이를 알려고 해도 알 수 없다. 또한 淨土에 머무는 聖者의 수명도 無量壽이다. 그 대표되는 관음 세지의 두 보살은 본래 사바세계에서 이 淨土에 왕생한 사람이다.」(取意)
라고 하고 敎主인 아미타불에 光明無量 壽命無量의 德性뿐만 아니라, 淨土에 머무는 聖者도 같은 모양으로 無量의 수명을 가졌으며 그 수효는 셀 수 없다고 하고 있다.

　(四) 往生人의 德相

　淨土에 왕생한 사람의 德性에 대하여「저 아미타불의 淨土에 왕생한 사람은 몸도 입도 마음도 청정하다. 몸에서는 청정한 身軀를 입에서는 미묘한 음성을 뜻으로는 六神通을 얻을 수 있을 뿐만 아니라, 居住하는 궁전과 몸에 입는 의복과 食物과 그 밖에 미묘한 꽃과 香 등의 장식은 꼭 欲界 第六天과 같이 가장 뛰어난 것이다. 또 식사를 하고져 생각하면 七寶와 明月眞珠로된 食器가 생각한 대로 나타나며, 그 가운데 감미로운 음식이 자연히 가득하다. 이와 같이 淨土는 快樂安穩한 곳으로 모두 常住不變의 진리 뿐이다.」

　「그리고 또 淨土에 머무는 天人의 衣服, 食物, 香, 瓔珞, 天蓋, 幢幡 音樂, 居하는 택사 및 궁전은 꼭 알맞게 만들어져 모양에 있어서 大小가 없지만 어느 것이나 많은 보배로 되어 있다. 또 天人이 걸음을 걷는 곳에는 훌륭한 자리가 깔리고, 하늘에는 수많은 보배로 장식된 網이 덮인다. 여기에는 미풍이 불면 이러한 網과 寶樹가 흔들려 미묘한 음악이 연주된다. 이것을 듣는 사람은 자연히 번뇌의 마음이 머물고 미묘한 安樂을 얻을 수 있다. 그리고 또 七寶樹林에 부는 바람은 꽃을 날린다. 그 꽃은 아름다운 색깔과 좋은 향기를 풍긴다. 天人은 그 위를 걸으니 진실로 즐거운 安樂한 곳이다」라고. (取意)

이와 같이 정토가 즐거운 곳이라는 것을 말과 문자를 다해 설명하고 있다. 이 淨土의 장엄에 대한 생각은 祖師에 따라 다르다. 중국의 曇鸞은『往生論註』에서 상세한 설명을 하고 있으며 善導는『觀經疏』에서 指方立相의 정토를 설하고 있다.

(五) 淨土往生의 行

다음으로 淨土에 태어나기 위한 수행 방법으로서 上輩·中輩·下輩의 3종류의 사람을 출현시키고 왕생하기 위한 수행을 가르치고 있다. 上輩의 사람이라는 것은 출가사문으로서 보리심을 발해 오로지 무량수불을 念하고 여러 가지 공덕의 수행을 권장하면 이것으로 인해서 淨土에 往生하고 싶다고 원하는 사람이다. 中輩의 사람이란 在家의 사람으로 오로지 무량수불을 念할 뿐 아니라 一日一夜의 사이라도 八齊戒를 가지거나, 다음에 佛塔과 佛像을 만들거나 또 수리하거나 출가사문에게 공양을 바친 공덕으로 왕생을 원하는 사람이다. 下輩의 사람이란 같은 在家者이지만 단지 菩提心을 발해 오로지 無量壽佛을 念하는 것 만으로 왕생을 원하는 사람이다. 이와 같이『無量壽經』에서는 인간의 능력(機類)에 따라서 거기에 相應하는 수행을 권한다.

(六) 菩薩聖衆의 往生

이와 같이 정토는 뛰어난 곳이기 때문에 경에서는 시방세계에 있는 諸佛의 나라 나라에 머무는 菩薩聖衆들이 서방아미타불의 정토에 왕생하기를 원한다. 또 淨土에 왕생한 聖衆은 아미타불의 本願에 의해 一處補處의 德과 光明殊妙의 德相을 갖출 수 있다고 설하면서 정토왕생을 권하고 있다.

(七) 現世의 惡(煩惱惡)

따라서 다음으로 이 정토가 뛰어나게 安樂한 세계라는데 대하여 싫어하는 現世의 악으로 貪欲 瞋恚 愚痴의 3번뇌에 迷한 인간과 五惡을 범하는 인간을 述하고 있다. 처음에 번뇌의 惡에 대하여 경전에서는 「世人은 薄俗함과 동시에 不急한 일을 다툰다」라고 하고 있다. 이 세간에 있어서 빈부귀천 老少男女의 구별없이 금전, 재산을 구하기에 고뇌하고, 얻은 것은 지키려 하고, 논이 있으면 좋은 논으로, 집이 있으면 집을 보호하기 위해 괴로워 하며, 不時의 水火의 難과 盜賊·債主가 모든 것을 빼앗으려는데 괴로움 뿐만 아니라 논이 없으면 논을 가지고져 하는 괴로움, 우연히 하나의 물건을 얻으면 다른 것을 잃으며 헛된 일에 心身을 괴롭히고 있다. (탐욕의 악) 다음에 世間의 父子와 형제와 친속 간에 있어서도 서로 瞋恚의 마음을 내어 敬愛하지 않고 원한의 마음을 일으키며, 말에 毒을 품고 서로 患害한다. (瞋恚의 惡) 또 善因善果, 惡因惡果의 도리를 알지 못하고 애욕에 미혹하며 世上의 도리를 믿지 않고 佛法을 받들지 않으며 財色을 탐하여 道를 구하지 않는다(愚痴의 惡). 이와 같이 惡業을 스스로 행하여 스스로 괴로워 하는 것이 현세의 世相이라고 말한다. 자기가 가지고 있는 번뇌에 의해 고뇌하는 모순을 상세히 논하고 있다.

(八) 現世의 惡(五惡)

다음에 살생, 투도, 사음, 망어, 음주의 五戒를 어긴 五種의 악을 설하고 있다. 이러한 五惡을 행하는 것은 현세에 있어서 법률상에 제재를 받아 형벌을 받을 뿐만 아니라, 命이 마칠 경우 지옥, 아귀, 축생의 三惡道에 떨어져 오랫동안 무한의 고통을 받지 않을 수 없다. 현세는 이와 같은 3번뇌의 고통, 또는 五惡이 성한 곳이기 때문에 빨리 이 더러운 세계를 버리고 부처님의 정토에 태어나길 권하고 있다.

따라서 끝으로 釋尊이 미륵보살에게 부처님의 敎法이 멸망할 경우도 이『無量壽經』만은 다음 百年동안 이 세상에 머물러 많은 사람들을 인도할 것이라고 述하고, 이 敎法에 信順하여 가르침을 받들어 수행할 것을 설하고 있다.

이와 같이 『無量壽經』은 아미타불의 깨달음과 중생의 구제를 설함을 주로 하는 경전이다.

(ㄴ) 觀無量壽經

『觀無量壽經』은 釋尊이 摩伽陀國 왕사성의 東北方에 있는 영축산 (gṛdhrkūta)에서 천이백오십인의 佛弟子, 삼만이천의 보살들 앞에서 설법하실 때에 왕사성에서 일어난 일에 起因하여 설해진 경전이다.

(一) 王宮의 비극

어느 때 왕사성에 阿闍世라고 하는 太子가 있어 提婆의 惡言의 꾐에 빠져서 父王인 빈파사라왕을 幽閉시키고 스스로 국왕이 되었다. 빈파사라왕의 왕후로 韋提希라고 하는 부인이 있었다. 그는 王이 餓死할까 두려워 몸에 麨密을 바르고 머리의 寶冠에 포도주를 넣어서 비밀히 옥을 찾아가서 왕에게 드렸다. 또 釋尊의 제자 대목건련은 매일 왕의 처소에 방문하여 법을 설했다. 父王의 죽음을 원한 阿闍世는 母后인 韋提希夫人 및 불제자 목건련에 대한 것을 듣고는 두려워 하면서 怒하여, 자신의 어머니인 韋提希夫人을 죽일려고 했다. 그 때에 月光, 耆婆라고 하는 두 신하가 있어서 王에게 말하기를 「옛부터 국왕이 되기 위해 자기 아버지를 죽인 경우는 많이 있지만, 아직 어머니를 죽였다는 것은 들어본 일이 없읍니다. 만약 당신이 이와 같이 無道한 짓을 한다면, 그것은 왕족을 더럽히는 것이고, 실로 栴陀羅 사람 등에게나 있는 일입니다. 이러한 사람을 國王으로서 섬길 수는 없읍니다」라고 諫했다. 그리하여 阿闍世는 어떻게 할 수 없어 母后 韋提希夫人을 궁전의 깊숙한 곳에 幽閉시켰다. 韋提希夫人은 幽閉된 몸으로 괴로워하고 슬퍼하면서 멀리 영축산에 계시는 석존에게 구원을 청했다. 석존은 韋提希의 마음으로 우러나는 願을 아시고 영축산으로 부터 王宮에 出現하신다. 韋提希는 석존에게 절하고 愚痴를 범한 자기 아들의 악행을 告하면서 이와 같이 근심과 슬픔이 없는 곳을 가르쳐 주시길 원했다. 그리하여 釋尊은 韋提希 부인의 소원에 의해 十方에 있는 諸佛의 淨土를 보였지만, 韋提希는 그 중에서 서방의 극락정토에 왕생하기를 원하여 그 정토를 觀想하는 방법을 구했다.

(二) 十六種의 觀法

韋提希의 원에 의하여 석존은 정토 및 아미타불을 관찰하는 방법을 십육가지로 설하였다. 이것은 日沒을 觀하는 日想觀으로 부터 시작하여 다음에 水想觀, 寶地觀, 寶樹觀, 寶池觀, 寶樓觀, 華座觀, 像想觀, 眞身觀, 觀音觀, 勢至觀, 普觀, 雜想觀, 上輩觀, 中輩觀, 下輩觀의 十六觀法이다.

(三) 觀法의 利益과 稱名

이 釋尊의 설법을 들은 韋提希 부인은 곧 無生法忍을 깨닫고 五百의 시녀들은 보리심을 일으켜서 모두 서방정토에 왕생하고 싶다 라고 하는 원을 일으켰다. 그리하여 석존은 정토에 왕생하려면 諸佛을 눈으로 見佛하는 諸佛現前三昧를 얻는다고 예언하셨다.

그리하여 끝에 가서 釋尊은 지금까지 十六種의 觀法을 설하여 정토왕생을 했지만, 이 외에 一心으로 오로지 무량수불의 佛名을 칭해도 왕생할 수 있다고 說하셨다. 아난존자에게 「너는 이 말을 가져라」라고 하여 佛名을 末代에 流通하기를 付囑하신 것이다.

이리하여 왕궁의 설법이 끝나고 釋尊은 영축산으로 돌아 오셨는데 시자인 아난은 다음에 왕궁에서 있었던 이 설법을 영축산에 있는 사람들에게 거듭 설했다.

이상이 『觀經』에서 설한 내용이다.

(四) 善導의 釋解

이 『觀經』은 원래 십육종의 觀法을 설하는 觀佛經典이지만, 善導는 이 경전에 대하여 獨自의 견해를 하고 있다.

(一) 이 觀經은 2회의 설법이다. 그 처음은 왕궁에서 석존의 설법이며, 두번째는 영축산에서 아난의 復說이다. 전자는 王宮會, 후자는 耆闍會라고 한다. 설한 사람은 다르지만, 내용은 동일하기 때문에 復說인 耆闍會의 것은 생략하고 있다. 이와같이 本經이 두번의 설법한 장소때문에 이 경을 「一經二會의 經」이라고 한다.

(二) 그리고 善導는 『觀經疏』에서 本經의 요지를 논하기를 「觀佛三昧를 宗으로 하며, 또한 念佛三昧도 宗하고 일심으로 回願하여 정토에 왕생할 것을 體로 한다」라고 하였다. 이 『觀經』은 觀佛三昧와 염불삼매의 二法을 설한 경전이라고 한다. 그래서 이 十六觀法을 둘로 나누어 처음의 十三觀法을 定善觀이라 하고 뒤의 三觀을 散善으로서 觀法으로 부터 제외된 散亂心의 범부를 위하여 念佛과 諸行에 의한 왕생을 설한 것이다. 그리고 定善十三觀은 주로 觀佛三昧를 설하고, 散善九品은 주로 염불삼매를 밝힌 것이다.

(三) 다음에 이 觀佛三昧는 韋提希夫人의 원에 의해 설하신 석존의 「隨他意」의 설이다. 散善九品의 염불삼매는 미래의 일체 범부를 위하여 설한 「隨自意」의 설이다. 觀佛三昧는 주로 韋提希夫人을 對稱하여 설한데 대하여 염불삼매는 미래세에 있을 散心의 범부를 위해 설해진 것이다. 그리고 석존은 아난존자에게 觀佛三昧를 付屬하지 않고, 念佛의 경우를 부촉하여 미래의 사람들을 위하여 流通하라고 하고 있다. 석존이 이 경을 설한 목적은 오로지 念佛이다. 觀佛三昧는 隨他意의 방편설이며 念佛을 설하기 전에 방편 또는 수단으로 說示한 것에 지나지 않는다. 따라서 이 隨自意의 念佛을 드러내기 위하여 觀佛三昧를 假說한 것이기 때문에 觀佛은 「廢」를 위하여 설하고, 念佛은 「立」을 위하여 설한 것이라고 한다.

이것을 淨土宗學에서는 「一經二宗의 廢立」이라고 한다. 그리고 現今 일본의 淨土諸宗派는 거의 善導의 流에 속하기 때문에 이 『觀經』은 善導의 생각에 따라서 定善散善의 行을 설하는 경전이라고 한다.

(ㄷ) 阿彌陀經

『아미타경』은 석존이 迦毘羅衛國 舍衛城의 남방에 있는 기원정사에서 장로사리불과 십육인의 큰 제자 및 문수 등의 대보살을 비롯한 많은 불제자를 청중으로 설한 경론이다.

(一) 淨土의 모양

처음에서 서방십만억불토를 지난 곳에 극락정토가 있음을 말한다. 다음에 정토에서의 七寶의 並樹, 七寶의 못, 七寶의 樓閣, 七寶의 연화, 황금의 大地, 음악, 化身의 새 등 수승한 장엄의 모양을 略說한다. 정토의 교주인 부처님에게 광명무량, 수명무량의 德相이 있기 때문에 그 부처님을 아미타불이라고 한다고 하면서 그 名義를 해석하고 있다. 그리고 이 정토에 왕생한 사람은 모두 不退轉位를 얻을 수 있기 때문에 정토왕생을 원할 것을 권하고 있다.

(二) 淨土往生의 行

다음에 왕생의 行으로서 범부의 行인 少善雜善의 공덕으로는 왕생할 수가 없지만, 아미타불이 전생에 서원한 本願의 염불을 적게는 一日一聲의 염불로 부터 많이는 생애를 마칠때 까지 相續한다면 임종시에 아미타불의 來迎을 받아 서방정토에 왕생할 수 있다고 한다.

(三) 六方諸佛의 證明

이 염불왕생에 대하여 의혹하고 不信하는 사람이 있음을 염려하여 석존은 「나의 이 利를 본 까닭에 이 말을 설한다」라고 한다. 염불에 의해 정토왕생이 거짓이 아님을 증명한다. 따라서 동·서·남·북·상·하의 六方世界에 계시는 諸佛이 廣長舌相을 설해 증명한다. 다음에 이 아미타불의 불가사의공덕을 특히 經說을 믿도록 권한다.

(四) 念佛의 利益

다음에 가르침으로 염불을 稱하는 것은 현세에 있어서는 諸佛護念, 내세에는 정토왕생의 이익을 얻을 수 있다. 더불어 이 염불왕생의 敎法을 설하지만, 어찌하여 難事인가를 述하고 있다. 끝으로 이 經說을 들은 많은 불제자 및 천인, 아수라의 類까지도 잘 받아 지니고 歡喜法悅에 심취했음을 記述하고 있다.

法然은 이「三部經」의 내용에 대하여 順序를 정하여『아미타경』을 가지고「三部經」의 結經이라고 한다.『無量壽經』『觀無量壽經』의 다음에 설해진 경전으로「壽觀二經」의 要義를 直截簡明하게 설한 것으로 염불의 信을 일으키도록 설한「勸信의 經」이라고 한다.

또 本經의 序分과 流通分은 경전의 傳持者인 아난의 말이지만, 正宗分(本論)은 석존의 말씀으로 한마디도 불제자의 말을 삽입하지 않았다. 이것으로 또한 이 경을「無問自說經」이라고도 한다.

끝으로 法然은 이「三部經」의 각각에 가치의 輕重을 설하지는 않지만 法然의 門流인 證空, 一遍, 親鸞 등은 제각기 獨自의 관점을 세워 輕重을 설하고 있다.

(2) 往生論

이 論의 本名은『無量壽經優婆提舍願生偈』라고 말한다. 略하여『無量壽經論』또는『往生論』『淨土論』이라고도 한다. 내용으로 보면, 이 論이「淨土三部經」을 통하여 그 要義를 정리한 것이기 때문에「三經通申論」이라고도 한다. 本論은 처음에 五言四句二十四行의 願生偈를 述하고, 잇달아 長行으로 偈頌을 상세하게 해석하고 있다.

우선 먼저 아미타불의 安樂淨土에 왕생을 원하는 것은 五念門을 닦는다고 하고 정토왕생의 行으로서 禮拜門·讚歎門·作願門·觀察門·廻向門의 五門을 述하고 있다. 이 경우 특히 觀察門을 重視하고 서방정토를 國土莊嚴·佛莊嚴·菩薩莊嚴의 三莊嚴으로 분류하고 다음에 이것을 29종으로 세분하여 觀想을 설하고 있다. 따라서 이 3종의 장엄은 약하여 설한다면「一法句」에 넣는다 라고 말한다.「一法句」란 아미타불의 內證인 淸淨願心으로 극락정토의 본원이 되는 것이다. 극락정토의 三嚴(三

種) 이십구종장엄은 이「一法句」의 顯現으로 다른 것이면 아니된다 라고 한다. 그리하여 이「一法句」를 또는 眞實智惠無畏法身이라고 이름한다. 이 淸淨句인「一法句」를 觀想하면 柔軟心을 성취하며, 또는 善巧方便廻向을 성취하고 三種의 菩提門相違의 法을 遠離하고 三種의 順菩提門의 法을 만족한다 라고 말한다.

그리하여 이 五念門의 行을 성취하려면 近門, 大會衆門, 宅門, 屋門, 園林遊戱地門의 五門의 공덕을 얻을 수 있다고 설하고 있다.

第三章　淨土敎의 地位(敎相判釋論)

1　敎相判釋의 意義

敎相判釋은 敎判이라고도 한다. 석존이 설한 가르침을 어떠한 하나의 범주, 또는 기준하에 정리하고 조직하여 자기가 받드는 敎法의 지위를 밝히는 것이다. 불교에 팔만사천의 법문이 있다고 말한다. 또는 불교경전으로서 중국에 전래된 것으로 수천권이 현존하지만, 이러한 경전은 모두 佛說인 명칭으로 통일되어 있다. 석존이 청중의 境遇能力 등에 따라서 隨時說法해진(對機說法)것이라고 한다. 그래서 그 설법이 文字文章으로 기록된 경전으로 성립된 것에는 제각기 성립의 사정이 다르기 때문에 내용에 있어서도 가지 가지의 相違가 있다. 심한 것은 각각의 경전상호간에 얼핏 보아도 모순이 있는 敎說이 보여진다.

따라서 각각의 경전의 상호관계를 규정하고, 더욱 全佛敎經典을 조직하여 자기가 신봉하는 敎說의 地位를 밝히는 것이 필요하게 되었다. 이것을 敎相判釋이라고 稱하는 것이다. 그리하여 敎相判釋은 全佛敎經典의 조직론이라고도 할 수 있다.

그래서 全佛敎經典을 조직하기도 한다. 그 기준, 범주라고 하는 것은 주로 組織者의 생각에 있지만, 그 경우 어떤 사람은 경전에서 밝힌 敎說義理의 淺深이라고 하는 관점으로 부터, 또 어떤 사람은 가르침을 설한 次第順序에 따라서 혹 어떤 사람은 시대의식에 따라서 또는 이익의 大小, 수행의 難易 등의 諸種의 관점으로 부터 敎法의 輕重, 主從의 別을 세워서 불교경전, 諸敎說을 조직하는 것이다. 이 경우 조직의 중심이 되는 경전교법을 가지고 가장 뛰어난 것이라 하고, 그 외에 것을 劣勢한 것이라고 하기 때문에 어떠한 敎相判釋에도 거기에는 항상 勝劣의 의미가 포함되어 있다. 따라서 조직자가 속한 宗(中心)이라 하는 敎法은 불교의 諸法門의 가운데 가장 뛰어난 것이며, 최상의 것이라고 하기 때문에 그 이외 것은 劣勢한 것으로 낮은 위치에 두고 있다. 그리하여 宗(中心)이라 하는 敎法을 섬기는 사람에게는 그 이외의 敎法을 가볍게 劣勢한 것으로 배척하는 것이 常例이다.

바꾸어 말하면 敎相判相이란 釋迦一代의 敎法의 조직론이다. 宗이라는 것은 敎法의 위치를 말하는 것이지만, 반면 他의 敎法을 劣法으로 배척하는 배타성도 포함하고 있다. 따라서 이러한 敎相判釋에 의하여 한 종파를 창립한 종파교단에서는 그 宗으로서 근본의 바탕으로 하는 敎法의 보편성, 절대적 優位性을 주장하고, 他를 경시하고 있다. 지극히 폐쇄적인 성격을 강하게 지녀서 같은 불교도이면서도 타종단의 가르침을 돌아보지 않는 결점을 가지고 있다. 이것은 일본의 종파교단에 있어서 특히 심하다.

上述한 바와 같이 敎相判釋이라 하는 것은 釋尊一代의 敎法의 조직론이기 때문에 인도 西域에 있어서 불교가 점차로 발전하여 각종의 경전이 편찬되었다는 생각에서 온 것이다. 처음에 생각해 온 것은 대승, 소승의 二乘의 분별이었다. 대표적인 대승경전인 『維摩經』卷上($^{正藏一四卷}_{五四二頁}$)에 의하면

> 내가 소승을 볼 때에 智惠微淺하며 맹인과 같으며 일체중생의 근기의 利鈍을 분별하지 않는다.

라고 말하며 『大般涅槃經』第六($^{正藏一二卷}_{四○二頁}$)에서는

> 聲聞乘(소승교)을 不了義라고 이름하고 無上大乘을 즉 了義라고 이름한다.

라고 한다. 一代佛敎를 대승교와 소승교로 나누어 대승교는 뛰어나고 완전한 가르침(了義)이며 소승교는 劣勢한(不了義) 가르침이다 라고 한다. 그 밖에 龍樹(2世紀) 이후에 나타났다고 하는 『楞伽經』과 『解深密經』에서는 頓敎漸敎의 二敎判과 有空中의 三時敎判이 설해 지고 있다. 이미 인도에서 불교의 敎說에 대한 敎判論을 볼 수가 있다.

중국에 불교가 전해져 각종의 경전이 서로 잇달아 번역되므로 無統制로 잡다하게 전해진 敎法을 정리하고 조직할 필요가 있었다. 인도의 예에서 배워 많은 學僧에 의하여 각종의 敎判論이 제창되었다.

天台大師智顗은 『法華玄義』 卷十(正藏三三卷 八○一頁)에서 이것을 南三北七의 敎判으로 表出했다. 南三北七이란 것은 중국의 남쪽에 三師와 북쪽의 七師가 설한 敎判이다. 이 경우 남쪽의 三師는 언제나 설법의 형식에 의하여 불법의 諸法門을 頓敎, 漸敎, 不定敎의 三敎로 분류하였다. 그 중의 漸敎에 대하여 岌師는 有相敎, 無相敎, 常住敎의 三敎로 나누며, 宗愛, 僧旻의 兩師는 有相敎, 無相敎, 常住敎, 同歸敎의 넷으로 분류하며 僧柔, 慧次, 慧觀은 有相敎, 無相敎, 常住敎, 褒貶抑揚敎, 同歸敎의 다섯으로 구분하고 있다.

北方의 七師는

一. 어떤 人師는 人天敎, 有相敎, 無相敎, 同歸敎, 常住敎의 五敎判.
二. 菩提流支는 半字敎와 滿字敎의 二敎判.
三. 光統律師는 因緣宗, 假名宗, 誑相宗 常宗의 四敎判.
四. 어떤 人師는 因緣宗, 假名宗, 誑相宗, 常宗, 法界宗의 五宗敎判.
五. 어떤 人師는 因緣宗, 假名宗, 誑相宗, 眞宗, 常宗, 圓宗의 六宗敎判.
六. 어떤 禪師는 有相大乘과 無相大乘의 二敎判
七. 어떤 禪師는 一音敎判

이상과 같이 여러종의 敎判說이 주창된 것이다. 이 의에 三論宗 吉藏의 二藏三輪의 敎判, 慈恩의 三敎八宗의 敎判 등 많은 敎判論이 설해

졌는데 이러한 것이 諸敎判 중에서 대표적인 것이다. 단지 가장 완비한 것이라고 하는 것은 天台宗 智顗이 조직한 五時八敎判과 華嚴宗 法藏이 설한 五敎十宗判이다.

2 淨土敎의 敎相判釋과 그 立場

이와 같이 諸種의 敎相判釋에 대하여 淨土敎에서는 (一)難易二道의 敎判, (二)聖淨二門의 敎判, (三)頓漸二敎의 敎判이 보인다. 이 중에 (一) 難易二道의 敎判은 龍樹가 『十住毘婆沙論』의 易行品에서 創唱하고 있는 것으로 曇鸞, 道綽, 法然, 親鸞 등이 이것을 이용하여 他의 敎判과 병행하여 淨土敎의 地位를 세운 것이다. (二)聖淨二門의 敎判은 중국의 道綽이 주장한 것으로 法然에 의하여 정토종의 敎判으로 사용되었다. 親鸞에 있어서는 여기에 難易, 頓漸의 생각을 더하여 『無量壽經』의 諸法門의 중에서 지위를 분명히 하고 있다. (三)頓漸二敎判은 정토교 독자의 것은 아니고, 대개 上記의 南三北七의 諸師의 敎判 중에서 볼 수 있지만, 중국의 善導는 『觀無量壽經』의 위치를 세우기 위하여 이 頓漸二敎判을 사용하였다. 일본에서는 親鸞 및 정토종의 聖冏은 여기에 의해 정토교가 最勝의 가르침이라는 것을 밝히고 있다.

(ㄱ) 難易二道判의 立場

이 중에 (一)의 難易二道의 敎判은 「깨달음」 또는 「정토왕생」을 위하여 닦는 수행의 難易에 의하여 세운 敎判으로 難行苦行을 권하여 깨달음(淨土)으로 가는 길과 쉽고 빠르게 깨달음(淨土)에 가는 道라고 하는 것이다. 이것은 自力에 의하여 현세에서 깨달음을 얻도록 권하는 수행을 難行道, 부처님을 믿는 인연에 의해, 佛名을 칭함에 의해 佛力(他力)에 의지하여 빠르게 깨달음을 얻을 수 있는 것을 易行道라고 한다.

이것은 龍樹가 『十住毘婆沙論』易行品(正藏二六卷 四二頁)에서 創唱한 것이자

만, 龍樹는 대승보살도의 하나로서 설한다. 보살이 五十二階位(十信 十住 十行 十回向 十地 等覺 妙覺)를 밟아서「깨달음」에 들어 갈 경우 당면의 목표인 不退轉地(十地의 처음, 阿惟越致)를 획득하는데 대하여 보인 것이다. 難行道는 자기의 능력(自力)에 의해 오랜사이 고행을 닦아 不退에 드는 道를 말한다. 信佛의 인연에 의해 제불보살의 명호를 칭하고 佛의 원력에 의해 쉽게 不退에 이르는 길을 易行道라고 한다. 즉 不退인 位에 이르는데 대하여 쉽고 빠르고 즐겁게 他力에 의해 가는 方法을 易行道, 어렵고 느리며 고생스럽게 自力만으로 가는 方法을 難行道라고 한다. 바꾸어 말하면 佛敎의 修道를 難易 遲疾 苦樂 自力他力이라고 하는 관점에서 二分하여 易行을 채택하는 것이 二道說의 생각이다.

따라서 龍樹는 이 易行道에 대하여

> 만약 易行道로 빠르게 阿惟越致에 도달함을 얻는 다는 것은 즉 怯弱下劣의 말이며, 이 大人志幹의 說은 아니다.

라고 한다. 易行道에 의해 不退를 얻는다는 것은 怯弱下劣의 말이다 라고 한다. 이것은 대승보살이 오랜동안 수도를 가는 중에서 聲聞地와 辟支佛地와 같이 低劣한 道에 빠지면 보살의 자격을 상실할 두려움이 있기 때문에 빠르고 즐겁게 不退에 들기 위한 설도 있다고 한다. 그런데 이것이 중국의 曇鸞의 『往生論註』(淨全一卷 二一九頁)의 설에는 이 세계에서 깨달음을 얻도록 권하는 보살도를 難行道, 아미타불의 정토에 왕생하여 깨달음을 얻도록 하는 방법을 易行道라고 한다. 즉 깨달음을 얻음에 있어서 정토에서 얻는 것을 易行道, 此의 세계(此土)에서 얻는 것을 難行道라고 한다. 그리하여 此土에서 깨달음을 얻음에 고난이 많음을 述하여「五濁의 世」「無佛의 時」이기 때문에 困難하다고 말하고 있다.

(ㄴ) 聖淨二門判의 立場(末法思想)

上述한 難易二道의 敎判의 입장은 주로 수행의 難易 遲疾 苦樂이라고 하는 관점으로 분류한 敎相判釋이지만, 末法이라고 하는 시대의식을 배경으로 인간능력의 優劣, 소질의 강약이라고 하는 관점에 입각하여 釋尊一代의 불교를 구분한 것이 聖淨二門의 敎相判釋이다.

이 聖淨二門의 敎判은 上記와 같이 中國의 道綽이 처음이다. 일본의 法然이 이것을 활용하여 정토종을 開創했다. 그의 門人門流인 證空, 一遍, 親鸞 등은 모두 法然의 이 敎判을 계승하고 있다. 이것에 자기 독자의 견해를 더하여 각각 西山敎義, 時衆敎義, 親鸞敎義 등을 조직했기 때문에 일본정토교에 있어서 중시하는 것이다.

다음에 이 聖淨二門의 敎判이 組成된 사상배경이라고 생각되는 末法思想은 중국의 道綽, 일본의 法然의 정토교(宗)는 말할 것도 없다. 일본에 있어서 鎌倉時代에 새로 興起한 榮西의 臨濟禪, 道元의 曹洞禪, 日蓮의 日蓮宗 등은 언제나 어떠한 의미에 있어서는 末法思想에 연관된 敎說이 설해 지고 있다. 또 당시의 南都佛敎者에 있어서도 이 사상에 깊은 관심을 가진 자도 있었기 때문에 다음에 末法思想에 대하여 略述하고져 한다.

末法이란 末代 末世 澆季 澆末이라고도 말한다. 세속에서 「末의 世」 「世의 末」이라고도 하는 것으로 경전에 설하는 三時思想에 의해 설해진 것이다. 三時思想이란 석존이 입멸후 시대를 경과하므로 불교가 쇠퇴하고 이것에 따라서 邪敎, 外道의 가르침이 퍼지며, 인간의 機根(능력, 소질)이 쇠약해 지고 악인이 跋扈하고 결국은 불교가 멸망한다고 하는 극히 비관적인 역사관이다. 이 불교의 쇠퇴해 가는 과정을 三分한 것이다. 그 三時라 하는 것은 正法時代, 像法時代, 末法時代의 셋이다.

이 중 正法時代란 석존이 입멸한 뒤부터 오백년(또는 일천년)의 사이를 말한다. 이 시대에는 부처님의 교법은 성하고 불도수행을 열심히 하는 사람도 많다. 수행자도 뛰어난 소질을 가진 사람 뿐이기 때문에 따라서「깨달음」을 얻는 사람이 많이 있는 시대이다. 소위 불교의 황금시대로서「敎」와「行」과「證」(깨달음)의 셋이 갖추어진 시대이다.

다음의 像法時代란 像은「비슷하다」「닮다」의 의미로서 正法時代에 닮은 시대라고 하는 의미이다. 소위 형식적인 불교가 행해지는 시대라고 하는 것이다. 像法時代가 되면 부처님의 敎法은 있지만 수행하는 사람의 능력이 下劣하고 소질이 약하기 때문에 비록 수행하는 사람이 있어도 실제로「깨달음」을 얻는 사람이 없는 시대이다. 앞의 正法時代에는「敎」와「行」과「證」(깨달음)의 셋이 나란하지만, 이 像法時代가 되면「敎」와「行」은 있지만,「證」(깨달음)이 없는 시대이다. 이 시대를 일천년이라고 한다.

이 正法時代(五百年 또는 一千年)과 像法時代(一千年)이 지나면 末法時代에 들어가게 된다. 末法時代에 들어가면 부처님의 敎法은 있어도 인간의 소질과 능력이 약해지고 邪敎가 만연하여 실제로 불도수행을 권하는 사람이 없다. 사람들은 모두 邪敎에 빠져 악인이 되고 따라서「깨달음」을 얻는 사람이 없는 시대가 된다. 이 末法時代는 일만년간 계속되며 일만년 후에는 法滅의 시대가 된다. 드디어 불교는 멸해 간다고 하는 사상이다.

이 三時思想은 하나의 佛敎史觀으로 역사적 사실을 설한 것은 아니지만 인도 중국 한국 일본에 있어서 불교교단이 위정자에 의해 탄압 받고 堂塔伽藍이 파괴되며 僧尼가 환속되는 박해를 받았을 때, 또는 출가승려가 徒黨을 만들어 항쟁하여 사회질서를 혼란시키고 출가자로서 해서는 안될 행위가 행해 졌을 때, 마음에 있는 佛敎者에 의해 말하여 진 것이다. 이러한 시대를 末法이라고 칭한다.

즉 末法이란 사회의 질서가 혼란하고 불교의 가르침을 믿지 않고, 佛敎者(승려)로서 해서는 안 될 행위를 하는 자가 橫行해 지는 시대에 이름한 명칭이다.

이 三時思想의 중심이라고 생각되어 지는 것은 불교가 성했던 正法時代와 형식적인 불교가 행해졌던 像法時代가 아니고 末法時代로서 현실의 사회를 가지고 末法이라고 비판함과 동시에 교단인 자신이 자기반성을 하는 등의 특질이 있다. 그러나 이 末法時代에 대한 사고방식, 받아들이는 방식은 불교각파의 祖師에 의해 다르다. 이것에 대결하고져 하는 사람, 순응하고져 하는 사람, 방편의 가르침으로 경시하는 사람 등 여러 가지의 사고방식과 받아들이는 방식이 행해져 왔다.

그러면서 여기에 주의할 것은 중국, 한국, 일본의 불교도는 경전에 설해진 末法思想을 단순한 사상 또는 역사관이라고 보고 역사적 사실을 설한 것으로 받아 들이고 있다. 석존이 경전에서 예언하신 것으로 받아들이는 듯하다. 특히 일본의 불교도들에게는 이러한 생각이 현저하다. 이 말법사상을 기반으로 형성된 것이 道綽의 정토교이고, 法然의 정토교이다. 聖淨二門의 敎判論이라고 하는 것이 末法思想을 기반으로 말법시대에 相應하는 唯一의 敎法이 정토교라고 하는 것이다.

『大集經』은 자세하게는 『大方等大集經』이라고 한다. 이 중의 『月藏分』「法滅盡品」에서 설하는 法滅思想 및 「分布閻浮提品」에서 밝힌 五, 五百年說은 중국, 한국, 일본의 末法思想의 형성에 커다란 역할을 한 것이다. 그 중 「法滅盡品」에서는 출가비구의 파계행위를 밝히고 속인과 같은 背德 행위를 하는 것을 설하고 있다. 다음에 國王, 臣下, 沙門, 波羅門, 毗舍, 首陀羅가 투쟁을 좋아하기 때문에 諸天의 노여움에 의해 천재지변이 일어나며 이 세계는 사막과 같이 황망하게 된다고 말한다. 이어서 僧尼의 破戒背德에 의하여 불교가 쇠하며, 그런 까닭에 국토는 혼란하고, 災害가 일어나며 드디어 法滅의 시대가 온다 라고 하는 설이다.

또 「分布閻浮提品」에서는 석존의 입멸 이후의 年次를 오백년을 一期로서 五期로 구분하여 解脫堅固, 禪定堅固, 多聞堅固, 塔寺堅固, 鬪諍堅固의 시대라고 이름하고 있다. 따라서 第五의 오백년 즉 鬪諍堅固의 시대에 들어서 부처님의 가르침은 쇠퇴하고 파계승이 나타나서 如法하지 못한 사람이 비구의 이름을 빌려서 橫行하는 시대가 된다고 한다.
　上記의 法滅時代의 世相과 五·五百年說에서 밝힌 鬪諍堅固時代의 世相이 그대로 현실 사회의 惡世相을 예언한 것으로 받아 들여져 취급된 것이다.
　중국에 있어서 末法思想을 설한 최초의 것으로『南岳思大禪師立誓願文』(558年作)이 있지만, 末法에 相應하는 유일의 가르침인 정토교로서는 道綽禪師이다.
　道綽은『安樂集』(淨全一卷六九九頁)의 처음에

　　만약 가르침이 時와 機에 쫓는다면 닦기 쉽고 깨닫기 쉽다. 혹시
　　「機」와 「敎」와 「時」를 어긴다면 닦기 어렵고 들어가기 어렵다.

라고 한다. 敎法이란 것이 시대와 근기에 相應하지 않았다면 수행도 難行하고 깨달음의 세계에 들어갈 수 없다고 말한다. 이 생각은 정토교 사상의 기본적 입장을 보여 주는 것이다. 여기서 말하는「時」란 時代社會이며,「機」란 인간이 敎法을 이해하여 불도수행을 할 수 있는 소질(능력)을 말하는 것이다.
　道綽은「時」를 가지고 末法五濁惡世라 하고,「機」를 浮淺暗鈍의 사람이라고 한다. 이러한 末法五濁惡世(時)에 사는 浮淺暗鈍한 인간은 부처님의 敎法을 이해하고 불도를 수행할 능력이 下劣하기 때문에 禪定三昧를 닦고, 지혜를 배우는 것은 곤란하며, 難行이다. 따라서 容易하게 깨달음에 들 수는 없다.
　이러한 末法五濁惡世에 사는 浮淺暗鈍한 중생에게 상응하여 이들을 구제하는 유일의 가르침이 정토교이다. 불교에서 팔만사천의 법문 중에서 정토왕생의 가르침이야말로 今時의 중생에게 相應하는 유일절대의 가르침으로서 全佛敎諸法門 가운데 있어서 정토교의 위치를 세운 것이다.

이 道綽의 생각은 敎法과 時機를 對比한 경우에 時機라고 하는 현실의 사회와 사람들을 중시하며, 그 구제에 절대성을 찾고 있다. 현실구제의 불교를 설하는 것에 道綽淨土敎의 특색이 보인다. 이 생각은 후세에 일본의 法然淨土敎가 형성되는 기반이 된 것이다.

이 末法思想이란 것은 六朝時代에 융성을 극에 달한 불교가 北周의 武帝의 破佛로 심각한 타격을 받았다. 다음에 천재지변이 계속되어 민중이 어려움에 빠졌다. 이러한 때 당시 譯出된 『大集經』의 「法滅盡品」에서 설하는 法滅의 상황에 類似하기 때문에 이 사상이 당시의 불교계에 크게 받아 들여지지 않았을런지도 모른다. 道綽은 末法思想에 의해 지금의 시대에 상응하는 가르침은 정토교라고 했다.

일본에서 末法이라고 하는 말은 이미 平安時代의 初, 景戒에 의해 集錄된 『日本靈異記』 등의 古文獻中에서 볼 수 있지만, 平安末期가 되어 사회를 휩쓴 末法思想의 형성에 큰 역활을 한 사람은 最澄(傳敎大師)撰이라고 하는 『末法灯明記』이다. 『末法灯明記』의 著者를 最澄이라고 하는 데는 諸學者間에 異論이 있지만, 鎌倉時代에 새로 일어난 法然의 淨土宗, 親鸞의 眞宗, 榮西의 臨濟宗, 道元의 曹洞宗, 日蓮의 日蓮宗 등은 언제나 이 『末法灯明記』의 생각을 취급하여 現今이 末法이라는 것을 강조하고 있다. 『末法灯明記』는 『大術(集)經』의 설에 의하면 석존이 입멸하실 때에 正像末의 三時가 있음을 설했다. 부처님이 입멸하신 때부터 이후의 1500年(正法, 像法時代)간의 불교계의 상황을 진술하고 佛滅後의 오백년간은 正法은 멸하지 않지만, 오백년 이후가 되면 正法이 쇠하고 구십오종의 外道의 가르침이 번성한다. 佛滅後 천사백년이 되면 불제자는 모두 獵師와 같이 되어 三寶物을 팔아먹고 500년대에 들어서면 승려는 시비로 다투어 살해하는 참사가 일어나서 교단이 頹廢한다고 기술하고 있다. 따라서 1500백년 이후가 되면 교단에서는 이미 戒定慧의 三學은 없어진다고 말하며 像法의 末期(1500年代)에 있어서 불교계의 나쁜 모양을 述하고 있다.

第三章 淨土敎의 地位(敎相判釋論) 89

그리고 다음에 이 『末法灯明記』는 『大集經』의 五, 五百年說을 다루어서 正像末의 三時思想을 합하여 造寺堅固의 시대 이후는 末法時代에 들어 간다고 하고 있다. 이 『末法灯明記』가 의도하는 것은 末法時代에 있어서 無戒의 比丘의 존재를 인정하고 그 위에 世上의 灯明, 導師라 하는 점이 있지만, 戒法에 대하여 持戒破戒를 論하는 것은 아직 戒法의 존재를 인정하는 것으로 戒法이 있기 때문에 持戒, 破戒가 論하여 지고 있다. 그러나 戒法 자체가 없어진다면 持戒도 破戒도 없이, 無戒의 시대가 되며, 無戒의 비구가 세속의 灯明이 될 수 있는 것이라고 한다.

이 『末法灯明記』는 『大集經』에서 설하는 末法史觀을 역사적 사실을 보인 것으로 받아 들인다. 석존의 入滅로 부터 起算하여 延曆二十年 辛巳年(801)을 가지고 佛滅 1410년으로 이미 像法의 末期라고 한다. 그래서 이 像法時代의 末期의 모양은 末法時代와 같다고 하고 이미 末法到來의 나쁜 世相이 나타나고 있다고 한다.

이것은 마침 平安時代의 中期以降가 되어 藤原一族에 의해 중앙정권의 통제력이 弱體化되고 지방에서는 무사계급을 싹트게 했다. 다음에 藤原一族의 내분에 의하여 정치도덕에 대한 의식이 저하되어 그 파문은 지방까지 중앙의 威令이 전달되지 않았다. 群賊은 지방에 跳梁하여 방화, 투쟁은 계속 일어나고 일반민중은 언제나 不安에 떨고 있었다. 특히 叡山 奈良를 처음으로 중앙의 대사원은 귀족과 같이 넓은 寺領을 가지고 自衛 때문에 많은 僧兵을 고용하였다. 그리하여 세속화의 一路에 머무를 뿐만 아니라 이러한 大寺院의 중요한 직분은 모두 藤原貴族의 子弟로 점유해 있어 출가승으로서의 본래의 수도적 성격은 볼 수가 없게 되었다. 그 뿐만 아니라 교단내부에서 대립항쟁은 말로서 할수 없으며 사원과 사원의 투쟁에는 승병을 동원했다. 叡山의 山法師, 奈良 興福寺의 奈良法師를 처음으로 東大寺 熊野의 僧徒의 暴狀은 극에 달하였다. 서로 항쟁을 차례차례 되풀이 할 뿐만 아니라 日吉神社의 神輿를 맨 叡山의 山法師와 春日神社의 神木을 모시고 京都에 亂入한 奈良法師의

暴狀은 당시의 위정자를 가장 괴롭게 했던 것이었다.

이러한 僧徒의 破戒無慚한 행위에 더하여 기아의 계속과 질병의 流行 地震, 長雨, 旱天 등의 天災가 계속되어 귀족은 말할 것 없지만, 일반 민중은 이 騷亂때문에 고생스럽고 괴로워 했다. 이러한 세상을 배경으로 末法思想은 平安中期 이후가 되어 시대의식, 社會思潮로서 널리 민중의 가운데 확대되었다. 末法에 이르는 年代에 관계서 正法千年, 像法千年說에 의하여 永承七年(1052)을 가지고 末法의 第一年이라고 하는 설도 생기게 되었다.

그리하여 당시의 佛敎者는 누구나 이 末法思想과 어떠한 관계를 가지고 敎法을 설하고 있다. 정토종을 개창한 法然은 道綽禪師가 『安樂集』에서 末法思想을 기본으로 조직한 聖淨二門의 敎相判釋論을 그대로 사용하고 있다. 정토종의 敎判과 淨土門이야말로 今時에 相應하는 敎法이라고 한다. 南都의 불교를 대표하는 高辯(1173~1232)과 貞慶(1155~1223) 등은 末法인 今時에 태어난 것을 어리석다고 말하는 비통한 반성은 석존에 대한 思慕이다. 어디까지나 석가의 遺敎를 섬기고, 계를 지키며, 대보리심을 발하여, 觀行으로 정진하고, 자력에 의해 해탈을 얻는다는 생각이다. 臨濟禪을 傳한 榮西(1141~1215)는 禪法이야말로 末法相應의 法門이며, 末法의 要法이다 라고 설했다. 또 曹洞禪을 전한 道元(1200~1253)은 榮西와는 반대로 三時思想은 방편의 가르침으로 佛祖라 할지라도 본래는 모두 범부이기 때문에 우둔의 사람과 卑下의 사람은 없고 발심수행하면 반드시「깨달음」에 들 수 있다. 사람은 모두 佛法의 器이라고 설하므로 末法의 超克을 말하고 있다.

日蓮(1222~1282)도 末法思想에 의해 唱題成佛을 說하고, 末法이 되면 天災地變이 일어 난다는 것은 法然의『選擇集』에 있는 것으로서 末世에 있어서 惡世相의 原因을 法然에게 귀결시키고 있다. 그래서 今時는 如來滅後 2210餘年이며, 後(五)五百歲이니, 참으로『妙法蓮華經』을 廣宣流布할 시기라 하고, 『法華經』은 日本國에 有緣의 經이며, 末法인 지금 流布할 유일절대의 경이라 하고 있다.

　이와 같이 鎌倉時代의 新興佛敎는 어느 것이나 末法思想에 의한 敎說을 組成하고 있지만, 그러나 末法思想에 대해 受用하는 사람에 따라서 그 思考에는 각각 다른게 보여진다.

(ㄷ) 頓漸二敎判의 立場

　다음으로 頓漸二敎判이라고 하는 것은 수행에 의한 결과의 이익, 즉 깨달음, 또는 정토왕생에 있어서 遲速이라고 하는 관점에서 설해지기 때문이다. 「頓」에는 여러 가지 의미가 있지만, 여기에는 「갑자기」 「急하게」라고 하는 뜻으로서 頓速의 의미이다. 「漸」은 「조금씩」 「차차 나아감」을 의미한다. 이것으로 頓敎는 次第順序를 경과하지 않고 속히 「깨달음」에 이르는 가르침을 말한다. 漸敎는 順序次第를 따라 漸進的으로 오랜 수행의 經過를 지나서 「깨달음」에 이르는 것을 說한 가르침이다.

　다시금 이 頓漸二敎의 생각에 관하여 天台智顗이 설한 化儀의 四敎 중에 밝힌 頓敎와 같이 가르침을 받는 機根의 능력소질을 생각하지 않고 바로 부처님이 「깨달은」 내용을 설하는 것과 그 내용을 얕은 곳에서 점차로 깊은 곳으로 순서를 따라 설해 인도하는 가르침이 漸敎이다. 이것은 부처님이 중생교화의 면에서 설한 것이다.

　여기에 대하여 중생의 측에서 부처님의 敎法을 바로 이해하고 實修하여 속히 궁극의 「깨달음」에 이르는 것을 頓悟의 機라고 한다. 점진적으로 깨달음에 進入하는 것을 漸悟의 機라고 한다. 그러나 同一敎法이라도 이것을 聽受하는 機의 능력소질의 相違에 따라서 頓敎도 되며 또는 漸敎도 된다. 이와 같이 頓漸二敎에 대하여 種種의 관점에서 설해지지만 정토교에서 이 頓漸二敎의 敎判을 세운 처음은 善導로 『觀無量壽經』을 가지고 菩薩藏頓敎에 攝한다고 한다. 일본에서는 法然, 親鸞 및 聖冏(淨土宗)은 이 생각에 의해 정토교의 敎判에 새로운 의미를 붙였다. 이것은 대중불교에서 迷의 번뇌를 끊고 깨달음을 얻는 頓斷漸斷의 二方法을 설한다. 頓斷의 가르침은 뛰어난 것이지만, 누구던지 번뇌를 끊음을 요하므로 따라서 漸敎이다. 淨土門은 번뇌를 끊지 않아도 정토에 태어남을 가르치기 때문에 頓敎中의 頓敎라고 한다.

上述한 바와 같이 정토교에 있어서는 二種의 관점을 세워 敎相判釋을 설하며, 一代佛敎를 비판하고 조직하며 자신이 섬기는 淨土門의 獨一性을 밝히고 있다. 以下 각각의 敎判에 대하여 略述하고져 한다.

❸ 難易二道判의 意義와 系譜

上述한 敎相判釋論가운데 있어서 인도, 중국, 한국, 일본에 걸쳐서 널리 사용된 것은 難易二道의 敎判이다. 이 難易二道의 敎判을 처음 만든 것은 인도의 龍樹(150~250)의 『十住毘婆娑論』에서 설해 지고 있다. 龍樹는 『十住毘婆娑論』의 「易行品」(正藏二六卷 四一頁)에서 대승불교의 가르침을 받드는 보살이 阿惟越致(不退轉位 또는 歡喜地라고 함)인 階位(十地中의 初地)에 이르는데 두 가지의 길이 있다. 즉 보살이 阿惟越致의 位에 도달하는 데는 오랫동안 種種의 困難한 수행을 하지 않으면 안 된다. 그 사이에 聲聞과 緣覺과 같이 低劣한 地位에 타락할까 두렵다. 그래서 만약 부처님의 가르침 중에 易行으로 빨리 不退(阿惟越致)에 도달하는 方法이 있으면 說해 달라는 말에 대하여

> 佛法에 무량의 門(敎)이 있다. 세간의 道에 難과 易가 있으니 陸路의 步行은 즉 고행이며 水路의 乘船은 즉 편안하다. 보살의 道에도 또한 이와같이, 혹은 勤行精進하는 사람도 있으며, 또는 信方便의 易行으로 빠르게 阿惟越致(不退)에 도달하는 사람도 있다.

라고 말하고 동방의 善德佛 등의 현재의 十方十佛을 밝힌다. 다음에 毘婆尸佛 등의 과거 七佛 및 미래세의 미륵불, 그 위에 德勝佛 등의 東方八佛・과거・미래・현재의 三世諸佛, 善意 등의 143보살의 이름을 밝힌다. 이렇게 제불제보살을 憶念하고 恭敬禮拜하고 그 名號를 稱한다면

第三章 淨土敎의 地位(敎相判釋論)

바로 阿惟越致 즉 不退位에 도달할 수가 있다고 말한다.

이것은 현생에서 不退位, 즉 初地(阿惟越致)에 도달하고져 하기에 많은 方法, 가르침에 있어서 大別한 것이 難行易行의 二道라고 表現하고 있다. 難行에 대하여 「易行品」에서는 「여러 가지의 난행을 수행하여 오랫만에 얻는다면 어떤 이는 聲聞辟支佛地에 떨어진다」라고 말하고

(一) 많은 困難한 行을 수행하지 않으면 되지 않으므로 行의 難.

(二) 多劫동안 수행을 하지 않으면 안 되기에 시간의 難.

(三) 만약 懈怠心이 일어나면 보살의 位를 물러나서 聲聞과 緣覺과 같이 低劣의 位에 떨어지기에 墮落의 難.

이러한 세 가지의 어려움이 있기 때문에 難行道라고 말하는 것이다.

여기에 대하여 易行道란

만약 사람이 빨리 不退轉地에 도달하고져 원한다면 당연히 공경심을 가지고 명호를 칭하여라.

라고 한다. 上記와 같이 東方善德佛 등의 제불제보살의 명호를 부르기를 권하고 있다. 이것은 수행하는데 안이한 행이라는 의미로 제불보살의 명호를 부름에 의해 속히 不退의 位에 도달할 수 있기 때문에· 易行이라고 한다.

즉 현생에서 不退의 階位에 들어 가는데 있어서 困難한 수행으로 장시간 할 것인가? 단지 諸佛의 명호를 부를 것인가 하는 두 가지의 길이다. 困難한 행을 닦는 것을 難行道, 諸佛의 名號를 불러서 안이한 행을 易行道라고 稱하고 있다.

이 龍樹의 難易二道의 敎說은 大乘의 보살이 불퇴한 계위에 이르는 방법으로 難行 易行의 二道임을 설한 것이다. 후세에 정토교가 설한 것과 같이 정토왕생을 위한 難行 易行은 아니다. 그리하여 이 생각은 중국, 일본의 淨土敎家에게 커다란 영향을 끼쳐서 淨土往生行에 연관하여 論한 것은 중국의 曇鸞이다. 曇鸞은 『往生論註』(淨全一卷 二二九頁)에서 難行道를 해석하기를

難行道란 소위 五濁의 世, 無佛의 時에 있어서 阿毘跋致(不退)를 구하기는 어렵다. 이 難에 多途이며, 대개 五三을 말하여 義意를 나타낸다. 첫째에는 外道의 相善, 보살의 法을 혼란시킨다. 둘째는 聲聞의 自利, 大慈를 상하게 한다. 셋째는 無顧의 惡人이 남의 勝德을 파괴한다. 넷째는 顚倒된 善果로 착한 梵行을 파괴한다. 다섯째는 오직 自力으로 他力을 믿지 않는다. 이와 같이 경험하게 된다. 예를 들면 陸路의 步行은 어려움이 많은 것과 같다.

라고 五種의 難을 밝히고 五濁의 물든 世上 中에 더구나 無佛의 時代에서 不退位를 구하고져 하는 보살도를 가지고 難行道라고 한다. 그런데 易行道에 대하여서는

易行道란 소위 信佛의 인연을 가지고, 정토에 왕생하고져 원하면, 佛(아미타불)의 원력에 힘입어 그의 淸淨土에 왕생할 수 있다. 佛力住持하면 즉 大乘正定聚에 든다. 正定聚란 즉 阿毘跋致(不退)이다. 예를 들면 水路의 乘船은 편하게 할 수 있다.

라고 한다. 信佛의 인연에 의해 정토에 往生하고져 원한다면, 佛의 本願力에 의해 정토에 왕생한다. 佛力에 의해 쉽게 不退位에 들 수 있기 때문에 이것을 易行道라고 부른다. 즉 現生에서 自力으로 諸種의 行을 닦아서 不退에 들어 가는 것을 難行道, 信佛의 인연에 의해 정토에 왕생하여 不退에 도달하는 것을 易行道라고 말하는 것이다.

이 難行易行의 二道를 구분하는 기초관념은 「五濁의 世」「無佛의 時」라고 하는 시대의식으로 이 시대에 자력에 의한 수행을 難行, 信佛의 인연에 의한 他力의 稱名을 易行이라고 하는 것이다. 龍樹가 「易行品」에서 說하는 것은 現世에서 대승보살도를 닦는 위의 難行易行으로 구분함에 대하여, 曇鸞은 現世에서 不退位를 구하여 「깨달음」에 드는 보살도를 모두 難行道, 정토에 왕상하여 不退에 드는 가르침을 易行道라고

第三章　淨土敎의 地位(敎相判釋論)　95

하는 것이다. 따라서 다음에 易行道에 관해 龍樹의「易行品」은 善德佛 등의 많은 佛菩薩의 명호를 稱할 것을 설하고 있지만, 曇鸞의『往生論註』는 아미타불 一佛만의 稱名을 설하고 있는 것으로 똑같은 難易二道라고 칭해도 龍樹와 曇鸞과의 사이에 내용과 의미에서 크게 다르다.

　曇鸞의 뒤를 이어 정토교의 宣揚에 힘쓴 道綽은『安樂集』下($\substack{淨全一卷\\六九頁}$)에서『往生論註』의 文을 인용하여 難易二道를 해설한다. 難行道에 대하여

　　難行이란 論에서 설한 바와 같이 三大阿僧祇劫의 一一劫 中에 있어서 모두 福智의 자료, 육바라밀 일체의 諸行을 갖춘다. 하나 하나의 行業에 모두 百萬의 難行의 道로 처음 一位에 충당한다. 이것을 難行道라고 한다.

라고 한다. 보살의 三大阿僧祇劫이라고 하는 영원에 가까운 시간을 걸려서 百萬의 難行을 수행할 경우 처음으로 보살도 中의 어떤 하나의 階位에 들어 갈 수가 있다. 그래서 이 보살도는 難行道라고 한다. 易行道에 대하여

　　즉 그의 論에서 말하기를 만약 별다른 方便에 의해 해탈하는 것을 易行道라고 이름한다. 지금 권하노니 극락으로 돌아가고져, 一切의 行業을 이와 같이 그에게 廻向하고 바로 잘 專至하면 목숨 다하면 반드시 태어난다. 그의 나라에 태어나면, 즉 究竟淸凉하다. 어찌 易行道라고 이름하지 않겠는가.

라고 한다. 一切의 行業을 극락에 廻向하고 정토왕생을 원하는 것을 易行道라고 稱하고 있다. 이 道綽의 難易二道의 생각은 曇鸞의 說을 단지 布衍함에 머물렀지만, 道綽은 그 외에『安樂集』에서 一代佛敎를 聖道門과 淨土門으로 구분하고 있다. 道綽은 이 聖淨二門의 생각과 難易二道의 생각을 어떠한 관계였던가는 밝히지 않았지만, 이 두 가지의 생각(聖淨二門과 難易二道)을 관계시킨 것은 法然의『選擇集』이다.

法然은 『選擇集』(土川校訂本)(三頁)에서 道綽이 『安樂集』에서 說한 聖淨二門의 教判을 그대로 사용해 一代佛教를 조직하여 淨土門의 地位도 밝혔지만 그 가운데서 曇鸞이 『往生論註』에서 說한 難易二道說을 적용하여

> 이 중 難行道라 하는 것은 즉 이 聖道門이다. 易行이란 즉 이 淨土門이다. 難行易行, 聖道淨土 그 말은 다르지만, 그 뜻은 같다.

라 하며 難行道란 聖道門이며, 易行道란 淨土門이라고 한다.

龍樹의 「易行品」에서는 보살이 불퇴위를 얻기 위한 방법으로 難行易行의 二道가 說해 졌지만, 法然에게는 現世에서 깨달음을 얻는 가르침을 聖道門의 가르침인 難行道, 정토왕생의 가르침을 易行道로서 二道와 二門의 관계를 명확히 밝힌 것이다.

다음에 法然은 이 難行易行의 말을 念佛과 諸行과의 관계에도 사용했다.

> 念佛은 쉬운 까닭에 일체에 통한다. 諸行은 어렵기 때문에 諸機에 通하지 않는다.

라고 말한다. 정토왕생에 種種의 行이 있는 중에 있어서 念佛은 易行이기 때문에 일체의 사람들에게 통하는 보편적인 行이다. 諸行은 특수한 행이며, 難行이기 때문에 누구라도 할 수 있는 것이 아닌 것으로, 念佛과 諸行의 특질을 표현하는 말로도 사용한다.

이와 같이 難易二道의 教判은 龍樹의 『十住毘婆娑論』「易行品」에서 처음으로 해서 曇鸞, 道綽, 法然이 계승하여 聖道, 難行, 淨土, 易行이라고 하는데 이르렀지만, 親鸞의 眞宗에서는 이 「易行品」을 重視하여 설한 곳의 易行으로 諸佛易行과 阿彌陀易行의 二種의 易行이 있는 것과 龍樹의 本意는 彌陀易行에 있다고 한다. 또 二隻四重의 教判에서는 이 難易二道說이 援用되었다. 그러나 淨土宗에서는 龍樹를 傳灯列祖의 一人에는 넣지만 「易行品」은 그다지 중시하지 않는다.

4. 聖淨二門判의 意義와 系譜

末法思想을 기반으로 수행하는 사람이 능력의 有無, 强弱으로 부터 조직된 敎相判釋이 聖淨二門判이다. 이 聖淨二門의 敎判을 가지고 一代佛敎를 批判하고 조직하여 末法인 今時에 相應하는 敎法의 確立을 본 처음의 사람은 道綽(562~645)이다.

道綽은 『安樂集』(淨全二卷)(六九二頁)에서

> 묻기를 일체중생은 모두 佛性이 있다. 遠劫以來 지금까지 多佛이 나타나셨다. 어찌하여 지금에 이르러, 즉 스스로 생사에서 윤회하여 火宅을 벗어나지 않으랴.
> 답하기를 大乘의 聖敎에 의하면 진실로 二種의 勝法을 얻어 생사를 배척하지 않음이다. 이것을 가지고 火宅을 나오지 않는다고 한다. 무엇이 두 가지 인가 첫째는 聖道요, 둘째는 왕생정토이니라. 그 聖道一種은 今時에는 證하기 어렵다. 첫째는 大聖이 가신지 遙遠하며, 둘째로는 理는 깊고 解는 微하기 때문이다. 이런 까닭에 『大集月藏經』에서 말씀하시기를 나의 末法時中에 億億의 중생이 行을 일으켜서 道를 닦지만, 오직 한 사람도 얻는 사람이 없으리라. 마땅히 지금은 末法으로 현재는 五濁惡世이다. 오로지 淨土의 一門 뿐이니 들어갈 道이니라.

고 한다. 一代佛敎를 聖道門과 淨土門의 二種으로 구분하여 聖道門의 가르침은 末法인 今時에 相應하지 않는 難證(깨달을 수 없음)의 敎法이다. 末法인 今時에 相應하는 가르침은 오직 정토의 一門만으로 정토교야말로 時機相應의 가르침이라고 하는 것이다.

이와 같이 道綽은 末法思想에 의해 一代佛敎를 조직하여 聖道淨土의 二門의 敎判을 說했지만, 그 立論의 계기와 생각하게 된 것은 末法인

今時에 敎法이 相應하는 가르침인가, 아닌가 라고 말하는 것이다. 그래서 淨土門을 가지고 時機相應의 가르침 聖道門을 가지고 時機不相應의 가르침이라고 한다. 道綽에 의해 不相應의 가르침이라고 하는 것은 『安樂集』에 의하면

   (一) 만약 大乘에 의하면, 眞如實相 第一義空 이전엔 아직 마음에서 번뇌가 멈추지 않는다 라고 하는 것이 大乘實敎이며

   (二) 만약 小乘을 論한다면, 見諦修道에 修入하거나 또 乃至那含羅漢에서 五下를 斷하고 五上을 除하는 일, 道俗을 묻지 않고 아직 그 分에 있지 않다 라고 하는 것은 小乘敎이며.

   (三) 비록 人天의 果報가 있다고 하지만, 모두 五戒十善에 의해 충분히 그 果報를 招來한다. 그런데 지켜서 얻는다는 것은 심히 드문 일이라고 하는 것이 人天乘(生天思想)이다.

소위 大乘敎, 小乘敎, 人天乘의 가르침은 모두 末法인 지금은 깨달음을 얻을 수 없는 것이다. 그리하여 末法인 今時에 있어서 起惡造罪의 많은 것을 求하는 가르침은 오직 淨土門 뿐으로 大乘敎, 小乘敎 외에 淨土敎를 別立한 것이다.

이와 같이 道綽은 末法思想에 의해 今時의 起惡造罪의 사람을 구제하는 敎法으로 淨土門을 別立하고 全佛敎法門의 중에서 淨土敎의 地位를 明確히 提示했지만, 今時에 不相應한 가르침이라고 하는 聖道門으로는 大乘, 小乘, 人天乘의 셋으로만 나누었을 뿐 具體的인 宗名 또는 經典名은 볼 수가 없다. 또 不相應한 가르침이라고는 하지만, 聖道門을 버려야 한다고 하는 강한 廢立의 생각은 볼 수 없다.

(ㄱ) 法然의 說

그런데 法然의 『選擇集』(土川校訂本 三頁)에서는

   지금 정토종은 만약 道綽禪師의 뜻에 의한다면 二門을 세워 일체를

攝하니 소위 聖道門, 淨土門이다.

라고 한다. 道綽의 『安樂集』에서 설하는 聖淨二門의 敎判을 가지고 정토종의 敎判相釋이라고 한다. 그리고 聖道門에 대하여

> 처음에 聖道門이라고 하는 것은 둘이 있으니, 첫째는 大乘, 둘째는 小乘이다.

라고 하여 聖道門 가운데에 대승과 소승의 二乘이 있음을 밝히고, 다음에 계속하여 대승에 대해서

> 대승중에 있어서 顯密權實 등이 같지 않다 라고 할지라도, 지금 이 集의 뜻은 단지 顯大 및 權大에 있다. 따라서 歷劫迂廻의 行에 해당한다. 여기에 準해서 이것을 생각하면, 密大 및 實大가 존재한다. 그런고로 지금의 眞言, 佛心, 天台, 華嚴, 三論, 法相, 地論, 攝論 등 이러한 八家의 뜻은 참으로 여기에 있다.

라고 한다. 대승불교라고 하는 顯敎密敎, 權敎實敎는 모두 聖道門이며, 구체적인 宗名을 나타낸 眞言, 天台, 華嚴 등의 八宗의 가르침이 이것이라고 한다. 그리고 소승에 대해서는

> 다음에 소승이란 대개 이 소승의 經律論 속에서 밝히는 聲聞緣覺, 斷惑證理, 入聖得果의 道이다. 위에 準하여 생각하며, 또한 俱舍, 成實, 諸部의 律宗을 攝한다.

라고 한다. 聖道門의 소승은 聲聞緣覺의 가르침이며, 구체적으로 俱舍, 成實, 律 등의 宗을 말하고 있다. 따라서 이것을 要約하여

> 무릇 이 聖道門의 大意는 대승 및 소승을 논하지 않는다. 이 사바세계의 中에 있어서 四乘의 道를 닦아서 四乘의 果를 얻는다. 四乘이란 三乘 外에 佛乘을 더한 것이다.

라고 한것. 이 세상에 있어서 聲聞, 緣覺, 菩薩 및 大菩薩(佛乘)의 수행을 쌓아 깨달음에 들어 간 聖者의 가르침이 聖道門이라고 한다. 이것에 대한 淨土門에 있어서

> 다음에 왕생정토문이란 여기에는 둘이 있다. 첫째는 직접 왕생정토를 밝힌 가르침, 둘째는 傍系에 왕생정토를 밝힌 가르침이다.

라고 한다.「직접 왕생정토를 밝힌 敎」로는 三經一論을 밝히며,「傍系로 왕생정토를 밝힌 敎」로서는『華嚴經』『法華經』『隨求陀羅尼經』『尊勝陀羅尼經』등의 경전과『大乘起信論』『究竟一乘實性論』『十住毘婆娑論』『攝大乘論』등의 論書를 들고 있다. 따라서 曇鸞의『往生論註』에서 설하는 難易二道의 사고방식을 활용하여

> 이 가운데 難行道란 즉 聖道門이다. 易行道란 즉 淨土門이다. 難行易行과 聖道淨土와 그 말은 다를지언정 그 뜻은 같다.

라고 한다. 聖道門은 難行道이며 淨土門은 易行道라고 하고 있다. 지금 이것을 圖表化하면 다음과 같다.

法然의 聖淨二門의 敎判

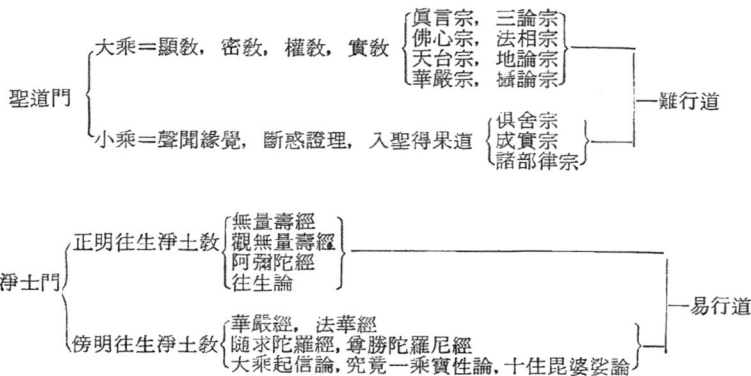

이와 같이 法然은 道綽의 聖淨二門의 생각을 그대로 받아 들여서 淨土宗의 敎判으로 하고, 여기에 曇鸞의 難易二道判을 合하여서 聖道門을 가지고 難行道, 淨土門을 가지고 易行道라고 하여 全佛敎의 諸法門을 둘로 크게 나누었다. 그 중에 있어서 淨土敎의 地位를 명확히 했지만, 그러나 法然은 『選擇集』에서는 다음에

> 대체로 이 集의 가운데에 聖道淨土의 二門을 세운 뜻은 聖道를 버리고 淨土門에 들어 오게 하기 위함이다.

라고 말하고 또

> 설사 먼저 聖道門을 배운 사람이라 할지라도 만약 淨土門에 그 뜻이 있으면 聖道門을 버리고 淨土로 돌아오너라.

라고 說한다. 聖道門은 末法인 今時에는 相應하지 않는 가르침이며, 理는 깊고, 解는 미묘한 가르침이기 때문에 버리고 淨土門에 歸入할 것을 설하며, 聖道門의 捨棄를 강하게 권유하고 있다.

道綽의 『安樂集』에서는 처음의 「約時被機」에 있어서

> 만약 가르침이 시기에 따르면 修行하기가 쉽고 깨닫기도 쉽다. 만약 機敎가 時에 어긋나면 수행하기도 어렵고 깨닫기도 어렵다.

라고 말한다. 가르침이 時機에 相應하지 않는다면 수행하기 어렵고, 깨달음에 들어가기도 어렵다. 難修難入이지만, 難修難入이기 때문에 捨棄하라는 것은 아니다. 또한 똑같이 難行易行, 聖道淨土二門의 解說에 있어서도 聖道門을 難行難修라고 말하고, 淨土門이야말로 末法相應의 가르침으로서 歸入해야 할 길이라고 說하고 있지만, 聖道門을 버려야 한다는데 대하여 明白한 말을 볼 수는 없다. 여기에서 道綽과 法然의 聖淨二門判에 있어서 見解의 相違를 볼 수 있다.

이와 같이 法然은 당시의 南都北嶺의 佛敎를 모두 聖道門으로서 지금

의 時代에는 깨달음에 들어갈 수 없는 가르침(今時難證)으로서 聖道門을 버리고 淨土門에 歸入할 것을 설하고 있다. 이 淨土門이라고 하는 것은 法然이 提唱한 淨土宗이다.

(ㄴ) 證空의 說

法然의 聖淨二門의 敎判에 대하여 西山義를 提唱한 證空은 法然의 敎說을 단지 祖述하는데 머물지 않았다. 여기에 새로운 釋義를 달았다. 法然은 聖道淨土의 二門을 상대하여 聖道門은「今時難證」의 가르침이며 淨土門은「今時相應」의 가르침으로서 聖道門을 버리고 淨土門에 歸入하는 방법이지만, 聖道門의「今時難證」을 말하는 것만으로 今時 不成佛이라고는 말하지 않는다.「難證」이란「깨달음을 얻기 어렵다」「깨닫기가 困難」하다는 意味로서 절대 不可能을 意味하는 것은 아니다. 千人中에 一二人은 聖道門의 行에 의해「깨달음」을 얻을 수 있다고 말하고 열심히 하면 可能性을 가지고 있다는 말이다. 法然의 이러한「今時難證」의 생각에 대하여 證空은 이것을「今時不成佛」이라고 해석한 것이다.『觀經秘決集』第十七(日佛全十卷二六八九頁)에서는

> 보살의 因位의 六度萬行, 三祇修行 이라면 어찌 佛果를 성취하지 못하랴.

라고 하고 또

> 佛果를 얻기 어렵다는 것은 지혜에 의해 萬行眞實하더라도 百大劫을 지나야 成佛한다고 한다. 오랜 劫을 지나지 않고는 成佛할 수 없다. 그 이익을 성취하기 위해서는 劫동안 가르침을 베풀어야 한다.

라고 말한다. 百大劫을 지나서 성불한다는 것은 불가능을 설하는 것이라고 해석할 수 있다. 聖道門無得道說을 낳기 때문이다. 그러면 왜 부처님은 無得道한 聖道門의 가르침을 說했는가 라고 하는데 대하여 證空

은 『同書』에서

> 穢土에서 六度萬行을 수행하도록 가르친 것은 성불한다 라고 할지라도 성불은 실지로 얻기 어려움을 가르쳐 알고 있기 때문에 三僧祇百大劫을 지나야 성불한다고 설했다. 이것은 즉 방편의 善巧이다.

라고 말한다. 聖道의 諸敎를 모두 不成佛이라고 말하는 것은 調機, 誘引, 方便을 위하여 설해진 것이라고 한다.

그리하여 다음에 방편의 가르침인 聖道門의 敎行은 모두 『觀經』에서 說하는 定善散善에 포함되어 있다고 한다. 證空은 특히 『觀經』을 重視하여 善導가 敎示한 定善十三觀의 觀法 및 散善九品의 諸行에서 佛敎의 一切敎行이 포함되어 있다고 한다. 따라서 이러한 定散二善의 行(全佛敎의 諸行)은 요약하면 아미타불의 弘願念佛을 顯揚하는데 있다고 한다. 이러한 생각으로 (觀門) 聖道門의 諸行을 본다면, 諸經의 片言隻句의 중에서 彌陀의 願意를 보면, 「法華八軸은 廣의 念佛」을 說하는 것이라고 한다.

그리고 이 弘願念佛은 이와 같이 定散二善(聖道門의 敎行)에 의해 開示된 것이 있지만, 證空은 이 생각을 逆轉시켜 定散二善(聖道門의 敎行)은 弘願念佛內의 공덕으로 가운데로 습수하여, 釋尊一代의 불교는 모두 弘願念佛 밖에 없다고 한다.

이와 같이 證空은 法然의 聖淨二門의 敎判에 대하여 (一)聖道門은 不成佛의 가르침이며 (二)그것은 淨土門에 歸入하고져 調機誘引하기 위해 방편으로서 설해진 것이며 (三)다음에 聖道門의 敎行은 모두 弘願念佛을 顯示하는 것이라고 말한다. (四)聖道門의 敎行은 弘願念佛의 공덕 외에 없다고 해석하고, 全佛敎는 淨土門弘願念佛의 敎行이다 라고 설하고 있다. 이것은 法然에 의해 세워진 聖淨二門判에서 새로운 의미를 붙인 것이라고 볼 수 있다.

(ㄷ) 一遍의 說

證空의 孫弟子인 一遍은 이 聖淨二門의 敎說에 대해『一遍上人語錄』(日佛全四六卷八四頁)에서는

> 聖道淨土의 法門을 깨달으면, 깨달은 사람은 모두 生死의 妄念이 없어지고 윤회의 업에서 벗어난다.

라고 한다. 聖淨二門의 가르침을 了解하고, 了解에서 머무르는 사람은 生死의 妄念이 없는 사람이라고 하면서 聖淨二門의 생각을 비판하고 있다. 託阿의『器朴論』(日佛全四七卷二七頁)에서는

> 當宗, 聖道難行을 가지고 化前이라 하고, 淨土易往을 가지고 正宗이라고 한다. 聖道門은 大小權實의 諸敎이니……, 聖道門의 難行이란 더하여 無證이라고 한다.

라고 한다. 聖道門의 難은 無得道의 것이라 설한다. 그리하여 그 이유로서

> 彼의 聖道門에서는 斷할 수 없는 번뇌를 斷하고 나타낼 수 없는 眞性을 드러낸다. 설사 上根이라고 할지라도 또한 劫敎를 지나야 地位를 增進한다. 하물며 末世愚鈍의 下根이야 어찌 此土入聖得果를 기대할 수 있으랴.

라고 설하고 末世의 우둔의 下根에게는 번뇌를 斷하는 聖道門의 行이 불가능한 것을 설하고 時期相應의 淨土門은 大聖大權의 垂示라고 한다. 또 淨土門의 念佛一乘은 諸佛出世의 本懷라고 설하고 있다.

(ㄹ) 親鸞의 說

親鸞은 上述한 法然의 聖淨二門의 敎判에 善導가 說하는 頓漸二敎의 가르침을 합한 다음에 이것에 眞假分別을 덧붙여 새로운 敎相判釋論을

第三章 淨土敎의 地位(敎相判釋論)

조직하였다. 淨土門中에 있어서 眞實의 敎(大無量壽經)의 地位를 분명히 했다. 이것이 二雙四重의 敎判論이라고 부르는 것이다.

親鸞은 『敎行信證文類』第六化身土文類(親鸞全一卷 二八九頁)에서

> 무릇 一代의 가르침에 대하여 此界의 中에서 入聖得果하는 것을 聖道門이라 이름하며, 難行道라고 하나니 此門의 中에 있어서 小乘, 漸頓, 一乘, 二乘, 三乘, 權實, 顯密, 豎出, 豎超이다. 즉 이는 自力利他敎化地, 方便權門의 道路이다.
> 安養淨刹하여 入聖證果하는 것을 淨土門이라고 이름하여, 易行道라고 하나니, 此門의 中에 있어서는 橫出, 橫超, 假眞, 漸頓, 助正, 雜行, 雜修, 專修가 있다.

라고 말하여 聖淨二門의 內容에 대하여 說하고 있지만, 『愚禿鈔』(親鸞全二卷 三頁)에서는 이것을 다음에 조직적으로 論하고 있기 때문에 그 文章을 보면 즉

> 聖道淨土의 가르침에 있어서 二敎가 있다. 첫째는 大乘敎 둘째는 小乘敎이다. 大乘敎에 있어서도 二敎이니 첫째는 頓敎 둘째는 漸敎이다. 頓敎에 있어서도 또한 二敎二超이다. 二敎란 첫째는 難行聖道의 實敎이니, 소위 말하는 眞言, 法華, 華嚴의 가르침이며, 둘째는 易行淨土本願眞實의 가르침 즉 大無量壽經이다. 二超란 첫째는 堅超 即身是佛 即身成佛 등의 證果이다. 둘째는 橫超 選擇本願 眞實報土 即得往生이다. 漸敎에 대해서는 또한 二敎二出이 있다. 二敎란 첫째는 難行道 聖道權敎이다. 法相 등의 歷劫修行의 가르침이다. 둘째는 易行道 淨土要門이다. 無量壽佛 觀經의 意. 定散三福九品의 가르침이다. 二出이란 첫째는 堅出 聖道歷劫修行의 證이다. 둘째는 橫出이란 淨土胎宮邊地懈慢의 往生이다. 小乘敎에 있어서도 二敎가 있다. 첫째는 緣覺敎 둘째는 聲聞敎이다.

라고 한다. 이것을 圖示하면 다음과 같다.

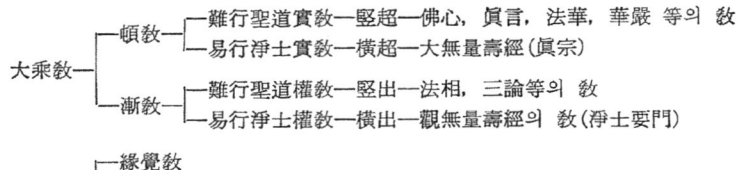

이것은 親鸞이 說한 本願眞實의 가르침(大無量壽經)이 諸敎보다 우수하다는 것을 나타내기 위해 조직한 敎判論이다. 이것을 二雙四重이라고 하는 것은 存覺의 『六要鈔』의 說에 의하면, 二雙이란 頓敎의 竪超橫超의 一雙과 漸敎의 竪出橫出의 一雙을 합하여 二雙이라고 부르며, 橫, 竪, 超, 出이 거듭되기 때문에 이것을 四重이라고 稱하며, 모두 합하여 二雙四重이라고 한다.

이 敎判은 法然이 聖淨二門의 敎判에 있어서 聖道門에서 權大實大이다(大乘의 權敎와 大乘의 實敎)라고 하는 說에 의하며, 聖道門에 權實二敎가 있는 것과 같이 淨土門에도 權實二敎가 있는 것으로서 聖道의 實敎와 淨土의 實敎 聖道의 權敎와 淨土의 權敎를 對比하고 彼此의 優劣을 判別하여 淨土實敎의 位置를 부여한 것이다.

그런데 法然의 聖淨二門의 敎判論은 大乘小乘의 外에 淨土門을 別立하고져 한데 대하여, 親鸞은 大乘의 가운데에 淨土門을 넣었다. 다음에 이것을 權實로 나눈 것으로 親鸞에 의하면 淨土門 中에도 權實, 眞假가 있으며, 아미타불의 四十八願의 중에 第十八願은 佛의 本意를 나타낸 것이기 때문에 眞實의 원이다. 第十九願과 第二十願은 方便의 원으로 바로 진실의 願인 第十八願에 信順하지 않는 사람을 위해서 設備한 權方便의 願이라고 한다.

이와 같이 佛의 本願가운데도 權實眞假의 別이 있기 때문에 三部經에도 진실과 방편이 아니면 아니 되는 것으로 『大無量壽經』은 진실의 가르침이며 『觀經』과 『阿彌陀經』의 顯敎의 가르침은 방편의 가르침이라고 한다. 그리하여 그의 진실된 가르침(大無量壽經)을 弘願의 法이라고 이름하며, 방편의 가르침을 둘로 나누어 첫째를 淨土의 要門(『觀經』)他를 方便眞門(『阿彌陀經』)이라고 부른다.

이와 같이 聖道淨土의 二敎를 對比하여 함께 權實의 二敎라고 하지만, 親鸞의 二雙四重의 敎判의 主意라고 하는 것으로 이것을 二權二實이라고 한다. 그렇지만 후세의 眞宗學에서는 불교의 여러 敎法 가운데 있어서 淨土弘願의 法(大無量壽經)만 절대의 진실이고 他의 諸敎 즉 聖道의 頓敎漸敎, 權敎實敎와 정토의 方便權敎(要門과 眞門)는 모두 權方便의 가르침이라고 하기 때문에 이 敎判論을 三權一實說이라고 한다. 그러나 親鸞의 敎判論의 素意는 二權二實說이라고 말하여 지고 있다. 親鸞의 敎判은 法然의 聖淨二門判에 善導의 頓漸二敎의 설을 합하고 그 위에 독자의 견해를 더하여 組成한 것이다. 善導가 『觀經』을 가지고「菩薩藏 頓敎에 攝한다」라고 말하는 것에 대하여, 親鸞은 『觀經』을 漸敎에 넣고, 頓敎에는 『無量壽經』으로 하고 있는 것으로 그의 독자적인 견해라고 할 수 있을 것 같다.

5 頓漸二敎判의 意義와 系譜

頓漸二敎의 敎判은 중국에서는 南北朝時代(五世紀末)에 나타난 劉虬가 처음이라고 말하고 있지만, 정토교에 있어서 頓漸二敎의 敎判을 사용하여 정토교의 지위를 밝힌 첫 사람은 중국의 善導라고 할 수 있을 것 같다. 善導는 『觀經疏』玄義分(卷全二卷三頁)에서 『觀經』의 지위를 설하기를

지금 이 觀經은 菩薩藏에 포함되며 頓敎에 攝한다.

라고 한다. 菩薩藏이란 聲聞藏에 相對한 말로서 大乘敎인 것으로 보인다. 頓敎란 漸敎에 대한 用語이기 때문에 『觀經』에서는 明文은 없지만, 二

藏二敎의 敎相判釋을 생각하여 『觀經』의 지위를 나타낸 것이라고 생각되어 진다. 그러나 이것에 대해 조직적인 해설은 「玄義分」中에서 볼 수가 없다. 또한 法然은 『三部經釋』(法然全六二頁)에 있어서

> 天台 眞言 모두 頓敎라고 이름하지만, 惑을 斷하는 고로 漸敎이다. 오직 惑을 斷하지 않고 三果(界)의 長迷를 出過하는 고로 이 敎(淨土門)를 가지고 頓中의 頓이라고 한다.

라고 한다. 정토교를 가지고 頓敎라고 하지만 이것에 대한 상세한 설명은 볼 수 없다.

(ㄱ) 聖冏의 說

善導의 이 頓漸二敎說은 上述의 親鸞의 二雙四重의 敎判에서 응용되었지만, 頓漸二敎의 敎說을 기반으로 새로운 정토종의 敎相判釋論을 조직한 사람에 聖冏(1341~1420)이 있다. 聖冏은 정토종 제7조라고 하는 사람으로 瓜連常福寺 了實의 門人이다. 聖冏이 출세한 足利時代 中期는 禪宗이 盛行한 시대로 天龍寺 夢窓國師 같은 이는 『夢中問答』에서 정토종을 가지고 小乘敎 不了義敎이라고 批判하고, 南禪寺의 虎關은 『元亨釋書』第二十七(旦佛全六二卷)에 있어서

> 위의 七(三論, 法相, 戒律, 華嚴, 天台, 眞言, 佛心)은 이것에 宗이라고 이름하는 것이다. 또한 淨土나 成實이나 俱舍나 이 셋을 寓宗이라고 한다. 國의 附庸에 비유된다······. 源信, 源空 잇따라서 이것을 도웁고, 널리 四部를 行한다고 할지라도 統系가 없다. 고로 지금 寓宗이라고 한다.

라고 하여 정토종을 寓宗이라고 評하고 있다.

이러한 禪家의 비평에 대하여 정토교의 敎旨가 諸宗보다 뛰어난 最勝의 가르침이라는 것을 說示한 것이 聖冏의 二藏二敎의 敎判論으로서 『釋

第三章 淨土敎의 地位(敎相判釋論)

淨土二藏頌義』三十一卷에 상세하게 설해져 있다.

말하는 二藏이란 聲聞藏과 菩薩藏이다. 聲聞藏은 小乘敎를 가르치고, 菩薩藏이란 大乘敎를 말한다. 大乘菩薩藏을 다음에 둘로 나누어 漸敎와 頓敎로 분류하고, 漸敎에 初分敎와 後分敎, 頓敎에 相頓敎와 性頓敎로 나누고 있다. 圖示하면 다음과 같다.

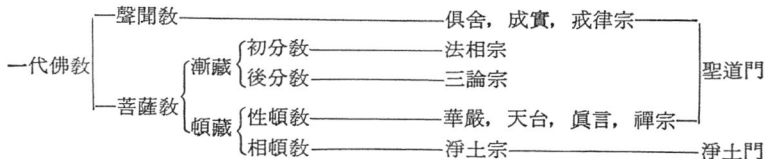

말하는 聲聞藏이란 小乘의 것으로 俱舍, 成實, 律宗을 말한다. 菩薩藏이란 大乘敎의 것이지만, 그 경우 漸敎의 初分敎란 漸敎의 가운데 있어서 初門의 敎라고 하는 의미로 法相宗의 敎를 가르치고, 後分敎에서 三論宗을 말한다. 이 聲聞藏小乘敎와 大乘漸敎(初分敎, 後分敎)란 언제나 相對差別의 相을 설하는 가르침(隔歷有相의 敎)으로 敎法의 淺深에 따라 셋으로 구분한 것이다.

다음에 菩薩藏頓敎에서 性頓敎와 相頓敎의 두 가지를 세운 것은 모두 圓融無碍를 주장하기 때문에 前의 漸敎와 小乘敎를 비교하면 모두 深遠한 가르침 이지만, 이 경우 性頓敎는 唯理唯性을 論하는 가르침으로 抽象的인 理念을 展開하여 頓速의 成佛을 說하기 때문에 性頓이라고 이름한다. 相頓敎의 相이란 形相 또는 구체적 事象의 의미로 정토교가 事와 理와의 相卽, 縱橫을 설하기 때문에 相頓敎라고 이름하고 性頓敎보다 뛰어난 最勝의 가르침이라고 하는 것이다. 따라서 다음에 聖冏은 당시 성행했던 禪宗이 無相空寂의 理를 소중히 하는데 대하여 정토교는 事理俱頓의 가르침이며,「佛意一乘」,「卽相不退」,「見生無生」의 가르침이라고 주장하고 있다.

이 聖冏의 二藏二敎判의 의도하는 것은 정토교가 華嚴, 天台, 密敎,

禪 등의 가르침보다도 敎理內容이 우월하다는 것을 나타내는 것으로 頓敎에 性相二頓을 연다. 淨土敎의 相頓을 最勝이라고 하는 생각은 華嚴敎學에서 설하는 四法界觀의 생각에 의한 것이라고 볼 수 있다. 法然의 聖淨二門의 敎判이 末法思想을 기반으로 時機相應 不相應이라고 하는 입장으로부터 조직한 것에 반해서, 聖冏은 敎法의 深淺勝劣의 관점에서 조성된 것으로 敎判論을 조성하는 관점상에서 큰 相違가 보여진다.

이 聖冏의 二藏二敎의 敎判은 상술한 바와 같이 善導가 『觀經疏』에서 설한 생각에다가 다음에 『麒麟聖財論』에 설하는 五敎判을 합한 것이다. 이 『麒麟聖財論』이란 北魏의 菩提流支譯이라고 傳하지만, 그러나 이것은 번역된 經論은 아니고 僞疑經이다. 法然이 時機에 相應한 가르침의 確立이라고 하는 관점에서 聖淨二門의 敎判論을 설하는데 대해 聖冏이 출세한 당시에는 敎法의 淺深이라고 하는 것이 불교계의 관심사였다. 정토교를 가지고 淺薄한 방편의 敎(權敎)라고 비판하고 있었기 때문에 이것에 답하기 위해 조직된 것이 二藏二敎의 敎判이다. 그 목적은 深遠한 교리체계를 가진 정토교의 組成이라고 하는 것이다.

또 이 밖에 頓漸二敎의 설에 의해 정토교의 敎判論을 조직한 사람으로 成覺房幸西가 있다. 幸西는 法然의 門人이지만, 일찍부터 一念을 주장한 사람으로 凝然의 『淨土法門源流章』에 의해 一代佛敎를 聲聞藏과 菩薩藏으로 나누고 菩薩藏을 頓敎와 漸敎로 二分하며 또 頓敎에 聖頓敎와 凡頓敎를 설하고 있다.

> 바로 佛果를 원해서 卽得하는 것을 如來藏이라고 이름하며, 頓敎一乘은 이것을 즉 聖을 위한 敎라 한다.

라고 하여 聖頓敎의 主意를 밝힌다.

> 具縛의 범부는 佛의 本願에 乘하여 報佛의 土에 나서 頓의 初地에 들어간다. 이것을 凡頓이라고 이름하며, 頓의 聖에 登하는 까닭에

第三章 淨土敎의 地位(敎相判釋論) *111*

라고 하여 凡頓의 敎야말로 淨土門이다 라고 한다. 또 이 밖에 頓漸二敎의 생각을 가지고 淨土門의 敎判을 組成한 사람도 있지만, 번거로움을 피하기 위해 생략하고져 한다.

(ㄴ) 融觀의 說

融通念佛宗의 大通融觀은 『融通圓門章』(日佛全四五卷二賣)에 있어서 華嚴宗의 五敎判을 모방해서 一代佛敎를 判釋하여 人天敎, 小乘敎, 漸敎, 頓敎, 圓敎의 五敎를 세우고 融通念佛은 圓敎라고 한다. 즉

一. 人天敎──五戒十善을 닦고 欲界, 色界, 無色界의 三界諸天에 생하는 것을 설하는 敎의 것.

二. 小乘敎──여기에 聲聞乘, 緣覺乘, 菩薩乘의 三이며, 四諦, 十二緣起를 깨닫도록 가르치고, 人空을 깨닫지만, 아직 法空을 깨닫지 못한 菩薩乘의 敎의 것.

三. 漸敎──華嚴宗에서 설하는 大乘始敎와 大乘終敎의 가르침으로 理事各別, 五性各別을 설하고 第八識에 의해 諸法의 生起를 설하는 가르침과 理事不二, 性相互容을 설해 如來藏에 의해 緣起를 설하는 敎를 말함.

四. 頓敎──五法, 三性, 八識, 二無我 등의 法相을 세우지 않고, 一念不生을「깨달음」으로 悟의 敎를 말함.

五. 圓敎──前의 四敎를 統該하여 相卽無礙, 主伴無盡, 一法一切法, 一斷一切斷, 一行一切行, 一成一切成, 互具交融을 설한 가르침으로 融通念佛宗이 이것이라고 한다.

第四章 淨土往生의 行

1 正依 傍依의 經典에서 說하는 往生의 行

法然은 중국의 道綽이 『安樂集』에서 說한 聖道門, 淨土門의 二門의 敎相判釋論을 그대로 引用하여 『選擇集』에서 淨土宗의 敎相判釋이라고 했다. 그것에 의하여 全佛敎의 諸法門 가운데 있어서 정토교의 지위를 명확하게 보이고 淨土敎의 支柱라고 하는 根本聖典을 『無量壽經』『觀無量壽經』『阿彌陀經』『往生論』의 三經一論이라 하여 이것을 「正依의 經論」이라고 이름한다.

따라서 다음에 『法華經』『華嚴經』 및 『十住毘婆娑論』『攝大乘論』 등을 가지고 「傍依의 經論」이라고 한다. 그러나 이러한 經典論書는 언제나 편찬된 의도와 성립의 사정이 다르기 때문에 정토왕생을 위한 행, 수행, 방법 등에 있어서도 각각 다른 것이 설해 지고 있다. 法然은 이와 같이 諸經典에서 설해 지고 있는 各種 行業의 경우에 稱名念佛 이외의 것을 諸行, 餘行 또는 雜行이라고 부르고 있다. 그러나 이러한 諸行, 餘行, 雜行이라고 하는 것도 인도, 중국, 한국, 일본에 걸쳐 古來로 부터 널리 정토왕생의 行으로서 重하게 여겨왔던 것이기 때문에 다음과 같이 正依의 경전에서 설하는 往生行에 대하여 略記하고져 한다.

(ㄱ) 無量壽經에서 說하는 往生行

『無量壽經』에서는 三類(輩)의 往生行을 설하고 있다. 즉

上輩 사람의 往生行

上輩의 사람이란 집을 버리고, 욕심을 버리고 沙門(출가)이 되어, 보리심을 일으켜 一向으로 無量壽佛을 念하며, 모든 공덕있는 行을 닦으면서 왕생을 원함. (取意)

中輩의 사람의 往生行

中輩의 사람이란 沙門(출가)이 되어 큰 공덕있는 수행을 행하지는 못하지만, 無上菩提心을 일으켜서 一向으로 無量壽佛을 念하며, 多少의 善을 닦고 齊戒를 지키고, 塔像을 세우고, 沙門에게 飯食하며 繒를 懸하고 燈을 밝히며, 華를 뿌리고 香을 피우는 등 이러한 것을 가지고 廻向하면서 그 나라에 왕생을 원함. (取意)

下輩 사람의 往生行

下輩의 사람이란……여러 가지의 공덕의 行業을 닦진 않았지만, 무상보리의 마음을 일으켜서 一向에 意를 오로지 하여 乃至十念으로 무량수불을 念하며 그 나라에 왕생을 원함. (取意)

라고 한다. 따라서 이러한 諸種의 行을 닦은 사람은 臨終에 佛의 來迎을 받아 정토에 왕생할 수 있다고 한다. 이 경우 上輩는 출가의 수도자이며, 中輩와 下輩는 재가신자가 行할 往生行이다. 그러나 이 三者는 모두 언제라도 보리심을 일으켜 무량수불을 念해야 한다고 설하고 있다.

(ㄴ) 觀無量壽經에서 說하는 往生行

『觀無量壽經』은 또는 『十六觀經』이라고도 부르고 있다. 이 經題에서 보이는 바와 같이 본래 무량수불을 觀想하는 경전으로서 十六種의 觀法을 닦음에 의해 정토에 왕생한다는 것을 설하는 경전이다. 그 16종의 觀法이란 ① 日想觀 ② 水想觀 ③ 寶地觀 ④ 寶樹觀 ⑤ 寶池觀 ⑥ 寶樓觀 ⑦ 華座觀 ⑧ 像想觀 ⑨ 眞身觀 ⑩ 觀音觀 ⑪ 勢至觀 ⑫ 普觀 ⑬ 雜想觀 ⑭ 上輩觀 ⑮ 中輩觀 ⑯ 下輩觀 이다. 이 十六

觀法의 명칭에 대해서는 중국, 일본의 淨土敎家의 사이에 諸種의 견해의 相違가 보이지만 이 『觀經』은 처음에 태양이 西쪽 하늘에서 지는 光景을 觀想하는 것으로 부터 시작하여 정토의 장엄 및 아미타불 관음세지의 두 보살을 觀想하는 것을 밝힌다. 끝으로는 죄인의 정토왕생의 모양을 觀想하는 것을 설하는 것이다. 그리하여 이와 같이 觀想이 성취된 사람은 六十億劫(또는 無量億劫)의 죄를 멸하고 現身으로 아미타불, 관음, 세지의 三尊을 친견할 수 있고, 정토에 왕생할 수 있다고 말한다.

(ㄷ) 善導가 說하는 觀經의 往生行

이와 같이 『觀無量壽經』은 16종의 觀法을 설하는 경전이지만, 중국의 善導는 오직 觀法은 十六觀 중에 第十三觀까지 라고 한다. 이것을 「定善」이라고 이름하고 後의 上輩觀, 中輩觀, 下輩觀의 셋은 觀法이 아니라 하여 「散善」이라고 이름하고, 散心(平常心)에 의해 諸善根(諸行)에 의한 往生을 설하는 것이라고 하고 있다. 그리하여 처음의 「散善顯行緣」(散善이 往生行임을 나타낸 緣)에서 설하는 世福, 戒福, 行福의 三福을 열어 散善九品의 行(三輩)이라고 해석한다. 『觀經』은 定善散善의 二善을 설하는 경전이라고 했다. 일본정토교 諸家의 경우에 法然 및 그의 門流는 모두 善導의 이러한 생각과 방법을 기본으로 각각의 敎說을 설하고 있기 때문에 다음에 三福의 行(正因)과 九品의 行(正行)에 대하여 간단하게 설명하고져 한다.

三福의 行(正因)

三福의 행이란 『觀經』의 처음(散善顯行緣)에 설하는 것으로, 경에서는

> 그 나라에 태어나고져 원하는 사람은 마땅히 三福을 닦아야 한다. 첫째는 부모를 孝養하고, 師長를 공경하고, 慈心으로 살생하지 않으며 十善業을 닦아야 한다. 둘째는 三歸를 受持하고 모든 戒를 具足하고 威儀를 범하지 않아야 한다. 셋째는 보리심을 일으켜 깊이

인과를 信하고, 대승경전을 독송하도록 行者를 勸進하라.

고 설하고 있다. 이 경우 첫째의 善根을 世福(世間的 善根), 둘째를 戒福(持戒에 의한 善根), 셋째를 行福(대승불교적 善根)이라고 부르고 있다. 이러한 공덕있는 수행을 행하여 정토에 나고져 원한다면 반드시 왕생할 수 있다고 한다. 그러므로 이 三福을 정토왕생의 正因이라고 이름한다.

九品의 行(正行)

이것은 『觀經』의 上輩觀, 中輩觀, 下輩觀의 三觀에서 설해 지고 있다. 善導는 上述한 바와 같이 이 三觀을 觀法으로 부터 제외하고 있다. 諸行에 의해 정토왕생을 설하는 것이라고 해석하고 三輩를 上品, 中品, 下品이라고 부른다. 인간의 機類(소질)를 三種으로 나누는 것으로 다음에 各品을 細分하여 三生으로 나누고 三品九生(九品)의 淨土往生行을 설하는 것이라고 하고 있다.

九品의 往生行이란

一. 上品上生의 行──처음으로 그 나라에 生하고져 원하면 三種의 心을 발하여야 한다. 즉 왕생하는데 무엇을 三이라고 하는가. 一에는 至誠心, 二에는 深心, 三에는 廻向發願心이다. 三心을 갖춘 사람은 반드시 그의 나라에 난다고 한다. 잇달아 一에는 자비심으로 살생하지 않고 모든 계행을 갖춤. 二에는 대승의 方等經典을 독송함. 三에는 六念을 수행하며 廻向發願하여 그의 나라에 생하고져 원하여 구함.

二. 上品中生의 行──반드시 方等經典을 수지독송하지는 않아도 그 義趣를 잘 이해하고 第一義에 있어서도 마음을 놀라지 않으며, 깊이 인과를 믿고 대승을 비방하지 않음. 이 공덕을 가지고 廻向하여 극락국에 生하고져 원하여 구함.

三. 上品下生의 行──인과를 信하여 대승을 비방하지 않으며, 오직

第四章 淨土往生의 行 117

　　無上道心을 발하고 그 공덕을 가지고 廻向하여 極樂國에 生하고
　　져 원하여 구함.
四. 中品上生의 行──五戒를 수지하고 八戒를 지키며, 모든 계행을
　　수행하고, 五逆을 짓지 않으며, 큰 過患없이 善根을 廻向하여 서
　　방극락세계에 生하고져 원하여 구함.
五. 中品中生의 行──혹은 一日一夜 八戒齊를 受持하거나, 혹은 一
　　日一夜 沙彌戒를 지키거나, 혹은 一日一夜 具足戒를 가지거나,
　　威儀를 잃음이 없는 이 공덕을 廻向하여 극락국에 生하고져 원하
　　여 구함.
六. 中品下生의 行──부모에게 효양하고 세상에 仁慈를 행한 이 사
　　람은 命이 마치고져 할 때에 善知識이 그 사람을 위하여 널리 아
　　미타불의 국토의 樂事를 설하거나, 또는 法藏比丘의 四十八願을
　　설한다. 이것을 들으면서 命을 마치면 즉 命終하면 즉 서방극락
　　세계에 生한다.
七. 下品上生의 行──어떤 중생이 있어 큰 惡業을 짓고 方等經典을
　　비방할지라도 그와 같은 어리석은 사람이 큰 죄를 지은 것을 慚愧
　　하지 않고 臨終하고져 할 때 선지식이 大乘十二部經의 首題의 名
　　字를 讚하는 諸經의 이름을 들으면 千劫의 極重의 惡業이 除却된
　　다. 智者 또는 가르침에 合掌叉手하고 나무아미타불이라고 稱한
　　다. 佛名을 칭하는 까닭에 五十億劫의 생사의 죄를 除한다……行
　　者 즉 化佛의 광명이 그의 室에 偏滿하는 것을 보며, 臨終에 歡
　　喜한다. 즉 命終한다. …… 寶池의 中에 生한다.
八. 下品中生의 行──어떤 중생이 五戒 八戒 및 具足戒를 毀犯하여…
　　그와 같은 죄인, 악업을 지은 사람은 마땅히 지옥에 떨어져 命이
　　마치고져 할 때 지옥의 衆火가 一時에 온다. 선지식이 대자비를
　　가진 때문에 아미타불의 十力威德을 설하고, 널리 그 부처님의
　　光明, 神力을 설하며, 또 戒, 定, 慧, 解脫, 解脫知見을 찬탄한

　　　　　다. 이 사람이 그 가르침을 듣고 八十億劫의 생사의 죄를 除하
　　　　　고……一念의 사이에 왕생을 얻는다.
　九. 下品下生의 行──어떤 중생은 不善의 業인 五逆十惡을 짓고, 모
　　　　　든 不善을 다 갖추었다. 이와 같은 愚人이 악업을 가졌기 때문에
　　　　　반드시 惡道에 떨어져 오래도록 무궁한 苦를 받을 것이다. 이와
　　　　　같은 愚人도 命終時에 다달아 선지식의 여러가지 安慰를 받고 거
　　　　　룩한 묘법을 듣고 염불하라는 가르침을 받는다. 그러나 이 사람
　　　　　은 臨終의 苦에 시달려 念佛할 겨를이 없다. 이것을 본 선지식은
　　　　　『너가 만약 부처님을 念할 수 없다면 반드시 무량수불을 칭하여라』
　　　　　고 한다. 이와 같이 至心으로 소리를 다하여 十念을 구족하게 아
　　　　　미타불이라고 칭한다. 佛名을 칭하는 까닭에 念念의 中에 八十億
　　　　　劫의 生死罪를 除한다……一念의 사이에 극락세계에 왕생함을 얻
　　　　　는다.

이상과 같이 九品(三品九生)에 있어서 種種의 往生行을 설하고 있다. 그
래서 먼저 설한 世, 戒, 行의 三福의 行과 이 九品의 往生行과는 淨土
宗義學에 있어서는 開合의 異라고 한다. 三福을 열면 九品의 行이 되고
九品의 行을 합하면 三福의 行이라고 말한다. 그러나 이러한 行을 요약
하여 稱名念佛과 諸行으로 二分할 수가 있다.

(ㄹ) 阿彌陀經에서 說하는 往生行

『아미타경』에서는

　　　　　만약 선남자 선여인이 있어 아미타불의 명호를 執持하거나, 혹은
　　　　　一日 또는 二日……또는 七日, 一心不亂한다면, 그 사람을 임종시에
　　　　　아미타불은 모든 성중과 함께 이 사람 앞에 나타나신다. 이 사람은
　　　　　命이 마칠 때에도 마음이 顚倒하지 않는다. 즉 아미타불의 극락세
　　　　　계에 왕생함을 얻는다.

라고 설하고, 7일간 계속 명호를 執持하는 것을 가지고 정토왕생의 행이라고 하고 있다. 이와 같이 「淨土三部經」에서는 淨土往生行으로서 여러 가지가 설해 지고 있다.

(ㅁ) 般舟三昧經의 往生行

上記의 「淨土三部經」 외에 중국에서 초기의 정토교의 形成에 큰 역할을 한 것은 『般舟三昧經』으로 盧山慧遠의 정토교는 말할 것도 없으며 天台智顗의 정토교, 善導의 정토교에도 큰 영향을 입혔다. 지금 一卷本 『般舟三昧經』(正藏一三卷/八九九頁)에서 설하고 있는 往生行을 보면

비구, 비구니, 우바새, 우바이가 있어 如法히 행하고, 持戒를 完具하며, 홀로 一處에 머물러 서방아미타불이 지금 나타나 계시는 것을 念하라……一心으로 그것을 念하여 一日一夜, 혹은 七日七夜로 한다면, 七日을 지난 뒤에 아미타불을 볼 수 있을 것이다.

라고 한다. 戒法을 지니고 아미타불을 念하면 見佛할 수가 있다고 설한다. 다음에 아미타불의 나라에 왕생하는 방법으로서,

그 나라에 來生하고져 하면, 반드시 그 이름을 念하라. 休息하지 말아라. 즉 來生을 얻을 것이다.

라고 하여 佛名을 念하는 것을 왕생의 行이라고 한다.

(ㅂ) 傍依의 經典

다음에 法然이 傍依의 경전이라고 하는 『華嚴經』(四十華嚴) 第四十卷(正藏一○卷/八四二頁)을 보면, 普賢의 十大願(① 禮敬諸佛 ② 稱讚如來 ③ 廣修供養 ④ 懺悔業障 ⑤ 隨喜功德 ⑥ 請轉法輪 ⑦ 請佛在世 ⑧ 常隨佛學 ⑨ 恒順衆生 ⑩ 普皆廻向)을 속히 성취하면 극락세계에 왕생할 수 있다고 하고

원한다면 우리의 命終時에 임하여 이와 같은 일체의 장애를 除하고, 面前에서 그 부처님, 아미타불을 친견할 수 있느니라. 즉 安樂刹에 生함을 얻는다. 우리 모두 그 나라에 왕생하여 現前에서 이 대원을 성취하여 一切圓滿하고 다함이 없는 일체중생계를 利樂되게 한다.

라고 설한다. 보현의 十大願을 성취하기 위해 서방정토에 왕생할 것을 설해 밝히고 있다. 『華嚴經』에서 서방왕생을 설하는 경전은 이 『四十卷華嚴經』(般若譯)뿐으로 覺賢譯(六十卷華嚴經) 및 實叉難陀譯(八十卷華嚴經)에서는 볼 수 없다.

또 『法華經』의 藥王菩薩本事品(正藏九卷/五四頁)에서는

만약 如來의 멸후, 후오백세중에 어떤 여인이 있어 이 경을 듣고 설하는 것 같이 수행하면, 여기에 命終한다. 즉 安樂世界의 아미타불의 大菩薩衆의 圍繞하는 位處에 가서 蓮華中의 寶座 위에 태어난다.

라고 한다. 聞法과 如說修行에 의한 정토왕생을 설한다. 이 밖에 密敎의 神呪經典에서는 陀羅尼, 神呪를 書寫誦持하는 것을 가지고 정토왕생의 행이라고 하고 있는 것이다.

『大隨求陀羅尼經』(正藏二〇卷/六二六頁)(不空譯)에 의하면 이 大隨求無能勝陀羅尼의 書寫의 공덕을 설한다.

乃至來世에 있어서 諸佛 모두 委奇하며, 이것을 가지므로 의해 大護되며 모든 吉祥이 가득하며, 意願하는 바를 성취한다. 조금만 이 明(陀羅尼)을 書함에 의해 一切의 樂, 豊盛, 安樂할 것이며, 목숨을 버리면 반드시 善取에 生하며, 원한다면 극락국에 生한다.

라고 설한다. 陀羅尼書寫의 공덕에 의해 서방정토에 生함을 설하고 있다. 또 『佛頂尊勝陀羅尼經』(正藏一九卷/三五六頁)(地婆訶羅譯)에 의하면

此의 陀羅尼一千遍을 誦하면, 諸의 病苦를 떠나며, 壽命長遠함을

얻는다. 혹은 또 命終의 後, 惡趣에 生한 사람이 있으면, 此의 陀
羅尼를 誦하고, 土沙를 加持하여 이것을 骸骨의 위에 흩으면, 亡者
는 바로 극락세계에 轉生함을 얻는다. (取意)

라고 설하고 있다. 尊勝陀羅尼의 誦持에 의해 亡者의 정토왕생을 밝히
고 있다. 또 중국의 明, 淸代에 『아미타경』의 末尾에도 첨가되어 함께
誦持된 『拔一切業障根本得生淨土神呪』(正藏一一卷 三五一頁)은 『無量壽佛根本陀羅
尼』의 略抄인 것이지만 여기에서는

만약 선남자선여인이 이 神呪를 잘 誦하면 아미타불께서 항상 그의
이마에 머무신다. 日夜擁護하여 怨家를 다시 얻지 않는다. 현세에
항상 安穩함을 얻고 命終時에 다달아 任運으로 往生한다.

라고 설하고 있다. 淨土神呪의 誦持에 의해 아미타불의 現世擁護와 정
토왕생을 설하고 있다.

2 正依의 論書에서 說하는 往生의 諸行(五念門)

上述한 바와 같이 정토교의 근본성전이라고 하는 「淨土三部經」에는
種種의 往生業을 설하고 있지만, 이것을 요약하여 敎示한 것이 世親(天
親)의 『往生論』에서 설하는 五念門이다. 『往生論』은 「無量壽經優婆提舍
願生偈」라고 하고, 또는 『無量壽經論』이라고도 말하여 진다. 『無量壽經』
의 要義를 述한 것이라고 생각되지만, 일본의 淨土敎家는 三經通申論이
라고 불러지며, 「淨土三部經」 전반에 걸쳐서 정토교의 要義를 述한 것
이라고 해석되어 진다. 여기서 이 생각 방법에 의하면 「淨土三部經」에
서 말하는 왕생의 要行을 記述한 것으로 五念門을 취하여 밝히고 있다.

이 五念門은 上記와 같이 世親의 『往生論』에서 주장된 것이지만, 중
국의 曇鸞은 『往生論註』에서 이것을 詳說하고 善導는 『往生禮讚』에서

정토왕생의 起行으로 밝히며, 일본의 源信은 『往生要集』의 正修念佛門에서 정토왕생의 要行으로 취급하며, 淨土宗의 聖光은 『末代念佛授手印』에서 五種正行과 더불어 淨土往生業으로 記述하고 있다. 그러므로 이 五念門은 인도, 중국, 일본의 三國의 淨土敎家에서 중시하는 往生業으로 알려져 있다. 그러나 五念門에 대한 각 祖師의 釋義는 반드시 같지는 않다. 다음에 한 두 가지 例를 보자.

(ㄱ) 世親의 往生論

世親(天親)은 『往生論』(淨全二卷
一九三頁)에 있어서 「만약 선남자 선여인이 五念門을 닦아 行하여 성취한다면, 필경에 安樂國土에 生하며, 아미타불을 볼 수 있을 것이다」라고 하여 往生行으로서 五念門의 行을 설하고 있다. 五念門이란 禮拜門, 讚歎門, 作願門, 觀察門, 回向門의 다섯가지이다.

一. 禮拜門―「어떻게 예배할 것인가 身業을 가지고 阿彌陀如來應正偏知를 예배하라. 그의 나라에 태어나고져 하는 뜻이 있기 때문에」라고 한다. 즉 정토에 태어나고 싶어하는 마음을 가지고 阿彌陀佛을 예배하는 것이다.

二. 讚歎門―「어떻게 찬탄할 것인가. 口業으로 찬탄하라. 그 여래의 명호를 부르며, 그 여래의 光明智相과 같이 그의 名義와 같이 여실히 수행하며 相應하고져 하기 때문에」라고 한다. 즉 입으로 아미타불의 이름을 부르며 공덕을 찬탄하는 것이다.

三. 作願門―「어떻게 作願할 것인가. 마음으로 늘 作願하고 一心으로 오로지 필경에 안락국토에 왕생하고져 念한다. 여실히 奢摩他를 수행하고져 하기 때문에」라고 한다. 마음으로 정토에 왕생하고 싶다라고 일심으로 오직 念願하는 일.

四. 觀察門―「어떻게 觀察할 것인가. 지혜로서 관찰하라. 正念으로 그를 觀하고, 여실히 毗婆舍那를 수행하고져 하기 때문에」라고 한다.

이 관찰하는 대상을 國土莊嚴에 17종, 佛莊嚴에 8종, 菩薩莊嚴에 4종의 도합 29종의 莊嚴을 설하고 있다.

五. 回向門―「어떻게 회향할 것인가. 일체의 고뇌의 중생을 버리지 않고, 마음으로 항상 作願하여 회향하고져 하며 대비심을 성취하여 얻고져 하기 때문」이라고 한다. 즉 자신의 왕생을 원할 뿐만 아니라 禮拜門 등의 공덕을 일체의 중생에게 베풀어 함께 정토에 왕생하고져 원하는 것을 말한다.

(ㄴ) 源信의 往生要集

일본에서 五念門을 가지고 往生業이라고 한 사람은 源信이다. 『往生要集』上(淨全一五卷
六六頁)에는 第四正修念佛門이라고 하고 있다.

禮拜門―「이것은 즉 三業相應의 身業이다. 일심으로 歸命하고 五體를 투지하며 서방아미타불을 禮하고 다소를 논하지 않고, 오직 성심으로 하라」고 설한다. 성심으로 서방아미타불을 예배하라고 말한다.

讚歎門―「이것은 三業相應의 口業이다」고 말한다. 『十住毘婆娑論』易行品의 文을 인용하여 佛의 공덕을 찬탄하며, 憶念稱名하는 것이라고 말한다.

作願門―「三業相應의 意業이다」고 말한다. 보리심을 일으키는 것이라고 한다. 이것에 대하여 事를 반연하는 사홍서원과 理를 반연하는 사홍서원을 설하고 緣事의 보리심을 法緣의 자비, 緣理의 보리심을 無緣의 자비라고 말한다.

觀察門―「初心의 觀行은 심오하여 끊어지지 않고……初心의 사람을 위해서는 많은 상호의 공덕을 설한다」라고 하며 佛身에 대하여 別想觀, 總想觀, 雜略觀의 三觀을 설하여 「意樂에 따라서 이것을 사용하라」고 하며, 佛身의 觀法을 설하고 있다. 그리고 觀念에 견디지 못하는 사람은 歸命想, 引接想, 往生想에 머물러 일심으로 칭명할 것을 말하고 觀念不堪의 사람을 위하여 稱名을 설하고 있다.

回向門―「五義具足하면 이것이 眞回向이다」라고 하고「① 三世 일체의 善根을 聚集하며, ② 薩婆若心과 相應하며 ③ 이 善根을 가지고 일체의 중생과 같이 하며 ④ 무상보리에 회향하며 ⑤ 能施, 所施, 施物 모두 不可得이라고 觀하고 능히 諸法實相과 화합하라」고 설하고 五義具足으로 회향의 義가 성취한다」고 해석하고 있다.

(ㄷ) 五念門의 主意

淨土宗 聖光은『末代念佛授手印』(淨全十卷 其貢)에 있어서

> 善導의 意에 의하면 정토종에 들어서 正助二行을 닦고 三心을 구족하려는 사람은 반드시 五念門을 닦아라.

라고 설하고 五念門의 行을 권한다. 五念門은 요약하면 念佛로 귀결되는 것으로 法然의 말로서

> 善導의 해석을 보면 源空의 눈에는 三心도, 五念도, 四修도 모두 함께 나무아미타불로 보이게 된다.

라고 설하며, 五念門의 요지는 稱名念佛에 있다고 생각한다. 그렇지만 이러한 聖光의 견해는 一向專修에 歸依한 심정으로 부터 나온 釋義로서『往生論』『往生禮讚』『往生要集』等의 釋義는 반드시 稱名이라고는 하지 않는다.『往生論』(淨全二卷 二九三頁)에서는 게송을 釋하여

> 論에서 말하기를 이 願偈에서는 어떠한 義를 밝히는가 그의 安樂世界를 觀하고 아미타여래를 보고 그의 나라에 나기를 願할 것을 示現하는 까닭에

라고 설하는 바와 같이『往生論』은 觀佛往生을 주로 설한 것이다. 따라서 觀察門에서는 정토를 三嚴二十九種莊嚴으로 분류하여 상세하게 觀想을 설하고 있다. 이것에 의하면『往生論』의 의도가 觀察門 중심인 것을

알 수 있다. 善導의 『往生禮讚』에서는 稱名을 설하는 이유로서

> 중생은 업장이 무겁고 경계에 약하므로 마음이 조잡하게 되면 識이 上氣하여 정신이 들뜨게 되며 觀成就가 어렵게 된다. 그러므로 大聖悲憐하여 바르게 권하나니 오로지 名字를 稱하여라. 바른 稱名은 쉽기 때문에 상속하여 生한다.

라고 한다. 『往生要集』에서는 觀念에 깊어질 수 없는 사람을 위하여 歸命想 等의 三想에 머물러 稱名할 것을 설하고 있는 듯하다. 稱名은 「障重神飛의 중생」「觀念不堪」의 사람 때문에 설하는 것이다. 五念門의 중심을 이루는 것은 역시 觀察門으로 稱名은 아니다. 그러나 이 觀念과 稱名은 어느 것이나 淨土往生行으로 주목된 行이기 때문에 다음에 이것에 대하여 略解하려 한다.

3 觀念과 稱名

(一) 觀念의 念佛

(ㄱ) 念佛의 意義

「淨土三部經」을 처음으로 諸經論에서는 정토왕생을 위해 닦는 行으로서, 여러 가지를 설하여 밝히고 있는데 그 가운데서 중국, 한국, 일본의 淨土敎家에 있어서 중시되는 것은 염불이다. 이것에는 觀念과 稱名의 二義가 포함되어 있다.

현재에는 일반적으로 염불이라 하면, 稱名念佛을 가르치고 있지만 염불이라는 단어가 가진 의미는 광범하다. 고대에는 思念, 想念, 觀念 등을 가르치는 말로 사용되었기 때문에 먼저 觀念의 염불에 대하여 記述하고져 한다.

염불이란 글자의 뜻과 같이 「佛을 念하는 것」으로 念은 샨스크리트語

로 스므리티(Smriti)의 번역이다.

「想起하다」「記憶하다」라고 하는 의미이다. 그러나, 念은 이외에도 많은 의미를 가지고 있기 때문에 觀念, 思念, 心念, 憶念, 想念, 稱念과 같은 熟語로 사용되고 있다. 또 佛이라는 文字도 佛身, 佛名, 覺, 眞如 實相의 理 등의 의미를 포함하고 있기 때문에 단지 염불이라고 하는 경우에 엄밀히 생각하면 무엇을 의미하고 있는 말인가 분명하지 않다.

天台의 智顗은 『摩訶止觀』에서 염불을 그 내용상으로 五種으로 구분하고 있다. 즉 稱名往生念佛三昧門, 觀相滅罪念佛三昧門, 諸境唯心念佛三昧門, 心境俱離念佛三昧門, 性起圓通念佛三昧門이다. 이와 같이 처음의 稱名往生念佛三昧門이란 稱名을 염불하는 것을 말하며, 이하의 넷은 觀念을 염불하는 것이라고 생각된다. 구체적인 事象을 觀念하는 것으로 부터 추상적인 理念을 觀想하는 것을 말하고 있다.

이와 같은 念佛에는 많은 의미가 포함되어 있지만, 가장 원형적인 것은 「念佛, 念法, 念僧」의 하나인 念佛인 것 같다. 이 三念의 하나인 「念佛」은 釋尊의 在世 당시에 있어서는 석존에 대한 歸敬의 생각으로 依憑 思慕의 마음을 말하고 있지만, 석존이 입멸하신 뒤는 부처님의 追慕, 佛의 憶想(憶念)으로 의미가 바뀌었다. 거기에 석존의 遺法과 敎團에 대한 歸敬을 나타내는 생각(念法, 念僧)이 付加되어 三念의 사상이 생겼다고 생각된다.

석존의 재세당시, 불교교단에 입문함에 있어서 佛에 歸敬하고, 佛을 念하여 佛의 이름을 부르는 口頭儀禮가 一定의 儀則으로 보변화되어 온 것이 稱名의 사상이다. 이미 「南無佛陀」라고 부르는 唱名의 생각이 『阿含經』 등의 오래된 경전에서 보인다. 그리고 다음에 이 佛의 名을 부르는 것은 佛弟子 및 신자들이 危害에 당하여 마음에 공포를 갖거나 또는 감격스러운 때가 있었을 경우에 저절로 부처님의 이름을 부르게 되었다고 생각된다.

이리하여 佛에 歸敎하고 佛을 念하는 염불사상은 稱名의 사상을 생기게 하고 佛에 대한 追憶의 念은 觀念으로 불도수행의 기본적인 행으로 크게 발전했다고 생각된다.

정토교에 있어서도 인도, 중국, 한국, 일본을 통하여 이 觀念과 稱名은 정토왕생을 위한 중요한 행이다. 觀念의 觀은 산스크리트語의 비파샤야나(Vipaśyana 毘鉢舍那)의 譯으로「分別하여 보는 것」을 意味하며, 지혜를 가지고 現象의 體性과 相狀 등을 분별하고 認知하는 것을 말한다. 석존이 6년에 걸친 고행생활의 헛됨을 알고 고행을 中止하고 尼連禪河에서 목욕하고 乳糜에 의하여 체력을 회복하여 伽耶村의 畢鉢羅樹의 아래에서 靜觀을 집중시켜, 마침내「깨달음」을 열었다고 말한다. 이 석존의 靜觀은 觀想의 것으로 이 觀想觀念은 불도수행의 기본이라고 생각되는 것이다. 이것은 觀念, 觀察, 觀想, 禪觀과 같은 말로 사용된다. 고요한 곳에서 정신을 통일하여 명상에 들어서 마음으로 緣起의 도리 또는 부처님의 相好 등을 觀想思念하는 것이다. 이 경우에 觀想하는 내용이 추상적인 理念인 경우를 理觀이라고 하고, 구체적인 事象을 觀想하는 것을 事觀이라고 한다. 理觀이란 諸法實相을 觀하며, 諸法皆空을 觀하며, 佛의 法身, 實相身을 觀想하는 것을 말한다. 白骨을 觀想하는 白骨觀, 佛의 신체에 갖추어진 三十二相好를 觀하며, 또 극락의 山川國土를 觀想하는 것을 事觀이라고 한다.

「淨土三部經」의 하나인 『無量壽經』에서는 三輩往生段에서「一向專念無量壽佛」이라고 설하므로 아미타불을 專念할 것을 설한다. 또『觀無量壽經』에서는 아미타불 및 정토의 광경을 觀想할 것을 상세히 설하고 있다.

(ㄴ) 往生論註의 說

曇鸞은 天親의 『往生論』을 注釋하여 『往生論註』二卷을 저술하여 往生行으로서 설하는 五念門의 觀察門에 있어서 淨土를 國土莊嚴, 佛莊嚴 菩薩莊嚴으로 분류하였다. 다음에 국토장엄으로 17종, 불장엄으로 8종, 보살장엄으로 4종의 도합 29종의 장엄을 관찰할 것을 설하고 있다.

國土莊嚴(十七種)

1. 淸淨功德=정토는 안락하고 청정한 곳으로 迷界인 三界가 虛假不淨함에 대하여 이러한 것이 없는 것이다.
2. 量功德=정토는 廣大無邊하여 허공과 같은 것이다.
3. 性功德=정토는 本性으로 청정하며 正道의 대자비, 출세의 善根으로 부터 생기며, 法性에 隨順하며, 法性에 어긋나지 않는 것이다.
4. 形相功德=정토는 광대무변하지만, 그러나 청정한 광명이 비치지 않는 곳이 없이 全淨土를 비춘다. 그리고 정토의 寶樹寶樓 등의 만물이 모두 광명을 가지고 일체를 비추는 것이다.
5. 種種事功德=淨土의 종종의 장엄이 모두 珍妙의 보배로서 미묘하게 장엄된 곳. 정토의 寶樹寶池寶樓 등이 金銀瑠璃 등의 보배로 되어 있으며 미묘하게 장엄된 것.
6. 妙色功德=정토에 광명의 빛은 광대하며, 衆生世間(人間의 世界)과 인간이 사는 국토(器世界)를 비추어도 장해하는 것이 없는것.
7. 觸功德=淨土에 있는 일체의 장엄은 모두 柔軟하여 이것에 접촉된 것은 많이 殊勝한 樂을 얻을 수 있다.
8. 三種功德=池水와 대지와 허공의 장엄을 말한다.
   Ⅰ. 水功德=정토의 流泉池沼 등의 공덕의 일로서 大水의 難, 流水의 難은 없고 池水에는 寶華가 흩어져 있으며, 微瀾廻流하며 쾌락이 무궁한 경우.
   Ⅱ. 地功德=정토의 대지는 평탄하며 궁전누각 등이 자유롭게 세워져서 장엄되어 있는 것
   Ⅲ. 虛空功德=정토에서 허공의 장엄을 말하는 것으로 보배로 장식된 寶網이 大空에 걸려 있고 요령이 미묘한 法音을 연주하는 것.
9. 兩功德=天華(묘한 花)와 妙衣(가장 뛰어난 의복)등이 하늘에서 내려와서 정토의 대중이 佛에게 공양할 물건이 되는 일.
10. 光明功德=정토에 있어서 광명이 수승한 이익을 베푸는 일.

11. 妙聲功德＝서방정토의 명성이 멀리 시방세계에 들리고, 이것을 듣는 사람은 깨달음을 얻는 일.
12. 主功德＝정토의 依報莊嚴이 主佛인 아미타불에 의하여 잘 住持되는 일.
13. 眷屬功德＝아미타불의 권속인 많은 성중은 모두 같이 佛의 正覺의 華로 부터 나며, 一味 평등으로 優劣不同이 없는 것.
14. 受用功德＝정토의 聖衆이 불법과 禪定三昧를 가지고 受用의 食으로 하는 일.
15. 無諸難功德＝淨土에서는 身心에 있어서 諸難이 없고, 안락이 끊어지지 않고 相續하는 것.
16. 大義門功德＝淨土는 대승의 善根世界로서 평등일미이기 때문에 根欠의 사람과 여인의 이름마져도 없는 수승한 덕이 있는 국토라고 하는 것.
17. 所求滿足功德＝또는 一切所求滿足功德이라고도 한다. 정토는 왕생한 중생의 원에 따라서 구하는 것을 실지로 만족시켜 주는 공덕이 있는 곳.

佛莊嚴(八種)

佛에 관한 장엄에 있어서 八種으로 나누어 설하고 있다.
1. 座功德＝아미타불이 앉아 있는 주위 연화대의 미묘엄려한 것.
2. 身業功德＝아미타불의 身業에 미묘한 相好功德이 있는 것.
3. 口業功德＝아미타불의 口業의 공덕에 있어서 佛의 妙聲이 시방세계에 울려퍼져 듣는 사람으로 하여금 이익을 얻도록 하는 것.
4. 心業功德＝아미타불이 平等無分別智를 가지고 그 心業을 장엄한 것.
5. 大衆功德＝淨土의 대중은 똑같이 佛의 智惠淸淨海로 부터 나며 純淨한 공덕이 있음.

6. 上首功德＝정토의 上首인 아미타불은 最尊으로 聖衆에게 공경받는 것.
7. 主功德＝정토의 교주인 아미타불이 정토의 대중에게 공경받는 것.
8. 不虛作住持功德＝아미타불의 本願力은 허망하게 이루어진 것이 아니기 때문에 觀佛의 行者를 속히 정토의 寶海에 見佛 성취하도록 하는 공덕이 있는 것.

菩薩莊嚴(四種)

보살에 있어서 四種의 공덕을 나타냄.
1. 不動而至功德＝정토의 보살은 정토에서 움직이지 않고 시방세계에 있는 중생을 化益하게 하는 일.
2. 一念遍至功德＝정토의 보살이 一念이라고 하는 극히 짧은 시간에 빠짐없이 일체의 세계에 이르러 대중을 이익하게 하는 일.
3. 無相供養功德＝天의 꽃과 음악과 妙衣와 妙香으로 공양하고 諸佛의 공덕을 찬탄함에 분별의 마음을 일으키지 않는 일.
4. 示法如佛功德＝보살이 無佛의 세계에 가서 佛, 法, 僧의 삼보를 住持하고 佛이 계심과 같이 佛의 종자를 끊지 않도록 하는 일.

이상의 국토장엄에 17종, 불장엄에 8종, 보살장엄에 4종의 도합 29종의 장엄을 대상으로 觀想하는 것을 觀察門이라고 말하고 있다.

(ㄷ) 觀經疏의 說

다음에 『觀經』의 교설에 의해 아미타불 및 극락정토의 觀想을 가장 상세히 또한 구체적으로 설한 사람은 중국의 善導이다.

善導는 『觀經疏定善義』(淨全二卷 四七頁)에서

지금 이 觀門 等은 오직 方을 가르치고 相을 세워(指方立相) 마음을 머물러 경계를 생각하여 모두 無相理念을 밝히지 않는다. 여래는 멀리 떨어져도 알고 내려 주신다. 末代罪濁의 범부의 相을 세워 마음이 머물러도 얻는데 가능하지 않는데 어찌 하물며 相을 떠나는 일을 구하랴.

라고 설한다. 佛은 산란심의 범부에게 觀想을 달성하기 위하여 장소를 서방의 一處에 정하고 구체적으로 극락정토의 광경(事象)을 나타내 보인다고 말한다. 그래서 극락을 觀想하는데 대하여 태양이 眞東으로 眞西에서 지는 春秋의 두 계절을 택하여 해가 지는 때에 서쪽으로 향하여 正坐하고 마음을 조용히 하여 觀想하는 것을 말한다. 그 시기와 13종류의 觀想의 방법을 나타내고 있다. 그 十三觀이란

一. 日想觀—日沒觀이라고도 한다. 태양이 正西로 지는 것과 같이 북을 공중에 달아 두었듯이 觀하며, 정토의 존재와 자기의 죄업 및 정토의 아름다움을 觀함.

二. 水想觀—淨土의 평탄한 유리의 大地를 觀想하는 前方便으로서 먼저 청정한 水를 想念하며, 다음에 물을 변화시켜 얼음이 되게 하고 얼음이 투명하게 빛나고 있는 것만큼 정토의 유리의 大地를 觀想함.

三. 寶地觀—유리와 大地 위에 있는 황금의 道, 樓閣, 華幢 등의 하나 하나를 觀하여 소멸하여 잃지 않도록 한다.

四. 寶樹觀—정토에 있는 칠보의 樹林과 그 수목으로 부터 나오는 광명에 대하여 觀한다.

五. 寶池觀—八功德水가 충만한 칠보의 못을 觀하고 池水는 흘러 많은 小溝로 되며, 연화의 꽃은 피고, 흐르는 물소리는 苦, 空, 無常 無我의 法을 설하고 있음을 觀함.

六. 寶樓觀—정토의 칠보 누각 중에 많은 天人이 음악을 연주하고 있다. 이 음악은 모두 삼보를 念하도록 설하고 있음을 觀함.

七. 華座觀—佛이 坐하고 계신 연화대좌를 觀하는 일. 이것은 百寶色의 연화로 만들어 져서 四隅에 四體의 寶幢이 있고, 위는 慢幕으로 처져 있다. 이 慢幕은 빛이 찬란한 寶珠로 장식되어 정토를 비추고

있는 것을 觀함.

八. 像想觀―佛像을 觀想하는 것으로 하나의 大蓮華의 위에 빛이 찬란한 아미타불의 앉아 계시는 모습을 관하며 이어서 좌우에 같은 관음세지의 두 보살이 앉아 계시는 모습을 觀한다. 다음에 이러한 三尊이 정토에 가득차 계시는 모습을 觀한다. 이 觀法이 성취된다면 이 觀想의 行者는 정토의 水流와 광명이 묘한 법을 설함을 들을 수 있다고 한다.

九. 眞身觀―아미타불의 眞實身을 觀하는 것이다. 이 佛의 높이는 六十萬億那由他恒河沙由旬이며, 미간의 백호는 五須彌山과 같이 크다. 눈은 四大海水와 같고, 後背의 後光은 백억의 삼천대천세계보다 크며, 이 중에 百萬億의 化佛菩薩이 계신다. 또 佛身에는 8만 4천의 好相이 있으며, 하나 하나의 隨形好에 8만 4천의 광명이 있고 일체의 세계를 비추고 염불의 중생을 攝取하고 계심을 觀함.

十. 觀音觀―佛의 脇士인 관세음보살을 觀想하는 것이다. 이 보살의 높이는 八十萬億那由他由旬이며, 身은 紫金色으로 빛나고, 뒤에는 百千由旬의 圓光이 있으며, 五百의 化佛이 五百의 化菩薩과 天人을 侍者로 두고 계신다. 이 보살은 摩尼寶珠로 장식된 天冠을 쓰고, 그 가운데에 높이 二十五由旬의 서 계시는 化佛이 계신다. 또 身은 광명으로 빛나는 瓔珞을 두르고 발을 옮길 때에는 金剛摩尼의 꽃이 흩날리어 정토에 偏滿함을 觀함.

十一. 勢至觀―佛의 脇士인 대세지보살을 觀想하는 것이다. 이 보살의 높이와 身은 관세음보살과 같고, 頭上에 쓴 天冠은 五百의 寶蓮華로 장식되어 있고, 肉髻相의 가운데에 하나의 寶瓶이 있어 광명이 세차다. 이 보살이 걸을 때는 시방세계가 진동하고 오백의 寶蓮華가 흩날린다. 十方에 계시는 分身의 아미타불, 관음세지 등의 三尊은 모두 정토에 모여 설법하시며, 고통받는 중생을 인도하시는 것을 觀함.

十二. 普觀─自往生觀이라고도 한다. 자기가 정토에 往生한 것을 觀하는 것으로 정토에 왕생하여 연화가 열려 불보살이 허공에 가득하며, 정토의 水鳥와 樹林이 묘법을 설함을 생각함.

十三. 雜想觀─雜多한 佛身을 觀하는 것으로 정토의 寶池에 一丈六尺의 佛像이 있음을 觀한다. 또 시방세계에 身을 變現시켜 小身과 大身을 나타내며, 일체의 것을 교화함을 觀함.

善導는 『觀經』에서 설하는 이 十三觀에 의해 정토의 장엄과 불보살을 觀想할 것을 설한다. 이러한 觀法을 행하는 것은 무량겁의 사이에 있어서 더럽혀진 생사의 죄를 멸하고, 정토에 왕생할 수 있다고 말하고 觀想(念)滅罪往生을 설하고 있다. (⑰ 37, 264, 上)

(ㄹ) 往生要集의 說

法然의 정토교를 낳게한 모체인 源信의 『往生要集』(淨全一五卷, 六八頁)을 보면, 정토왕생의 행으로서 曇鸞, 善導 등이 중시한 五念門을 취급하여 正修念佛이라고 이름하여

五念門의 行을 닦아 성취하면, 필경으로 안락국토에 태어난다. 아미타불을 친견함을 얻는다.

라고 한다. 이 五念門을 중요한 정토왕생의 행이라고 한다. 이 五念門 가운데에 源信이 특히 중시한 것은 觀察門으로 이것에 別相觀, 總相觀, 雜略觀의 세 가지를 설하고 있다.

別相觀이란 아미타불의 佛身의 부분에 대하여 觀想하는 것으로 처음에 『觀經』에서 설하는 바와 같이 華座觀(座臺를 觀함)을 觀想함. 이어서 佛身의 四十二相에 대하여 하나 하나를 觀想하는 것을 밝히고 있다. 그 四十二相이란, ① 頂上의 肉髻相(頭上의 살갗이 올라옴) ② 髮毛의 上向相 ③ 髮際의 光明相 ④ 耳의 廣長相 ⑤ 額의 廣正相 ⑥ 面輪(顏)의 圓滿相 ⑦ 眉間白毫相(白毛의 덩어리) ⑧ 眼睫(속눈섭)의 齊整

相 ⑨ 佛眼相 ⑩ 佛鼻相 ⑪ 佛脣相 ⑫ 佛齒相 ⑬ 佛牙相 ⑭ 佛舌相 ⑮ 舌下의 寶珠相 ⑯ 佛咽喉相 ⑰ 頸의 圓光相 ⑱ 頸의 二光相 ⑲ 欠瓫骨(結喉)의 滿相 ⑳ 肩頂의 圓滿相 ㉑ 腋下의 充實相 ㉒ 臂肘의 傭圓相 ㉓ 諸指의 纖長相 ㉔ 指間의 鞔網(물갈퀴와 같은 膜)相 ㉕ 手의 柔軟相 ㉖ 頷臆(아랫턱)의 廣大相 ㉗ 胸의 卍字相 ㉘ 心相의 紅蓮華相 ㉙ 身皮의 金色相 ㉚ 身光의 無邊相 ㉛ 身相의 端嚴相 ㉜ 體相의 量等相 ㉝ 容儀의 洪滿相 ㉞ 陰藏의 金色相 ㉟ 兩足 등의 七處充滿相 ㊱ 雙腨(정강이)의 纖圓相 ㊲ 足跟(뒤꿈치)의 圓滿相 ㊳ 足趺의 修高相 ㊴ 身毛의 宛轉相 ㊵ 足下의 千幅輪相 ㊶ 足下의 平滿相 ㊷ 足下의 蓮華相 이다.

『往生要集』은 이 하나 하나의 觀想에 대하여 상세한 설명을 하고 있다. 그리고 이 42 상의 경우 頂上의 肉髻相으로 시작하여 足下의 蓮華相까지 차차로 아래로 내려 오면서 觀想하는 것을 順觀이라고 하며, 足下의 蓮華相으로 부터 頂上의 肉髻相까지 逆으로 올라가면서 觀想하는 것을 逆觀이라고 부른다. 이렇게 하여 順逆十六遍을 행하도록 설하고 있다.

다음에 總想觀이란 아미타불의 佛身의 전체를 觀想하는 것으로『觀經』의 佛身觀에서 설하듯이 우선 처음에 광대한 蓮華臺上에 앉아 계시는 아미타불을 觀想한다. 이 佛身은 閻浮提金色으로 빛나며, 높이는 六十萬億那由他恒河沙由旬이며, 미간의 백호상은 5수미산만큼 크며, 눈은 四大海水와 같이 넓으며, 또 淸白에 대하여 身의 毛孔으로 부터 수미산과 같이 큰 광명을 놓고 계시며 念佛의 중생을 攝取하고 계심을 觀한다. 그리고 다음에 佛의 모습이 꼭 金色의 山이 大海의 가운데 우뚝 솟아 빛이 찬란하고, 일체의 것은 빛이 찬란한 광명 때문에 숨겨지며, 오직 광명의 大海 가운데에 계시는 것과 같이 觀하는 것이다. 그리고 다음에 佛의 應化身, 報身, 法身에 대하여 觀하고, 다음에 觀相하는 佛의 相好는 三身卽一身의 相好光明인 것을 觀想하는 것이다.

雜略觀이란 미간의 백호상만을 觀하는 것이다. 백호상은 5수미산과 같이 크며 그 中에 8만 4천의 好相이 있으며, 하나 하나의 好相 중에 8만 4천의 광명이 있다. 시방세계를 비추고 念佛의 중생을 攝取하고 계시는 것을 觀한다. 또 자신이 정토에 태어나 연화의 위에 앉아서 佛의 백호상을 觀하고 五百色의 광명이 우리 몸을 비추고 있음을 觀함.

그리고 다음에 이 觀法의 極略을 원하는 것은 백호상만을 취급하고, 頗梨珠와 같이 됨을 觀한다. 또 광명이 우리들을 비추고 계심을 觀하고 그 위에 모든 중생과 함께 安樂國에 왕생할 것을 願할 수 있다고 한다.

다음에 源信은 정토왕생의 행으로서 五念門의 觀察門에 있어서 上記한 바와 같이 別想觀, 總想觀, 雜略觀의 三觀을 說하고 정토왕생의 要行으로 하지만, 그러나 이 觀法의 설명으로 다음에

> 만약 相好를 觀念함에 깊어지지 않는 사람은 어떤 이는 歸命想으로, 어떤 이는 引攝想으로, 어떤 이는 往生想에 의하여 一心으로 稱念하고 行住坐臥, 語默作作 늘 이 생각을 가지고 胸中에 일으키기를 배고픈 사람이 밥을 생각하듯이 목마른 자가 물을 구하듯이 하라. 어떤 이는 低頭擧手로 어떤 이는 擧聲稱名으로 外儀는 다르더라도 心念 항상하며, 念念相續하여 痞瘵에서도 잊어서는 안된다.

라고 한다. 歸命想, 引接想, 往生想의 三想에 머물러 稱하는 稱名을 권하고 있다. 그러나 源信의 本意는 어디까지나 觀念으로 이것에 깊어지지 않는 사람만이 稱念을 行할 것을 권하고 있다.

이와 같은 觀念은 중국, 한국, 일본의 淨土敎家들이 어느 것이나 같이 중시하는 往生行이다. 그 方法에는 廣略, 精粗, 種種의 다른 것이 있지만, 정토왕생의 행으로서 누구나 취급하고 있는 것이다. 그런데 이러한 觀念을 전면적으로 廢捨하고, 單信稱名의 염불만에 의한 정토왕생을 설하는 것이 法然의 정토교이다.

(二) 稱名念佛

(ㄱ) 諸經典에서 說하는 稱名

佛의 이름을 불러 존경의 생각을 나타내어 歸依의 心情을 披瀝하거나 또는 佛의 加護를 원하는 口稱儀禮는 이미 석존의 在世當時부터 불제자 및 신자의 사이에 있어서 널리 행하여져 왔다. 이 시초라고 생각되는 것은 三歸(歸依佛, 歸依法, 歸依僧)의 마음이라고 述할 수 있을 것 같다. 석존이 입멸하신 뒤 차차 해가 지날수록 이것에 呪術的, 修行的 또는 祈禱 祈願的인 의미가 첨가되어 왔다. 『大般涅槃經』第十六($\frac{正藏一二卷}{四五八頁}$)에 의하면 憍薩羅國에서 도적의 무리가 失目하여 南無佛陀라고 하므로서 눈이 밝아진 것을 記述하고 있다. 『撰集百緣經』卷一($\frac{正藏四卷}{二〇四頁}$)에는 商人이 海難을 당하여 南無佛이라고 창하므로 難을 면하여 珍寶를 얻었다고 설하고 있는데, 이러한 이야기에 나오는 稱名은 주술적 기도적인 의미의 稱名이라고 할 수 있을 것 같다, 『法華經』方便品($\frac{正藏九卷}{九頁}$)에

> 만약 사람이 산란한 마음으로 塔廟의 안에 들어가서 한번만이라도 南無佛이라고 稱하면 모두 佛道를 성취한다.

라고 하는 것은 수행적 기원적인 稱名이라고 생각된다. 또 『文殊般若經』卷下($\frac{正藏八卷}{七三一頁}$)에서

> 선남자 선여인이 있어서 一行三昧에 들어 가고자 하는 자는 먼저 空閑處에서 모든 亂意를 버리고 相貌을 취하지 말고, 마음을 일심으로 매어 두고, 오로지 名字를 칭하며, 佛의 方所에 따라서 端身 正向하여 능히 一佛에 있어서 念念相續하라. 즉 이 念의 가운데에서 능히 과거, 미래, 현재의 諸佛을 볼 수 있다.

라고 한다. 이것은 一行三昧에 들어가는 방법으로 稱名을 설하는 것이기 때문에 수도적인 稱名이라고 생각된다. 다음에 『觀佛三昧海經』에서

는 佛名을 칭하므로 인하여 백천겁의 번뇌의 重障을 除한다고 말한다. 『觀經』의 下品下生에서는

> 『너희들이 만약 念할 기회가 있으면 꼭 무량수불을 칭하여라』고 한다. 이와 같이 지심으로 소리를 끊지 않고 十念을 구족하게 나무아미타불이라고 칭하자. 佛名을 칭하는 까닭에 念念의 중에 80억겁의 생사의 죄를 除하고, 命終時에 金蓮華의 편편한 日輪이 그 사람의 앞에 머물러 있음을 본다. 一念의 사이에 극락세계에 왕생함을 얻는다.

라고 한다. 稱名에 의하여 滅罪와 정토왕생을 설하고 있는데 이것은 祈願의 稱名이라고 생각된다.

(ㄴ) 龍樹의 稱名不退說

이와 같이 원시경전을 처음으로 하여 대승경전, 정토교, 여러 경전에서는 여러 가지 의미를 가지고 稱名思想을 설하고 있는데, 이러한 생각을 이어서 稱名에 의해 보살도를 성취하고, 不退轉位에 들어갈 것을 설한 것은 인도의 龍樹(2~3世紀)가 저술한 『十住毘婆沙論』의 易行品이다.

龍樹는 대승불교를 받들어 보살이 阿惟越致(불퇴의 位)에 도달함에 難行道와 易行道의 二種의 길이 있다. 身命을 아끼지 않고 六波羅密을 행하고 정진노력하여 긴 시간에 걸친 수행을 닦아 불퇴의 位에 들어 가는 것을 難行道라고 이름하며, 諸佛의 명호를 칭하고, 憶念하며 공경예배하여 쉽게 不退의 位에 도달하는 것을 易行道라고 부른다. 따라서 이 難行道를 陸路의 步行에 易行道를 水路의 乘船에 비유하고 있다. 이 易行道에 있어서 諸佛의 名號를 稱함에 대하여 『易行品』에서는 東方善德佛 등의 現在十方十佛, 아미타불 등의 현재의 百七佛, 毘婆尸佛등의 과거의 七佛및 미래의 미륵불, 다음에 동방의 德勝佛 등의 八佛, 과거 현

재 미래의 三世諸佛, 다음에 善意 등의 百四十二 보살을 밝히고 稱名을 권 하여 속히 불퇴의 位에 도달할 것을 설하고 있다.

　이 龍樹가 『易行品』에서 설하는 稱名은 一佛의 稱名만 아니고 제불 제보살의 명호이다. 이렇게 많은 제불보살의 명호를 칭함에 의하여 阿惟越致(不退의 位)에 들어 갈 수 있다고 말하나, 稱名에 의한 정토왕생은 아니다. 그러나 稱名에 의하여 보살도를 성취하고 不退의 位에 들 수 있다고 하여 보살도의 하나로 稱名을 취급하고 있는 것은 注目할 만 하다.

　(ㄷ) 世親, 曇鸞의 稱名

　龍樹의 뒤에 출현한 世親(天親)(5世紀)은 『往生論』에서 정토왕생의 行으로서 五念門을 설하는 중에 第二讚歎門에서

　　如何히 찬탄할 것인가. 口業으로 찬탄하라. 그 여래의 이름을 稱하고, 그 여래의 光明智相과 같이, 그 名義와 같이 여실히 수행하여 相應하고져 하기 때문에.

라고 설하여 口業에 의한 찬탄을 설하고 있는데, 아미타불 또는 無礙光佛, 無量光佛이라고도 한다. 광명의 덕이 있어서 특히 수승한 부처님이기 때문에 無礙光佛, 無量光佛이라고 하는 명호를 칭하고 있는데, 그대로 佛을 찬탄하는 의미라고 한다. 칭명으로 佛을 讚歎하는 행이며, 함께 정토왕생의 행이 되기도 한다.

　이 天親의 『往生論』에서 설하는 생각을 이어 받고, 다음에 龍樹가 『易行品』에서 설해 밝힌 稱名易行의 설에 의해 彼土不退와 此土不退에 대하여 難行易行의 二道를 밝힌 사람은 중국의 曇鸞(476~542)이다. 曇鸞은 『往生論註』에서 정토에 왕생하여 不退를 얻은 것을 易行道, 此土에서 不退를 얻은 것을 難行道라고 한다. 따라서 龍樹가 말한 易行道란 善德佛 이하의 많은 제불보살의 명호를 칭하는 것인데, 曇鸞은 정토에

왕생하여 不退를 얻기 때문에 정토의 敎主인 아미타불 一佛만의 칭명을 易行道라고 한다. 그리고 명호를 칭하면 佛力의 住持가 있다고 한다. 佛力이란 佛의 他力의 것으로 이것이 佛의 本願力이라고 한다. 이와 같이 曇鸞代에 와서 아미타불의 불명을 칭하는 것이 不退를 얻기 위한 정토왕생의 要行이라고 함에 이르른 것은 주목 할 만하다.

(ㄹ) 道綽, 迦才의 數量信仰

曇鸞의 뒤를 이어 稱名念佛의 數量信仰을 鼓吹시킨 사람으로 道綽 (562~645)이 있다. 道綽은 末法의 今時에 相應하는 가르침으로 정토교가 가장 상응하는 가르침이라고 하여, 『安樂集』(淨全一卷 六七四頁)에서

> 今時의 중생은 즉 佛께서 세상을 가신지 4,5백년이 되었고, 참으로 懺悔修福으로 佛의 명호를 稱해야 할 때이다. 만약 일념으로 아미타불을 칭하면, 능히 80억겁 생사의 죄를 除한다. 일념에 이러하니 하물며 常念을 修하는 것이란, 즉 이 恒懺悔의 사람된다.

라고 하여, 稱名滅罪를 설할 뿐만 아니라 「미타의 명호를 칭하여 안락국에 生하기를 원하면 聲聲사이에 十念을 성취하고……」라고 하고 『觀經』의 下品生에서 설하는 稱名往生의 설에 의하여 稱名念佛에 의해 정토왕생을 권하고 있다. 이 道綽의 念佛思想에 대하여 특히 주목되는 것은 『아미타경』의 若七日의 설에 의하여 칭명의 數量信仰을 설하고 있다. 道宣에 저술한 『續高僧傳』 제 20권(正藏五十卷 五九四頁)의 道綽의 條에 의하면

> 사람에게 권하여 아미타불을 念하게 하여, 어떤 이는 麻豆 등의 물건을 사용하여 數量하였다. 한번 이름을 칭할 때 一粒을 건넸다. 이와 같이 하여 數百萬斛을 쌓아 가는 것을 가지고 結을 향한다.……또는 해마다 늘 自業으로 많은 木欒(槵)子를 꿰뚫어 가지고 數法으로서 모든 四衆에게 주어 그 稱念을 세며, 몇번이고 禎瑞을 지난다……조금 틈만 있으면 입으로 佛名을 誦하여 日日七萬번 할 것을

한정하여 소리 소리 사이에 주의하여 淨業을 넓힌다.

라고 한다. 稱名念佛의 수를 세기 위하여 麻豆를 가지고 수를 세거나 또는 木欒(槵)子의 數珠를 만들어 수량을 세는데 사용한다. 다음에 자신은 매일 七萬遍의 염불을 했다고 한다. 이것은 稱名의 수량이 많은 만큼 공덕이 뛰어나다고 하는 생각인 듯하다. 이 道綽이 설하는 염불의 수량신앙은 상기와 같이 『아미타경』의 若七日의 念佛說에 의한 것인데, 이 道綽의 생각을 계승하여 百萬遍念佛의 신앙을 설한 사람은 迦才이다.

迦才는 道綽과는 거의 同時代의 후배인데, 道綽이 『아미타경』의 약 7일의 염불사상에 의하여 설한 數量信仰을 계승하여 약 7일의 염불은 百萬遍의 염불로서 百萬遍念佛의 신앙을 설했다. 迦才의 『淨土論』卷中(淨全六卷 六四七頁)에서

해석하여 말하기를 이 經(아미타경)에 의하면 小善根이란, 헛된 발원이다. 廣善根이란, 이 7일의 염불이다. 만약 능히 7일염불로서 百萬遍을 채우면 즉 왕생을 얻는다.

라고 기술하고, 念佛百萬遍의 수행을 가지고 정토왕생의 행이라고 하고 있다.

이와 같이 중국에서 정토교가 傳來되어 차차 아미타불의 佛名을 칭하는 신앙이 성행하게 되었다. 수량의 多寡를 논하는 생각도 생기게 되었는데 이러한 稱名信仰은 主로 『觀經』의 下品生에서 설하는 稱名滅罪往生의 설에 의한 것이라고 생각되어 진다. 이 『觀經』의 稱名往生說을 『無量壽經』의 本願思想으로 해석하며, 稱名에 새로운 의미를 부과하여 佛의 本願의 행이라고 한 사람은 善導(613~681)이다. 이것을 계승하여 偏依善導一師라고 칭하여 本願念佛의 위에서 다음에 選擇인 의미를 첨가하여 이것에 의해 정토종인 一宗을 開創한 사람이 法然이다.

第五章 本願의 念佛

1 本願의 意義와 內容

(ㄱ) 總願과 別願

善導, 法然이 설하는 염불은 중국 및 일본에 있어서 정토교 諸師가 설하는 공덕 包含的인 염불과는 다르다. 本願念佛로서 아미타불의 이전에 법장보살이라고 할 때 세운 원력이다. 本願이라고 하는 것은 人類救濟의 원으로서 기본이 되는 것이다. 이것은 念佛(稱名)을 칭함에 의하여 本願에 실려 구제되고 정토에 왕생할 수가 있다고 한다. 이 本願念佛에 의한 정토왕생설은 法然 이후의 일본정토교 救濟論의 中核을 이루는 것이지만, 그러나 이 本願에 대한 이해는 종파에 따라서 다르기 때문에 法然의 淨土宗義와는 다른 西山淨土宗義, 眞宗義 등이 형성하게 됨에 이르렀다. 그리하여 이러한 諸宗派의 念佛說을 해설하기에 앞서 먼저 本願에 대하여 설명하고져 한다.

本願이란 산스크리語의 푸르바 후라리드하―나(pūrva-pranidhāna)의 譯으로 「옛부터의 願」「因位의 서원」「宿願」이라고도 한다. 佛과 보살이 과거세에 있어서 수행했을 때 일으킨 중생제도의 원으로서 사람들의 교화구제를 맹서한 願望이기 때문에 서원이라고도 한다. 따라서 중생제도의 맹서를 내포하지 않은 단순한 願望은 단지 발원이라고만 하지 誓願이라고는 하지 않는다.

이 보살의 서원의 경우, 보살로서 누구라도 일으키지 않으면 아니 되는 기본적·보편적인 서원을 總願이라고 하며, 보살자신이 특별한 목적을 달성하기 위하여 일으킨 특수한 서원을 別願이라고 한다. 이 總願은 일반으로 四弘誓願이라고 하여 모든 보살이 일으킨 기본적인 4종류의 원이다. 그것은

一. 중생은 無邊할지라도 맹세코 건지기를 願함. (衆生無邊誓願度)
二. 번뇌는 無邊할지라도 맹세코 끊기를 원함. (煩惱無邊誓願斷)
三. 法門은 無量할지라도 맹세코 배우기를 원함. (法門無量誓願知(學)
四. 無上의 보리를 맹세코 證하기를 원함. (無上菩提誓願證)

의 네가지이다. 이것은 대승불교의 가르침을 받드는 보살이 육바라밀의 행을 수행하므로 일으킨 서원으로 처음 一句는 교화할 중생이 아무리 澤山처럼 있어도 모두 이러한 사람의 고뇌를 除하고, 깨달음을 얻도록 하겠다는 것이다. 따라서 이것은 보살의 利他의 行이기 때문에 이것을 「度」(제도)라고 한다.

제 2 는 고뇌와 迷의 원인인 번뇌가 아무리 澤山(無量)같을지라도 남김없이 斷滅하여 정청한 경지(깨달음)를 얻고져 하는 서원이다. 따라서 이것을 「斷」(斷滅)이라고 한다. 보살의 利他行이다.

제 3 은 알아야 할(배워야 할) 敎法이 아무리 澤山처럼 있어도 남김없이 이것을 알고져(배우고져)하는 서원이기 때문에 이것을 「知」(學)이라고 한다.

제 4 는 殊勝한 「깨달음」의 경계가 아무리 高遠한 것일지라도 반드시 證得하고져 願望하기 때문에 이것을 「證」이라고 한다.

이와 같이 「度」, 「斷」, 「知」, 「證」의 四種의 서원을 세워서 自利利他의 행을 수행하는 것을 대승의 보살도라고 하며, 보살의 總願이라고 한다.

別願이란, 이러한 總願을 일으킨 그 위에 다음에 佛과 보살이 독자의 입장에서 세운 서원으로서 總願이 일반적인 서원인 것에 대하여 개인적 특수한 원이다. 이것은 現世(穢土)에서 「깨달음」을 열어 인도하기 어려운 중생을 제도하고져 하는 것과, 現世와는 별다른 他方에 정토를 만들어 많은 사람들을 제도하고져 하는 것이 있다.

前者를「此土成佛의 願」이라 하고, 후자를「彼土成佛의 願」이라고 한다. 『悲華經』(ⓓ3, 209) 제 7 에서 설하는 석가의 五百의 大願 『彌勒菩薩所問經』(ⓓ11, 628)에서 설하는 奉行十善願과 같은 것은 此土(穢土)成佛의 本願이다. 『阿閦佛國經』(ⓓ11, 751)에서 설하는 阿閦如來의 二十願, 『放光般若經』(ⓓ8, 91) 第十三, 夢中行品 에서 설하는 29원과 같은 것은 彼土成佛의 本願이다. 「淨土三部經」의 하나인 『無量壽經』에서 설하는 아미타불의 48원은 彼土成佛의 別願이다. 아미타불의 本願(別願)은 일반으로 『無量壽經』에서 설하는 것에 의하여 48원이라고 말하고 있는데 현존하는 중국번역의 異譯經典 및 샨스크리트文, 티벳트翻譯의 것을 보면 반드시 그 수량은 똑같지 않다. 다음과 같이 각각 다른 本願을 설하고 있다.

一. 『無量淸淨平等覺經』(支婁迦讖譯)……二十四願.
二. 『阿彌陀三耶三佛薩樓佛檀度人道經』(支謙譯)……二十四願.
三. 『無量壽經』(康僧鎧譯)……四十八願. (ⓓ12, 167, F)
四. 『無量壽如來會』(菩提流支譯)……四十八願.
五. 『無量壽莊嚴經』(法賢譯)……三十六願.
六. 『샨스크리트文無量壽經』……四十九願.
七. 『티벳트譯無量壽經』……四十九願.

이 외에 『悲華經』에서는 아미타불의 本願으로서 48원을 밝히고 있다.
이와 같이 『無量壽經』의 異譯異本을 보면 본원의 수량은 반드시 일정하지는 않다. 이것에 대하여 일본의 宗派敎學에서는「開合具略의 다름」이라고 한다. 열면 四十八願이 되며, 합하면 二十四願이 되는 것으로 『無量壽經』에서 설하는 四十八願을 가장 바른 것으로 하는데 이 異本七種의 本願을 비교대조하여 상세하게 내용을 조사해 보면 거기에는 커다란 相違가 발견되어「開合具略의 異」라고만 하여서는 되지 않는다. 이것은 아마도 인도 또는 西域地方(中央아시아)에서 아미타불교도에 의해 『無量壽經』이 傳承되는 사이에 加筆增廣이 행해 졌기 때문에 이와 같이 願數에 相違를 가져온 것이 아닌가 라고 생각되어 진다.

이 경우 산스크리트文, 티벳트譯을 제외하고 중국번역의 五本의 경우 『無量壽經』(康僧鎧譯)만이 홀로 중국, 한국, 일본의 淨土敎家에 의해 奉持되어 法然이 정토종을 열어 이 경을 根本正依의 경전의 하나로 넣었기 때문에 현재는 아미타불의 本願이라고 하면 오직 48원이라고 하기에 이르렀다.

(ㄴ) 四十八願의 呼稱과 分類

아미타불의 48원에는 古來로 부터 각각 고유의 명칭이 사용되였지만, 그 명칭은 반드시 일정하지는 않다. 또는 종파에 따라서 다르게 부르는 분들도 있지만, 지금 정토종 제3조인 良忠의 門人 望西樓了慧의 『無量壽經鈔』의 명칭이 비교적 일반화되어 있기 때문에 이것에 의해 48원의 명칭을 나타내고 결들여서 諸宗派에 있어서 異稱을 倂記하고져 한다.

『無量壽經鈔』의 說	異稱
1 無三惡趣의 願	
2 不更惡趣의 願	
3 悉皆金色의 願	
4 無有好醜의 願	
5 宿明智通의 願	
6 天眼智通의 願	
7 天耳智通의 願	
8 他心智通의 願	
9 神境智通의 願	
10 速得漏盡의 願	
11 住正定聚의 願	必至滅度願(眞宗)
12 光明無量의 願	
13 壽命無量의 願	
14 聲聞無數의 願	

第五章 本願의 念佛　145

15	眷屬長壽의 願	
16	無諸不善의 願	
17	諸佛稱揚의 願	諸佛稱名願(眞宗)
18	念佛往生의 願	十念往生願(諸師)
		至心信樂願(眞宗)
19	來迎引接의 願	修諸功德願(眞宗)
		念佛諸行來迎願
20	係念定生의 願	至心廻向願(眞宗), 諸行往生願, 三生果遂願,
		順後往生願.
21	三十二相의 願	
22	必至補處의 願	還相廻向願(眞宗), 一生補生願.
23	供養諸佛의 願	
24	供具如意의 願	
25	說一切智의 願	
26	那羅延身의 願	
27	所須嚴淨의 願	萬物嚴淨願
28	見道場樹의 願	
29	得辯才智의 願	
30	智辯無窮의 願	
31	國土淸淨의 願	徹見十方願
32	國土嚴飾의 願	妙香合成願, 香薰十方願, 莊嚴功德願.
33	觸光柔軟의 願	
34	聞名得忍의 願	
35	女人往生의 願	轉女成男의 願
36	常修梵行의 願	
37	人天致敬의 願	聞名愛敬願
38	衣服隨念의 願	

39	受樂無染의 願	常受快樂願
40	見諸佛土의 願	
41	諸根具足의 願	聞名具足願
42	住定供佛의 願	解脫三昧願, 止觀俱住願
43	生尊貴家의 願	
44	具足德本의 願	聞名具德願
45	住定見佛의 願	聞名佛見願
46	隨念聞法의 願	
47	得不退轉의 願	聞名不退轉願
48	得三法忍의 願	

 以上의 四十八願은 淨影寺 慧遠(523-592)의 『無量壽經義疏』에서 說하는 分類에 의하여 三類로 區分하는 것이 一般이기 때문에 다음에 이것을 圖示한다..

一. 攝法身願 ─┬─ 第十二　光明無量의 願.
　　　　　　　├─ 第十三　壽命無量의 願.
　　　　　　　└─ 第十七　諸佛稱揚의 願.

二. 攝淨土願 ─┬─ 第三十一　國土淸淨의 願.
　　　　　　　└─ 第三十二　國土嚴飾의 願.

三. 攝衆生願 ──────────── 以外의 四十三願.

 이 경우 攝法身願이란 法身을 攝하는 願이라고 하는 것으로 보살이 「깨달음」을 연 佛의 身相功德에 대하여 選擇攝取하고, 자신의 佛身을 성취할 것을 바라는 원이다. 이 法身이란 淨土宗義學上에서 論하는 三身(法身, 報身, 應身)의 하나로서의 法身은 아니며 「功德法을 성취한 佛身을 말한다」고 해석한다. 48원의 경우 第十二光明無量의 願과 第十三壽命無量의 願과 第十七諸佛稱揚의 三願이 그것이다.

 다음의 攝淨土願이란 정토를 攝하는 願이라고 하는 것으로 보살이 성불한 뒤에 만들 정토에 있어서 諸佛淨土 가운데 수승한 장엄공덕을 선택하여 구성하고져 하는 願이다. 이것에 제 31 국토청정의 願과 제 32 國

土嚴飾의 願이 있다.

　다음의 攝衆生願이란 중생에 관한 것으로 시방의 중생에게 이익을 베풀 것을 서원했다. 他의 四十三願을 말하는 것이다.

　이 아미타불의 본원에 관한 三分類는 上記의 淨影寺 慧遠의 설에서 처음이며 중국, 한국, 일본의 淨土敎家는 많이 이 설을 이용하고 있지만, 다르게 分類를 하는 사람도 있다. 일본의 珍海는 四十八願을 삼등분하여 처음의 16원을 장엄정토의 願, 다음의 十六願을 勸進의 願, 後의 十六願을 名號利益의 願이라고 하고 있다. 그러나 일반으로 널리 사용되는 것은 上記의 淨影寺 慧遠의 분류이다.

2　四十八願을 일으키는 因緣

　『無量壽經』에서 설하는 아미타불의 本願은 善導, 法然과 후대의 일본 정토교에 있어서 念佛往生說의 기본사상을 일으킨 것이기 때문에 그 이후의 각 종파교학은 이것에 대하여 각각 독자의 釋意를 덧붙이고 있다. 그 宗派敎學에 있어서 해석을 설명하기에 앞서 『無量壽經』에서 설하는 48願의 生起된 인연과 그 성취에 대하여 제차 略述하고져 한다.

　『經』에서「乃往過去久遠無量 不可思議無央數劫」이라고 하는 아주 옛날에 錠光如來란 佛이 출현하셔서 많은 사람들을 가르치고 인도하셔서 열반에 들게 하셨다. 그 다음에 출현하신 佛을 光遠如來라고 하며, 이 부처님도 많은 사람들을 인도하여 열반에 들게 하셨다. 그 다음에 출현하신 佛을 月光이라고 한다. 잇따라 總計 五十三佛이 더불어 차례로 출현하셔서 많은 사람들을 교화하여 「깨달음」으로 인도하셨고 스스로도 열반에 드셨다.

　이리하여 54번째에 출현하신 여래를 世自在王如來라고 한다. 이 부처님이 출현하신 代에 일인의 국왕이 있었다. 그는 世自在王如來에게 귀의하여 佛의 설법을 듣고「깨달음」을 구할 마음을 일으켜서 다음에 나라를 버리고 왕위를 내어 놓고 출가하여 法藏이라고 하는 一人의 불도 수행자가 되었다. 그리하여 世自在王如來와 같이 佛이 되어 많은 사람들을 제도하고 싶다고 원을 세워서 이룩할 정토 및 거기에 왕생하는 방법에 대하여 여래에게 가르침을 구했다. 그것에 대하여 世自在王如來는 법장비구의 마음으로 부터 일어나는 원에 應하여 種種의 정토를 나타내 보였다. 법장비구는 世自在王如來의 示現하신 청정한 국토를 보고 인류구제의 대원을 일으켜 五劫 동안 思惟하여 만들 정토 및 중생을 정토에 인도하는 방법 등에 대하여 설계했다. 그리하여 세운 것이 四十八願이다.

이리하여 법장비구는 경에서 「不可思議兆載永劫에 있어서 보살의 무량의 덕행을 積植했다」고 하는 것과 같이 오랫동안 보살의 육바라밀의 행을 수행했다. 그 間의 수행에 대하여 경에서는

어떤 때는 長者居士, 豪姓尊貴도 되며,
어떤 때는 刹利國君, 轉輪聖帝도 되며,
어떤 때는 六欲天主乃至 梵王도 되며,
항상 四事로서 일체의 諸佛을 공양하고 공경했다.

라고 한다. 종종 轉生했지만 그 轉生의 사이도 보살도를 완성하여 佛이 되고저 하는 志願은 조금도 잃지 않았다. 이리하여 법장보살은 마침내 보살도를 성취(완성)하여 성불하셨다. 이것을 『無量壽經』에서는

법장보살이 지금 이미 성불하여 출현하셔 서방에 계신다. 여기를 가려면 十萬億刹이 된다. 그 佛의 세계를 이름하여 安樂이라고 한다.

라고 하며, 다음에,

성불하신지 무릇 十劫을 지냈다.

라고 한다. 법장보살은 이미 十劫의 전에 「깨달음」을 얻어 부처가 되어

무량수불 또는 무량광불이라고 이름하여 서방십만억불토의 저편에 安樂이라고 이름하는 정토를 만들어 놓았다고 한다.

『아미타경』에서는 이 정토에 대하여, 이로부터 西方十萬億의 불토를 지나서 세계가 있으니 이름하여 극락이라고 한다. 그 나라에 부처님이 계시니 아미타불이라고 이름하신다. 지금 현재에도 계시면서 설법하신다.

라고 한다. 『無量壽經』과 같이 서방십만억의 저편에 극락인 정토를 만들어 지금 현재에 설법하고 계신다고 한다. 다음에 이 佛은 十劫의 옛적에 「깨달음」을 얻었다 라고 하고 있다.

이와 같은 법장보살은 이미 十劫의 옛적에 「깨달음」을 얻어 佛이 되어 아미타불이라고 號하고 지금 현재에 西方에 정토를 만들어 설법하고 계신다 라고 설하고 있다.

결국 아미타불은 『無量壽經』에 의하면 錠光如來로 부터 세어서 제55번째에 깨달음을 얻은 佛이다. 따라서 그가 만든 정토는 善導가 「四十八願으로 장엄하여」라고 하는 바와 같이 정토는 攝淨土願의 성취에 의하여 구성된 것이며, 아미타불 또는 무량수불 등이라고 불리는 것은 壽命無量, 光明無量의 원을 성취한 것을 나타내는 것이다. 다음에 정토에 왕생한 사람은 佛과 같은 수명무량을 얻는 것은 眷屬長壽願을 성취하기 때문이다. 이와 같이 아미타불 및 정토는 모두 48원의 성취에 의하여 될 수 있는 것이라고 한다.

그러나 이 48원의 가운데에 중국, 한국, 일본의 淨土敎家가 특히 중시하는 것은 제18원이다. 더구나 善導, 法然에 이어지는 道綽, 善導流의 정토교가 설하는 염불왕생설은 이 第十八願文을 根據로 하여 중생의 구제를 설하는 것이다.

3 法然의 本願念佛

(ㄱ) 第十八願의 解釋

法然은 美作國久米南條(岡山縣久米南町)의 사람이며, 父는 押領使漆間時國이다. 15세 때에 叡山에서 출가하여 黑谷叡空의 문하에서 가르침을 받고, 또 南都에서 가르침을 받았지만, 어떤 스승도 法然의 뜻을 만족시켜 주는 스승은 없었다. 그 이래 叡山에 있는 一切經을 읽고, 자신의 得脫할 도를 구하였다. 드디어 善導가 『觀經疏』에서 설하는 本願念佛의 가르침을 證得하여 정토종을 개종하였다. 이것이 承安五年 法然의 43세 때의 일이다. 法然이 증득한 가르침이란, 『無量壽經』의 第十八願에서 설하는 염불왕생의 가르침이다. 法然은 중국 善導의 가르침을 계승하여 四十八願 中에 第十八願을 중시하여 이것을 칭명염불에 의하여 정토왕생을 서원한 願文이라고 한다. 그 十八願이란,

> 만약 내가 佛이 되어 十方의 중생이 至心으로 信樂하여 나의 나라에 태어나기를 원하여 乃至十念으로 만약 태어나지 못하는 자가 있으면 正覺을 성취하지 않겠다. 단지 五逆과 正法을 비방하는 것을 제하고 (設我得佛 十方衆生 至心信樂 欲生我國 乃至十念 若不生者 不取正覺 唯除五逆 誹謗正法)

의 文이다. 이 十八願을 念佛往生願이라고 부른다. 그러나 諸師는 이것을 十念往生願, 至心信樂願, 攝取至心欲生願이라고도 부른다. 그 명칭을 다르게 함에 따라서 願文에 대한 해석도 다르다.

지금 일본정토교의 주류를 이루는 善導,(613-681) 法然의 釋義에 의하여 이 願文을 해석한다. 먼저 善導는 이 원문을 다르게 읽고 『往生禮讚』 및 『觀念法門』에서 다음과 같이 설하고 있다.

『觀念法門』(淨全四卷二三三頁) (①47, 27 上) 의 해석,

> 만약 내가 성불하면 시방의 중생이 나의 나라에 生하길 원하여 내

이름을 칭하기를 만약 十聲에 이르른다면 나의 원력에 실으리라. 만약 生하지 못하는 자가 있으면 正覺을 성취하지 않으리라. (若我成佛 十方衆生 願生我國 稱我名字(號) 下至十聲 乘我願力 若不生者 不取正覺)

『往生禮讚』(淨全四卷)(三七六頁) (①47, 447 F)의 해석

만약 내가 성불하여 시방의 중생이 나의 명호를 칭하기를 十聲에 이르러도 生하지 못하면 正覺을 성취하지 않으리라. 그 부처님이 지금 출현하여 성불하셔서 세상에 계시니, 마땅히 알아라 本願이 중하고 허망하지 않음을, 중생이 칭명하면 반드시 왕생을 얻으리라. (若我成佛 十方衆生 稱我名號 下至十聲 若不生者 不取正覺 彼佛今現在世成佛 當知本誓 重願不虛 衆生稱念 必得往生)

이 二文의 釋義에 의하여 알 수 있는 것은 第十八願文의 「乃至十念」의 文을 「나의 名字(號)를 稱하여 十聲에 이른다」(稱我名字(號)下至十聲)이라고 해석하고 있다.

이 「乃至十念」의 文에 대하여 善導 이전의 諸師의 해석에서는 여러 가지 설이 있다. 十念이란 念佛, 念法, 念僧, 念施, 念戒, 念天, 念休息, 念安般, 念身, 念死의 十念이라고 해석하는 사람, 또는 「十念」의 「十」은 滿數를 의미하는 것으로서 觀念의 성취한 상태를 十念이라고 해석하는 사람 등 種種의 해석이 있지만, 善導는 이러한 諸師의 해석을 모두 물리치고 『觀經』(①12, 346, 上)의 下品下生에서

이와 같이 지심으로 소리를 끊지 않고 十念을 구족하여 아미타불이라고 稱하라. (如是至心 令聲不絶 具足十念 稱南無阿彌陀佛)

이라고, 설하고 있는 十聲稱佛에 의하여 정토왕생의 설을 가지고 「十念」을 해석한다. 「十念」이란 十聲의 것으로 나무아미타불을 十回 칭하는 것이라고 했다. 이 「念」을 「稱」 또는 「聲」하는 것이 중국의 訓古學上에 있어서 바른 해석인지 어떤지에 대하여 疑義가 있지만, 善導가 이러한

독자의 해석을 하므로 인하여 稱名이 佛의 本願으로 서원된 行이라고 하는 것으로 되어 稱名에 새로운 意味가 나타난 것이다.

따라서 다음에 善導는 「乃至十念」의 「乃至」의 단어를 「上은 一形을 만들며, 下는 十聲一聲에 이르른다」(上層一形下至十聲一聲)라고 해석한다. 『往生禮讚』($^{淨全四卷}_{三五六頁}$)과 『法事讚』($^{淨全四卷}_{二五頁}$)에서 같은 意味로 上은(길게는) 일생동안 念佛을 계속하는 것으로 부터, 下는(짧게는) 十聲一聲의 염불을 의미하는 文이다.

그래서 善導의 釋意에 의하여 十八願文을 본다면 이것은 「至心信樂欲生我國」의 마음을 일으켜 일생동안 항상 稱名念佛하는 사람(그 數量은 묻지 않음)을 왕생시키고져 세운 本願이라고 하는 것이며, 만약 稱名念佛로서 往生할 수 없는 사람이 있다면 성불하지 않겠다 라고 맹서한 것이라고 하는 것이다.

善導의 이 생각을 계승한 法然은 다음에 十八願文의 「至心信樂欲生我國」의 文을 『觀經』에서 설하는 三心에 配當하고, 『觀經釋』($^{法然全}_{一二六頁}$)에 있어서

> 至心이란 至誠心, 信樂이란 深心, 欲生我國이란 廻向發願心이다.

라고 한다. 이 十八願文은 三心을 구족하고 염불하는 사람을 정토에 왕생시키고져 하여 서원한 願文이다. 따라서 善導는 이 願文의 중요성에 대하여 『觀經疏』玄義分($^{淨全二卷}_{二○頁}$)에서는

> 법장비구가 世饒王佛로서 보살행을 行하고 계실 때 四十八願을 세워서 하나 하나에 발원하여 말하기를 「만약 내가 성불하여 十方의 중생이 나의 명호를 칭하면서 나의 나라에 나기를 원하여 아래로는 十念(聲)에 이르를지라도 生하지 못하면 正覺을 성취하지 않으리라」.

라고 하여 四十八願의 하나 하나에 칭명왕생의 願意가 있다고 한다. 다음에 法事讚($^{淨全四卷}_{八頁}$)에서

弘誓多聞으로 四十八이라 하지만, 偏으로 염불을 標하여 가장 親하다고 한다.

라고 말하고 다음에

무량수경의 48원과 같이 오직 미타명호를 念하면 生함을 얻으리라.

고도 설하여 念佛往生願을 중시하고 있다.

法然은 善導의 이 생각을 계승하여 『選擇集』(土川校訂本 五五頁)에서

대체로 四十八願은 모두 本願이라고 할지라도 특히 念佛을 가지고 往生의 規라고 한다.

고 한다. 佛의 本願은 총계 48이 있지만, 第十八願이 그 기본을 이루는 것이라고 한다. 따라서 稱名念佛은 아미타불이 本願으로 서원한 정토왕생을 위한 유일의 行이다. 그 이외의 往生行은 모두 非本願의 行이라고 하고, 念佛의 一行만을 選하고 그 이외의 諸行을 선택하여 버린 것이다. 이것에 대하여 法然은 『選擇集』(土川校訂本 二九頁)에서

제18 염불왕생의 願이란 그 諸佛의 국토의 中에 있어서, 혹은 보시로서 왕생의 행이라고 하는 土도 있으며, 혹은 持戒로서 왕생의 행으로 하는 土도 있으며, …… 혹은 起立塔像, 飯食沙門 및 孝養父母, 奉事師長 등의 行으로서 각각 왕생의 행으로 하는 土이며, 혹은 오로지 그 나라의 佛名을 稱하여 왕생의 行이라고 하는 土이며…… 이와 같은 왕생의 行이 種種不同이다. 자세히 述하진 않지만, 즉 지금 보시, 지계, 내지 孝養父母 등의 諸行을 選捨하여 專稱佛名을 選取하도록 하기 때문에 選擇이라고 한다.

라고 述한다. 아미타불은 佛名을 稱하는 사람을 오직 환영하시는 佛로서 諸行에 의한 정토왕생을 서원하신 부처님이 아니기 때문에 稱名만을

選取하여 왕생의 行이라고 하는 것이며, 諸佛의 정토 中에는 보시 등의 諸行을 가지고 왕생의 行이라고 하는 정토도 있지만, 아미타불은 稱名으로서 왕생의 行이라고 하신 佛이기 때문에 이것만을 選擇한 것이라고 한다.

(ㄴ) 稱名選取의 理由

그러니까, 어찌하여 아미타불은 第十八願에서 專稱佛名만을 選하여 왕생의 行이라 하고, 그 이외의 것을 選하여 버릴 수 있는가 라고 하므로, 法然은 『選擇集』에서 「聖意測하기 어렵고 쉽게 이해할 수 없다. 그렇더라도 지금 시험삼아 二義로서 이것을 해석한다」라고 한다. 佛意를 추측하여 「勝劣의 義」「難易의 義」의 二義를 밝히셨다.

勝劣의 義

勝劣의 義란 염불은 수승한 행이며, 諸行(餘行)은 劣한 行이라고 하는 것이다. 佛의 명호에는 아미타불이 깨달음을 연 佛로서 具有하여 계신 내면적인 四智, 三身, 十力, 四無畏 등의 一切의「깨달음」의 공덕을 포함하고 있을 뿐만 아니라, 다음에 외면적인 相好(三十二相), 光明, 說法, 利益衆生 등의 교화의 공덕을 모두 포함한 것이기 때문에 명호는 수승한 것이며, 諸行은 이것의 내면적, 외면적인 공덕의 일부분 밖에 있지 않기 때문에 劣한 것이라고 한다.

이 名號라는 것은 단순히 記號(심볼)로서, 대상과 그 존재만을 나타내는 것이 아니고, 稱함에 의하여 稱하는 것에 관하여 여러 가지 槪念과 생각을 일으키고, 또 여러 가지 意味를 마음에 묘사하기 때문에 아미타불이라고 하는 名稱을 唱하므로 佛의 활동 佛의 마음, 佛의 內証 등을 모두 마음에 묘사할 수가 있다. 이것에 對하여 諸行은 佛의 활동, 佛의 마음의 일부분 밖에 나타나지 않기 때문에 劣이라고 한다. 法然은 이것에 대하여「명호는 萬德의 돌아갈 곳이다」라고 하며, 諸行은「각각 그 一隅를 지킨다」라고 해석하고 있다.

이것에 관하여 法然은 가옥(屋舍)의 예를 들어서 설명하고 있다. 가옥이라고 하는 명칭에 의하여 나타난 것은 瓦, 棟梁, 壁 등으로 구성된 것이지만, 마음속으로 생각한 것에 비하여 桂, 瓦 등의 명칭에 의하여 나타난 것은 家屋의 일부분에 지나지 않는다. 이와 같이 佛의 명호는 覺者(깨달음을 연 사람)로서 具有하신 일체의 내면적, 외면적인 덕상의 모두를 내포하고 있기 때문에 명호 이 외의 어떠한 것도 이것보다 수승한 것은 없다. 諸行은 佛의 德相의 일부분 밖에 나타난 것이 아니기 때문에 諸行은 劣하며, 명호는 殊勝한 것이라고 하는 것이다.

이 명호가 諸行보다 殊勝한 행이며, 어떠한 行보다 뛰어난 절대적인 行이라고 하는 것은 法然의 정토교의 특질이라고 하는 것이다. 이것은 法然 이전에 알려진 源信과 永觀 등인데, 觀念은 殊勝하고 稱名은 劣한 것이라고 하는 생각에 對하여, 명호에 最勝行으로서의 가치를 찾아낸 것이다. 이 일은 法然의 稱名說의 특색이라고 할 수 있다.

難易의 義

다음에 難易의 義란 염불은 칭하기 쉽고, 諸行은 닦기 어렵다 라고 하는 것이다. 이것에 대하여 法然은 『選擇集』에서

> 염불은 쉽기 때문에 一切에 통하고, 諸行은 어렵기 때문에 諸機에 통하기 어렵다. 그런고로 일체중생을 평등하게 왕생하도록 하기 위하여 難을 버리고 易를 취하여 本願으로 하신 것이 아닌가, 만약 그 造像起塔으로서 本願이라 했다면 貧窮困乏의 類는 결정코 왕생의 소망을 단절시킨다. 그런데 부귀의 사람은 적고 빈궁한 사람은 대단히 많다.……그런고로 미타여래, 법장비구의 옛적, 평등의 자비를 베풀어 널리 일체를 攝했기 때문에 造像起塔 等의 諸行으로 왕생의 本願이라고 하시지 않으시고 오직 稱名念佛의 一行으로서 그 本願이라고 하셨다.

고 한다. 念佛은 「언제나」「어디서나」 닦을 수 있어 극히 쉬운 行인데

비하여 諸行은 누구라도 할 수 있는 行이 아니다. 어떤 특정한 사람 또는 능력이 뛰어난 사람만이 닦수 있는 것으로 될 수 없는 사람도 있기 때문에 아미타불은 一切의 사람들을 평등하게 구제하기 위하여 易行인 稱名念佛을 가지고 本願이라고 하신 것이라고 한다. 이 易行이라 하는 것은 安易한 氣樂의 行이라고 하는 의미는 아니고 일체의 사람들이 할 수 있는 行이라고 하는 의미로서 念佛行의 일반성, 보편성을 말하는 것이다.

이와 같이 法然은 念佛로서 중생구제의 唯一의 행이라고 한다. 佛이 本願으로 서원한 뜻을 추측하여 勝劣難易의 二義를 說한다. 佛이 평등의 대자비로서 일체중생을 구제하기 위하여 名號의 一法만을 선택하여 本願이라고 하신 것이라고 한다. 그리하여 法然이 설한 염불을 「選擇本願」이라고 칭하는 것이다.

註 : 往生禮讚(淨全四卷 三五六頁), 法事讚(淨全四卷 二五頁)에도 같은 意味를 말하고 있다.

(ㄷ) 五種正行의 選定

上述한 바와 같이 法然은 善導의 뜻을 계승하여 稱名으로 本願이라는 새로운 의미를 발견하고, 本願念佛一行에 의해 정토왕생설을 제창한 것인데, 다음에 善導가『觀經疏』散善義(淨全二卷 五八頁)의 「就行立信」釋의 아래에 밝히는 五正行으로서 정토왕생의 五種正行이라고 했다. 그 「就行立信」釋의 아래에 오는 글에서는

> 다음에 行에 있어서 信을 세우는 것〔就行立信〕이란, 이러한 行에 二種이 있다. 하나는 正行, 하나는 雜行이다. 正行이란 오로지 往生經에 의한 行을 行하는 사람, 이것을 正行이라고 이름하니, 무엇이냐 이와 같다.
> 일심으로 오로지 이『觀經』『아미타경』『무량수경』등을 독송하며, 일심으로 專注하고 그 나라의 二報莊嚴을 사상하며, 관찰하며, 憶念하며, 만약 예배할 때는 즉 일심으로 그 佛을 예배하며, 만약 口

稱할 때는 일심으로 오로지 그 佛을 稱하며, 만약 찬탄공양할 때는 一心으로 오로지 찬탄공양한다. 이것을 이름하여 正이라고 한다. 또 이 正의 가운데에 있어서도 二種이니.

하나는 一心으로 오로지 彌它의 명호를 念하여 行住坐臥에 있어서 시절의 久近을 묻지 않고 念念히 버리지 않는것 이것을 正定의 業이라고 이름한다. 그 佛의 願에 따르기 때문에, 만약 禮誦 등에 의한다면 즉 이름하여 助業이라고 한다. 이 正助二行을 제외하고 已外의 自余의 諸善을 모두 雜行이라고 이름한다. 만약 앞의 正助二行을 닦으면 마음이 항상 친근하며, 憶念하여 단절하지 않으면 이름하기를 無間이라고 하게 된다. 만약 후의 雜行을 행하면 즉 마음이 늘 間斷한다. 回向하여 生함을 얻는다 할지라도 모두 疎雜의 行이라고 이름한다.

라고 한다. 法然은 『選擇集』(土川校訂本)(二二頁)에서 이 「就行立信」釋의 全文을 인용하고 잇따라 이것을 해석하여

> 내가 말하기를 此文에 대하여 二意가 있으니, 첫째는 왕생의 相을 밝힘이고, 둘째는 二行의 得失을 편단함이다. 처음에 왕생의 行相을 밝힘이란 善導和尙의 意에 의하여 왕생의 行多라고 하더라도 크게 나누어 둘이라고 한다. 一에는 正行, 二에는 雜行이다.

라고 설한다. 善導가 「就行立信」으로 설한 五正行을 가지고 淨土往生의 五種正行이라고 한다.

그러니까 法然은 어찌하여 從來의 정토왕생업으로서 중시하고 있던 전통적인 五念門을 버리고 五正行을 채택하여 往生業으로 삼았는가 하면, 五正行說에서는 觀念(觀察門, 觀察正行)과 稱名에 대하여 往生行으로서의 가치의 轉換이 보여졌기 때문이다.

五念門은 上述한 바와 같이 그 行의 中心을 이루는 것은 觀察門으로

世親, 曇鸞은 이것에 대하여 三嚴 二十九種莊嚴으로서 정토왕생의 要行으로 하고 있다. 그리고 稱名에 대해서는 善導는 『往生禮讚』(淨全二卷 三五六頁)에 있어서 『文殊般若經』에서 설한 稱名見佛 文을 인용하여

> 묻기를 어찌하여 觀을 권하지 않고 오로지 名字를 稱하도록 하는 것은 어떠한 뜻입니까, 답하기를 중생이 업장이 무겁고 境細하며 心粗하기에 識이 上氣하고 神飛하여 觀成就의 敵이 된다. 이러한 까닭에 大聖悲憐하여 오직 권하여 오로지 名字를 稱하도록 한다. 바른 稱名은 쉬운 까닭에 상속하여 生한다.

라고 설한다. 障重心粗의 중생은 觀念을 성취할 수 없기 때문에 行하기 쉬운 稱名을 권한다고 말한다. 또 源信은 『往生要集』(淨全一五卷 八五頁)의 觀察門에서 別想觀, 總想觀, 雜略觀 및 極略觀을 說하고

> 만약 相好를 觀念하여 깊이 되지 않는 사람이 있으면, 혹은 歸命想에 의하여, 혹은 引接想에 의하여, 혹은 往生想에 의하여 一心으로 稱念하여라.

라고 말하며 觀念不堪의 사람에게 稱名을 권하고 있다. 따라서 稱名은 觀念보다 劣한 것이라고 한 것 같다. 그런데 善導가 說한 五正行은 稱名正行을 가지고 佛願에 따르는 行으로 正業이라고 이름하고, 稱名으로 새로운 의미를 부여한다. 觀察正行은 助業으로 취급하고 있다. 그리고 正定業을 資助하는 것으로 輕하게 생각하고 觀察과 稱名과의 往生業으로서의 가치평가가 반대되고 있다. 法然이 주목한 것은 稱名에 대한 새로운 의미와 이와 함께 觀察行과의 가치평가의 轉換이다. 이에 의하여 善導가 「立信」을 위한 行으로서 설한 五正行을 가지고 정토왕생의 行相을 밝힌 것으로 취급하고 있다.

그러니까 法然이 往生行으로서 채택한 五種正行의 내용은 어떠한 것인가 라고 하면 善導의 설을 그대로 踏襲하고 있다. 즉 『選擇集』(土川校訂本

第五章 本願의 念佛   159

一五頁)에서는

　그 五種正行으로서
- 一. 讀誦正行……一心으로 오로지 『觀無量壽經』 『阿彌陀經』 『無量壽經』을 讀誦하는 것.
- 二. 觀察正行……一心으로 專注하여 아미타불 및 극락국토의 장엄을 사상하고, 관찰하며, 憶念하는것.
- 三. 禮拜正行……一心으로 오로지 아미타불을 예배하는것.
- 四. 稱名正行……一心으로 오로지 명호 즉 나무아미타불을 稱하는 것.
- 五. 讚歎供養正行……一心으로 오로지 아미타불을 찬탄하며 공양을 드리는 것.

以上의 五種類의 行을 「正行」이라고 이름한다. 정토왕생의 바른 行이라 하고 그 이 외의 일체의 行을 모두 「雜行」이라고 이름한다.

雜行이란 잡다한 行이라 하는 의미로서 보살의 수행하는 육바라밀의 行은 물론이고 造寺造像 등의 일체공덕 있는 모든 行을 말하는 것이다. 法然은 『選擇集』(土川校訂本 一五頁)에서 이 雜行에 대하여 「雜行은 무량하다. 자세히 述하려면 잠간으로는 되지 않는다. 단, 지금 五種正行에 翻對하여 五種雜行을 밝힌다」라고 하여 무수한 雜行을 편의상 五種正行의 區分에 따라서 翻對하여 五種雜行이라고 說하고 있다.

　그 五種雜行이란
- 一. 讀誦雜行—「淨土三部經」이 외의 大乘小乘, 顯敎密敎 등의 여러 경전을 수지 독송하는 것. 예를 들면 『般若心經』과 『觀音經』 등을 독송하는 것은 여기에 속한다.
- 二. 觀察雜行—아머타불 및 극락정토의 장엄 이 외의 大乘小乘, 顯敎密敎 등에서 설하는 事觀, 理觀 등의 觀法을 行하는 것. 예를 들면 諸法皆空觀과 一心三觀 및 阿字觀과 같은 것이다.
- 三. 禮拜雜行—아미타불 이 외의 제불보살을 예배하는 것. 약사여래

와 관세음보살 및 毘沙門天王을 예배하는 것은 여기에 속한다.

四. 稱名雜行―아미타불 이 외의 제불보살과 모든 天人 등의 명호를 칭하는 것. 예를 들면 나무관세음보살, 南無大師遍照金剛이라고 칭하는 것은 여기에 속한다.

五. 讚歎供養雜行―아미타불 이 외의 제불보살 및 天人 등을 찬탄하고 공양하는 것. 大日如來를 찬탄하고 毘沙門天에게 공양하는 것과 같은 것이다.

이 밖에 法然은 말을 더하여 보살의 육바라밀행에서 중시하는 보시, 지계 등도 雜行에 넣고, 다음에 대승불교에서 중시하는 보리심도 이 가운데에 포함시키고 있다. 즉 法然에 의한다면 雜行이라고 하는 것은 五種正行 이 외의 일체의 諸善萬行을 말하는 것으로 大乘小乘을 막론하고 현세에 있어서 깨달음을 구하거나 또는 현세에 있어서 이익을 얻고져 行하는 일체의 行을 雜行이라고 부른다.

그러나 이 雜行도 정토왕생을 위한 것으로 行한 경우는 「諸行」이라고 부른다. 바꾸어 말하면 이 世上에 있어서 깨달음 또는 현세이익을 구하여 행해 지는 行은 모두 雜行이라고 부르지만, 그러나 같은 行일지라도 정토왕생을 위한 善根으로 행해진 경우는 諸行이라고 부르지 雜行이라고 하지는 않는다.

그리고 法然은 五種正行만의 實修를 권하고 雜行을 모두 버리라고 말한다. 그 理由로서 『選擇集』(土川校訂本二七頁)에서는 「五番의 相對」와 「十三의 得失」을 밝히고 있다. 「五番의 상대」란 (一)親疎對 (二)近遠對 (三)有間無間對 (四)回向不回向對 (五)純雜對이다.

一. 親疎對란 五種正行을 行하는 사람은 아미타불에 대하여 극히 친근하며 雜行을 행하는 사람은 아미타불에 疎隔이다 라고 하는 것이다. 이것에 대하여 法然은 善導의 생각을 이어서 입으로 항상 佛의 명호를 稱(稱名正行)한다면 佛은 늘 이것을 듣고 계신다. 또 佛을 憶念(觀察正行)하면 佛은 중생을 憶念하신다. 이와 같이 아미타불과 중생과의 身口意의 三業이 相應하여 떠나지 않기 때문에 佛과 親한 관계이다 라고 말할 수 있다. 이것을 親緣이라고 한다. 그런데 雜行을 行하는 사람은 아미타불의 명호를 稱하지 않기 때문에 佛은 듣지 못하신다. 佛을 예배하지 않기 때문에 佛은 보지 못하신다. 佛을 念하지 않기 때문에 佛은 알지 못하신다. 佛을 憶念하지 않기 때문에 佛도 또한 憶念하시지 않으신다. 이와 같이 아미타불과 중생과의 身口意의 三業이 疎遠해 지기 때문에 疎隔한 行이라고 하는 것이라 한다.

二. 近遠對란 五種正行을 닦는 사람은 아미타불에 대하여 매우 隣近하며, 雜行을 닦는 사람은 아미타불과 疎遠하다 라고 말하는 것이다. 善導는 이것에 대하여 중생이 五種正行을 닦아서 佛을 친견하고져 원하면 佛은 중생의 思에 應하여 눈앞에 나타나신다. 그래서 이것을 近緣이라고 한다. 雜行의 사람은 아미타불을 친견하고져 願하지 않기 때문에 佛은 목전에 나타나시지 않는다. 그러므로 이것은 佛에 대하여 疎遠이라고 할 수 있다.

三. 無間有間對란 間은 間斷, 中斷, 또는 間隙이라고 하는 의미이다. 五種正行을 닦는 사람은 항상 아미타불에 대한 憶念이 중단되지 않기 때문에 佛과 無間이라고 말할 수 있다. 그런데 雜行의 사람은 佛을 憶念하는 것이 아니기 때문에 無關係이다. 그러므로 이것을 有間이라고 하는 것이다.

四. 回向不回向對란 五種正行을 닦는 사람은 이 中心이 稱名正行이며 이것은 佛이 本願으로 誓願한 行이기 때문에 일부러 回向할 필요는 없으며 그대로 정토왕생의 行이 되기 때문에 不回向이라고 할 수 있다. 그런데 雜行을 닦는 사람은 그 공덕을 정토왕생을 위하여 회향하지 않으면 往生行이 되지 않기 때문에 雜行은 회향을 필요로 한다.

五. 純雜對란 五種正行은 純粹한 극락왕생의 行이며, 雜行은 정토왕생의 行은 아니고, 天上界에 태어나기 위하여, 또는 아라한과 辟支

佛의 깨달음을 구하며, 다음에 此土成佛을 위한 行이다. 어떤 이는 十方淨土에 태어나기 위한 行이기 때문에 서방정토왕생의 行에 對하여 雜이라고 하는 것이다.

이와 같이 五種正行을 닦는 사람은 아미타불에 親緣이며, 近緣이며, 佛이란 間隙하지 않고, 또는 특별히 공덕을 回向할 필요없이 純粹한 정토왕생의 行을 닦는 것이지만, 雜行은 아미타불 이 외의 諸佛菩薩天人에 관한 行이기 때문에 아미타불에 대해서는 疎하며, 遠이며, 有間이며 回向行이며, 雜된 行이라고 할 수 있다. 이와 같이 五種正行을 닦는 것과 雜行을 닦는 것을 비교하여 다섯 가지의 得失이 있기 때문에 雜行을 버리고 선택한 五種正行을 닦도록 말한 것이 法然의 생각이다.

다음에 十三의 得失이란 善導의 『往生禮讚』(淨全四卷 三五七頁)에서 설하는 것으로 法然은 選擇集에서 이것을 全文引用하여 五種正行을 오로지 닦는 사람은 십인이라면 십인, 백인이라면 백인 모두 정토에 왕생할 수 있음에 대하여, 雜行을 닦는 사람은 千人中 一人도 往生할 수 없다고 말한다. 그 十三의 得失이란 雜行을 닦는 사람은 十三의 失이며, 正行을 닦는 사람은 十三의 得이라고 하는 것이다. 그 十三의 失이란

一. 雜緣이 亂動하여 正念을 잃기 때문.
二. 佛의 本願과 相應하지 못하기 때문.
三. 가르침과 相違하기 때문.
四. 佛語에 순종하지 않기 때문.
五. 係念相續하지 않기 때문.
六. 憶念間斷하기 때문.
七. 廻願慇重眞實하지 않기 때문.
八. 貪瞋諸見의 번뇌가 와서 間斷하기 때문.
九. 慚愧懺悔의 마음이 없기 때문.
十. 相續하여 그 佛恩을 念報하지 않기 때문.
十一. 心에 輕慢을 生하여 業行을 한다 할지라도 항상 名利와 相應하

기 때문.

十二. 人我 스스로 가리워서 同行의 선지식에게 친근하지 못하기 때문.

十三. 즐거운 雜緣에 가깝고, 왕생의 正行을 自障他障하기 때문.

以上이 十三의 失로서 雜行을 닦는 사람은 이러한 十三의 損失이 있다. 五種正行을 닦는 사람은 이것과는 反對로 十三의 得이 있다고 말하는 것이다. 또 『往生禮讚』에서는 十三의 得 가운데 四得만을 나타내고 있다. 즉 (一)外의 雜緣없이 正念을 得하기 때문 (二)佛의 本願과 相應하는 까닭에 (三)가르침에 違背하지 않기 때문 (四)佛語에 순종하기 때문, 以上의 四得만을 나타내고 이하는 생략하고 있다. 十三의 失의 반대를 생각하면 十三의 得이 되기 때문에 이것을 생략한 것 같다.

이와 같이 法然은 불교의 각종 경전에서 널리 설하고 있는 諸種의 修行을 크게 二分하여 아미타불에 극히 친근한 五種正行과 疎遠한 雜行으로 區分한다. 「五番의 相對」와 「十三의 得失」인 이유에 의하여 五種正行만을 選取하여 정토왕생의 正行이라고 한다. 그 이 외의 것을 雜行이라 하여서 廢捨하는 것이다. 이 正行을 選하여 雜行을 버리는 것을 가지고, 앞의 聖道門을 버리고 淨土門으로 돌아가는 것을 「第一重의 選擇」이라고 함에 對하여 이것을 「第二重의 選擇」이라고 稱한다.

(ㄹ) 念佛과 助業

上述한 바와 같이 法然은 불교에 있어서 일체의 行을 正行과 雜行으로 구분하여 雜行을 廢捨하고 正行을 닦도록 권하고 있다. 그러나 雜行이라 하는 것일지라도 그것을 정토왕생을 위하여 廻向한다면 그것은 왕생의 行이라고 하는 것이다. 雜行이라는 것은 원래 아미타불 및 극락정토에 무관계한 行으로 此土에 있어서 성불을 구하는 行과 또는 阿羅漢果와 辟支佛果를 구하던지 혹은 현세의 이익을 구하는 것과 같은 行으로 諸善萬行이라고 하는 것이지만, 이러한 萬行을 회향하여 정토왕생을 원하는 경우는 이것을 雜行이라고 부르지 않고 정토왕생의 「諸行」이라고 부른다.

　예를 들면 육바라밀의 행은 보살도의 중심적인 행이며, 현세에 있어서 이 自利利他의 행을 成滿하여 「깨달음」에 證入하고져 하는 경우에는 정토교에서 말한다면 이것은 「雜行」이라고 하지만, 그러나 이 육바라밀의 행을 닦고 그 공덕을 회향하여 정토왕생을 원할 때는 이 육바라밀의 행은 왕생의 「諸行」이라고 말하는 것이다. 즉 諸善萬行을 닦는 경우에 정토왕생을 위하여 회향하는가, 하지 않는가에 의하여 諸行이라고 하고, 雜行이라고도 말하는 것이다.

　그리고 정토왕생을 위한 諸行은 「淨土三部經」을 처음으로 諸種의 경전에 널리 설해 지고 있다. 또 인도, 中國, 韓國, 日本을 통하여 淨土願生者는 왕생을 위하여 諸種의 行을 修行했다. 法然 당시에는 持戒, 誦經, 誦呪, 造寺, 造像, 寫經 등의 行을 닦아 정토왕생을 원한 많은 사람이 있었음을 傳하고 있다.

　그렇지만 法然은 이러한 왕생의 諸行을 모두 佛의 本願에서 서원한 行이 아닌 것으로 廢捨하고 第十八願에 서원한 稱名만을 가지고 왕생의 正定業이라고 한다.

　따라서 法然은 善導의 생각을 그대로 이어받아 수용하고 上記의 五種 正行의 경우 처음의 三正行(讀誦正行, 觀察正行, 禮拜正行)과 最後의 一正行(讚歎供養正行)의 四正行은 第四稱名正行을 行하는 사람을 구하기 위한 行으로서 助業이라고 이름한다. 第四稱名正行은 佛이 바른 本願에서 서원한 行이기 때문에 正定業이라고 이름한다. 이 助業이란 稱名正行인 念佛의 공덕이 薄少하기 때문에 이것을 도웁기 위한 補助行은 아니고 稱名念佛하는 사람을 策勵하여 도웁기 위한 助業이라고 하는 의미이다.

　그러니까 正定業인 稱名念佛을 행함에 있어서 어찌하여 助業이 필요한가 라고 하면 염불은 本願의 행이지만 지극히 간단한 행이기 때문에 번뇌를 구족한 범부는 종종 怠墮한 마음이 일어나서 염불이 중단된다. 그리하여 怠墮한 마음을 일으키지 않도록 身心을 策勵하기 때문에 助業

을 혼합하여 수행하는 것이다.

　이와 같이 五種正行을 二分하여 正定業과 助業으로 區分한 경우 이 助業을「同類의 助業」이라고 칭하는 것이다. 이 밖에「異類의 助業」이라고 부르는 것이 있다. 이것은 앞에서「五番相對」또는「十三得失」이라 하는 이유에서 雜行으로 廢捨된 것 가운데 念佛의 助業으로 관계를 가진 것이다. 法然은『十二問答』(法然全六三三頁)에 있어서

>　나의 마음이 미타불의 본원에 실려 決定往生의 信을 가진다면 他의 善根에 結緣하고 助成하는 일, 반드시 雜行이 되지 않는다. 우리 往生의 助業이 될 수 있다.

라고 말하고 또『禪勝房傳說의 詞』(法然全四六二頁)에서

>　현세를 바르게 사는 사람은 염불할 수 있는 생활이다. 염불만 하도록 되지 않는다면 다른 것을 모두 버리고 念佛만 하여라.……衣食住의 셋은 念佛의 助業이다. 이것은 즉 自身安穩으로서 念佛往生하기 위해서 무엇이든 모두 念佛의 助業이다.

라고 한다. 일상의 의식주에 관한 일체의 행위는 말할 것도 없고 遊行, 獨處, 妻帶, 籠居 등 모든 행위는 염불을 助成하기 위한 것이라고 생각하는 것이 異類의 助業이다.

　이것은 염불을 가지고 日常百般의 행위를 통괄하는 것이다.「현세를 바르게 사는 사람은 염불할 수 있는 생활이다」라고 한 바와 같이 염불하고 사는 사람만이 현세에서 참된 삶이다 라고 하는 法然에 있어서는 사회인으로서 행하는 사회적 도덕적 행위도, 불교도로서 지켜야할 持戒의 행위와 布施, 造寺 등의 행위도, 다음에 정토교도로서 행하는 경전독송 (讀誦正行) 등도 모두 염불하는 사람을 돕는 助業으로 의미를 부여하고 있다. 즉 일상생활의 모든 행위는 염불의 助業으로서 염불과의 관계를 짓고 있다.

이와 같이 法然의 助業說은 염불을 가지고 일체의 행위를 통일하고져 하는 것인데 이와 함께 주목되는 것은 善導가 『觀經疏』에서 五正行을 正助二業으로 분류하고, 종래의 淨土敎家가 정토왕생의 중심적인 수행이라고 하는 觀念을 稱名의 助業이라는 위치에 두었으며, 稱名이 本願의 行으로서 정토왕생의 중심적인 行이라고 하므로서 稱名과 觀念과의 가치관을 크게 전환시킨 것은 善導淨土敎의 특질이라고 할 수 있다. 그런데 이 助業이라고 한 觀念이 다음에 法然에 의하여 廢捨되고 無觀稱名(觀念의 念도 없음)이라고 한 것은 정토교 전개상에서 특히 주목되는 것이다.

(ㅁ) 選擇本願의 念佛

(1) 三重의 選擇

上述한 바와 같이 法然은 第十八願에서 서원한 稱名念佛을 가지고 유일절대의 往生行이라고 하며, 他의 일체의 諸行은 非本願의 行으로서 廢捨하는 것이다. 그러나 이 稱名念佛은 五正行 가운데 第四稱名正行이며, 正定業이라고 하는 것이다. 이 正行은 「淨土三部經」중에 설하는 諸種의 往生行 가운데서 선택한 것으로 五正行 이외의 것은 모두 雜行이라고 한다. 그러나 五正行을 설하는 가르침이 「淨土三部經」이며, 末法의 今時에 가장 相應하는 가르침이다. 이리하여 정토염불의 敎旨는 全佛敎의 諸法門 가운데서 뽑은 것으로서 이 淨土門 이외의 가르침은 모두 聖道門으로 廢捨하는 것이다.

바꾸어 말하면, 法然은 全佛敎를 聖道門과 淨土門의 二門으로 구분하고 大聖가신지 遙遠하게 되고, 「理는 깊고 解는 微하게 되므로 因하여」라고 하는 두 가지 이유에 의하여 聖道를 버리고 淨土門을 선택하게 된다. (第一重選擇) 淨土門의 경우 정토왕생의 행으로서 五種正行을 취급한다. 그 이외의 아미타불 및 정토에 무관계한 행을 雜行이라 하고 五番相對, 十三得失인 이유에 의하여 五種正行을 選取한다(第二重選擇).

그리고 다음에 정토왕생의 행에 여러 가지 것이 있는 가운데에서 本願, 非本願이라고 하는 관점에서 稱名念佛만을 選取하고 그 이외의 것(助業, 諸行)을 選하여 버린(第三重選擇)것이다. 이와 같이 法然이 本願念佛을 組成함에 있어서 全佛敎의 諸法門에 대하여 三重의 選擇陶汰를 行한 것이다. 이것을 『選擇集』(土川校訂本)에서는

> 속히 생사를 떠나고져 바란다면, 二種의 勝法 가운데에서는 잠시 聖道門을 두고 選하여 淨土門에 들어라. 淨土門에 들고져 바란다면 正雜二行 가운데에서는 잠시 모든 雜行을 뽑아 버리고 選하여 正行으로 돌아가라. 正行을 닦고져 한다면, 正助二行의 가운데에서는 또 助業을 방치하고 選하여 正定을 오로지 하여라. 正定의 業이란 즉 이 佛名을 稱하는 것이며 이름을 稱하면 반드시 生함을 얻게 되나니 이는 佛의 本願에 의한 까닭이니라.

라고 설하고 있다. 이 文은 일반으로 「略選擇」 또는 「三選의 文」이라 하여 法然의 염불왕생의 가르침이 全佛敎諸法門의 가운데에서 있어야 할 지위를 보여주는 것으로서 중시되는 것이다.

(2) 佛의 八選擇

다음에 法然은 稱名念佛이라는 것은 아미타불이 일체의 사람들을 평등히 구제하기 위하여 諸行의 중에서 선택하여 本願으로 서원한 정토왕생의 행(本願念佛)이라고 하는데, 다음에 정토종의 근본성전인 「淨土三部經」 및 『般舟三昧經』을 보면 稱名念佛에 관하여 아미타불과 釋迦佛 및 諸佛은 특별의 취급을 하고 諸行의 中에서 선택된 행이라고 하고 있다. 이것을 佛의 八種選擇이라고 한다. 즉 『選擇集』(土川校助本)에서는 다음과 같이 설하고 있다.

一. 無量壽經에서 說하는 三選擇

(1) 選擇本願—念佛은 법장비구가 二百十一億의 諸佛의 국토 가운데에서 선택한 왕생의 행인 것.

(2) 選擇讚歎―三輩往生의 文을 설하는 곳에서 보리심 등의 餘行(諸行)이 설해 지고 있지만, 석가여래는 餘行을 찬탄하지 않고 오직 염불만을 찬탄하여 무상공덕이라고 하는 것.

(3) 選擇留敎―왕생의 行으로서 餘行(諸行) 諸善이 설해 지고 있지만, 석가여래는 단지 염불의 一法만을 선택하여 오래도록 末法萬年의 뒤에도 남는다 라고 하는 것.

二. 觀經의 三選擇

(1) 選擇攝取―往生行으로서 定善散善의 諸行이 설해 지고 있지만, 아미타불의 광명은 오직 염불하는 중생만을 비추어 攝取하시는 것.

(2) 選擇化讚―下品上生에서 往生行으로 聞經과 稱名의 二行이 설해 지고 있는데, 아미타불의 化身인 化佛은 오직 염불만을 선택하여 「너는 佛名을 칭하기 때문에 諸罪消滅하고, 그러한 까닭에 우리가 와서 너를 영접하노라」라고 하며 찬탄하는 것.

(3) 選擇付屬―往生行으로서 定善散善의 諸行이 설해 지고 있지만, 석가여래는 오직 염불의 一行만을 아난에게 付屬하여 「너희들은 이 말을 잘 간직하여라. 이 말을 잘 간직함이란 즉 이 무량수불의 이름을 간직함이니라」라고 말하는 것.

三. 阿彌陀經의 一選擇

(1) 選擇證誠―諸經의 中에서 정토왕생행으로 諸種의 행이 설해 지고 있지만, 六方諸佛은 證誠하지 않는다. 『아미타경』의 中에 있어서 염불왕생의 가르침을 설하셨을 때 六方諸佛은 혀를 내어 삼천대천세계를 덮고 誠實의 말을 설하여 證誠하신 일.

四. 般舟三昧經의 一選擇

(1) 選擇我名―經의 中에서 아미타불은 스스로 설하여 「나의 나라에 내생하고져 하는 사람은 항상 나의 이름을 念하여 休息하지 말라」라고 하신 것.

이 경우 選擇本願, 選擇攝取, 選擇我名과 選擇化讚의 넷은 아미타불

이 선택하신 것이며, 選擇讚歎과 選擇留敎와 選擇付屬의 셋은 석가여래가 선택하신 것이다. 選擇證誠은 六方諸佛의 선택이기 때문에 稱名念佛이란 것은 彌陀, 釋迦, 諸佛의 선택하신 行이라고 한다. 이 외에 정토종 第二祖 聖光은 『徹選擇集』上($^{淨全七卷}_{九二頁}$)에서 「淨土三部經」, 『文殊般若經』『十住毘婆婆論』 등의 諸經論에 의하여 이 외에 다시 二十二種의 선택이 있음을 설하고 있다.

이와 같이 法然은 稱名念佛에 대하여 善導의 指南에 의하여 從來와는 다른 새로운 의미를 보이고 있다. 그것은 法然 이전에 설해진 염불이 주로 觀念과 稱名의 二義를 가지고 있던 것을 善導의 指南에 의하여 염불이란 稱佛로서 念佛卽稱名이라고 해석하여 보편성을 밝혔다. 다음에 從來의 稱名은 觀念을 닦을 수 없는 劣機의 수행으로 淺薄한 行, 또는 방편의 行이라고 생각되었으며, 혹은 신비적인 功德多含的인 行이라고 하였다. 그 수량을 중요시 하는 稱名說이 있음에 對하여 念佛은 阿彌陀佛이 本願으로 서원한 것(자비의 顯現)이라고 하는 새로운 의미를 발견한 것이다.

그래서 다음에 稱名念佛은 아미타불이 本願으로 서원하신 행일 뿐만 아니라 석가여래, 六方諸佛이 「淨土三部經」 및 『般舟三昧經』에서 선택하신 佛選擇의 뛰어난 것이라고 하는 것이다. 이러한 점에서 法然이 설한 염불을 특히 選擇本願의 염불이라고 한다.

(ㅂ) 念佛相續의 規範

上述한 바와 같이 法然이 설한 염불은 미타, 석가, 諸佛이 선택하신 염불이며, 이것은 또한 法然 자신이 釋迦一代 불교의 敎行 가운데에서 三重의 선택을 덧붙여 발견한 것이지만, 그 염불은 善導가 「위로는 一形을 만들고 아래로는 十聲一聲에 이르른다」(上盡一形下至十聲一聲)이라고 해석한 것에 의하면 一生涯의 사이에 相續할 필요가 있다. 예를 들면 一聲十聲 밖에 염불할 수 없어도 命을 마치고져 함에 있어서 그 사람은 稱하는 염불에 의하여 佛의 本願大悲에 攝取되어 정토에 왕생할 수 있다. 하물며 정토교에 歸入하여 十年 二十年의 생명을 산 사람은 그 만큼 염불을 상속할 수 있다. 그러나 그것은 반드시 念佛의 수량을 쌓을 필요는 없다. 더구나 百萬遍이라고 하는 수량에 집착할 필요 없는 염불로서, 항상 염불하는 것을 필요 조건으로 하는 것이다.

이와 같이 法然은 常念主義의 염불을 설하는 것이지만, 그 염불의 相續에 대하여 그 규범으로서 『選擇集』(土川校訂本 八一頁)은 四修의 法을 說하고 있다. 이 四修法은 善導의 『往生禮讚』, 源信의 『往生要集』에서 詳說한 것으로 이것은 恭敬修(慇重修), 無間修, 無餘修, 長時修의 넷이다.

一. 恭敬修—아미타불 및 극락정토의 일체성상을 공경하고 예배하는 것. 이것에 대하여 慈恩의 著라고 하는 『西方要決』에서는 五種의 공경을 설하고 있다. 그 五種이란

　(一) 有緣의 聖人을 공경함—有緣의 성인이란 정토의 교주이신 아미타불 및 一切의 聖衆의 것으로 行住坐臥에도 西로 등을 향하지 않으며, 또 涕唾便痢에도 서방으로 향하지 않음을 말한다.

　(二) 有緣의 像敎를 공경함—정토교주인 아미타불 및 관음세지 등의 佛像을 공경하며 「淨土三部經典」을 중요시 하는 것.

　(三) 有緣의 선지식을 공경함—출가재가를 막론하고 정토교를 신봉하는 사람을 공경하는 것이다. 여기에 지도적 입장에 있는 사람을 인도하는 敎授 선지식과, 뜻을 같이 하는 同伴同朋 선지식과, 염불하는 사람을 공양하고 생활을 도와 주는 外護 선지식의 셋이 있다.

　(四) 同緣의 伴을 공경함—같은 정토왕생의 行인 염불을 수행하는 사람을 공경하는 일.

　(五) 三寶를 恭敬함—불법승의 삼보를 공경하는 것.

　이상의 五項을 실제로 수행하는 것을 恭敬修라고 한다.

二. 無餘修—餘란 餘行의 것으로서 餘行(諸行)을 혼합하여 수행하지 않는 것. 五種正行만을 오로지 닦고 그 이외의 諸行을 혼합하지 않

第五章 本願의 念佛　171

　는 것을 말한다.
三. 無間修—間이란 間斷, 間隔의 것으로서 雜行을 닦고 五種正行의 實修를 중단하거나 또는 번뇌에 의하여 正行에 懈怠의 마음을 일으키지 않는 일.
四. 長時修—淨土에 入信하여 命이 마칠 때까지 一生涯의 사이 五種正行만을 行하여 廢絕되지 않는 일.

　이 四修의 가운데에 가장 중시되어 기본이라고 하는 것은 長時修이다. 이것을 수행하는 곳에서 스스로 恭敬修, 無餘修, 無間修가 行해 지는 것이다. 이 長時修가 法然이 말하는 「常念」이다.

(人) 念佛의 行儀

　다음에 念佛을 닦는 行儀에 대하여 法然의 門人 聖光은 『末代念佛授手印』(淨全一〇卷/八頁)에서 尋常行儀, 別時行儀, 臨終行儀의 三種行儀를 밝히고 있다.

(一) 尋常行儀란 소위 평생의 염불로서 行住坐臥를 막론하고 언제든지, 어디서나, 누구던지, 염불을 수행하는 것이다.

(二) 別時行儀란 특별히 날자를 정하고 시간을 정하여 염불을 닦는 것으로 道場을 장엄하고 佛前에 香華燈明을 공양하고, 몸은 청정히 하며 淨衣를 입고 一日 또는 七日, 혹은 九十日을 一期間으로 하여 專心으로 염불을 하는 것이다. 이것은 念佛行者의 身心을 策勵하기 위한 行이기 때문이다. 煩惱具足의 범부는 그 때문에 念佛相續이 중단되는 경우가 있다. 그러므로 이러한 怠墮心이 일어나지 않게 하기 위하여 특별히 수행을 위한 行이다.

(三) 臨終行儀란 임종이라고 하는 특별의 시기에 당하여 命이 마지막에 이르른 사람을 위하여 염불하는 것으로 枕頭에서 아미타불을 받들어 모시고 서방정토로 부터 佛이 來迎 하시는 것을 念하면서 염불하는 것을 말함.

上述한 바와 같이 法然은 정토왕생의 行으로서 염불이 第一의 行이며, 이 念佛을 行하는 것이 인생의 최대 목적인 것으로서「현세를 바르게 사는 것은 念佛하는 것이다」라고 說하고 있다. 염불을 稱하는 신앙생활에서 현실 인간으로서의 진실되게 사는 방법이 있다고 한다.

4. 證空이 說한 本願念佛

(ㄱ) 第十八願釋

西山淨土宗의 祖인 證空上人은 善慧房이라고 하며, 久我大臣通親의 一門, 加賀刺史親季의 嫡子라고 전해 지고 있다. 14세 때 法然의 제자가 되어 若冠 22세 때 法然이『選擇集』을 述作함에 있어서 散文役을 담당했다고 할만큼 학식이 뛰어난 사람이다. 36세 때 法然의 入寂을 맞았으며, 뒤에 靑蓮院 慈圓의 依賴에 의하여 北尾往生院에서 住했다. 또 日野의 願蓮에서 天台敎學을 계승하고 密敎를 政春에게 배웠다. 그는 많은 門弟를 육성하는 한편 큰 저서를 述作하고 總計 二十五부 百二十여권이라고 할 정도의 것을 著述했다. 法然門下에 있어서 뛰어난 學匠이였다.

證空은 法然에게 가르침을 받고 始終 23년의 오랜동안 계속하여 法然에게 가장 깊이 信賴받은 門弟의 한 사람이다. 그러나, 그가 法然의 염불왕생설을 祖述함에 있어서 그 해설에 지극히 思辯的·이론적인 곳이 보일 뿐만 아니라 法然이 설한 本願念佛說에 새로운 釋義를 덧붙인 新義를 제창하고 있다. 이것은 한편으론 그의 학식의 깊이에 있는 듯 하지만 그러나 그가 귀족출신이며 그에게 귀의하는 사람의 대부분이 당시의 지식계층인 귀족이였을 뿐만 아니라, 그가 法然滅後에 師事한 天台의 願蓮과 密敎의 政春의 영향에 의한 것이 아닌가 라고 생각된다.

證空이 法然의 가르침을 받아 계승하여 念佛往生義를 설함에 당하여 天台의 一乘開會의 思考에 의하여 獨自의 새로운 해석을 가했다. 이것에 대하여 深草派의 圓空立信은 『深草抄』卷一(玄義分聞書)($^{深草叢書}_{四, 四二丁左}$)에서, 先師(證空)의 常의 이야기로서

> 我, 所立의 법문은 오로지 故上人(黑谷의 御事也)相承의 外에 別의 秘曲이 없다. 단지 그 大旨를 得하여 委細의 料簡을 더하는 事는 我稽古의 功이로다.

라고 述하고 있다. 證空은 法然上人의 가르침을 만나 전하고 그 가르침을 설한 사람이지만, 자신이 오래동안 수학한 학문에 의하여 上人(法然)의 가르침에 개인의 料簡(이해)를 첨가하여 新解釋을 달은 것이라고 한다. 이것은 證空이 설한 것이지만, 法然의 가르침에 새로운 해석을 덧붙여 新義(新說)을 설한 것으로 말한다. 證空의 가르침을 西山義, 또는 小坂義라고 하여 法然門下의 異流의 하나로 말하는 것은 이러한 이유에 의한 것이다.

證空은 善導, 法然에 의하여 重視된 第十八 念佛往生願을 중시한 것은 말할 것도 없지만 그 해석을 달리하고 있다.

法然은 善導의 가르침에 의하여 법장보살은 十劫의 전에 보살도를 성취하여 「깨달음」을 얻어 아미타불인 부처님이 되셨기 때문에 本願은 보살의 願이 아니고 성취된 佛의 本願이며, 佛의 大慈悲의 具象化된 것이라고 한다. 그리고 이 第十八願文이 意圖하는 바는 三心을 구족하여 稱名念佛하는 사람을 정토로 맞아드리는 것(往生)을 誓願한 것이라고 한다.

그런데 證空은 이 願文에 대하여 아미타불의 十劫正覺(깨달음)과 중생의 왕생에 관하여 法然과는 다른 해석을 붙인다. 아미타불이 十劫의 전에 「깨달음」을 얻었을 때에 이미 중생의 왕생은 결정되었다 라고 해석한다. 그것은 第十八願文에서 「만약 生하지 않으면 正覺을 얻지 않겠다」(若不生者不取正覺)이라고 하는 文에 대하여 만약 중생이 왕생하지 않는다면 「覺」을 얻지 않겠다 라고 서원했다. 그런데 아미타불은 이미 十劫의 전에 「깨달음」을 얻었기 때문에 중생의 왕생은 十劫의 前에 결

정되었다. 그러나 만약 중생의 왕생이 결정되지 않았다면 佛은 아직 「깨달음」을 얻을 수 없었을 것이다. 중생의 왕생이 아미타불의 「깨달음」의 요건이다. 따라서 아미타불의 「깨달음」(正覺)은 그대로 중생의 왕생의 결정이라고 해석한다. 이것에 대하여 證空은 『五段抄』($^{長講堂刊}_{一四頁}$)에서

> 이 때에 중생은 佛의 원력에 의하여 왕생을 성취하고, 彌陀는 중생의 신심에 의하여 正覺을 顯했다. 그러므로 왕생을 떠나서 별도로 佛의 正覺도 없고, 佛의 正覺을 떠난 왕생도 없다 라고 믿게 된다.

라고 말하여, 아미타불은 이미 十劫의 前에 중생과 함께 왕생성불했다 라고 해석한다.

즉 法然은 三心具足의 稱名의 行(至心信樂欲生我國乃至十念)에서 절대적인 價値(願力加被)를 인식하고 이 三心具足의 稱名을 닦는다면 미래에는 반드시 왕생할 수 있다(정토에 맞아들인다)라고 誓願한 願文이라고 해석하여, 중생의 未來往生을 서원한 것이라고 하지만, 證空은 「만약 生하지 않으면 正覺을 얻지 않는다」(若不生者不取正覺)의 文에 주목하여 「만약 중생이 왕생하지 않으면, 佛은 覺을 얻지 않는다」라고 서원한 文이라고 해석한다. 그리하여 佛은 經說에 있는 바와 같이 이미 十劫의 前에 깨달음을 얻어 佛이 되었기 때문에 중생의 왕생은 十劫의 前에 결정된 것이라고 한다. 이 왕생을 國文法의 用語에 의하여 보이는 것과 證空이 말하는 往生은 動詞의 過去完了로서 사용한 것 같다.

이것에 대하여 法然의 왕생은 動詞의 未來完了로서 생각한 것 같다. 證空이 말하는 미타의 本願成就란 衆生往生을 전제한 佛의 十劫正覺이기 때문에 佛의 覺體에 중생의 왕생이 당연히 포함되어 있다. 그것을 의심없이 믿는 것이 他力으로 나무아미타불의 명호는 본래 이러한 의미를 가지고 있는 것이라고 한다. 달리 말하면 諸佛의 가르침에서 아직 구원되지 못한 曠劫에 流轉하는 罪惡의 凡夫가 아미타불의 「만약 生하지 않으면 正覺을 얻지 않는다」(若不生者不取正覺)이라고 하는 서원에 의

하여 十劫의 前에 「깨달음」을 얻었을 때 범부 구제의 문이 처음으로 열린 것이다. 그리고 중생이 왕생하는 것이 佛의 「깨달음」이기 때문에 佛의 「깨달음」 가운데 凡夫의 왕생이 결정되어 있다. 이 「이유」를 領解하는 것(領解의 三心)에서 저절로 그 기쁨의 소리가 나오는 것이 稱名念佛이라고 한다. 證空의 생각에 의하면, 稱名이란 이름을 稱(唱)하는 것이 아니고 稱을 稱揚의 意라고 해석하여 名을 칭찬하므로 왕생이 결정되는 것을 깨달은 나머지 기쁨에 넘쳐 나무아미타불이라고 칭찬하는 것이 稱名이라고 한다.

그래서 다음에 第十八願의 「至心으로 信樂하여 나의 나라에 生하고져 하면」(至心信樂欲生我國)의 文에 대하여 法然의 意를 계승하여 이것을 至誠心, 深心, 廻向發願心의 三心이라고 하지만, 證空이 說한 三心(뒤에 詳說)은 領解의 三心이며, 아미타불의 至誠의 行(보살도)과 깊은 願(중생의 구제의 願)을 信受하는 중생심을 「至心信樂」이라고 한다. 本願에서 만난 法緣을 隨喜하여 眞實深心으로 回心하고, 왕생의 결정을 信하는 마음을 「欲生我國」이라고 한다. 즉 證空은 아미타불의 願力에 信順하여 安住하는 경지를 三心이라고 하는 것이다. 善導가 『觀經疏散善義』(淨全二卷 六一頁)에서 三心을 釋하기를

이미 三心을 갖추었으면 行으로서 성취되지 않음이 없다. 이미 願行을 성취하였으면 만약 生하지 않으려고 한다면 이곳도 없다.

라고 하는 文에 의하면, 善導가 三心만을 가지고 왕생을 밝히고 念佛의 行을 설하지 않는 것은 三心은 아미타불의 行體에 구족되어 왕생할 것을 보인 것이기 때문이라고 한다. 그리고 「乃至十念」에 대해서는 善導가 『觀經疏』에서 名號의 六字를 釋하여 「南無란 歸命 또는 發願回向의 義, 아미타란 즉 그 行이다」라고 해석한다. 그 釋意에 의하여 十念이란 十願 十行具足이라고 釋하며, 願도 行도 十重圓滿하고 왕생할 때에 있어

서 누락된 것이 없는 心地를 말한다. 즉 이 願行이란 아미타불의 願行이며, 이 願行이 具足한 나무아미타불과 證得한 一聲에서 十念의 意義가 있다고 한다(關本全一卷 二七九頁).

그런데 善導 法然의 第十八願에 대한 이해는 念佛에 의해 중생의 구제를 맹세한 서원이라고 하고, 아미타불이 중생구제의 대자비를 具象化한 것이라고 하지만, 證空은 十劫正覺의 전에 왕생이 결정된 것을 領解하고, 아미타불을 稱贊하는 念佛을 설해 보여 주는 것이라고 한다.

(ㄴ) 行門, 觀門, 弘願門

證空은「淨土三部經」中에서 특히 『觀經』을 중시했다. 여기에 불교의 一切의 敎와 行이 들어 있으므로 『觀經』의 敎說을 중심으로 염불왕생을 설한다. 그리고 『觀經』에서 설하는 敎行에 대하여 行門, 觀門, 弘願門의 三門分別을 만들고, 弘願念佛의 가르침의 絕對性을 설하여 염불에 새로운 意義와 가치를 付與하고 있다.

이 行觀弘三門分別의 생각은 證空 정토교의 기본적인 골격을 나타낸 것으로 이 밖에 說하는 正因正行論, 三重六義說 등은 모두 이 三門分別의 내용을 상세하게 설한 것으로 다른 데는 없다.

이에 관하여 實尊의 『淨土希聞鈔』(昭五刊 七丁右)에서

> 西山上人 法門被談取寄名目 始中終이 있다. 처음에는 行門, 觀門 弘願三으로서 被談, 御自筆의 抄에는 이를 취급한다. 中으로는 顯行示觀, 正因正行만 들어 云名目을 被用, 他筆의 御抄等은 專此約束을 以被沙汰, 끝으로 三重六義也. 正因正行의 名目後까지 被通用이다. 此則法門의 建立, 自粗至細見해 보면 반드시 義理淺深이란 不可意得이니라.

라고 한다. 처음에는 行觀弘三門의 생각에 의하여 이해 되었지만, 끝에는 三重六義에 의하여 說해진다 라고 말한다. 그 中間은 顯行示觀, 正因正行의 생각에 의한다 라고 한다. 이 『希聞抄』의 著者가 말한 바와 같이 이것은 義理의 淺深을 말하는 것은 아니고 敎相의 粗細를 말하는 것으로 行觀弘三門의 敎說의 意趣를 細釋한 것이라고 할 수 있는 것 같다. 달리 말하면, 證空의 생각은 行觀弘三門의 思考形態로 要約되어 弘願念佛의 深意를 나타낸 것이라고 해도 過言은 아니다.

證空은 『觀經』에서 설하는 定善十三觀과 九品의 諸行을 가지고 一切의 往生行을 받아들이는 것으로 「定散諸善」이라고 부르고 自力의 마음에서 닦는 定散諸善으로는 정토에 왕생할 수 없다고 한다. 이 自力의 마음으로 定散諸善을 닦는 것을 行門이라고 한다.

行門이란 自力修行의 法門이라고 하는 의미로서 『觀經』에서 韋提希夫人은 釋尊에 대하여 「우리에게 思惟를 가르쳐 주십시요. 우리에게 正受를 가르쳐 주십시요」라고 하며, 정토를 觀想하는 방법을 求한다. 이렇게 求한 韋提希의 마음(能請의 心)은 釋尊으로 부터 가르치신 定善(觀法)의 行을 닦아 왕생하고져 하기 때문에 그 마음은 自力行門의 意이다. 그러나 여기에 계속하여 설한 散善九品의 行은 釋尊이 韋提希의 요구에 의하지 않고 스스로 自進하여 설하신(自開) 가르침이다. 그러나 이 定散二善은 원래 韋提希의 求法을 인연하여 설한 것이기 때문에 散善九品의 行을 定善에 포함하여 自力으로 定散二善(일체의 行)을 닦는 것이라 하며 이것을 行門이라고 한다.

다음에 觀門이란, 證空은 이것을 弘願을 觀照(開示)하는 法門이라고 해석하며, 『觀經』에 있어서 釋尊은 韋提希夫人의 요구에 의하여 定善을 설하고, 이어서 스스로 散善九品의 行을 설하시는데, 釋尊이 散善九品의 行을 自進하여 說(自開)하는 意趣는 아미타불의 弘願을 드러내 밝히고져(能詮) 방편으로 說한 것이라고 한다. 그래서 定善十三觀을 散善의 諸行에 포함시키고 定散二善十六觀法은 모두 아미타불의 弘願을 열어 보이기 위한 法門이라고 한다. 이것에 대하여 證空은 『散善義觀門義鈔』

六($^{日佛全九卷}_{一七八頁}$)에서

> 六에 付屬彌陀名號等者, 一經의 中에 定散의 諸善을 說하여 모두가 往生할 수 있다고 한다. 今의 觀門의 시설을 알지 못한다면 諸行 各各其功德에 任하여, 모름지기 往生을 할 수 있다고 說하고 있다. 만약 그렇다면 佛法之道理에 契하지 않으며 헛되이 가르침을 設한 것이다. 그러한 故로 報佛의 土에 一毫의 번뇌도 끊지 않은 중생이 自力의 善에 의하여 왕생할 수 있다. 이런 까닭에 報土에 범부가 왕생할 수 있음을 나타내기 위하여 定散二善을 設하게 된다. 이것을 닦아서 往生한다고 說하지는 않는다. 念佛의 功能을 나타내기 위한 能詮의 文이라고 定意하는 것이다.

라고 설한다. 釋尊이 『觀經』에서 定散二善을 說한 意趣는 定散二善을 닦아서 왕생을 원하는 것은 아니고, 念佛의 功能(기능) 즉 弘願을 開示하려고 하는 것이다. 따라서 이 開示된 弘願은 所詮(나타나지는)의 法門이며 定散二善은 能詮(나타나는)의 法門이라고 한다.

이러한 觀門의 생각은 證空 獨自의 설이다. 원래「觀」이란 「觀察」, 「觀念」으로 熟語된 말로서 산스크리語로는 毘婆舍那(Vipaśyana)라고 한다. 마음을 하나에 專心하는 지혜를 가지고 佛과 法을 觀想思念하는 것이다. 그런데 證空은 善導의『觀經疏』玄義分에서「觀이라고 하는 것은 照이니, 항상 淨信心의 손을 가지고 지혜의 輝를 지니며, 彼의 彌陀의 正依二報를 비친다」라고 하는 釋義와 같이 『觀經疏』散善義의 末尾에 釋尊이『觀經』을 說한 意趣를 밝혀「上來, 定散二門의 益을 說한다고 할지라도 佛의 本願으로 바람의 뜻은 衆生을 一向으로 오로지 彌陀佛名을 稱하게 함이다」라고 說한다.『觀經』에서는 定散二善十六觀法이 설해지고 있지만, 석존이 이 定散二善을 설하신 意趣는 오로지 아미타불의 이름을 칭하게 하고져 하는 釋義에 의한다. 觀門이란 弘願念佛을 觀照(開示)하는 法門이라고 해석한 것이다. 그리고 證空은『觀經』의 定散二

善을 能詮, 弘願念佛을 所詮이라고 한다.

　이와 같이 證空은 觀門에 의하여 弘願이 開示한 것이라고 하는데, 그 開示된 것 가운데 定善十三觀의 敎說에서는 彌陀의 依正二報의 공덕이 顯現되고, 중생을 攝取하여 버리지 않는 정토의 모양이 顯現한다. 또 散善九品의 敎說에서는 아미타불이 선악일체의 중생을 널리 구하신다라고 하는 이익중생의 것이 보여 나타나지는 것이다. 이 所詮(나타나지는 것)이라고 하는 것이 弘願이다.

　다음에 弘願이란 『無量壽經』에서 설한 일체의 善惡의 범부를 넓리 구제하는 아미타불의 本願의 일이다. 구체적으로는 『觀經』第七華座觀에서 설하는 「住立空中」의 아미타불의 來現을 말한다. 즉 『觀經』第七華座觀에서 석존은 韋提希에 대하여 華座를 설하는 것으로

　　분명히 들어라. 분명히 들어라, 잘 이것을 思念하여라, 부처님은 틀림없이, 너를 위하여 고뇌를 除하고 法을 분별하여 해설하시리라.

라고 말했을 때 석존의 이 말에 應하여 아미타불은 空中에 住立하셨다. 韋提希는 아미타불의 모습을 눈 앞에서 예배하고 佛足에 정중히 공경하여 敬禮하였다.

　이 아미타불의 來現(來迎)과 韋提希의 見佛은 석존이 定善十三觀을 설하는 도중에 일어난 일이었는데, 韋提希의 見佛은 觀法修行(定善十三觀)을 성취(완성)하여 感得한 아미타불은 아니다. 아직 수행을 성취(완성)하지 못한 범부의 眼前에 출현하신 아미타이다. 이것에 대하여 善導는 『觀經疏』定善義($^{淨全二卷}_{四四頁}$)에서

　　彌陀, 허공에 서 계신 것은 단지 廻心正念으로서 나의 나라에 生하기를 願한다면 선 자리에서 바로 生함을 얻었을 수 있음을 밝힌다.

라고 말한다. 이 佛이 立攝의 佛인 것에 대하여 同書($^{淨全二卷}_{四四頁}$)에서는

이 如來, 별다로 密意있음을 밝힌다. 오직 곰곰히 생각하면 사바의 苦界는 雜惡同居하니, 八苦相으로 태워 자칫하면 違返을 하게 된다. ……만약 足을 들어 迷를 救하지 않으면 業繫의 牢을 무엇으로 免함을 얻으랴. 이러한 義에 의한 까닭으로 立撮即行하지 端坐하여 機에 赴하도록 하지 않는다.

라고 설한다. 三毒의 번뇌에 迷하여 괴로워 하는 중생에 대하여 서서 하시지 않으면 도저히 구제할 수 없기 때문에 佛은 스스로 自進하여 일하시며 부름에 따른다. 이것이 立撮即行의 來迎佛이다.

韋提希는 이 아미타불의 他力救濟를 華座觀의 처음에 있어서 感得한 것으로 이것이 弘願으로 귀의한 것이다. 따라서 이 弘願을 四十八願이라고 하며, 來迎의 佛體라고 하며, 衆生의 측에서는 念佛이라고도 하는 것이다.

(ㄷ) 顯行, 示觀

證空은 다음에 觀門의 意趣를 나타내기 위하여 顯行, 示觀의 생각을 하고 있는 이것은 善導가 觀經의 序分을 해석함에 發起序에서 七節을 세우는 가운데에「散善顯行緣」과「定善示觀緣」의 二節을 만들고 있다. 이것에 의하여 顯行, 示觀의 이름을 사용하는 것이다.「散善顯行緣」이란 善導의 생각에 의하면 三福의 行(世戒行의 三福, 散善九品의 行)이 모두 왕생의 行임을 顯示하는 것인데, 證空은 이 뜻을 받아서 三福(散善)만 아니고 定善도 포함하여 自力으로 往生할 수 있다고 하는 行門의 意를 述한 것이다(顯의 意). 密의 意는 三福을 가지고 能詮으로서 弘願에 歸依할 것을 권하는 것이라고 한다.

다음에「定善示觀緣」이란 定善觀이 往生行임을 나타내는 것이지만, 證空은 이 示觀이란 觀門의「이유」를 나타내는 것이라고 하는 것으로 定善十三觀의 中에 散善의 行도 포함한다. 이 定散二善은 弘願의 念佛一

法을 顯하여 能詮의 敎라고 領解하게 된다고 한다. 이것을 示觀領解라고 한다. 이것은 『觀經』의 定善示觀緣으로 석존은 韋提希에게 「너는 범부로서 心想羸劣하며, 아직 天眼을 얻지 못하여 멀리 보지 못한다. 諸佛如來에게 다른 방편이 있으니, 너를 위하여 봄을 얻도록 할 것이다」라고 말씀하셨을 때 韋提希는 「지금 佛力으로 인하여 그의 國土를 볼 수 있읍니다」라고 答했다. 이것은 定散二善은 佛의 異方便으로서 佛의 他力을 알기 위한 것임을 領解한 것이라고 한다. 즉 定善(散善을 포함)은 觀門을 나타낼 것이라고 하는 것을 밝힌 것이 示觀의 意이다. 바꾸어 말하면 이 顯行, 示觀의 敎說은 經文에 의하여 觀門의 생각을 나타낼 것이라고 할 수 있다.

다음에 正因, 正行이란 善導가 『觀經疏』散善義(淨全二卷四五頁)에 있어서

> 다음에 三輩散善一門의 義를 해석한다. 이 義의 中에 둘이 있다. 첫째는 三福을 밝혀 正因이라고 하고, 둘째는 九品을 밝혀 正行이라고 한다.

라고 하는 文에서 나온 말이다. 證空이 설한 三福九品은 모두 諸善이며 諸行이기 때문에 이 三福, 九品의 行이 그대로 왕생의 行이 되는 것은 아니고 弘願을 開示하는 能詮의 가르침이다. 이 開示된 弘願의 法만이 정토왕생의 正因이며 正行이다. 이 三福九品은 弘願을 能詮하는 것이라고 領解하는 意는 三心이기 때문에 이것을 正因이라고 한다. 이 正因으로부터 일어난 行을 正行이라고 하는 것이다. 즉 三福九品은 弘願을 드러내는 것이라고 하는 意를 領解하여 弘願에 돌아가는 마음을(三心領解) 가지고서 稱名하는 것을 正因正行이라고 하는 것이다. 이것은 또 善導의 「散善義」의 說에 의하여 觀門의 意를 細釋한 것이라고 생각되어 진다.

(ㄹ) 三重六義

위의 『淨土希聞抄』에서 보이는 바와 같이 行門, 觀門, 弘願門의 三門

分別에 의하여 弘願念佛開示를 다시금 詳說한 것이 三重六義의 생각이다.

三重六義란 (一)能請, 所請 (二)能說, 所說 (三)能爲, 所爲의 三이다.

(一) 能請所請

처음에 能請所請의 「請」이란 「請하여 求함」, 「願함」의 의미이다. 能請이란 「請하여 求하는 사람」, 所請이란 「청하여 구하여 지는 것」이라고 하는 것이다.

청하여 구하는 사람이란 韋提希부인이다. 부인은 석존에게 「우리들에게 思惟를 가르쳐 주십시오. 우리들에게 正受를 가르쳐 주십시오」(敎我思惟敎我正受)라고 하면서 淨土를 觀見하는 方法(定善觀)을 請하여 求한다. 이것에 대하여 석존은 定善十三觀의 觀法을 설하셨다. 이 韋提希가 請하여 求한 의도는 자신이 自力으로 觀見하고져 하여 求한 것이기 때문에 이 韋提希 자신의 생각을 보면 그것은 自力行門이라고 할 수 있다. 이 定善十三觀에 이어서 석존은 散善九品을 설하지만, 이것은 韋提希의 自力行門의 견해에 準하여 설한 것이기 때문에 散善九品의 諸行을 定善의 가운데로 받아 들여서 定散二善 함께 自力行門이라고 하는 것이다. 이와 같이 韋提希가 청하여 구한 能請의 自力의 생각을 가지고 定散二善을 닦을 경우 이 定散二善 十六觀法을 自力行門이라고 한다. 이것은 가르침을 구하는 사람(能請)과 구함에 의하여 설한 내용(所請)과의 관계에 대하여 論한 것인데 能請(韋提希)의 意趣에 따라서 자력으로 『觀經』의 定散二善을 닦는 것을 自力行門이라고 한다. 즉 自力行門의 생각을 韋提希와 석존의 「能」과 「所」로 나누어 설한 것이다.

(二) 能說所說

能說이란 「說하는 사람」, 所說이란 「說하여지는 것」이라고 말한다. 설하는 사람은 석존이며, 설해지는 것은 弘願念佛이다. 석존은 『觀經』에서 散善九品의 行을 자발적(自開)으로 설하는데, 이 석존의 本意를 여쭙고, 經의 流通分에서 「너는 이 말을 잘 가져라. 이 말을 가짐이란

第五章 本願의 念佛   183

즉 이 무량수불의 명호를 가짐이 된다」(汝好持是語持是語者即是無量壽佛名)라고 하고, 일체의 중생을 弘願念佛에 들게 하시는 것이다.

따라서 석존이 散善九品을 설한 本意에서 바라 볼 경우 이 散善九品은 自力行門은 아니고, 弘願을 밝히는 觀門을 나타내는 것이라고 하는 것이다. 즉 석존이 散善九品의 諸行 및 定善十三觀을 설하는 主意는 弘願念佛의 一法을 나타내는 것이기 때문에 이 석존의 自開의 意趣에서 定散을 본 경우 이것을 觀門이라고 한다.

『觀經』은 定散二善을 설하고, 최후에 염불의 一法을 세운다. 또한 定善十三觀에서 觀佛往生을 밝힌 가운데서 第九觀(眞身觀)에서는「念佛衆生攝取不捨」라고 하여 觀佛을 廢하고 염불왕생을 설한다. 다시금 散善九品의 往生行의 中에서 專心念佛(칭 나무아미타불)을 설한 것은 모두 觀門의 意이다. 그러나『觀經』의 定散二善에서 정토왕생의 諸行이 설해지고 있는 것은 調機誘引(근기에 맞추어 인도함)을 위한 때문이다. 諸行은 廢를 위하여 설하고, 調機誘引하여 염불의 법문에 들어간다고 한다. 바꾸어 말하면, 觀門이란 석존이 散善九品의 행을 自開(能說)하신 意趣에 의하여『觀經』을 바라보고 弘願念佛의 一法을 開示(所說)하는 것이라고 한다. 즉 이 能說所說이란 觀門의 意趣를 둘로 나누어 설하는 것이다.

(三) 能爲所爲

能爲, 所爲란「행하는 사람」과「행해지는 것」이라고 하는 의미이다.「행하는 사람」(能爲)이란 아미타불의 弘願念佛을 설하여 정토왕생을 원하는 것이며,「행해지는 사람」(所爲)란 韋提希가 弘願의 염불에 의하여 出離生死의 一大事를 이룩하고, 無生法忍을 깨닫고, 그 위에 석존이 이 세상에 출세하신 本懷를 이룩하는 것을 말한다. 다시 말하면 석존의 出世本懷인 弘願念佛의 一法을 설하고 韋提希로서 現生에서 無生法忍을 얻는 것을 말하는 것이다. 그러면서 이 경우에 밝히는 弘願念佛이란 말할 것도 없이 第十八願에서 서원한 三心具足의 염불인데, 이 三心에 대하여 善導는 「三心은 九品에 통한다」라고 한다. 散善九品에서 설하는 諸種의 往生行(諸行)은 언제나 三心을 구족하여 닦는 행이기 때문에 證空은 이 생각을 계승한다. 그리하여 能爲所爲의 弘願門에 들려면, 定散二善의 諸種의 往生行은 언제나 三心을 具足한 위에 修行하는 것의 定散二善이 되기 때문에 이것은 淨土往生行이 된다고 하는 것이다.

즉 다시 말하면, 能請所請이라고 하는 行門(韋提希의 能請의 意)의 입장에서는 定散二善은 언제라도 自力의 行이지만, 釋尊의 能說의 本意인 觀門의 입장(能說所說)에서는 定散二善은 모두 弘願念佛을 開示하기 위한 것이다. 염불은 「立」을 위하여 설하며, 諸行(定散二善)은 「廢」를 위하여 설한 것이라고 한다. 다시금 能爲所爲의 弘願門의 입장에 들려면 三心具足의 諸行(定散二善)은 모두 정토왕생의 行으로서 生하는 것이다. 이것에 대하여 鵝의 木行觀은 『選擇集秘鈔』(淨全八卷 三五九頁)에서 證空의 念佛義를 비평하여

> 師의 法然房은 諸行의 頸을 切하며, 弟子의 善慧房은 諸行을 사로잡는다.

라고 하는데, 이것은 法然과 證空의 諸行에 대한 생각을 비유로서 잘 표현한 것이라고 할 수 있다.

이 「諸行의 頸을 切한다」라고 하는 것은 法然이 『選擇集』에서 三重의 선택을 설하여 雜行諸行을 廢捨하고, 專修念佛의 一行만을 選取한 것을 말하는 것 같다. 그러나 法然은 이 廢捨한 雜行諸行을 다시 異類의 助業으로서 生하여 念佛하는 사람을 資助하는 行이라고 한다. 즉 『十二問答』(法然全 六三三頁)에서

> 나의 마음 彌陀佛의 本願에 실려 決定往生의 信을 가지면, 다른 善根에 結緣되어 助成된 事는 모두 雜行이 된다. 내 往生의 助業이라고 할 수 있다.

라고 설하고 있다. 證空은 이 法然의 異類의 助業에 대한 생각을 敷衍하여, 能說所說의 觀門의 단계에서 廢捨된 定散諸行이 弘願門에 들면 염불의 공덕으로서 다시 열려 生하는 것이라고 말한다. 여기서 師資間에 있어서 雜行諸行에 대한 취급이 다름을 볼 수 있다. 證空의 생각에 의하면 弘願門에 돌아가서 三心領解를 한 후라면 諸行은 모두 염불의 공덕으로서 開會된 것이라고 한다. 이 諸行開會의 생각은 證空 獨自의 것인데 이것은 天台敎學에서 설하는 一乘開會의 사상에 의한 것인 듯하다.

(ㅁ) 弘願念佛

弘願이란 一切善惡의 범부를 평등하게 구제하는 아미타불의 本願(第十八願)을 말하는 것이지만, 證空의 本願에 대한 이해는 앞에서 述한 바와 같이 十劫의 전에 아미타불은 本願을 성취하여 「깨달음」을 얻었기 때문에 이 때에 중생의 왕생은 결정되었다고 한다.

원래 아미타불의 正覺은 一切善惡의 범부를 평등하게 왕생시키기 위하여 兆載永劫의 보살도를 수행하여 만덕을 圓成하였기 때문이다. 「깨달음」을 열은 아미타불의 佛體라는 것은 중생을 이 穢土로 부터 그의 정토에 향하여 가게 하는 것(行)이다. 이것을 佛體即行이라고 한다. 이 佛體即行의 「까닭」을 領解하는 것이 第十八願文에서 설하는 「至心信樂欲生我國」의 心(三心)이다. 이러한 領解의 三心(歸命의 一心)으로 기쁘게 念佛을 한다면, 名體不離의 名號이기 때문에 韋提希가 現生에서 佛의 來迎을 얻어서 見佛한 것과 같이 佛의 來迎을 感得하여 即便往生을 얻을 수 있다. 그리고 다시금 命終에는 當得往生할 수 있다고 한다. 바꾸어 말하면 證空의 第十八願에 대한 생각은 三心領解의 念佛에 의하여 即便往生, 當得往生을 밝힌 것이라고 한다.

이와 같이 證空은 領解의 念佛을 설하는데, 이 稱하는 佛의 명호와 佛體와의 관계에 대하여, 名이 있는 곳에 體가 있으며, 體있는 곳에 名이 있고, 名을 알면 體를 알고, 體를 아는 것은 名을 稱한다 라고 한다. 그러니까 名에 의하여 아는 佛體란 四十八願을 성취하여 중생을 攝取하신 佛이시며, 第十九願에 의하여 來迎하신 佛이다. 이와 같이 佛의 名號의 中에서 佛이 衆生往生을 위하여 닦은 일체의 行業功德이 있는 점에서 명호를 名體不離의 명호라고 하는 것이다.

그러니까 명호를 唱하여 稱名念佛이라고 하는 것 까지도 없이 「나무아미타불」이라고 稱하는 것인데, 證空은 이 稱名을 해석하여 「南無」의 二字는 일체의 善惡凡夫가 아미타불의 원력을 듣고 환희심을 일으켜 (往生) 歸命의 心이다. 다시 「아미타불」의 四字는 「南無」의 중생을 정토로 인도하기 위해 서원을 세워 願과 行을 성취하는 他力의 一行이라고 하는 것이다.

明秀의 『愚要鈔』中(三十四丁^{木版})에서는 이것에 대하여

> 중생의 三心은 南無가 발원에 極이며, 극락의 依正은 아미타불의 行體의 極이고, 더욱 名體와 함께 願行具足의 나무아미타불의 六字의 명호라고 顯現하신다.

라고 설하고 있다. 따라서 중생이 身口意의 三業(自力)에 의하여 稱名하는 것이 아니고 佛의 願力成就에 의하여 得生을 듣고 領解하여 환희심(자연히 저절로 나오는 경지)에서 (他力)佛名을 稱하는 것을 말한다. 이것을 「離三業의 念佛」이라고도 하며, 또는 「白木의 念佛」이라고도 稱한다. 그것은 범부의 穢惡인 三業에 물들지 않는 염불이라고 하는 것이다.

이와 같이 證空은 三心領解의 上에 일컫는 離三業의 念佛을 설하는데 앞의 三重六義의 能爲所爲의 項에서 설한 것과 같이 定散諸行은 三心領解의 위에서는 念佛로 融會하여 왕생의 行이 된다고 한다. 證空은 善導가 『觀經疏』 散善義에서 「三心 이미 갖추었으면 行이 성취되지 않음이 없다(三心旣具無行不成)」라고 하는 文을 解釋하여 『散善義觀門義鈔』三(^{日佛全九卷}_{一五六頁})에서

「三心旣具」란 위의 三心은 佛力不思議인 故로 범부의 왕생설과 같은 이유를 釋했으므로 바른 釋의 意趣를 意得하느니라. 셋의 마음은 凡夫는 반드시 갖추어야 할 도리이므로 「旣具」라고 말한다. 「無行不成」이란 解는 行을 청정히 하기 때문이다. 三心의 깨달음 이미 갖추었으므로 行業을 반드시 성취한다고 한다. 그 行의 體는 아미타불의 四字를 왕생의 正行이라고 意得한다면 일체의 諸行業은 皆往生의 敎行이 아닌 것이 없다고 心得하는 까닭이니라.

라고 한다. 三福, 定散二善의 諸行은 三心의 領解에 의하여 청정하게 되고 得生(왕생을 得함)의 行이 된다고 한다.

그러니까 法然이 왕생의 正行으로서 說한 五種正行 및 善導의 五念門을 證空은 어떻게 이해했는가 라고 하면 『散善義觀門義鈔』二($^{日佛全九卷}_{一五〇頁}$)에서는

「若依禮誦等」라고 하는 것은 앞의 五種正行의 中에서 第四의 稱名을 除하고 나머지 독송·관찰·예배·찬탄 등을 가르치며, 正을 도움으로 助라고 이름한다. 이것은 즉 觀門의 意를 얻으면, 定散의 行은 모두 弘願의 念佛을 돕는 이유가 있지만, 지금 말하는 곳의 四箇의 行이 가장 그 뜻에 가깝다.

라고 한다. 法然은 五種正行의 가운데에서 前三後一의 助業은 第四稱名 正行을 行하는 사람을 도운다고 하지만, 證空이 말하는 助業이란「助業이란 顯業이다」라고 하여 나무아미타불을 顯하는 業이라고 한다. 즉 證空은 前三後一의 助業은 念佛을 助成하며, 念佛을 기쁜 助緣의 行이라고 하는 面과, 念佛에 돌아가면 五種正行, 五念門, 四修는 名號의 德을 드러내어 修行하는 모양이라고도 한다. 따라서 弘願念佛에 돌아가는 것은 諸經의 片言隻句에도 彌陀의 願意를 맛 볼 수 있다. 「法華八軸은 廣의 念佛」이라고 하는 것은 이 뜻을 말하는 것이다.

5 一遍이 說한 本願念佛

(ㄱ) 獨一의 念佛

時宗의 開祖 一遍은 智眞이라고 한다. 西山義 證空의 門人 聖達에게 정토교를 배워서 「空也는 我가 先達이다」라고 하고, 그 遺芳을 하고 싶어서 일생동안 遊行聖으로서 一所不住의 생활을 했다. 一遍은 信濃 善光寺에서 참배한 뒤 鄕里伊予(愛媛縣)에 돌아가 窪寺에서 二河白道의 圖로 인하여 己心領解로서 「十一不二頌」을 證得했다. 「十一不二頌」이란

十劫에 正覺한 衆生界 一念으로 往生하는 彌陀國, 十과 一과 不二로서 無生을 證得하며, 國과 界는 평등하여 大會에 坐한다. (十劫正覺衆生界 一念往生彌陀國 十一不二證無生 國界平等坐大會)

의 文이 있다. 一遍이 己證한 獨一名號의 意趣를 보인 것이라고 한다. 그 뒤 文永十一年(一二七四)夏, 紀州 能野에 기도중 權現으로 부터

六字의 名號는 一遍의 法이며, 十界의 正依는 一遍의 體로다. 萬行離念으로 一遍을 證得하면 人中上上의 妙好華하리라. (六字名號一遍法 十界依正一遍體 萬行離念一遍證 人中上上妙好華)

라는 「神勅의 頌」을 敎示했다고 한다. 이것은 일반에서 「六十萬人頌」이라고도 말하여 지는 것이다. 이것에 의하여 一遍은 정토교에서 絶對他力의 妙用을 會得하여 自力他力이라고 하는 二力의 집착에서 벗어나 獨一名號의 가르침을 證得했다. 그리하여 時宗團體에서는 이 文永 11年(1274)을 가지고 立敎開宗의 年이라고 한다.

一遍의 念佛은 가르침을 받은 師가 西山義의 聖達이기 때문에 西山 證空의 계통을 따른 것은 말할 필요도 없지만, 그가 청년기에 天台의 가르침을 배우고 또 오랫동안 法燈國師에게 『無門關』을 배움으로 인하

여 같이 西山證空의 念佛을 祖述하였지만, 그러나 天台, 禪 등의 사고 방식을 가지고 해석한 곳이 많다. 더구나 그가 일생동안 一所不住의 遊行生活을 보냈기 때문에 遊行의 체험으로 인하여 그 獨自의 견해가 보인다.

一遍은 『無量壽經』에서 설한 第十八願文 및 善導가 이것을 주석한 『往生禮讚』의

> 만약 내가 성불하여 시방중생이 나의 명호를 칭하기를 十聲에 이르더라도 만약 왕생하지 못한다면 正覺을 성취하지 않겠노라. (若我成佛 十方衆生 稱我名號 下至十聲 若不生者 不取正覺)

이라고 하는 文에 대하여, 第十八願文에서 「至心으로 信樂하여 나의 나라에 生하고져 한다면」(至心信樂欲生我國)이라고 하는 文을 『觀經』에서 밝힌 至誠心, 深心, 廻向發願心의 三心이라고 하는 것은 法然門流의 釋意와 같다. 그런데 善導의 『往生禮讚』에서는 이것을 「내 이름을 稱하면」(稱我名號)라고 해석하기 때문에 이 三心은 本願에 포함된 稱名이라고 한다. 즉 『一遍上人語錄』 卷下(日佛全四六卷 九一頁)에서

> 又云, 三心이라는 것은 名號이다. 이러한 故로 至心信樂欲生我國을 稱我名號라고 해석한다. 故로 稱名하는 外에 全然 三心은 없다.

라고 한다. 三心은 一般으로 衆生 往生의 正因이라고 하는 것이지만, 一遍은 稱名하는 것 그 자체가 三心이라고 한다. 따라서 衆生往生에 대하여 同語錄(日佛全四六卷 八六頁) 『顯辯殿으로 부터 念佛의 安心을 물었을 때 써서 보여준 返事(답장)』에서

> 법장비구, 五劫思惟의 智惠, 名號不思議의 法을 覺하여 얻어서 凡夫往生의 本願이라고 한다. 此願 이미 十劫 以前에 성취되었을 때, 시방중생의 왕생의 業은 나무아미타불이라고 결정되었다.

라고 있다. 아미타불은 因位의 때, 일체중생을 구제하는 대원(四十八願)을 성취하기 위하여 萬善萬行을 닦아서 드디어「깨달음」을 얻어서 佛이 되었기 때문이다. 이 아미타불의 중생구제의 願(四十八願)은 萬善萬行을 완성했을 때, 즉 十劫의 전에 「깨달음」을 얻어 아미타불인 佛로 되었을 때에 중생왕생의 業이 결정된 것이다. 그래서 이「깨달음」을 얻은 佛로서의 일체공덕(覺體)을 나타낸 것이 이「나무아미타불」의 명호라고 한다.

그리고 이 명호를 稱念할 때에는 범부도 佛과 同體의 공덕을 얻을 수 있다고 한다. 즉 바꾸어 말하면 曠劫流轉의 중생에게 있어서 아미타불이 十劫正覺하신 때에 처음 중생의 왕생이 결정되며, 중생이 나무아미타불이라고 一念하는 때에 正覺往生 不二一體로 되어 淨土의 극락세계의 中에 앉을 수 있다고 한다. 「十一不二頌」의 설한 것의 意趣가 즉 이 것이며 또 熊野權現에서 받은 「十劫正覺에서 일체중생의 往生은 나무아미타불이라고 결정된 것이다」라고 하는 말은 같은 意味를 설하는 것이다.

이러한 往生正覺一體의 생각은 西山證空이 설한 것과 거의 같지만, 다시금『山門橫川眞緣上人에게 보낸 御返事(답장)』(日佛全四六卷
八七頁)을 보면 그 獨自의 念佛觀이 엿보인다. 그것은

    오직, 나무아미타불의 六字 외에 나의 身心없으며, 일체중생에게 널리 권하니 명호 이것이 一遍이니라.

라고 하는 말이 있다. 나무아미타불 이 외에 나의 身도 心도 없으며 나무아미타불로 전부 그렇게 된다고 한다. 또『同返事』(日佛全四六卷
八六頁)에서

    염불행자는 지혜도 우치도 버리고……극락을 원하는 마음도 버리고 또 諸宗의 깨달음도 버리고, 일체의 事를 버리고, 오직 염불이야말로, 미타 超世의 本願에 포합된 염불이다. 이와 같이 버리고 버리고 부르면 佛도 我도 없게 된다. 云云……

라고 한다. 一遍은 이 境地를

  稱하면 佛도 我도 없이 나무아미타불 나무아미타불.

이라고 읊고 있다. 또 「念念의 稱名은 염불이 염불을 하게 된다」라고도 한다. 오직 어떤 사람은 나무아미타불만 한다. 이것을 獨一의 염불이라고 한다. 上記의 熊野權現에서 받은 「神勅의 頌」은 이것을 말하는 것이다. 「나무아미타불의 六字의 명호는 名號一遍의 法이며 十界(지옥내지 佛界)의 依報正報와 함께 名號一遍의 體內의 공덕이다. 일체의 萬善萬行은 이 名號一遍의 中에 포함된다. 이 名號一遍의 法을 실증한 사람을 人中의 上上, 妙好華의 사람이라고 할 수 있다」고 한다.

따라서 이 명호를 稱할 때에 佛의 正覺(깨달음)과 중생의 왕생과는 一體로 되고, 凡聖不二, 生佛一體로 되며, 구제되는 사람과 구제하는 사람, 機와 法과는 서로 대립함이 없다. 機도 없고 法도 없으며, 오직 稱名의 一道만이라고 하고 「山川草木의 바람소리 파도 물결소리까지도 염불의 소리이다」라고 하는 경지가 나타나는 것이다. 이것이 미타와 동체로 된 모양이며 安養淨土에 있는 모양이다 라고 한다.

 (ㄴ) 託阿의 念佛

이러한 一遍의 念佛說을 계승하고 이것을 이론적으로 조직하여 時宗의 宗派敎學을 조성한 사람은 遊行 第七世의 託阿이다. 託阿는 天龍寺 夢窓國師의 甥이라고도 한다. 南北朝의 亂爭時代에 태어난 사람이다. 七條道場 金光寺에서 수학하였고 54세 延元 3년(1338) 一鎭의 讓位를 받아 遊行 제7대의 法燈을 상속하며 많은 저서가 있다. 그 가운데 『器朴論』과 『蔡州和傳要』는 時宗의 敎義를 조직적으로 述한 대표적인 것이다. 아마도 晩年 七條道場에 은퇴해서 부터 쓰다 남긴 것 같다. 『蔡州和傳要』를 보면(日佛全四七卷 一〇〇頁)

  夫 釋迦 訓誨多途인 것은 중생의 根性이 萬差이기 때문이다. 잠간

其機를 위하여 其法을 說한다 할지라도 皆是念佛門 未開化以前이다. 故로 一代의 說敎는 觀經의 序로 된다. 즉 念佛은 諸經의 正宗, 同一하게 流通도 意得이 可하다. ……故今敎(觀經)의 意 諸敎의 出離를 不許 諸敎에서 云所의 出離는 皆是念佛에 의하여 所成也. 自力顯行緣으로는 失此法財라고 싫어 할지라도 三心領解의 心에 들면 行으로서 不成됨이 없다. 此時 雜行으로 꺼리는 곳의 諸行을 가지고 三心正因으로 부터 所成의 正行이 이루어진다.

敎內敎外의 修行, 皆以如是 故로 萬機를 不捨時에 시방중생의 願은 剋成된다. 是九品에 有相無相의 機가 있으니, 대승소승의 機가 있다 할지라도 極惡最下의 機를 本으로 極善最上의 법을 설한다. 一向傳念無量壽經이 顯現하여 上中下의 왕생을 一念十念으로 이룬다.

라고 한다. 염불의 법문은 極惡最下의 중생의 왕생을 기본으로 하여 極善最上의 법을 설하는 것이지만, 그러나 雜行, 諸行이라고 하는 것도 三心領解의 마음에 歸入하면 雜行도 正行으로 되어 왕생이 된다고 한다. 이 생각은 證空의 念佛開會의 설을 踏襲한 것이다. 託阿의 三心領解란 아미타불의 本願名號의 「인연」을 듣고 왕생의 正因인 至誠心, 深心, 廻向發願心도 명호의 體內에 구족하여 있음을 이해하여 믿고 의심하지 않는 것이다. 이러한 信心(安心)이 결정된다면 일체의 行이 念佛의 공덕과 함께 一味和合하여 왕생의 行으로 된다. 즉 自力의 諸行도 이 경우에는 正行으로 되어 往生할 수가 있다고 한다.

또 『器朴論』은 『觀經』의 觀佛三昧와 念佛三昧에 대하여 觀佛三昧는 淨土의 依正二報를 觀想하는 惠(智惠)를 發하며, 이것은 중생을 깨우치는 지혜이며, 觀이기 때문에 能領解의 智이다. 이것에 대하여 領解되는 것은 정토의 依正二報의 莊嚴인데 이것은 아미타불의 本願力에 의하여 성취된 것이기 때문에 所領解라고 할 수 있다. 이것에 대하여 『同書』 日佛全四七卷)一二九頁)에서는

> 慧를 發하는 것을 觀이라고 이름하고, 信을 일으키는 것을 三心이
> 라고 한다. 그런 故로 三心 또는 十三에 通한다……信慧의 二心을
> 잠간 별도로 둔다고 할지라도 모두 이 依正二報는 弘願의 所成이라
> 고 領解한다. 所以에 體를 論한다면 別이 된다.

라고 말한다. 이 所領解인 彌陀의 弘願을 듣고 領解하는 것을 三心領解라고 말하는 것이다.

 이 信(三心)은 定善의 機도 散善의 機도 들음에 의하여 일어나는 信이다. 觀佛三昧는 佛의 本意가 아니며, 觀念을 廢하고 念聲是一의 念佛을 稱하는 것이 本意이기 때문이다. 그러므로 마음의 散亂不散亂을 論하지 않으며 몸의 粗動도 싫어하지 않고, 마음에 일임하여 稱한다면 即便 往生을 얻을 수 있다고 한다. 그리하여 다음에 能領解의 智를 가지고 念하는 念佛은 觀佛의 念佛이라고 하며, 所領解의 法에 있어서 念하는 念佛은 念佛의 念佛로서 彌陀敎三經 別願의 念佛이라고 한다. 이 稱名의 소리 중에 機法을 絶하며, 迷悟를 泯亡한다고 說한다.

 이 중생이 稱하는 念佛에 대하여 『器朴論』은 중생의 身口意 三業을 떠나서 所領解인 미타의 원력만에 의하여 왕생하는 것이다. 稱하는 중생과 「稱我名號」라고 서원한 佛이 一體로 된다. 따라서 南無의 중생과 아미타불인 法이 不二一體로 되며, 다음에 이것이 나무아미타불의 명호로 되어 나타난 것이다. 여기에 名體不離가 稱名의 中에서 證得된 것이라고 한다. 이러한 境地를 離三業의 왕생이라고 하여, 稱名即往生이라고 하는 것이다. 그리하여 託阿가 설한 왕생은 최후의 임종시만을 의미하는 것이 아니고, 평생에 있어서 稱名念佛하는 當體로서 往生이라고 하여 平生即臨終, 臨終即平生을 설하는 것이다. 그래서 이 평생왕생을 即便往生, 臨終往生을 當得往生이라고 칭한다.

6 親鸞이 說한 本願念佛

(ㄱ) 親鸞의 本願

親鸞이 29세 때 法然의 室에 들어와서 35세의 봄 越後(新潟縣)를 향하여 갈때 까지 前後六年間 法然에게 가르침을 받았다. 『敎行信證文類』의 後序의 말에 의하면, 나는 法然의 슬하에 있을 때 『選擇集』의 書寫를 허락받았을 뿐만 아니라, 上人의 眞影을 圖畵한 곳에 上人은 眞筆로 銘文(讚)을 記하였으며 많은 門弟 가운데에 가장 깊이 信賴를 받았다고 記述하고 있다.

그 뿐만 아니라 『歎異抄』및 覺如의 『本願寺聖人傳繪』를 보면 法然上人의 생각과 親鸞聖人의 생각과는 조금도 다르지 않음을 力說하고 있지만, 法然의 염불사상과 親鸞의 그것과는 커다란 간격이 있다. 上記의 證空이 法然의 가르침에 나의 「料簡을 더한다」라고 하는 것과 같이 法然의 가르침을 敷衍하고 거기에 그 독자의 생각으로 해석하여 新義를 조직한 것이다. 후세에 親鸞의 가르침을 一向義 또는 本願寺義라고 하는 것은 그 때문이다. 親鸞이 法然의 念佛義에 새로운 해석을 덧붙임에 이른 것은 그가 오랫동안 京都를 떠나 關東에서 非僧非俗의 생활을 보내는 사이 그 동안에 關東에서 널리 전해진 惠心流天台의 口傳法門의 영향을 받은 것이 아닌가 생각되어 진다.

親鸞이 法然의 門人인 한 「淨土三部經」을 正依의 경전으로 하고 아미타불의 本願을 중시함에 있어서는 다르지 않지만, 親鸞은 「淨土三部經」의 경우 특히 『無量壽經』을 중요시 하여 『大無量壽經』이라고 稱하여 本願眞實의 경전이라고 할 뿐만 아니라 아미타불의 十劫正覺에 대하여 獨自의 견해가 보인다.

『大經讚』(親鸞全三卷 三六頁)에서

미타성불의 이 분은 지금 十劫이라고 해도 塵點久遠劫보다 오래된 부처님으로 보신다.

라고 한다. 또 『諸經讚』($^{親鸞全二卷}_{五四頁}$)에서

> 무명의 大夜를 불쌍히 보고 法身의 光輪 끝없이 無碍光佛이라고 示現하시며 安養界에 影現하신 久遠實成阿彌陀佛, 五濁의 凡愚를 불쌍하게 보셔 釋迦牟尼佛로 示現하셔 迦耶城에 應現하신다.

라고 한 바와 같이 久遠實成의 아미타불과 十劫正覺 아미타불의 二佛을 말한다. 이 久遠의 아미타불과 十劫正覺의 아미타불과는 어떠한 관계가 있는가에 대하여 存覺의 『淨土眞要鈔』本($^{正藏八三卷}_{七六頁}$)에서는

> 그 아미타여래는 三世諸佛로 念하는 覺體라면 久遠實成의 古佛과 함께 十劫已來의 成道를 주장하는 바 果後의 方便이다.

라고 설하고 있다. 親鸞은 曇鸞의 『往生論註』에서 설하는 法性法身과 方便法身의 생각에 의하여 久遠實成의 古佛인 아미타불이 중생구제의 대자비를 폭 넓게 알고 있기 때문에 果後의 방편(깨달은 부처가 중생을 제도하는 수단)으로 보살도와 깨달음(因果의 과정)을 나타낸 것이 十劫正覺의 아미타불이라고 한다. 즉 『무량수경』에서 법장보살이 四十八願을 일으켜 兆載永劫의 수행을 쌓고 十劫의 옛날에 本願을 성취하여 「깨달음」을 얻었다는 것은 久遠實成의 아미타불이 曠劫流轉의 범부를 구제하기 위한 법장보살로서 示現하여 四十八願을 성취하셔서 十劫前에 「깨달음」을 얻어 서방정토를 만들어 아미타불이 된 것이라고 한다. 따라서 아미타불의 본원은 十劫의 전에 이미 성취하신 것이라고 한다.

親鸞의 『무량수경』 하권에서 설한 제십팔원의 願成就文을 특히 중시하고 이것에 惠心流訓點을 달아 읽는 법을 변화시켜 그 독자의 新說을 설하고 있다. 즉 그 願成就文이란

> 諸有衆生 聞其名號 信心歡喜 乃至一念 至心廻向 願生彼國 卽得往生

住不退轉,

의 文이다. 이 文을 親鸞은 『教行信證文類』信卷(親鸞全一卷 九七頁)에서

모든 중생, 그의 명호를 듣고 信心歡喜하여 乃至一念하여 至心으로 廻向하시기를 그의 나라에 태어나기를 원한다면 즉 왕생하여 불퇴전에 住하리라.

라고 읽으나 이 經文은 일반으로

모든 중생 그의 명호를 듣고 信心歡喜하고 乃至一念, 至心으로 廻向하고 그의 나라에 태어나고져 원한다면 즉 왕생을 얻고, 불퇴전에 住한다.

라고 읽는 것이다. 그 의미하는 것은 「만약 사람이 있어 諸佛이 칭찬하신 아미타불의 명호의 意義內容을 듣고 기쁜마음을 일으켜 念佛을 하고 마음으로 부터 정토에 生하고져 원한다면 임종에 佛의 來迎을 받아 정토에 生할 수가 있다. 그래서 正定聚(不退轉)이라고 하는 수승한 位에 들 수가 있다.」고 하는 것이다. 그러나 親鸞의 읽는 법은,

만약 어떤 사람이 있어 諸佛이 칭찬하신 아미타불 명호의 意義內容을 듣고 기쁜 마음을 가진 刹那에 佛의 廻向하신 信心을 받들 수가 있고 現生에 있어서 往生하여 不退轉(正定聚)인 수승한 位에 들 수가 있다.

라고 되어 있다. 如來의 他力廻向(名號의 中에 具有한 공덕을 佛로 부터 廻向하는 것)과 信心獲得 및 現生往生을 說하는 것이다.

그리고 親鸞은 이 本願成就文의 意趣로 부터 第十八願文을 보고 願文에서는 「至心으로 信樂하여 나의 나라에 生하고져 바라면」(至心信樂欲生我國)이라고 하여 信心(三心)과 「乃至十念」의 稱名과를 나란히 하여

「만약 生하지 않는다면」(若不生者)의 서원을 세우고 계시지만, 淨土에 生하는 것이 결정된 것은 第十七願에 誓願한 諸佛讚歎의 名號를 듣고 「至心信樂欲生」의 마음을 받들 때라고 한다. 그 名號를 듣고 信心(至心信樂欲生)을 받든 것은 久遠의 아미타불이 범부를 구원하기 때문에 법장보살로서 영겁의 수행을 하여 十劫前에 正覺을 성취하므로 시방중생이 이미 왕생한다고 하는 인연, 「이유」를 듣고 信心을 生한 것이다. 이리하여 聞信의 一念으로 正定聚의 位에 들 수가 있는 것이다. 그 以後의 念佛은 佛恩에 報謝하는 行이라고 한다. 그러므로 第十八願은 信心正恩을 서원한 本願이라고 하는 것이다.

上述한 바와 같이 證空, 親鸞이 함께 第十八願을 중시하는 것은 師의 法然과 같지만, 願文에 대한 해석을 다르게 하기 때문에 각각 法然과는 다른 염불왕생설을 설하는 것으로 여기에 新義를 제창하는 根據가 보인다. 다음에 親鸞은 上記의 第十七願(諸佛稱揚願)과 第十八願(信心正因願)외에 正定聚을 설하고 第十一願(現生正定聚願)을 重視한 뒤 第十八願의 敎旨에 入信하기 위한 方便의 願으로서 第十九願(諸行來迎願)과 第二十願(自力念佛願)을 열어 사십팔원 중에 특히 五願을 開示하여 敎說을 조직하고 있다.

(ㄴ) 要門, 眞門, 弘願門

上述의 二雙四重의 敎相判釋에서 설한 것에 의하면 親鸞은 聖道門에 眞仮(權實)이 있고, 정토문에도 眞仮(權實)가 있다. 『大無量壽經』을 가지고 淨土眞實의 敎, 『觀經』을 가지고 淨土方便의 敎로서 淨土門의 가르침에 대하여 眞仮分別을 하고 있다. 따라서 「淨土三部經」의 하나인 『아미타경』에 설하는 念佛을 가지고 自力念佛을 설하는 것으로 이것을 眞門이라고 이름하며, 『觀經』方便의 가르침을 要門, 『大無量壽經』에서 설하는 弘願念佛의 가르침을 弘願門이라고 이름하여 「三部經」에 三門分別을 붙여서 『大無量壽經』중심의 가르침을 설하고 있다. 따라서 다음에 要眞弘의 二門에 대하여 略解한다.

一. 要門

要門이란 淨土에 태어나기 위하여 肝要한 道라고 하는 의미이다. 親鸞은 『敎行信證文類』化身土卷(親鸞全一卷 二七六頁)에서 善導의 『觀經疏』의 文을 引用하여

> 그래서 光明寺의 和尙의 말씀이다. 그런데 娑婆의 化主, 그 請에 의하기 때문에 즉 널리 정토의 要門을 열어 安樂의 能人, 別意의 弘願을 顯彰한다. 그 要門이란 즉 이 觀經의 定散二門이다. 定은 곧 慮를 그만 두고, 心을 집중시킨다. 散은 곧 惡을 廢하고 善을 닦는다. 이 二行을 돌이켜 왕생을 구원하게 된다.

라고 설하고 要門의 意義를 밝히고 있다. 『愚禿鈔』(親鸞全二卷 一一頁)에는 이것에 대하여

> 정토의 要門이란 定散二善, 方便仮門, 三福九品의 가르침이다.

라고 설하고 있다. 말하는 要門이란 『觀經』에서 설하는 定散二善의 가르침이다. 이것은 석존이 韋提希의 구함에 의하여 설한 定善十三觀과 미래의 일체중생을 위하여 自開하신 散善九品의 行으로 언제나 自力에 의한 수행으로 정토를 구하는 것이다. 또한 佛의 本願에 相應하지 않는 가르침이기 때문에 眞實報土에 왕생하는 것은 아니다. 따라서 이 가르침으로는 懈慢邊地 밖에 왕생되지 않는다고 한다. 다음에 이러한 定散諸行을 자력에 의하여 닦아서 왕생하는 형태를 雙林樹下往生이라고 말한다.

따라서 이 要門은 사십팔원 가운데 제 19원의 意趣를 開示하는 것으로 『敎行信證文類』化身土卷(親鸞全一卷 二八七頁)에서

> 願이란 곧 臨終 現前의 願(제 19원)이다. 行이란 곧 修諸功德의 善

이다. 信이란 곧 至心發願欲生의 마음이다. 이 願의 行信에 의하여 정토의 要門方便權仮를 顯開한다.

고 한다. 이와 같이 말하는 제 19원이란

> 만약 내가 부처를 이루어서 十方의 중생이 보리심을 발하여 각각 공덕을 닦고 至心發願하여 나의 나라에 태어나고져 하여 壽終의 時에 이르러서도 만약 대중에 圍繞하여 그 사람 앞에 나타나지 않는다면 정각을 이루지 않으리라. (設我得佛 十方衆生 發菩提心 修諸功德 至心發願 欲生我國 臨壽終時 仮令不與 大衆圍繞 現其人前者 不取正覺)

의 文이다. 親鸞은 이 第十九願文에서 설하는 「修諸功德」(모든 공덕을 닦음)을 『觀經』에서 설하는 定散二善의 諸行과 「至心發願生」(至心으로 발원하여 生하고져 바람)을 自力의 信心이라고 한다. 이 제19원은 自力의 마음으로서 定散諸行을 닦는 뜻을 부연한 것이 『觀經』이라고 한다. 따라서 이것은 제18원(王本願)에 의한 정토왕생은 아니고, 自力에 집착하는 정토왕생이기 때문에 懈慢邊地의 정토 밖에 되지 않는다고 말한다.

그러니까 석존은 어찌하여 『觀經』에서 自力에 의한 諸行往生을 설하였는가 라고 함에 親鸞은 같은 化身土卷(親鸞全二卷 二六九頁)에서

> 그런데 濁世의 群萠, 穢惡의 含識, 지금 95종의 邪道를 말하고 半滿權實의 法門이 있다고 할지라도 眞이란 것은 심히 희소하고 實이란 것은 매우 드물다. 僞란 것은 매우 자주 일어나고 虛한 것은 매우 잦다. 이것을 가지고 석가모니불이 福德藏을 顯說하고 群生海를 誘引하며 아미타여래께서 옛날 서원을 세워 널리 諸有海를 교화하신다. 그러는 동안에 悲願이며, 修諸功德의 願이라고 말한다. 또 臨終現前의 願이라고 말하며, 또는 現前導生의 願이라고도 부르며, 또는 來迎引接의 願, 至心發願의 願이라고 말할 수 있다.

라고 설한다. 이것은 自力回向에 고집하는 聖道門人의 사람들을 誘引하여 淨土門으로 轉入하기 위하여 설해진 가르침이라고 한다. 따라서 이 要門을 방편의 가르침이라고 한다.

二. 眞門

眞門이란 진실의 법문이라고 하는 의미인데, 親鸞은 이것을 명호의 진실을 밝히고 弘願으로 인도하기 위한 수단(방편)이 되는 가르침이라고 해석하여 方便眞門이라고도 말한다. 이 말은 善導의 『般舟讚』(淨全四卷五三〇頁)에서

> 機에 따라서 法을 설하여 모든 이익을 준다. 각각 悟解함을 얻는다면 眞門에 든다. (隨機說法皆蒙益, 各得悟解入眞門).

라고 하는 文에 의한 것이다. 善導가 『無量壽經』과 『觀無量壽經』에 의하여 淨土門의 가르침을 要門과 弘願門으로 분류하고 있지만, 親鸞은 다음에 要門보다 弘願門에 歸入하도록 함에 대하여 自力要門의 가르침에서 떠났지만, 현재까지도 弘願門에 歸入할 수 없음을 알고 이것을 인도하기 위해 方便眞門을 設한 것이다. 『敎行信證文類』化身土卷(親鸞全一卷 二九二頁)에서 眞門에 대하여 설명하기를,

> 지금 方便眞門의 서원에 대하여 行이 있고 信이 있고 또는 진실이 있고 방편이 있고, 願이라고 하는 것은 즉 植諸德本의 원이 된다. 行이라고 하는 것은 이것에 二種이 있다. 첫째는 善本, 둘째는 德本이다. 信이라고 하는 것은 즉 至心廻向欲生의 마음이다. 機에 있어서 定과 散이 있다. 왕생이라고 하는 것은 이 難思往生 이것이 된다. 佛이라 함은 즉 化身이다. 土라 함은 즉 疑城胎宮이다.

라고 한다. 植諸德本의 願이란 二十願을 말하는 것이다. 이것은

> 만약 내가 佛이 된다면 十方의 중생이 나의 이름을 듣고 念하기를

나의 나라에 대하여 모든 德本을 심고 至心으로 廻向하여 나의 나라
에 태어나고져 하여도 그 결과를 성취할 수 없다면 正覺을 이루지
않으리라. (設我得佛 十方衆生 聞我名號 係念我國 植諸德本 至心廻
向 欲生我國 不果遂者 不取正覺)

의 文이 있다. 이것은 앞의 要門에서 佛의 名號가 定散諸行 보다 뛰어
난 것을 알고 諸行을 버리고 稱名一行을 닦음에 이르지만 그러나 지금
까지 自力의 執心을 除할 수 없어 稱名의 공덕을 쌓아 정토왕생을 원하
는 것으로 自力念佛에 의한 淨土願生者를 말하는 것이다. 『아미타경』에
서 설하는 염불이 이것이다. 이것은 명호인 것은 진실이지만 機는 지금
까지 自力에 執心하는 것이기 때문에 진실이란 말하지 않는 眞門方便
이라고 하는 것이다. 『愚秃鈔』下(親鸞全二卷 三六頁)에서는 이것에 대하여

또다시 아미타불에 있어서 二種이 있다. 첫째는 正行定心念佛이며,
둘째는 正行散心念佛이다. 彌陀定散의 염불, 이것을 淨土眞門이라
고 한다. 또는 一向專修라고도 이름하며, 당연히 알게 된다.

라고 하여 一向專修의 염불을 眞門이라고 이름하는 것이다. 이 念佛은
自力에 의한 염불이기 때문에 眞實報土에 왕생할 수는 없다. 疑城胎宮
(含華)의 왕생 밖에 되지 않는다. 이 왕생을 難思往生이라고 이름한다.

　三. 弘願門

　弘願이란 弘廣의 願, 廣大한 서원이라고 하는 의미이다. 『無量壽經』
에서 설하는 48원을 말하며, 별도로는 제18원을 가르킨다. 이 말은 道
綽의 『安樂集』下(淨全二卷 七〇二頁)에서

二에 大經에 근거하여 법장보살이 因中에 世饒王佛의 처소에서 자
세히 弘願을 發하여 모든 정토를 취하셨으니……

라고 하는 文으로 나타낸 것이 처음인데, 善導는 이것을 別意의 弘願이

라고 말하여 『觀經疏』女義分(淨全二卷/二頁)에서는 이것을 해석하여

> 弘願이라는 것은 大經에서 설한 바와 같다. 일체의 선악범부로 生을 얻는 것은 모두 아미타불의 大願業力에 실려서 增上緣이라고 하지 않음이 없다.

라고 한다. 아미타불의 大願業力이라고 한다. 일체의 善惡凡夫를 평등히 구제하고져 하는 제 18 원을 말하는 것이다.

이 제 18 원은 善導와 法然이 함께 중시하는 願文인데, 親鸞은 上述한 바와 같이 이것을 本願三心의 願이라고 부른다. 三心을 갖춘 곳에 왕생의 이익이 있다고 한다. 如來名號의 절대불가사의한 위력에 의하여 정토왕생할 수 있다고 깊이 믿어 염불하면 그 深信의 일념으로 왕생할 수 있는 몸이 된다고 한다. 이 佛의 本願을 深信하는 것은 자기의 계획(自力)을 버리고 佛의 他力에 맡기는 것이다. 佛의 他力廻向에 대하여 절대로 信順하는 것을 弘願門이라고 하는 것이다.

위에서 上述한 바와 같이 親鸞은 『無量壽經』『觀經』『阿彌陀經』의 三經을 要門, 眞門, 弘願門으로 분별하여 다음에 이것을 제 18 원, 제 19 원 제 20 원으로 배당하고 自力의 諸行往生으로 부터 自力의 念佛行으로 轉入하여 다음에 절대 他力의 本願에 歸入할 것을 설하고 있다. 따라서 이것을 三願轉入이라고 稱한다. 이와 같이 「三部經」을 가지고 각기 다른 왕생을 설하는 것을 三經差別門이라고 하며 顯의 義라고 한다. 이것에 대하여 隱의 義로 부터 「三經」을 볼 때는 어느 經이나 모두 弘願念佛을 說하는 것이라고 한다. 이것을 三經一致門이라고 이름하는 것이다.

(ㄷ) 信心往生과 報恩念佛

앞의 本願의 해석에서 述한 바와 같이 親鸞은 『無量壽經』에서 설한 『本願成就의 文』을 다른 발음으로 읽어서 중생이 명호를 듣고 信心歡喜하는 찰나에 佛은 至心을 가지고 名號의 中에 있어서 일체공덕을 회향

하는 것으로서 他力廻向의 가르침을 설하는 것이다. 따라서 弘願이라고 하는 제18원을 해석하는 것으로는 이「願成就文」의 뜻에 따라서 해석하고, 제18원에서는 至心信樂欲生의 信心과 乃至十念의 稱名을 거량하여 若不生者의 誓願을 세우셨지만, 정토에 범부가 왕생하는 것을 결정하는 것은 제17원문에서 서원한 제불찬탄의 명호를 듣고 至心信樂欲生의 마음을 生할 때에 있으므로 信心往生을 설하고 있다.

말하는 名號란 나무아미타불의 六字名號인데 아미타불은 이 명호를 가지고 시방세계를 攝取하시고 佛과 名號란 相卽不二로서 佛體 이 외에 名號는 없고 名號 이외에 佛體는 없다. 名體不二이기 때문에 중생이 아미타불에게 구제된다고 하는 것은 명호에 의하여 도와 주는 것도 같으므로 함께 他力에 의한 구제이다. 그러나 이 명호는 중생을 迷의 세계로 부터 悟의 세계로 향하도록 하기 때문에 명호를 가지고 왕생을 결정하는 業因이라고 한다.

그러나 원래 명호라는 것은 아미타불이 중생을 구제하기 위하여 성취한 것이기 때문에 만약 중생이 이것을 信受하지 않는다면 구제에 쓰이지 않는다. 그리하여 중생의 왕생의 可否는 한마디로 명호를 믿느냐 믿지 않느냐에 달려 있다. 그래서 親鸞은 명호를 聞信하는 찰나에 왕생은 결정되고 그 이후의 염불은 佛恩에 감사하는 지성으로 나오는 것이기 때문에 報恩의 行이라고 한다. 따라서 제18원에서 至心信樂欲生이라고 하는 것은 信心正因을 나타낸 것이며, 乃至十念의 말은 稱名報恩의 意를 밝힌 것으로서 이 제18원은 信心正因稱名報恩을 설한 文이라고 한다.

이와 같이 親鸞은 弘願門이라고 하는 제18원을 해석하여 信心正因稱名報恩을 설하는 것이라고 하고, 法然은 정토왕생의 行인 稱名念佛을 가지고 報恩의 行이라고 한다. 『正信偈』($^{親鸞全一卷}_{八八頁}$)에서는 이것을

오직, 항상 여래의 명호를 稱하여 당연히 大悲弘誓의 恩에 報해야

한다.

고 설한다. 따라서 다음에 天親 및 曇鸞이 『往生論註』에서 정토왕생의 行이라고 설한 五念門(禮拜, 讚歎, 作願, 觀察, 回向) 및 法然이 왕생의 行이라고 한 五種正行(讀誦, 觀察, 禮拜, 稱名, 讚歎供養)도 모두 報恩이라고 한다. 그것은 『往生論』의 처음에 「世尊我一心」이라 하고, 五正行의 처음에 「一心으로 오로지」라고 있다. 五念門, 五種正行은 어느 것이나 一心으로 부터 나온다고 한다. 이 一心이란 親鸞의 『尊號眞像銘文』(親鸞全三卷)(四七頁)에서

> 一心이란 敎主世尊만을 말하는 것으로 두 마음 없고 의심없이 되면 즉 이것이 바른 信心이다.

고 해석한다. 一心이란 중생이 명호의 義趣를 듣고 의심없는 마음이며, 信心이기 때문에 「世尊我一心」이라고 한다. 「一心으로 오로지」라고 하는 것은 이러한 信心을 얻는 것을 말하는 것이다. 따라서 그 뒤의 行인 五念門, 五種正行은 언제나 報恩行의 종류를 밝힌 것이다.

7 良忍이 說하는 念佛

上述한 바와 같이 證空(西山淨土宗), 一遍(時宗), 親鸞(眞宗)의 염불은 어느 것이나 法然의 門下에서 분파하여 종파교단을 형성하여 설한 염불이지만, 이 밖에 천태종의 良忍을 開祖로 하는 融通念佛宗에서 설하는 염불이 있다. 良鎭이 저술한 『融通念佛緣起』(民間念佛資料)(四八二頁)에 의하면, 良忍은 永久五年(1117) 46세의 여름에 아미타불로 부터 融通念佛에 관한 敎示를 받았다고 한다. 卽

> 上人生年四十六歲 여름, 어느날 佛方便으로 잠간 잠든 사이 아미타여래 色相을 나타내어 희미하게 말씀하셨다 너는 行不可思議니라.

一閻浮 동안 日域의 사이에 一人이 있으니 그 誠에 無雙하다. 그러나 汝順次의 왕생할 일이다. 그런고로 나의 나라는 一向淸淨한 세계로 大乘善根의 나라이다. 小善根福德의 인연을 가지고는 그의 佛土에 왕생할 수 없다. 너와 같은 行業으로는 비록 多生廣劫을 지날지라도 順次往生의 業因을 갖추기 어렵다. 速疾往生의 勝因을 가르쳐 주노니, 所謂 圓融念佛이니라. 融通念佛은 一人의 行을 가지고 衆人의 行과 같으며, 衆人의 行을 가지고 一人의 行이라고 하는 故로 공덕도 광대하다. 왕생도 즉시 된다. 一人이 왕생되면, 衆人도 따라서 왕생을 성취한다. 의심하지 말라 하고 云云, 아미타여래의 示現이 이와 같았다.

고 했다. 良忍은 46세의 여름 아미타불로 부터 融通念佛의 敎旨를 夢定中에 相承했다고 한다. 다시 『同緣起』에서는 이 文에 계속하여 良忍이 感得한 融通念佛에 歸入하여 名帳에 그 이름을 連名한 사람은 공덕의 融通에 의해 每日億百萬遍의 念佛行者로 될 수 있다고 한다. 따라서 이와 같은 他力念佛을 서로 融通하는 것만이 自力의 三業을 떠난 願行具足의 他力融通念佛이라고 설한다. 그 위에 大阪平野에 있는 大念佛寺의 寺傳에 의하면 良忍은 이 때에 아미타불 十聖圍繞의 尊影(天德如來)을 授與됐다고 전한다.

이 融通念佛의 가르침은 良忍의 후에 明應良感, 觀西良信, 尊永隆阿와 뒤를 相承한 尊永의 門人 良鎭이 있다. 融通念佛의 가르침은 설해 널리 퍼졌지만, 付法하는 後嗣者가 없었기 때문에 融通의 印信과 祖師相承의 寶物을 石淸水八幡社에 納入했다. 그 뒤 百十數年을 지나 法明良尊이라고 하는 사람이 있어 元亨元年(1321) 十一月 石淸水八幡의 靈告에 의해 오랫동안 八幡社에 비장된 融通의 印信 및 靈寶를 傳承하여 攝津의 平野에 大念佛寺를 造營했다.

그 뒤 室町時代를 지나 德川中期까지 大念佛寺의 敎勢는 흔들리지 않왔다. 第四十六世 大通融觀의 때에 이르러 五代將軍 德川綱吉의 歸依를 받아 堂宇를 재건하고 一宗의 綱規를 정했다고 한다.

이 融通念佛宗의 開創에 대하여 考慮해야 할 많은 것이 보인다. 이것은 아마도 平安時代 말기에 들어서 아미타신앙의 성행과 함께 염불의 數量信仰이 왕성하게 되었다. 이 數量信仰에 天台 華嚴의 圓融無礙의 사상이 더해져서 融通念佛의 신앙이 생겼다고 생각된다. 源信撰이라고 傳하는 『自行念佛問答』(惠心全一卷 五四九頁)에서

> 묻기를, 만약 그렇다면 염불에서는 來迎引接의 願이 없는가. 답하기를, 여기에 三義가 있다. 一에 圓敎의 意는 一佛一切佛, 一切佛一佛, 一行一切行, 一切行一行. 一願一切願, 一切願一願. 때문에 彌陀一佛의 願은 一切佛의 원이다.

고 하여 一佛一切佛 融通의 사상이 설해 지고 있다. 이 書를 源信의 것이라고 하는 데는 疑義가 있으며, 源信의 門流의 徒가 源信의 이름을 仮托한 것이 아닌가고 말하여 지지만, 良忍과 거의 同時代에 天台淨土敎에서 이러한 사상이 설해 졌다는 것은 良忍의 融通念佛 提唱에 관련하여 주목할 일이다.

그러나 이 신앙은 法然의 門下 門流의 설인 本願念佛의 사상이 널리 민중에 믿어 졌기 때문에 天台宗內의 一部 사람, 또는 민간신앙으로서 민중의 사이에 매몰되어 오랫동안 傳持되었는 듯하다. 그러한 때에 德川中期에 大通融觀의 出現에 의하여 처음으로 종파교단으로 형성되었다는 것이 아닌가고 생각한다.

이것은 法然門流에서 설하는 염불과는 다르며, 天台淨土敎의 一支流라고 생각되지만, 法然門流의 염불신앙의 盛行과 더불어서 종파교단으로 형성된 것이다. 『融通念佛緣起』에 의하면 良忍이 아미타불로 부터 받은 염불은「一人의 行을 가지고 衆人의 行이라 하고, 衆人의 行을 가지고 一人의 行이라 하고 云云」고 한다. 염불공덕의 融通을 설한 것이지,

단, 大通融觀의 『融通圓門章』(日佛全四五卷 三頁)에서는 이것을

　　一人一切人, 一切人一人. 一行一切行, 一切行一行. 是名他力往生.
　　十界一念融通念佛, 億百萬遍功德圓滿.

이라고 하고. 아미타불 直授의 가르침이라고 한다.

　이 염불의 공덕을 自他 함께 融通한다고 하는 생각은 天台敎學의 十界互具, 一念三千의 思想과 華嚴敎學에서 說하는 圓融無礙, 相卽相入의 이론에 의해 稱名念佛의 數量信仰을 해석하고 一人이 稱하는 念佛의 공덕을 널리 一切人에게 融通하고 一切人이 稱하는 念佛의 공덕을 一人에게 通入한다. 그래서 自他의 願行을 融通하는 것에 의해 稱名億百萬遍의 공덕을 성취할 수 있고 他力往生을 이룰 수 있다고 한다.

　이것은 念佛功德의 一多融通을 설한 것이며, 他力往生이라고도 하며, 이 他力은 一切人을 일컫는 稱名의 他力이지 아미타불의 他力은 아니다. 法然이 설한 바와 같이 本願인 생각은 보이지 않는다. 自他가 부르는 稱名念佛의 수량의 多少에 의해 공덕의 融通을 설하는 곳에 그 요점이 존재하고 있다. 十數人이 염불을 唱和하고 千八十顆의 大念珠를 돌리는 百萬遍念佛의 신앙은 이 念佛의 融通信仰에 의한 것이다.

8 眞盛이 說한 念佛 및 그 외

　天台淨土敎의 大成者라고 하는 源信의 『往生要集』에 의하여 持戒와 稱名의 戒稱二門을 가지고 정토왕생의 要行으로서 念佛卽往生을 설한 사람이 眞盛이다. 眞盛은 足利時代頃의 사람(十五世紀)으로 叡山에 올라 顯密의 學을 배웠지만, 41세 때에 名利를 싫어하여 黑谷 靑龍寺에서 籠居하면서 一切經을 披閱하고 持戒念佛의 行者로 되었다. 그 뒤 叡山 淨土院의 祖廟에 참배하고 夢定中에 傳敎大師로 부터 『往生要集』을 받아 金剛의 信心을 결정하게 되었다고 한다. 그 뒤 持戒와 稱名의 二行을 가

지고 정토왕생의 行으로 하고 곳곳에서 『往生要集』을 講했으며, 十念을 가르쳐 널리 社會의 사람들을 인도했다. 眞盛이 설한 염불은 圓戒念佛二行雙修이다. 戒門은 『梵網經』에 의해 十重四十八輕戒를 중시하며, 「一得永不失」의 戒體를 發得하고 身口意의 三業을 청정하게 했다. 稱名念佛은 法然이 제창한 本願念佛로서 相續할 것을 권장하고, 염불에 의해 속히 不退를 얻는 것이 肝要하다고 하여 念佛即往生을 설한다.

眞盛의 『奏進法語』(眞盛往生傳 冠頭文)에 의하면

> 나무아미타불이라고 부르는 것이 즉 왕생의 징조이다.

라고 하여 生佛一如의 念佛을 설한다. 念佛과 往生과는 各別의 것이 아니라고 하고 다음에

> 의지하는 우리의 마음과 구제하는 부처님의 깨달음이 하나로 되면 나무아미타불의 佛이라고 心得할 징조이다. 그러니까 나무아미타불이라고 하는 것은 佛의 正覺 즉 我等이 往生한다고 心得할 징조이다.

라고 설한다. 念佛即往生, 往生即佛의 正覺이라고 心得을 信하고, 一點의 의심도 없으면 손에 염주를 갖지 않고 입으로 念佛을 하지 않아도 念念으로 잊지 않는다면 이것이 念佛이다. 그러나 반드시 평생염불의 功을 쌓아야 한다고 하면서 稱名을 권하고 있다. 이와 같은 生佛一如의 생각에 의하여 念佛을 설하고 念佛相續을 권하는데, 이것에 의하여 얻어지는 염불삼매에 대하여 『念佛三昧法語』(眞盛往生傳 冠頭文)에서

> 염불삼매에 들면 극락도 바로 나타나고 三世의 諸佛도 日夜에 상봉하며, 諸神들도 항상 唱名의 床에 오신다.

고 한다. 염불삼매를 얻으면 現世에 있어서 극락을 觀見하고 諸佛 諸神에게 사랑받을 수 있고 현세에서 見佛할 수 있다고 설한다.

다음에 眞盛은 源信의 『往生要集』의 생각을 기본으로 持戒念佛을 설

하는 것인데 이 염불을 설하는 『往生要集』의 第五助念方法門의 總決要行釋에 대하여 眞迢(西敎寺 第十五世)는 『破邪顯正記』(日佛全六一 卷一三八頁)에서

當世諸人要行在往生要集事

라고 題한다. 山門의 一家는 法華를 독송하고 眞言, 禪觀, 菩薩戒 等을 行하는데, 이러한 行은 利智精進의 사람이라면 行할 수 있지만, 當世에 온 어리석은 道俗은 念佛一行을 닦고 往生을 기약해야 한다고 말한다. 거기에서는 『往生要集』을 맴돌고 있다고 한다. 總決要行의 文인 「大菩提心, 護三業, 深信, 至誠, 常念佛, 隨願決定極樂, 況復具餘妙行」을 드러내어 이것을 각각 다음과 같이 해석하고 있다.

大菩提心이란, 上求菩提 下化衆生의 마음이다.

護三業이란, 身口意의 所業을 지키고 죄악을 삼가하는 것이다.

深信이란, 먼저 자신은 業障深重의 者라고 믿고, 그리하여 미타여래의 本願力에 의지하여 죄업의 우리들도 반드시 왕생할 수 있다고 깊이 믿어 한 생각도 의심하지 않음이다.

至誠(心)이란 진실로 거짓없는 마음이다.

常念佛이란 相續하여 間斷하지 않고 항상 미타의 명호를 창한다. 염불이 바르면 왕생의 正因이 된다.

隨願이란 所作의 一切善根을 回向하여 왕생을 원하는 것이 즉 回向發願心이다. 이와 같이 한다면 결정코 극락에 왕생하게 된다.

況復具餘諸妙行이란, 眞言, 法華 등의 妙行을 갖춘 것을 말한다. 이것은 利智精進의 사람의 일이다. 鈍根者는 이와 같은 餘行을 구족하게 시킴과 동시에 念佛一行으로 決定往生케 된다. 단 오로지 信心簡要이다.

이와 같은 釋意를 보는 한 念佛에 대하여 法然의 念佛과 다른 것은 없고 단지 보리심과 持戒를 往生業이라고 하는 것이 다를 뿐이다. 法然은 보리심과 持戒를 雜行으로 넣었고, 특히 持戒는 佛法의 大地임으로 助業(異類)으로서 취급한 듯 하지만 眞盛은 戒門과 稱門의 並修를 說하고

서로 보리심을 가지고 그 기반이라고 한다. 따라서 이 持戒(圓頓戒)와 念佛의 二行 관계에 대하여 서로 他를 포섭하는 관계로서 戒稱은 二而不二인 것이라고 설한다.

또 德川末期 때에 천태종의 靈空光謙이란 사람이 있어 『觀經』에서 설하는 「是心作佛是心是佛」의 文 및 宋朝 天台 知禮의 『觀經疏妙宗鈔』의 설에 의해 卽心念佛을 설했다. 卽心念佛이란 또는 約心觀佛이라고도 한다. 心은 法界에 周徧한 것이기 때문에 佛도 淨土도 心外에 없으며, 心內에 있으므로 自性의 彌陀 唯心의 淨土를 想念하고 마음에 三千의 諸法을 갖추며, 三諦圓融의 道理에 의하여 無生의 往生을 證得할 念佛을 설한다. 이와 같이 말하는 無生의 往生이란 不生不滅, 常自寂滅의 境界에 一致한다고 말한다.

이 靈空의 卽心念佛說은 또는 約心觀佛이라고도 말하듯이 觀念의 念佛이다. 靈空의 이 설은 당시 불교계에 커다란 파문을 일으켜 淨土宗의 敬首, 天台宗 寺門派의 義瑞, 西山 淨土宗의 臥雲은 각각 著作을 내어 靈空의 설을 反駁했다.

上述한 염불은 어느 것이나 정토왕생의 行으로서 설해진 염불이다. 말하는 「염불」, 「왕생」, 「정토」에 대한 해석은 開祖의 己證을 기본으로 각각 獨自의 宗派敎義를 조성하고 있다. 그 밖에 現世에 있어서 攘災招福, 先亡追善을 위하여 닦는 염불이 있다. 이것은 宗派敎學과 無關係로 민중의 사이에 傳承되어 전해진 것이다. 그 중에는 空也上人, 良忍上人을 始祖라고 稱하는 것이 있는데, 唱하는 念佛에 神秘的인 呪術性을 인정하여 災厄을 除한다고 하는 攘災招福의 염불과 염불의 공덕을 先亡者에게 廻向하여 先祖의 追善을 祈念하는 追善의 念佛이 있다.

攘災招福의 念佛의 경우 農耕에 관한 것으로「虫送念佛」,「雨乞念佛」「虫供養念佛」 등이 있으며, 疫病退散에 관한 것으로「病送念佛」,「惡疫退散의 念佛」 등이 있다. 이것들은 稱하는 念佛 및 사용하는 염주에 攘災招福의 呪術力을 인정하여 惡疫을 추방하고, 虫害를 제거하며, 降雨

를 祈願하는 것이다.

　先亡追善의 염불은「葬送念佛」등의 追善, 報恩의 의미를 가지고 닦는 염불이 널리 행해 졌다. 이들 중에는 藝能化되어 道의 무형문화재로 지정된 것도 있다. 이것들은 정토교의 교설이 민간의 習俗과 合體된 것이라고 생각되어 지며, 민중의 念佛信仰受容의 형능인 것 같다.

第六章 念佛하는 마음(安心)

1 菩提心

(ㄱ) 經說과 諸家의 說

菩提心이란 샨스크리트語의 보데―싣다(bodhi-citta)의 譯語이다. 菩提는 보데―(bodhi)의 音寫이며, 心은 싣다(citta) 漢譯이기 때문이다. 보리심이란 梵漢倂稱인 말이라고 할 수 있다. 이것은 또 阿耨多羅三藐三菩提心(Anuttara-Samyak-Sambodhi-citta)라고도 말하며, 중국어로 번역하여 無上正眞道意라고 譯되며 약하여 無上道心, 無上道意, 또는 道心이라고도 말하여 진다. 佛의 位에 들어서 「깨달음」의 지혜를 얻는다고 하는 마음이다. 대승불교를 신봉하는 수도자는 반드시 최초로 이 마음을 일으키지 않으면 안 되는 것이라고 한다. 그래서 이 마음을 일으키고 육바라밀(布施, 持戒, 忍辱, 精進, 禪定, 智慧) 등의 많은 행을 실제로 수행하는 것이다. 따라서 대승불교에서는 대단히 중요시하는 것이다.

원래 이 보리심이라는 것은 인간이 원래 가지고 있는 청정한 마음의 本性(心性)으로 부터 生起하는 것이라고 하며, 種種의 인연에 의하여 發하지만, 구체적인 事象에 의하여 發하는 것(緣事菩提心)과 보편적인 진리에 의하여 發하는 것(緣理菩提心)이 있다고 한다. 그러나 일반으로 보리심의 내용은 上記 보살의 總願과 같이 四弘誓願이라고 한다. 사홍서원이란

一. 맹세코 모든 중생을 구하리다(衆生無邊誓願度)
二. 맹세코 모든 迷의 요소인 번뇌를 끊으리다(煩惱無邊誓願斷)

三. 맹세코 모든 가르침을 배우리다. (法門無盡誓願學〔知〕)
四. 맹세코 위없는 「깨달음」에 이르리다(無上菩提誓願證＝佛道無上誓願證)

이 넷의 서원이다. 대승불교를 신봉하는 사람은 누구든지 이러한 마음을 발하지 않으면 되지 않는다고 한다. 따라서 諸種의 대승경전은 말할 것도 없으며 중국, 한국, 일본의 宗派敎學에 있어서 이것에 대한 해석에는 각각 다르지만, 어느 것이나 상세한 설명을 하고 보리심의 중요성을 설하고 있다.

「淨土三部經」에서도 같다. 정토에 왕생하기 위하여 닦는 諸種의 行(諸行)을 행함에 發하지 않으면 안 되는 마음이라고 한다. 『無量壽經』의 三輩往生을 說함에 있어서 上中下 三輩의 사람은 언제든지 정토에 願生함에 보리심을 發할 것을 설해 밝히고 있다.

또 『觀經』에서도 世戒行의 三福에 의한 정토왕생을 설해 밝히는 곳(散善顯行緣)에 있어서

> 彼의 나라에 生하고져 하는 사람은 다음의 三福을 닦아야 한다. ……
> 三에는 보리심을 發하고, 깊이 인과를 믿고, 大乘을 독송하여 行者를 勸進한다. 이와 같이 三事를 이름하여 淨業이라고 한다.

라고 설하고 있을 뿐만 아니라 九品往生을 설하는 가운데 上品下生의 往生에 대하여

> 上品下生의 사람이란 또는 인과를 信하여 大乘을 비방하지 않고 단지 無上道心을 發한다. 이 공덕을 가지고 廻向하여 극락국에 生하고져 願求한다.

라고 설하고 있다. 정토왕생을 위하여는 發하지 않으면 안 되는 마음이다. 그리고 下品上生의 왕생에 대하여

> 寶蓮華에 실려 化佛의 뒤를 따라 보배 연못의 가운데에 태어난다.

77일을 지나 蓮華가 열리면 빛나는 넓은 곳에 이르른다. 대비관세음보살 및 대세지보살이 대광명을 발하며, 그 사람의 앞에 머물러 그를 위하여 甚深한 十二部經을 설하신다. 듣기를 끝내고 信解하여 無上道心을 發하여, 十小劫을 지나면 百法明門을 갖추어 初地에 들어간다.

고 설한다. 다음에 下品中生, 下品下生의 惡緣을 저지른 악인이라도 정토에 왕생하려면 보리심을 발하라고 하고 있다.

이와 같이 『無量壽經』 『觀經』 등에 의하면 정토왕생의 行을 닦을 경우 반드시 發하지 않으면 안 되는 마음으로서 보리심을 설하고 있다. 따라서 이들 경전에 의하여 정토왕생을 설한 중국, 한국, 일본의 祖師들은 언제나 왕생을 하기 위하여는 보리심이 반드시 필요하다고 설했다. 曇鸞은 『往生論註』下(淨全二卷 二五一頁)에서

> 王舍城所說의 『無量壽經』을 살펴 보면 三輩生의 中에 行의 優劣이 있다고 할지라도 모두 無上菩提心을 發하지 않음이 없다. 이 無上菩提心은 즉 願作佛의 마음이다. 願作佛의 마음이란 즉 度衆生心이다……그런 까닭에 安樂淨土에 生하고져 願하는 사람은 반드시 無上菩提心을 發해야 한다.

고 설한다. 道綽은 이 생각을 이어서 『安樂集』上(淨全一卷 六七九頁)에서 보리심의 공덕과 菩提의 名體와 보리심을 발하는 차이 등에 대하여 述했다. 보리심의 공덕에 대하여 이 마음이 갖추어 지면 聲聞과 緣覺과 같이 자기 일신의 깨달음만을 구하는 편협한 마음을 떠날 수 있다. 無始以來 永劫에 생사의 세계에서 流轉하는 유전의 흐름을 멈출 수 있을 뿐만 아니라 얻은 공덕을 廻向한다면 모두 성불하여 깨달음을 얻을 수 있다고 한다. 그리고 菩提의 本體로 法身의 菩提와 報身의 菩提, 化身의 菩提 셋이 있음을 설한다. 이러한 菩提를 求하고 發하는 보리심에 三緣으로서 (一)

일체 존재하는 것과 존재하지 않는 것, 모두 本性으로서 청정이라고 말하는 것을 알고 發하는 보리심과 (二)인연의 萬行을 닦음에 의하여 일으키는 보리심과 (三)大慈悲를 근본으로 發하여 일체중생을 깨달음으로 인도하여 제도하고져 하는 보리심을 설하고 있다.

다음에 道綽의 가르침을 받은 善導는 『觀經疏』玄義分의 처음에

道俗時衆等 各各無上心(菩提心)을 발해야 한다.

고 설할 뿐만 아니라.

원컨대 이 공덕으로 평등히 일체에 베풀고 같이 보리심을 발하여 안락국에 왕생하고져

라고 설하여, 정토왕생으로 보리심이 필요함을 설하고 있다.

다음에 일본에 있어서 예를 본다면 源信은 『往生要集』에서 설한 五念門의 가운데 作願門을 가지고 發菩提心이라고 하고 道綽의 『安樂集』과 迦才의 『淨土論』의 설명을 밝힌 뒤 (淨全一五卷 六九頁)

마땅히 알아라, 보리심은 淨土菩提의 綱要이다. 그런고로 약간 三門을 가지고 그 義를 決擇한다.

고 한다. 보리심의 行相, 보리심의 이익, 보리심의 料簡에 대하여 상세한 설명을 덧붙이고 있다. 그 보리심의 行相에 대하여

대체로 이것을 말하자면 願作佛의 마음이며, 또는 上求菩提 下化衆生의 마음이라고 이름한다. 구분하여 이것을 말하면 四弘誓願이다.

고 한다. 事를 緣하는 사홍서원과 理를 緣하는 四弘誓願을 설하고 있다. 『往生要集』은 往生業으로서 五念門을 설하고 있지만, 그 중심은 觀察門이며, 別相觀, 總相觀, 雜略觀의 셋을 밝히어 정토왕생을 권하고 있다. 따라서 이러한 觀察門을 닦음에 대하여 作願門에서는 보리심을 발하여

닦아야 한다고 하고 있다.

그리고 法然에 앞서 있었던 永觀, 珍海 등의 南都佛敎의 學匠에 있어서도 정토왕생을 하기 위하여서는 필요한 마음이라고 하며, 珍海는 「無上大菩提心을 가지고 왕생의 正因이라고 한다」고 하고 있다.

이와 같이 淨土正依의 경전인 『無量壽經』 『觀經』을 위시하여 중국, 한국, 일본의 淨土敎家는 언제든지 정토왕생을 위하여는 필요한 마음이라고 하고 있다. 이것은 아미타불의 정토에 왕생하고 그 후 정토에서 聞法修行하여 「깨달음」에 들어 가려고 하기 때문에 불교의 궁극 목적인 「깨달음」에 들어 가는 것을 원하는 보리심은 淨土敎徒에게 있어서도 필요한 마음으로 요청되는 것이다.

정토에 왕생한다고 하는 것은 아미타불의 정토에 태어나서 안일한 생활에 빠지는 것이 아니다. 苦와 더러움이 없는 세계(정토)에서 보살의 육바라밀 등의 행을 성취하여 깨달음을 얻고, 다음에 苦의 세계로 돌아와서 중생을 제도하고져 하기 때문에 「깨달음을 구하고」 「중생을 제도하고져」(上求菩提下化衆生)하는 마음은 정토교에 있어서 필요한 것이라고 말할 필요도 없다. 이러한 불교의 궁극 목적 달성을 원하는 마음으로서 보리심은 불교도인 한 빠뜨릴 수 없기 때문에 淨土願生者라고 할지라도 어떠한 행을 닦더라도 절대로 필요한 것으로 중요시 되고 있다.

(ㄴ) 法然의 菩提心

上述한 바와 같이 보리심은 대승불교를 신봉하는 佛道修業者(菩薩)가 반드시 발하지 않으면 안 될 마음이다. 정토교의 근본성전을 위시하여 중국, 한국, 일본의 淨土敎家(曇鸞, 道綽, 善導, 元曉, 源信 等)는 누구든지 정토왕생에는 필요한 마음이라고 하고 있다. 그런데 일본의 法然만은 『選擇集』에 있어서 이것을 雜行으로 받아 들여 정토왕생에는 불필요한 것이라고 한다. 즉 『選擇集』 第三篇 (土川校訂本 二九頁)에 있어서

그의 諸佛土에 있어서 혹은 布施로서 왕생의 행이라고 하는 土이며

혹은 持戒로서 왕생의 행이라고 하는 土이며……혹은 보리심으로서 왕생의 행이라고 하는 土이며……지금 앞의 布施, 持戒, 乃至孝養父母 等의 諸行을 選捨하고 專稱佛名을 選取하라.

고 한다. 보리심을 가지고 왕생의 行이라고 하는 생각을 멀리 했다. 다음에 『無量壽經』의 三輩段에서 설하는 보리심에 대하여 『選擇集』 第四篇 (土川校訂本)(四二頁)에서는

잠시 이것을 해석하면 上輩의 文 가운데에 보리심 등의 餘行을 설한다고 할지라도 위의 本願에서 바라는 뜻은 바로 중생에게 오로지 彌陀佛名을 稱하도록 함에 있다. 따라서 本願의 中에는 다음의 餘行은 없다.

고 한다. 아미타불의 本願에서는 보리심 등의 餘行으로 왕생의 行이라고 하는 생각은 없고, 오로지 佛名을 稱하는 것이 本意이기 때문에 왕생의 行으로서 보리심은 不要하다고 한다. 이 경우 本願이라고 하는 것은 제 18원만을 가르키는 것으로 48원 모두를 말하는 것은 아니다. 제 18원은 上述한 바와 같이 三心具足의 염불을 行하는 사람을 왕생케 하는 것이다. 이 願文에서는 念佛 이외의 行은 말하지 않기 때문에 이 제 18원의 願意에 의하면 보리심을 往生行이라고는 하지 않는다.

이와 같이 제 18원에 의해 稱名一行만을 選取하고 他의 一切行을 廢捨하는 立場을 廢立이라고 한다. 이것은 法然이 專修念佛을 제창한 근본 입장이지만, 法然은 『選擇集』에 있어서 한때 廢捨한 雜行 諸行을 다시 念佛의 助業으로 활용하고 있다. 『選擇集』第四篇(土川校訂本)(四四頁)에서는 異類의 助成으로서

往生의 業으로는 염불을 근본으로 하는 까닭에 一向으로 염불을 닦기 위하여 집을 버리고 육심을 버리고 沙門이 되며 또는 보리심을 발한다.

第六章 念佛하는 마음(安心) 219

고 한다. 一向으로 염불을 닦기 위하여 발하는 보리심을 인정하고 있다. 이것은 염불을 원하는 사람을 助成하기 위한 것이다. 助成하는 行 그 자체는 왕생의 行이라고는 하지 않는다. 이것은 어디까지나 수행하는 사람을 격려하고 염불을 쉽게 하기 위한 것이다. 즉 염불하는 사람을 資助하는 것으로서 보리심을 취급하고 있다. 이러한 입장을 助正의 입장이라고 한다. 이것은 廢立의 입장에서 雜行 諸行으로서 廢捨된 것이지만, 염불의 行을 資助하는 것으로 재차 취급하고 있다. 그러나 法然의 보리심에 대한 근본적인 생각은 廢立의 입장이다. 왕생의 行으로서는 불필요한 것이라고 한다.

그러니까 法然은 대승불교에서 중시하여 중국, 한국, 일본의 淨土敎家가 언제든지 정토왕생에 있어서 필수의 마음이라고 하는 보리심을 어찌하여 雜行에 넣어 廢捨했는가 라고 함에 있어서 직접적인 설명은 없다. 단지 제 18 원에서는 보리심이 있지 않다고 하는 것 뿐이다.

원래 보리심이란 上述한 바와 같이 佛果菩提(깨달음)를 구하고 많은 사람들을 제도하는 마음(上求菩提 下化衆生)이기 때문에 정토왕생에서는 직접의 관계는 희박하다. 法然이 거기에 대하여 彌陀의 本願에 의하여 구제될 인간은 末法 五濁惡世에서 住하는 超惡造罪의 엄연한 범부이며, 曠劫으로 부터 생사에 流轉하여 出離의 緣이 없는 罪惡生死의 凡夫이다. 그리하여 이와 같은 죄악의 범부에게는 도저히 聖道諸宗에서 설하는 것과 같은 보리심을 발하는 것은 불가능하다고 생각한 것일지도 모른다.

다음의 생각은 『觀經』의 下品三生에서 밝히는 惡人往生說인데, 언제나 정토에 왕생할 경우 보리심을 발할 것을 설하고 있다. 지금 下品上生의 예를 보면

　　智者는 또 合掌叉手하여 나무아미타불이라고 稱하라고 한다. 佛名을 稱하였기 때문에 50억겁의 생사의 죄를 除한다……化佛의 광명

이 그 방안에 가득함을 보게 된다. 그리고 이 광명에 쌓여 환희 속에서 命終하게 된다. 寶蓮華를 타고 化佛의 뒤를 따라서 寶池中에 태어난다. 77일을 지나서 저절로 연꽃이 열린다. 꽃이 열릴 때 대비관세음보살 및 대세지는 대광명을 놓으며 그 사람 앞에 나타나서 그 사람을 위하여 甚深한 十二部經을 설하신다. 듣기를 마치고 信解하여 無上道心(보리심)을 발한다. ……

고 한다. 下品中生, 下品下生의 往生人도 같이 정토에 왕생할 경우 관음세지의 두 보살로 부터 聞法하여 보리심을 발함을 설하고 있다.

이 『觀經』의 下品三生에서 설하는 凡夫는 언제나 惡緣에 있는 凡夫로서 정토에 往生한 뒤 聞法에 의하여 보리심을 일으킨다고 한다. 法然의 경우 末法 五濁惡世에 住하는 罪惡生死의 범부란 이 『觀經』의 下品三生에서 설하는 범부와 같다고 생각하기 때문에 정토왕생을 위하여는 稱名念佛의 一行만을 설하고, 보리심은 往生業으로서 취급하지 않은 듯하다.

그렇지만 法然은 보리심에 대하여 전연 무관심하지는 않았다. 『選擇集』 제14편 (土川校訂本 一○一頁)에서

發菩提心은 그 말 하나라고 할지라도 각각의 宗에 따라서 그 뜻이 같지 않다. 그러니까 즉 菩提心의 一句는 널리 諸經에 편만하여 顯密에 구별이 없다. 意氣博遠하여 詮測中邀하다. 원하는 모든 行者 하나를 집착하여 萬을 버리지 말라. 모든 往生을 구하는 사람은 각각 당연히 自宗의 菩提心을 發해야 한다. 설사 餘의 行이 없다고 할지라도 菩提心으로 往生의 業을 이룬다.

고 한다. 佛敎에 있어서 菩提心의 중요성을 설할 뿐만 아니라 『逆修說法』(法然全 二四○頁)에 있어서는

다음에 發菩提心이란 諸宗의 뜻이 같지 않다. 지금 정토종의 보리심이란 먼저 정토에 왕생하여 일체의 중생을 제도하며, 일체의 번

第六章 念佛하는 마음(安心)   221

뇌를 끊으며, 일체의 법문을 깨닫고, 무상보리를 證하고져 하는 마음이다.

고 한다. 먼저 정토에 왕생하고 그 뒤에 일으키는 度斷知證의 사홍서원의 마음이라고 한다.

　이 보리심과 정토왕생을 원하는 願往生心과는 직접 그 목적을 달리하고 있다. 보리심은 「깨달음을 구하는 마음」이며, 願往生心은 「정토에 태어나기를 원하는 마음」이다. 그러나 願往生心이 단지 정토에 왕생하여 안락한 세계에서 안일에 빠져 遊戱快樂만을 바란다면 그것은 怠墮한 마음이라고 비판받지만, 정토에 왕생한다고 하는 것은 정토에 태어난 뒤 청정한 물들지 않는 세계에서 육바라밀의 修業을 열심히 하여 깨달음에 들어간다고 하기 때문에 願往生心은 보리심을 일으키는 先驅의 마음이다. 이 마음은 단지 정토를 원하는 마음만이 아니고 깨달음을 위한 願往生心이다. 따라서 法然에 있어서는 정토왕생의 業으로서 보리심을 廢捨했지만, 이것은 願往生心의 가운데 포함된 것이다. 왕생한 뒤 당연히 발하기 더문에 罪惡生死의 범부의 정토왕생은 稱名念佛의 一行 뿐이라고 한다. 이것은 중국, 한국, 일본의 정토교 諸家의 설과 다른점으로서 法然 정토교의 특질이라고 할수 있을 것 같다.

　이와 같은 法然의 往生業으로서의 菩提心廢捨說은 당시 불교계에 커다란 파문을 일으켰다. 法然과 동시대의 후배인 栂尾의 明惠는 『摧邪輪』을 저술하여 法然의 생각을 심하게 비판했다. 즉 『摧邪輪』은 法然의 菩提心廢捨說에 대하여 (一)보리심으로 왕생극락의 行이라고 하지 않는 過誤 (二)彌陀本願의 중에 보리심이 없다고 하는 過誤 (三)보리심으로 有上小利라고 하는 過誤 (四)雙卷經에서 보리심을 설하지 않는다고 하는 말, 및 彌陀一經 止住의 時에 보리심이 없다고 하는 過誤 (五)보리심은 염불을 억제한다고 하는 過誤 등의 다섯가지 이유를 들어서 비난하고 있다.

法然의 가르침을 계승하여 정토종의 第二祖로 숭앙받는 聖光은 항약하여 보리심에 대한 非難에 답하기를, 보리심에 凡位(凡夫)의 보리심과 聖位(聖者)의 보리심을 설한다. 다음에 보리심으로 菩提心願과 菩提心行이 있음을 밝혀 『徹選擇集』上($^{淨全七卷}_{九一頁}$)에서

> 菩提心願이란 소위 사홍서원이다. 菩提心行이란 소위 六度萬行이다. 지금 이 宗의 意는 薄地의 범부, 底下의 우리들, 斷惑修(證)理의 觀行에 견디지 못하고, 入聖得果에 견디지 못하는 根機이다. 이런 까닭에 염불의 一行을 닦아서 먼저 가까운 정토에 태어나길 원하고 다음에 먼 佛果에 돌아가고져 원한다. 이것이 菩提心願이다. ……今時의 具縛凡夫는 번뇌의 경계에는 강하고 忍力의 근기에는 약하다. 설사 菩提心願을 발한다 할지라도 다음의 菩提心行에 견디지 못한다. 이런 까닭에 이것을 廢한다.

고 한다. 法然의 생각을 간추려 넓혔다. 범부는 현세(穢土)에 있어서 六度萬行을 닦을 수가 없다고 하기 때문에 菩提心行은 廢하지만, 정토에 왕생하는 것은 결국 정토에서 六度萬行을 수행하고 깨달음에 들어가기 때문에 菩提心願을 廢捨한 것은 아니라고 해석한다.

다음에 聖光의 뒤를 이은 정토종의 第三祖인 良忠은 보리심을 가지고 淨土願生者를 일으키는 기본적인 마음(總安心)이라고 하고, 至誠心 등의 信心을 特別한 信心(別安心)으로서 總別二種의 安心을 설해 밝히고 보리심과 三心(信心)의 관계를 論하고 있다.

이 法然의 菩提心廢捨說에 대한 非難은 法然의 門下에 있어서 여러 가지 異見을 생기게 함에 이르렀다. 그러므로 다음에 대표로서 證空(西山淨土宗)과 親鸞(眞宗)의 생각을 살펴 보고자 한다.

(ㄷ) 證空, 親鸞의 菩提心

法然이 정토왕생의 業으로서 稱名念佛의 一行만을 選하고, 대승불교

第六章 念佛하는 마음(安心) 223

에서 중시하는 보리심을 정토왕생의 行으로서 불필요한 것이라고 한 것은 당시 불교계로 부터 種種의 비난을 받게 되었다. 따라서 法然門下의 사이에 있어서도 이 보리심에 대하여 種種의 생각들이 설해 졌다. 上述한 바와 같이 聖光은 聖者(聖位)의 보리심과 범부(凡位)의 보리심을 설하고, 또 菩提心願과 菩提心行을 설해 밝힘에 대하여 證空은 『散善要義釋觀門義』第四($^{日佛全九卷}_{一六四頁}$)에서

> 聖道門에서 말하는 곳의 보리심은 甚深廣博하다고 하는 그는 佛果의 공덕을 마음으로 닦아 소식이 있다고 할지언정, 濁世의 범부는 바로 닦아 얻을 수 없다……觀門의 보리심은 厭苦欣淨의 마음이며, 行門의 보리심은 그 相深高이다.

고 해석한다. 보리심을 釋함에 行門의 보리심과 觀門의 보리심을 밝힌다. 行門(聖道門)의 보리심은 濁世의 범부에게는 修得할 수 없으므로 廢捨하고 觀門의 보리심은 淨土門에서 설하는 厭穢欣淨의 心을 말하는 것이라고 한다. 또 『同書』($^{日佛全九卷}_{一六四頁}$)에서는

> 보리심을 특히 정토의 正因이라고 하지 않는다. 三福(世福, 戒福, 行福)과 함께 어느 것이나 같이 觀門으로 합치고 弘願의 能詮의 法이라고 하는 것을 들어내므로서 云云.

라고 한다. 보리심은 왕생의 正因은 아니고, 弘願을 나타내는 것이라고 한다. 따라서 다음에 『選擇集密要決』二($^{淨全八卷}_{二七三頁}$)에 의하면

> 단, 淨土家에서는 보리심에 있어서 此土彼土의 차별이며……정토에 왕생하고져 하는 것은 즉 성불하기 위함이다. 聖道家의 보리심은 此土에 있어서 佛果를 이루고져 함이다. 그런 까닭에 此土彼土의 교체라고 할지라도 佛果를 성취하고져 하는 同一한 까닭에 三心卽菩提心이다.

고 한다. 三心(至誠心, 深心, 廻向發願心)을 보리심이라고 해석한다. 그러나 證空이 말하는 三心은 領解의 三心으로 法然이 설한 것과 같은 信 중심의 三心은 아니다.

이와 같이 證空은 보리심을 行門 觀門의 생각에 의해 해석하고 있지만, 親鸞은 『教行信證文類』信卷(親鸞全一卷 一二三三頁)에 있어서 二雙四重의 教判의 생각으로 해석하고 있다. 즉

> 그런데 보리심에 대하여 二重이 있다. 一에는 堅, 二에는 橫이다. 또 堅에 있어서도 二種이다. 一에는 堅超, 二에는 堅出이다. 堅超, 堅出은 權實顯密大小의 가르침을 밝히고, 歷劫迂廻의 보리심, 自力의 金剛心, 보살의 大心이다. 또 橫에 있어서도 二種이 있다. 一에는 橫超, 二에는 橫出이다. 橫出이라고 함은 正雜定散, 他力의 안에서 自力의 보리심이다. 橫超라고 함은 願力廻向의 信樂, 이것을 願作佛心이라고 한다. 願作佛心 즉 이 橫의 大菩提心이다. 이것을 橫超의 金剛心이라고 이름한다. 橫堅의 보리심 그 말 하나로서 그 마음이 다르다 할지라도 入眞을 正要하고, 眞心을 근본으로 하며 邪雜을 誤하고 疑情을 失한다고 한다.

고 한다. 보리심을 堅超, 堅出, 橫出 橫超로 분별하여 해명하고 있다. 지금 이것을 圖示하면 다음과 같다.

> 堅超堅出의 보리심——權實의 顯密大小의 가르침을 밝히는 보리심, 歷劫迂廻의 보리심(天台, 眞言, 華嚴 등의 聖道門에서 說하는 보리심)
> 橫出의 보리심——正雜定散他力中의 自力의 보리심(要門의 보리심)
> 橫超의 보리심——願力廻向의 信樂, 願作佛心.

말하는 堅超, 堅出의 菩提心이란 聖道門 諸家(天台, 眞言, 華嚴, 三論, 法相)에서 說하는 自力의 보리심이며, 現世(穢土)에서 깨달음을 구

하는 마음을 말한다. 橫出의 보리심이란「他力中의 自力의 보리심」이라고 해석하고 있는 바와 같이 定散二善, 正行雜行 등을 닦고 淨土往生을 구하며 잇달아 깨달음에 들려고 하는 보리심이다. 善導및 源信, 永觀, 珍海 등의 諸行往生, 自力念佛往生을 설하는 것을 밝히는 것이 보리심이다.

　橫超의 보리심이란「願力廻向의 信樂」이라고 說하듯이 아미타불이「大悲로 중생을 제도하고져 하는 願心」으로 중생에게 廻向한다. 이 如來의 廻向을 領受하는 信樂에는 如來의 보리심의 덕이 원만하기 때문에 능히 往生成佛의 因이라고 한다.

　바꾸어 말하면 親鸞이 말하는 보리심이란 聖道門 諸家의 설한 바와 같이 衆生이 發하는 보리심은 아니고 아미타불의 보리심을 말한다. 아미타불이 兆載永劫의 수행을 하여 사십팔원을 성취하신 것은 일체중생을 평등히 구제하시기 위한 것이다. 이 大悲를 具現하신 것이 選擇本願(第十八願)이다. 따라서 이 本願이야말로 중생으로 하여금「願作佛」을 이룩하고,「度衆生」을 성취하는 것이기 때문에 이것이 진실의 보리심이다.

　그리하여 罪惡生死의 범부를 구제하고져 示現하신 如來의 本願心(보리심)을 領受하고 聞法信受한 곳에 보리심이 주어지게 되어 正定聚에 들어 간다고 한다. 따라서 親鸞이 설한 보리심이란 如來로 부터 廻向되어진 보리심이다. 여래의 보리심이 그대로 중생의 보리심이며, 이윽고 정토왕생하는 경우 自利利他의 덕이 나타나서 無上涅槃의「깨달음」에 들어갈 수 있을 뿐만 아니라, 大悲還相의 妙用에 의하여 중생제도의 활동이 나타난다고 한다.

2 信 心

(ㄱ) 信의 意義

信心이란 일반적으로 믿는 마음이라고 한다. 일본 정토교에서는 특히 인간의 구제를 論하는 경우에 중요한 의미를 가지고 있다. 「信」은 샨스크리트語의 스랏다(śradahā)의 譯語이다. 五根(信, 精進, 念, 定, 慧)의 하나인 信根(三寶와 四諦를 信하는 일)으로 말할 수 있다. 또는 마음의 작용으로서 大善地法의 하나라고도 하며, 다음에 진리에 대한 확신, 설하신 道理에 복종하는 것이라고 하며, 또는 마음이 맑아져서 청정해지는 일, 瞑想의 과정에 있어서 생기는 六種의 欠陷의 경우 懈怠를 제거하는 요소 등이라고도 해석되고 있다. 이들은 信의 體性과 활동 등에 대하여 각각의 면에서 論하는 것으로서 信慧, 信受, 信解, 信心, 信知 등이라고도 한다. 정토교에서는 佛이 설하신 敎法을 의심없이 順從하는 마음이라고 하며, 또는 佛을 信賴하고 信用하는 마음이라고도 한다. 인도의 龍樹는 『大智度論』卷一(正藏二五卷 六三頁)에서

> 佛法의 大海는 信으로 能入하고, 智로 能度한다.……또 그것에 대하여 經中에서 설한다. 信을 손이라하여 사람이 손이 있으면 寶山의 中에 들어가서 自在로서 능히 取한다. 만약 손이 없으면 취할 것이 있어도 취할 수 없다. 有信의 사람도 이와 같다. 佛法 無漏의 根力 覺道禪定의 寶山中에 들어가 自在로히 취할 수 있다.

고 한다. 불교에 들어가는 데는 먼저 信하는 것이 처음이며, 信하지 않고는 佛敎의 眞理를 얻을 수 없다. 또 『菩薩本業瓔珞經』卷下(正藏二四卷 一〇二〇頁)에서는

> 만약 일체중생이 처음으로 三寶海에 들어가는 데는 信을 근본으로

삼는다. 佛家에 住在하는 것은 戒를 근본으로 삼는다.

고 한다. 三寶海 즉 불교에 입문하는 데는 먼저 信하는 것이 근본이라고 설한다. 이『菩薩本業瓔珞經』및『大智度論』에서 설하는 것은 불교의 진리를 알고져 하는 데는 먼저 불교를 信하므로 부터 시작된다고 하며 信하므로 인하여 처음으로 불교에 들어갈 수 있다고 한다.

『大智度論』에서는 이 信에 대하여「智로 能度한다」고 설하고 信과 智를 對比하고 있지만,「智」란 지혜이며 事象의 實相을 완전히 알고 惑을 斷하여「깨달음」을 완성하는 것을 말한다. 즉 事物을 바르게 파악하고 진리를 뚝뚝히 보는 認識力, 叡智(英智)를 말하는 것이다. 불교에서 말하는 지혜란 일반적으로 푸라자냐(prajñā 般若)의 譯語라 하여 眞實의 智慧를 말하는 것으로 知識과는 다르다. 知識이란 알고 인식하는 것으로 事物을 認識하여 判斷하는 일이지만, 이것은 不完全한 認識 잘못된 知識이다. 佛敎에서 말하는 智慧는 事物의 眞相, 實相을 뚝뚝히 보는 叡智를 말하는 것으로「깨달음을 智慧」라고도 하며, 眞理를 똑바로 보는 英智를 말한다. 智로서「能度한다」라고 함은「度」는「渡」라고도 하며 生死迷界로 부터 벗어나서「깨달음」의 세계에 건너 들어가는 것이다. 진실의 지혜에 의하여 實相을 認知하고 迷의 번뇌를 斷하여「깨달음」의 세계에 건너 들어가기 때문에「智로서 能度한다」고 말한다.

따라서 진실의 지혜를 얻는 데는 먼저 佛法에 대한 順信의 생각이 없으면 안 되기 때문에 信은 智보다 먼저 세우지 않으면 안 되는 마음이며, 불교입문에 있어서 일으키는 初心이라고 한다. 그래서 대승보살의 階位에 있어서 信은 入門의 初信이기 때문에 보살의 五十二階位의 경우 처음의「十信位」라고 하고 이어서 十住, 十行, 十回向位를 설하여 이것을 內凡이라고 한다. 이것에 대하여 十信位를 外凡이라고 이름하며 十地 이상을 聖者로 구별하고 있다.

이와 같이 불교에서 信은 入門의 初心이라 하고 外凡夫의 位라고 하는데, 이것은 불교가 지혜의 종교라고 하여 진실의 지혜를 얻고 事象의 實相을 깨달음을 목적으로 하기 때문이다. 다음에 諸經論에서는 種種의 信을 밝히고 있다. 『大般涅槃經』第三十六(正藏一二卷 五七五頁)에서는 信의 具足 不具足을 설함에 계속하여

> 또 二種이 있다. 一에는 正을 信하고, 二에는 邪를 信한다. 因果가 있으며, 佛法僧이 있다고 하는 것은 正을 信한다고 말하며, 因果도 없으며 三寶의 性은 다르지 않다고 하면서 모든 邪言인 富蘭邢(六師外道의 一) 등을 信하는 것을 邪를 信한다고 한다.

고 한다. 正信과 邪信을 밝히고 또 『大乘起信論』(正藏三二卷 五八三頁)에서는 四種의 信心을 說한다.

> 一에는 근본을 信함이니 소위 眞如의 法을 樂念하는 까닭이다. 二에는 佛에게 無量의 공덕이 있음을 信함이니, 항상 念하여 親近하여 공양하며, 공경하여 善根을 發起하며, 一切智를 願求하는 까닭이다. 三으로는 法의 大利益을 信하니 항상 念하기를 諸波羅密을 수행하는 까닭이다. 四로는 僧은 훌륭하고 바르게 自利利他를 수행한다고 信하나니, 항상 願하여 諸菩薩衆에게 親近하게 如實의 行을 求學하는 까닭이다.

라고 說해 밝히고, 眞如의 法 및 佛法僧의 三寶를 信할 것을 설하고 있다.

이 외 諸經論에서는 種種의 信이 說해 지고 있는데, 어느 것이나 모두 佛道를 수행함에 있어서 일으키는 入門의 初心이라고 할 뿐만 아니라, 혹은 佛道修行의 基本 마음이라고 하고 있다. 『華嚴經』第六賢首品 (正藏九卷 四三三頁)에서는 「信은 道의 元이며, 공덕의 母이고, 일체의 諸善法을 增長한다」고 한다. 佛道 수행에 있어서 중요한 근본 마음이라고 한다. 불교는 진리를 깨닫는 지혜의 가르침이지만, 信은 佛의 敎法을 신봉하고, 지혜를 연마하며, 眞如를 깨달음에 있어서 일으키는 기본적인 마음이다.

(ㄴ) 經說 및 曇鸞, 道綽의 信心

上述한 바와 같이「信」은 불교입문에 있어서 初心이라 하며, 또 불도 수행에 있어서 기본적인 마음의 자세라고 하는데, 정토교의 근본성전이라고 하는「淨土三部經」에 있어서는 이것을 어떻게 말하고 있는가 보면『無量壽經』의 第十八願文에서는

> 至心으로 信樂하여 나의 나라에 生하고져 하면, (至心信樂欲生我國)

고 설한다. 至心으로 佛을 信하여 정토에 生하고져 願한다고 한다. 이 마음으로「乃至十念」하면 왕생할 수 있다고 說해 밝히고 있다. 이「至心信樂欲生我國乃至十念」의 文에 있어서 정토교를 신봉하는 많은 사람들에 의하여 種種의 釋義가 덧붙이고 있지만, 法然의 생각에 의하면 이「至心信樂欲生我國」은 三心(信心)을 밝히는 것이라고 한다. 다음『無量壽經』下卷에서는

> 모든 중생은 그 名號를 듣고 信心歡喜하여 乃至十念하며 至心으로 廻向하여 그의 나라에 태어나고져 願한다면 즉 往生을 얻어 不退轉에 住한다. (諸有衆生 聞其名號 信心歡喜 乃至一念 至心廻向 願生彼國 即得往生 住不退轉)

고 한다. 만약 사람이 있어 淨土에 往生코져 願하면 諸佛이 稱讚하신 아미타불 명호의「이야기」를 듣고 기쁜 마음을 내어 至誠心 등의 三心을 發하여 念佛한다면 정토에 왕생할 수가 있으며, 不退轉位에 들 수가 있다고 하며, 환희심과 淨土願生의 信心을 發할 수 있다고 설한다.

또『觀無量壽經』에 의하면 上品上生의 段에 있어서

> 만약 중생이 있어 그의 나라에 生하고져 원한다면 三種의 心을 發하면 즉 왕생한다. 무엇을 三이라고 하는가? 一에는 至誠心, 二에는 深心, 三에는 廻向發願心이다. 三心을 갖추면 반드시 그의 나라

에 生한다. (若有衆生 願生彼國者 發三種心 卽便往生 何等爲三 一
者至誠心 二者深心 三者廻向發願心 具三心者 必生彼國)

고 說한다. 정토왕생을 원하는 사람은 三種의 心을 發해야 한다고 說하는데, 이 三種의 心이란 信心의 형태를 말하는 것이라고 생각된다. 다음에 『阿彌陀經』에서는

만약 선남자 선여인이 있어 아미타불을 설함을 듣고 명호를 執持하기를 만약 一日,……만약 七日, 一心不亂한다면 그 사람은 命終의 時에 臨하여……즉 아미타불의 극락국토에 왕생함을 얻는다. (若有 善男子 善女人 聞說阿彌陀佛 執持名號 若一日……若七日 一心不亂 其人臨命終時……卽得往生 阿彌陀佛 極樂國土)

고 설하고 一心不亂으로 명호를 執持할 것을 설한다. 이 一心이란 信心을 말하는 것이다.

이와 같이 정토교의 근본성전인 「淨土三部經」에서는 각각 表現하는 말에 차이가 있지만 어느 것이나 信心을 發할 것을 말하고 있다.

이 「三部經」의 가르침을 받들고 아미타불신앙을 설한 중국의 曇鸞은 『往生論註』下(淨全一卷 二三八頁)에서 信心에 如實한 것과 如實하지 않은 것이 있음을 설하고, 三不三心을 밝히고 있다. 즉

그런데 稱名憶念하더라도 無明이 아직 남아 있어서 所願을 만족하지 못하는 者는 어째서 인가? 여실히 수행하지 않고 名義와 相應하지 않는 까닭이다.

고 하고 三種의 不相應을 설하고 있다. 그것은,

(一) 信心이 淳하지 않다. 만약 존재하는가 존재하지 않는가 하는 까닭에,

(二) 信心이 하나가 아니다. 결정하는 것이 없기 때문,

(三) 信心相續하지 않는다. 餘念하는 사이이기 때문에,

라고 설하여 三不信을 밝히고, 다음에 이 三不信은 서로 상호 관계를 가지고 있음을 보이고

> 이 三句는 展轉하여 相成한다. 信心淳하지 않음을 가진 까닭에 결정이 없고 결정이 없기 때문에 念相續이 되지 않는다. 또 念相續이 되지 않기 때문에 결정의 信을 얻을 수 없다. 결정의 信을 얻지 못하기 때문에 心淳하지 못하다.

고 설한다. 三不信은 別別의 것은 없고 一不信이 그대로 三不信에 通함을 설한다. 이것에 반대하여 淳心, 一心, 相續心을 가지고 三心으로서 如實의 信心을 설하고 있다.

曇鸞의 뒤를 이어 정토교를 宣揚한 道綽은 『安樂集』上(淨全一卷 六九○頁)에 있어서 『往生論註』에서 설하는 三不三心說을 받아서 아미타불의 명호를 稱念하면 無明의 번뇌가 없어지고 정토에 왕생할 수 있음에도 불구하고 稱名憶念하여도 어찌하여 무명번뇌가 있어 정토에 왕생할 수 없음은 어떠한 일인가 라고 질문하고, 이것에 曇鸞이 설한 三不信을 내어 왕생할 수 없는 이유를 설명하고 다음에 계속하여

> 「만약 능히, 相續(信心)하면 즉 이것은 一心이며, 오직 능히 一心이라면 즉 이것은 淳心이다. 이 三心을 갖고도 生하지 않는 곳은 없다」고 한다.

고 말하고 稱名憶念함에 있어서 淳心, 一心, 相續心의 三信이 필요함을 설하고 있다.

이와 같이 「淨土三部經」을 처음으로 중국의 曇鸞, 道綽 등의 祖師는 淨土往生業으로서 稱名念佛, 또는 憶念을 닦을 경우에 淳心, 一心, 相續心의 三心은 빼놓을 수 없는 것이라고 하는데, 『觀經』에서 설하는 至誠心, 深心, 廻向發願心의 三心을 취급하여 淨土往生者가 반드시 發하지 않으면 안 되는 信心이라고 한다. 念佛 및 諸行을 닦을 경우에 있어

서도 정토에 왕생을 원할 경우에 반드시 이 三心을 갖추어야 한다고 설한 사람은 중국의 善導이다.

3 善導의 三心

善導는 曇鸞, 道綽과 차례로 발전한 「淨土三部經」을 중심으로 중국 정토교를 大成한 사람이며, 또 本願念佛의 提唱者로서 일본 정토교에 큰 영향을 미친 사람이다. 그는 특히 『觀經』을 중시하여 이 經은 觀佛三昧와 念佛三昧를 밝힌 경전으로서 『觀經』의 上品上生에서 설한 至誠心, 深心, 廻向發願心의 三心을 정토왕생을 원하는 사람은 반드시 일으키지 않으면 안 되는 마음이라고 했다. 그리고 이 三心은 『觀經』의 文에서는 上品上生의 往生을 수행하는 淨土願生者만이 가지는 마음이라고 설하지만, 善導는 上品上生者로 부터 下品下生者에 이르기까지 九品의 行者가 모두 가져야 하는 것이다. 또 念佛 뿐만 아니라 대승의 善根을 修業하는 사람(凡夫)도, 소승의 善根을 行하는 사람(凡夫)도, 惡을 만난 사람(凡夫)도, 정토에 왕생하고져 원하는 사람은 어떠한 行(諸行)을 닦음에 있어서도 반드시 發하지 않으면 안 되는 心이라고 한다. 따라서 다음에 『觀經』에서 說한 十三種의 觀法(定善十三觀)을 닦는 사람도 갖추어야 한다고 말한다.

이 三心은 『觀經疏』와 『往生禮讚』에서 내용을 설해 밝히고 있다. 즉 『觀經疏』散善義(淨全二卷/五四頁)에서 三心의 처음의 至誠心에 대하여 다음과 같이 해석하고 있다. 즉

> 첫째로 至誠心이란, 至는 眞이며, 誠은 實이다. 일체중생의 身口意業으로 닦는 곳의 解行, 반드시 眞實心의 中에서 行할 것을 밝히고져 한다. 外로는 賢善精進의 相을 나타내고 內로는 虛假를 갖지 않는다. 貪瞋邪僞奸詐百端하고 惡性을 중지하기 어려우며, 이 蛇蝎과

같은 것은 三業을 일으킬 지언정 이름하여 雜毒의 善이라고 한다. 또 虛仮의 行이라고 이름하며 眞實의 業이라고는 이름하지 않는다. (一者至誠心 至者眞 誠者實 欲明一切衆生 身口意業所修 解行必須 眞實心中作 不得外現 賢善精進之相 內懷虛假 貪瞋邪偽 奸詐百端 惡性難侵 事同蛇蝎 雖起三業 名爲雜毒之善 亦名虛仮之行 不名眞實業也)

고 설한다. 至誠心이란 眞實心으로서 外形은 진실로 念佛行者다웁고(賢善精進의 相을 現하고), 內心으로 虛仮心을 갖지 않음을 가지고서 眞實의 마음이라고 할 수 있다. 즉 善導가 말하는 至誠心이란 內心의 虛仮를 배제한 眞實한 心을 말하는 것이다. 그리고 善導는 이 文에 이어서 만약 虛仮心을 가지고 어떠한 善業을 닦아도 이것은 모두 雜毒의 善이라고 이름한다. 이 雜毒의 善根을 가지고는 아무리 하여도 淨土에 往生할 수 없다고 한다. 그러니까 淨土往生을 願하는 사람은 어찌하여 眞實心(至誠心)이 필요한가 라고 함에 있어서 그 理由에 대하여

　　무엇 때문인가 하면, 아미타불이 因中에 보살행을 행하고 계실 때, 乃至一念一刹那도 三業으로 修行하심에 모두 이 眞實心의 中에서 하셨으며, 무릇 施爲趣求하심에도 또 모두 眞實에 의함이다.

고 한다. 아미타불이 옛날 법장보살이라고 號하여 보살도를 수행하셨을 때, 身口意三業으로 건너고 항상 眞實心으로 수행하셨다. 上求菩提 下化衆生의 보살도도 眞實心으로 닦았다. 결국 깨달음을 얻어 아미타불이라고 하는 佛이 되셨기 때문에 정토에 왕생을 원하는 사람은 법장보살이 眞實心으로 수행함과 같이 반드시 眞實心을 가지고 하지 않으면 되지 않는다고 한다.

　그리하여 眞實心으로 身口意三業을 건너고 아미타불 및 정토를 찬탄하고 합장예경하며, 四事로 공양하며, 다시 생각하고 觀察하며 憶念하

고 三界六道 등의 迷한 세계에 있어서 여러 가지 苦惡을 버릴 뿐만 아니라 일체의 악업을 制하여 버리고 일체의 善業을 닦아야 한다고 하면서 정토왕생에는 반드시 眞實心을 가져야 한다고 설명하고 있다.

또 『往生禮讚』(淨全四卷 三五四頁)에서는

> 첫째로 至誠心이란 이른바 身業으로 그 佛을 예배하고, 口業으로 그 佛을 讚歎하고 稱揚하며, 意業으로 그 佛을 전념하여 觀察한다. 대체로 三業을 일으킴에 반드시 진실해야 한다. 그런 까닭에 至誠心이라고 이름한다.

고 하여 身口意三業에 있어서 眞實로 수행할 것을 설한다. 즉 善導가 설한 至誠心이란 內로 虛仮의 心을 懷할 뿐 아니라 內外相應하게 진실로 아미타불을 찬탄하고, 공양하여 일체의 선근을 행하는 마음이라고 한다.

다음에 深心에 대하여 『觀經疏』散善義(淨全二卷 五六頁)에서는 「깊이 信하는 마음」이라고 한다. 이 深信은 三心의 중심을 이루는 마음이다. 이것에 二種의 深信을 설한다. 즉

> 첫째는 결정하여 깊이 믿음이다. 自身은 현재에 罪惡生死의 범부로서 曠劫이래로 부터 항상 沒하고 항상 流轉하여 出離의 緣이 없다고. (一者決定深信 自身現是 罪惡生死凡夫 曠劫已來 常沒常流轉 無有出離之緣)

고 한다. 이것은 信機(機의 深信)라고도 하여 자기자신이 현재 죄악의 범부로서 영원히 구제되기 어려움을 깊이 믿는 것이다. 이 현재의 자기가 영겁으로 생사의 세계에서 유전하여 구제되기 어려운 죄악의 범부이라고 하는 信知는 善導 이전의 淨土教家에서는 보이지 않던 것으로서 善導淨土教의 특색이라고 한다.

善導의 師라고 하는 道綽에 있어서는 末法思想에 의하여 현실의 인간을 末法의 五濁惡世에 住하는 起惡造罪가 심한 것이라고 규정한다. 다

음에 道綽의 정토교에 큰 영향을 준 曇鸞은 五濁의 世, 無佛의 시대에 있어서 중생에 대한 가르침으로서 淨土他力易行의 가르침을 開示하고 있다. 이와 같은 祖師의 생각을 받은 善導는 末法에 住하는 범부라고 하는 점에 있어서는 道綽과 같은 생각이지만, 그러나 現實의 인간을 죄악인으로서, 더구나 이것을 주체적으로 자각하는 것을 설하는 것은 善導 독자적인 생각이 보여 진다. 이 善導의 罪惡生死의 범부라고 하는 생각은 일본에 있어서 法然 및 그 門下의 정토교형성의 기본사상이 된 것이다.

善導는 이와 같이 자기의 죄악을 믿어 「機의 深信」에 대하여 아미타불의 本願에 의한 구제를 信하는 信法(法의 深信)을 설한다. 즉

> 둘째는 결정하여 깊이 믿음이다. 그 아미타불이 四十八원으로 중생을 攝受하신다. 의심없이, 염려없이, 그의 원력에 실려 결정코 왕생을 얻는다고. (二者決定深信 彼阿彌陀佛 四十八願 攝受衆生 無疑無慮 乘彼願力 定得往生)

라고 한다. 이것은 아미타불이 48원으로 일체의 사람을 구제하시고져 함에 조금의 의심도 갖지 않으며, 또 思慮도 加하지 않고 오직 佛의 本願力에 의하여 반드시 왕생할 수 있다고 깊이 믿는 것이다. 바꾸어 말하자면 佛의 本願力에 의한 구제를 확신하는 것이다. 『往生禮讚』(淨全四卷 三五四頁)에서는

> 둘째로는 深心 즉 진실의 信心이다. 자신은 번뇌를 구족한 범부로서 善根薄少하여 三界에 流轉하며 火宅을 벗어날 수 없었다고 信知한다. 지금 미타의 本弘誓願에 의하여 명호를 칭함에 十聲, 一聲에 이를지라도 결정코 왕생을 얻을 수 있음을 信知하고 내지 一念도 의심없는 것을 深心이라고 이름한다.

고 설한다. 煩惱具足의 범부인 자신을 구하시는 佛本願의 명호를 信知

하여 의심없는 마음이라고 한다. 善導는 이와 같은 深心에 대하여 信機信法의 二種類의 深信을 설하고 있지만, 『觀經疏』散善義에 있어서는 위의 信法釋에 이어서 다음에 석존이 『觀經』에서 염불 및 諸行(三福九品定散二善)에 의하여 정토왕생을 권한다. 그의 정토의 수승한 장엄을 설명하고 사람들에게 정토를 원하도록 하는 일 및 『아미타경』에서 六方의 세계에 계시는 諸佛이 범부의 염불에 의하여 정토왕생이 틀림없음을 가르친다. 또 廣長舌相으로 증명하심을 설하고 『無量壽經』, 『觀無量壽經』『阿彌陀經』의 三經에 있어서 아미타불, 석가불, 시방제불의 三佛이 정토왕생을 원한다고 설하심을 깊이 믿어야 한다고 설명하고 있다. 바꾸어 말한다면 法의 深信이란 아미타불의 48원에 의한 구제와 석존의 정토왕생의 欣慕와 시방제불의 증명을 깊이 믿는 것이라고 한다.

따라서 深信하는 신자의 태도에 대하여 『觀經疏』散善義(淨全二卷/五六頁)에서는

> 深信이란 우러러 원하는 一切行者 등 일심으로 오직 佛語를 믿어 身命을 돌보지 않고 결정코 依行한다. 佛이 버리라고 하신 것을 버리고, 佛이 행하라고 하신 것을 행하며, 佛이 가라고 하신 곳을 간다. 이것을 佛의 가르침에 隨順하며, 佛의 뜻에 隨順한다고 이름한다. 이것을 佛의 願에 隨順한다고 이름하며, 眞佛子라고 이름한다.

고 설한다. 佛의 말씀을 전면적으로 신뢰하고 설하신 대로 행하라고 설하여 이것이 참된 불자라고 부른다고 하며, 深信하는 念佛者의 태도를 說示한다.

그리고 다음에 善導는 深信하는 마음의 동요됨을 격정하고, 사람에 대하여 信을 확립할 것(就人立信)과 行에 대하여 信을 확립할 것(就行立信)의 두 가지의 信心確立의 행위를 述하고 있다.

다음에 「行에 관해서 信을 확립한다」(就行立信)이란 五正行을 닦음으로 인해서 信心을 확립한다. 五正行에는 正定業과 助業의 二業이 있다. 이 경우 正定業인 일심으로 오로지 그 佛을 稱하는 것은 아미타불의 本

願에 順하는 行이기 때문이다. 이 正定業과 助業(讀誦, 觀察, 禮拜, 讚歎, 供養)을 닦는 것은 마음이 항상 佛과 친근하여 憶念이 단절되지 않기 때문이다. 佛과 인간과의 사이에는 間隙이 없다. 따라서 반드시 왕생하기 때문에 「稱名은 本願에 順하는 行이며, 반드시 구제된다」고 한다. 그래서 深信을 확립해야 한다고 한다. 이와 같이 善導는 深信의 확립에 관하여 別解別行의 것의 비판에 대하여, 五正行의 實修에 인한 강한 信心을 확립할 것을 설한다.

다음의 廻向發願心이란 『觀經疏』散善義($^{淨全二卷}_{五六頁}$)에서

> 셋째에는 廻向發願心이다. 廻向發願心이란 과거 및 今生의 身口意業으로 닦는 곳의 世, 出世의 善根, 및 타의 一切凡聖의 身口意業으로 닦는 곳의 世, 出世의 善根을 隨喜하기를 이 自他所修의 善根으로 이와 같이 모든 眞實深信의 心 가운데로 廻向하고, 그의 나라에 태어나고져 願하는 까닭에 廻向發願心이라고 이름한다. (三者廻向發願心 言廻向發願心者 過去及以今生 身口意業所修 世出世善根及 隨喜他一切凡聖 身口意業所修 世出世善根 以此自他所修善根 悉皆眞實深信心中 廻向願生彼國 故名廻向發願心也)

라고 한다. 이것은 정토에 왕생하기를 원하는 마음이지만, 이 경우에 자신이 금생 및 과거세에 있어서 행한 일체의 善根과 다른 사람들이 현세, 과거에 있어서 行한 많은 善根을 隨喜하며, 이 自他의 善根을 자신의 정토왕생을 위하여 돌려 왕생을 원하는 마음을 廻向發願心이라고 한다. 이 世, 出世의 善根이란 보살의 육바라밀행을 처음으로 사회적 불교적인 일체의 善根이다. 이 諸種의 善根을 정토왕생을 위하여 진실의 深信으로 廻向하고, 정토왕생을 원함을 廻向發願心이라고 한다.

『往生禮讚』($^{淨全四卷}_{二五四頁}$)에서는

셋째에는 廻向發願心이다. 行한 곳의 一切善根을 남김없이 모두 회

향하여 왕생을 원하는 까닭에 廻向發願心이라고 이름한다.

고 설한다.

이와 같이 善導는 정토왕생을 원하는 사람의 각오로서 至誠心, 深心, 廻向發願心의 三心을 밝히고, 「三心 모두 갖추면 행으로서 이루지 못할 것이 없다」(散善義)고 말한다. 또 「만약 一心을 欠하면 즉 왕생할 수 없다」(往生禮讚)고도 설하여 淨土願生者가 가져야 할 중요한 마음이라고 한다. 따라서 이 三心을 가지고 諸種의 行(念佛과 諸行)을 닦으며 정토왕생을 구할 수 있다고 설하여 권하고 있다.

그러나 別解別行의 사람과 邪敎를 받드는 사람이 와서 여러가지 疑難을 준비하여 念佛만으로는 정토에 왕생할 수 없다고 비난함을 듣고, 淨土願生心(廻向發願心)을 동요시킬 것을 염려하여 『觀經疏』에서는 하나의 비유를 설하여 信心을 견고히 지키면서, 정토를 원하는 念佛者의 이상적인 태도를 설하고 있다. 이것을 일반적으로 「二河白道의 비유」라고 말하여 옛부터 繪圖로 표현하거나 또는 중시하였기 때문에 다음에 그 全文(淨全二卷/五九頁)을 싣고져 한다.

  비유하건데, 어떤 사람이 있었는데 西로 향하여 百千里를 가고져 하다가 홀연히 中路에서 二河를 보았다. 첫째에는 火河로 南에있으며, 둘째에는 水河로 北에 있다. 二河 각각 넓이가 百步, 깊이가 심히 깊었고, 南北에 차이가 없었다. 바로 水火의 中間에 하나의 白道가 있다. 넓이 四, 五寸정도 밖에 되지 않는다. 이 길은 東岸에서 西岸에 이르르고, 역시 길이가 百步이다. 그 물의 波浪은 차례차례 와서 길을 젖게하고, 또 불의 火焰은 와서 길을 태우는데, 불과 물이 서로 교대함에 늘 休息함이 없다. 이 사람 이미 空曠의 아득히 먼 곳에 갔으며, 다시 사람은 없고 많은 群賊惡獸만 있다. 이 사람 혼자인 것을 보고는 뛰어 와서 죽이려고 한다. 이 사람은 죽음을 두려워하여 바로 뛰어 서쪽으로 도망가던 중 홀연히 이 大河를 보

왔다. 즉 스스로 생각하여 말하기를

『이 河는 南北으로 邊畔이 보이지 않고, 中間에 하나의 白道를 보아도 지극히 狹少하다. 二岸사이로 걸어갈만큼 가깝다고 할지라도 무엇에 의하여 갈 수 있는가? 今日 定하지 않으면 죽는 것은 의심할 수 없다. 틀림없이 돌아가고져 한다면 群賊惡獸는 漸漸 올 것이다. 바로 南北으로 피하여 도망하고져 한다면 惡獸毒虫은 다투어 와서 나에게 향할 것이다. 바로 서쪽으로 난 길을 찾아 갈려고 하니 또한 水火의 二道에 떨어질 것이 두려운 것을』

이런 때를 당하여 두려워 떨어서만은 되지 않는다고 하여 스스로 思念하기를

『나 지금, 피하여도 역시 죽고, 머물러도 역시 죽으며, 돌아가도 역시 죽는다. 한번 죽음을 면하지는 못한다. 나 차라리 죽음을 찾아 앞으로 향하여 가겠다. 이미 이 길이며, 반드시 건너겠다』

이 생각을 했을 때 東岸에서 홀연히 사람의 권하는 소리를 들었다.

『仁者여, 오직 결정하여 이 길을 찾아 가거라. 반드시 죽음을 면할 것이다. 만약 머문다면 곧 죽을 것이다』 또 西岸의 위에 사람이 있어 불러 말하기를

『그대는 一心正念으로 바로 오너라, 우리들은 너를 잘 보호하리라. 모든 水火의 難에 떨어질 것을 두려워 말아라』라고 한다. 이미 이 사람에게 여기에 보내어 그를 부르는 소리를 듣고, 스스로 自心을 正當하게 하여 決定한 道를 찾아 바르게 나가고져 함에 疑怯退의 心을 生하지 않았다. 어떤 때는 감에 一分二分할 때에 東岸의 群賊等이 불러 말하기를

『너는 돌아오너라. 이 길은 협악하여 지나가지를 못한다. 반드시 죽을 것임에 틀림없다. 우리 모든 惡心을 갖고 상대를 향하지 않는다.』

고 한다. 이 사람은 부르는 소리를 들을 지라도 역시 돌아가지 않

고 一心으로 바로 나갈 길을 나아가서 얼마안가 바로 西岸에 이르러 영원히 諸難을 떠나서 善友와 만나고 慶樂함이 그치지 않았다.

고 설하고 있다.

 이 비유에서 말하는 東岸이란 迷의 세계 즉 사바세계를 말한다. 西岸이란 극락정토를 말하는 것이다. 群賊惡獸란 인간의 육체를 말하고, 사람없는 空逈의 아득한 곳이란 惡友에게 따름이며, 바르고 뛰어난 지도자(선지식)를 만나지 못함을 말한다. 水火二河란 인간의 탐욕과 瞋恚의 번뇌를 말하며, 白道란 탐욕瞋恚의 번뇌 가운데 있으면서 일으킨 청정한 願往生心을 나타낸다. 東岸에서 권하는 사람의 소리란 석존의 遺法을 말하고, 西岸에서 부르는 사람이란 정토의 아미타불의 願意를 비유한 것이다. 群賊 等이 부른다고 함이란 別解別行의 사람이 妄說을 說하고, 어떤 惑亂시킴을 비유한 것이다.

 이 비유는 오랜 生死 迷의 세계에 빠져 있는 인간이 석가의 發遣과 미타의 招喚에 의하여 二尊의 뜻에 信順하고, 탐욕 瞋恚의 번뇌심을 가지고 있으면서 그 중에서 淨信心을 일으켜 가르친대로 염불하여 정토에 왕생할 것을 설명한 것이다.

 이상이 善導가 설한 三心으로 『往生禮讚』에서는 淨土願生者의 安心이라고 이름한다. 또 『觀經疏』에서는 이러한 行을 닦음과 함께 三心을 발하여 수행한다면 반드시 정토에 왕생할 수 있다고 하며, 정토왕생을 원하는 사람은 반드시 갖지 않으면 안 되는 마음이라고 한다.

4 法然의 三心

(ㄱ) 善導의 三心釋의 受容

 일본에 있어서 善導가 『往生禮讚』에서 설한 至誠心, 深心, 廻向發願心의 三心釋에 주목한 최초의 사람은 源信으로서 『往生要集』에서 이것을 취급하고 있다. 그러나 『往生要集』에서 설하는 정토왕생의 행은 五念門이다. 그 중 觀察門에서 總相觀, 別相觀, 雜略觀의 셋을 설하며, 이 觀念을 돕는 왕생의 大事를 이루기 위한 방법으로서 六種의 助念方法을 설하고 있다. 그 助念方法의 하나인 四修(長時修, 慇重修, 無間修, 無餘修)를 행할 경우의 用心으로서 善導가 『往生禮讚』에서 설명한 至誠心, 深心, 廻向發願心의 三心釋을 취급하고 있다. 따라서 源信에 있어서는 三心은 往生業의 중심이 되는 것은 아니고, 觀念을 助成하기 위해 行하는 四修의 用心으로 취급하고 있다. 三心은 觀念을 이루기 위한 助念의 한 방법으로서 만이 보지 않고 있다.

이러한 생각에 대하여 善導가 『觀經疏』 및 『往生禮讚』에서 해명한 三心釋을 전면적으로 수용하여 淨土願生者의 「必具의 心」이라고 한 사람은 정토종의 開祖인 法然이다.

法然은 『選擇集』第八篇(土川校訂本七八頁)에서 「念佛의 行者는 반드시 三心을 구족해야 할 文」이라고 題하고, 善導가 『觀經疏』散善義에서 해명한 至誠心, 深心, 廻向發願心의 釋義 및 『往生禮讚』의 釋義를 全文引用하고 있다. 따라서 「私釋段」에서 三心의 중요성을 설하고 있다.

> 내가 말하는 三心은 이 行者에게는 至要하여……밝혀 알지 못한다. 하나라도 없으면 이 다음에 不可한 것을. 이것을 가지고 극락에 生하고져 하는 사람은 참으로 三心을 구족해야 한다.

고 한다. 정토원생자는 반드시 三心을 구족해야 하며, 하나라도 빠지면 정토왕생은 불가능하다고 한다.

따라서 이 『選擇集』은 三心의 중요함과 정토왕생을 원하는 사람은 반드시 일으키지 않으면 안 되는 중요한 마음임을 설하고 있지만, 三心의 내용에 대하여서는 간단히 해설할 뿐이므로 法然 자신의 견해는 볼 수 없다. 그래서 三心에 관한 法然의 견해는 다른 저술을 보지 않으면 안 된다. 『往生大要鈔』(法然全五二頁)에서는 三心의 至誠心에 대하여

> 나에게 料簡함에 至誠心이란 진실의 마음이다. 진실이란 內容相應의 마음이다. 몸으로 움직이고, 입으로 말하고, 뜻으로 생각함에 모든 남의 눈을 장식하지 않고 진실을 들어냄이다.

고 한다. 남의 눈을 장식하지 않고, 內外相應하게 「진실」을 들어 내는 것이라고 한다.

또, 『三心義』(法然全 四五五頁)에서

> 첫째로 至誠心이란 진실의 마음이다. 身으로 예배를 하고, 입으로 명호를 부르며, 마음으로 相好를 생각함에 모든 진실을 갖음이다. 한결같이 이것을 말함에 穢土를 싫어하고 정토를 바라며, 모든 行業을 닦는 사람 모두 진실로 열심이다. 이것을 勤修하지 않고 밖으로는 賢善 정진의 相을 나타내고, 안으로는 愚惡懈怠의 마음을 간직하고 닦는 行業은 日夜十二時로 섬없이 이것을 행해도 왕생을 할 수 없다. 밖으로 愚惡懈怠의 모습을 나타내고, 안으로는 賢善精進의 생각으로 住하여 이것을 수행하는 사람은 一時一念이라도 남김없이 반드시 왕생을 한다. 이것을 至誠心이라고 이름한다.

고 설한다. 언제라도 善導의 至誠心釋의 意趣를 취급하여 內心이 賢善精進하면서 住하는 것이 外形의 善惡에 구애됨 없는 眞實의 마음으로서 內心의 愚惡懈怠의 心을 배제하고 있다.

이 眞實心과 다음에 설하는 深信의 信機釋에 관하여 죄악생사의 범부가 과연 眞實心을 일으킬 수 있는가 라고 함에 대하여 法然門下에서는 여러 가지 다른 견해가 보인다. 그 중에서 佛만이 진실하고 범부는 진실하지 않다고 설하는 사람도 있지만, 法然은 어찌하여 죄악의 범부도 정토왕생을 원하는 사람은 眞實心을 일으킬 수 있는가 하는 것으로 『往生大要鈔』(法然全 五三頁)에서는

> 所銓은 오직 우리와 같은 凡夫에게 각각 나누어 와서 强弱眞實의 心

을 일으킴을 至誠心이라고 이름한다는 것이야말로 善導釋의 心에
보이더라.

고 설하고 있다.

 그것은 어떠한 종교에서도 인간은 佛 또는 神에 대하여 항상 진실하지 않으면 안 된다. 佛과 神의 가르침을 받들고, 가르침에 따르는 신앙생활에 있어서 佛神에 대하여 不眞實하다고 하는 종교는 존재하지 않는다. 佛과 神의 가르침을 진실로 믿고, 진실로 행하지 않는다면 그것은 종교인이라고 할 수 없다. 眞實心은 종교인으로서 절대로 필요한 것이다. 아무래도 죄악의 범부, 번뇌구족의 범부의 구제를 설한 정토교에 있어서도 아미타불에 대하여 염불에 대하여 구제를 원하는 범부가 진실로 佛을 信할 수가 없을 경우는 범부의 구제는 불가능하다. 佛에 대하여, 가르침에 대하여 절대로 진실로 믿고, 진실로 왕생을 원해야 한다. 이러한 관점에서 보다 法然은 善導의 생각을 그대로 받아 들여 범부가 일으키는 眞實心이라고 한다.

 다음에 深心에 대하여 『往生大要鈔』(法然全 五七頁)에서는

> 深心 곧 진실의 信心이다. 자신은 이 번뇌를 구족한 범부이다. 善根薄少하고, 三界에 유전하며, 火宅을 벗어나지 못한다고 信知한다. 지금 미타의 本弘誓願의 명호를 稱하는 일, 만약 十聲一聲에 이르기까지 라도 결정코 왕생함을 信知하고 乃至一念도 의심하는 마음이 없는 까닭에 深心이라고 이름한다.

고 하고 또 『三心義』(法然全 四五五頁)에서

> 深心이란 깊이 믿는 마음이다. 이것에 대하여 둘이 있다. 一에는 우리는 罪惡不善의 몸, 無始以來로 부터 여기 六道에 윤회하여 왕생의 緣이 없다고 믿는다. 二에는 죄인이라고 할지라도 佛의 원력을 가지고 強緣으로서 반드시 왕생을 얻을 수 있음을 의심하지 않고

받아 들여 信하는 것이다.

고 설한다. 즉 자신이 번뇌를 구족한 사람이며, 罪惡不善의 사람으로서 生死에 流轉하여 아직 왕생의 緣이 없으며, 火宅에 迷한 사람이라고 信知하고, 이러한 罪惡不善의 火宅에 迷한 사람이라도 本願力에 의하여 十聲一聲의 念佛에 의하여 반드시 왕생할 수 있다고 믿어 의심하지 않는 것을 말한다. 즉 罪惡不善의 자기가 念佛에 의하여 반드시 구제됨을 믿는 것이 深信이라고 한다.

다음의 廻向發願心에 대하여 살펴보면 『三心義』(法然全 四五七頁)에서

廻向發願心이란 과거 및 금생의 身口意業으로 닦은 일체의 선근을 眞實心으로 극락에 廻向하여 왕생을 欣求하는 것이다.

고 한다. 眞實心으로 일체의 선근을 정토왕생을 위하여 廻向하며 정토를 원하는 마음이라고 한다.

그리고 이「일체의 선근」이란 善導가 말하는「自他所修의 선근」의 것으로 소위 雜行餘行이라고 말하여 진다. 이 雜業餘行의 廻向에 대하여 『觀經疏』玄義分의 처음에 나오는「十四行偈」에서는

定散(諸行) 어느 것이나 같이 廻向하여 속히 無生身을 證한다.

고 설하고「定善義」에서는 觀佛滅罪往生을 밝히고 다음에「散善義」(淨全二卷 五八頁)에서는 雜行廻向을 설하고 있다.

만약 뒤의 雜行을 行하면, 즉 心이 항상 間斷한다. 廻向하여 生함을 얻고저 할지라도 모두 疎雜의 行이라고 한다.

고 한다. 疎雜한 行이지만, 雜行이라도 廻向하면 정토에 왕생할 수 있다고 한다. 따라서 善導는 雜行 諸行을 廻向하는 廻向心이 없으면 안 된다고 하므로서 願往生心에 廻向心을 첨가하여 廻向發願心을 說하고 있다.

第六章 念佛하는 마음(安心)

　그러나, 法然은 諸行은 非本願의 行으로서 諸行往生을 인정하지 않는다. 또 『選擇集』第二篇에 正行 雜行의 二行을 相對하여 다섯가지 得失을 밝히는 중에서 雜行을 廻向하지 않으면 往生業은 되지 않는다. 五種 正行에는 廻向은 不要하다고 하는 것으로 생각되고 本願念佛을 닦는 사람이 반드시 갖지 않으면 안 되는 三心에서 廻向發願心을 說하고 있다. 廻向心의 必具를 설하는 것은 不要한 마음을 설하는 것과 같다고 생각한다. 이것에 대하여 法然은 어떠한 생각인가 말하면 『御消息』(法然全五八四頁)에서

> 일체의 善根을 모두 극락에 廻向한다고 함은 염불에 귀의하여 一向으로 염불하는 사람의 이 다음에 남은 공덕을 지어 모아서 廻向한다고 함이다. 단지 좋아 하지 않는 사람에게 지어서 온 공덕도, 만약 또 뒤에라던지, 혹시 편의상 行하게 된 것, 念佛 이 외의 善을 닦는 일에 있어서도 그렇지만, 往生의 業으로 廻向하고져 함에 있어서

라고 한다. 廻向發願心의 廻向心은 念佛의 신앙에 들때 까지 行한 諸種의 공덕인 善根(雜行)을 정토왕생을 위하여 廻向하는 마음이다. 또는 일상생활에서 便宜的으로 행한 공덕인 善根을 자신의 왕생을 위하여 廻向하고져 하는 것이다. 염불신앙에 들어간 뒤, 이 다음에 諸善根(雜行)을 닦고 그것을 廻向한다고 하는 것은 아니다.

　이와 같이 法然은 善導가 『觀經疏』 및 『往生禮讚』에서 설하는 至誠心, 深心, 廻向發願心의 釋義를 전면적으로 받아들여서 念佛行者가 반드시 일으키지 않으면 안 되는 마음이지만, 다음에 『觀經釋』에 있어서 第十八 念佛往生願에서 설하는 「至心, 信樂, 欲生我國」의 文으로 至誠心, 深心, 廻向發願心으로 배당한다. 第十八願文은 三心具足의 念佛行者를 攝取하는 本願으로서 『觀經』의 三心을 가지고 本願에서 誓願한, 三心이라고 한다. 그러나 法然의 門에서는 이 心에 대한 견해를 다르게 했기 때문에 분열하여 四流五流로 되었다.

(ㄴ) 三心相互의 關係

　善導는 至誠心 등의 三心의 상호관계에 대하여 『往生禮讚』에서는 深心을 釋하여 「深心이란 진실의 深信이다」고 한다. 또 廻向發願心에 대하여 『觀經疏』에서는 「眞實深信의 心 가운데에 廻向한다」고 한다. 또 「眞實心의 中에 廻向하여 得生의 想을 읻는다」 등으로 설한다. 三心은 각각 별개의 것이 아니라고 밝히지만, 그러나 이 三心相互의 관계에 대하여 구체적으로 論述한 것은 볼 수 없다.

　그러니까 法然은 이것에 대하여 어떻게 생각했는가 보면, 至誠心과 他의 二心과의 관계에 대하여 『往生大要鈔』(法然全五二頁)에서는

> 又至誠心은 深心과 廻向發願心을 體로 한다. 이 둘을 떠나서는 어떤 마음에 의할 것인가? 至誠心이 나타날 것이다. 널리 다른 것으로 찾는다면 얻을 수 없다. 深心도 廻向發願心도 진실한 것을 가지고 至誠心이라고 이름한다.

고 說한다. 이것은 上述한 善導의 생각을 이어 받은 것이지만, 法然의 생각에 의하면 至誠心(眞實心)인 別心이 있는 것이 아니고, 그것은 深心과 廻向發願心을 體로 하는 것이다. 深心이 眞實로 深信이고, 廻向發願心이 진실로 廻向發願하는 진실의 면을 다루어서 眞實心이라고 이름한 것이다. 深心, 廻向發願心과는 별도로 至誠心이란 것이 있는 것은 아니라고 한다.

　바꾸어 말하면 진실로 深信하고, 진실로 廻向發願하는 진실의 當體를 가지고 至誠心이라고 하는 것이다.

　그러나 이 至誠心(眞實心)이라는 것은 上述한 바와 같이 어떠한 종교에서도 필요한 것이다. 信者는 항상 神佛에 대하여 또는 자신에 대하여 진실하지 않으면 안 된다. 허위의 信心, 의혹의 신앙은 아무것도 못 얻는다. 정토교에 있어서도 같다. 『觀經』에서 「一者至誠心」「二者深心」이

라고 설한다. 至誠心을 가장 첫번째로 하는 것은 至誠心의 중요성을 나타낸 것이다. 이 마음이 정토신앙의 기본심이란 것을 나타낸 것이 아닌가 한다.

다음으로 深心에 대하여 보면 『三部經大意』(浩然全二頁)에서는

> 三心은 구분하여 말하지만, 요점을 取하여 選하면 이것은 深心을 말한다.

고 한다. 三心으로 세 가지의 마음이 說해 지지만, 三心의 要는 深心이라고 한다. 그러나 深信은 信機 信法의 二種深信으로 나누어 표현할 수 있는데, 그 前後 관계에 대하여

『往生大要鈔』(浩然全五六頁)에서는

> 마음을 결정하는데 이것을 생각하라. 처음에는 우리 몸의 신분을 信하고, 뒤에는 부처님의 願을 信하라. 단지 뒤에 信心을 결정하기 위하여 처음의 信心을 밝혀라. 그 까닭은 만약 우리 몸을 信함을 더하여 곧 뒤의 부처님의 誓願을 信함에 있어 멀리하면서 각각 왕생을 원하는 사람은 雜行을 닦으면서 本願을 원하지 않음에 머뭄과 같다.

고 한다. 자신이 죄악의 범부이며, 出離의 緣이 없음을 먼저 信知하고, 그 뒤에 아미타불의 本願에 의한 구제를 信知할 것을 설함이 중요하다. 佛本願의 구제를 먼저 설한 것은 아니다고 한다. 이것은 말할것도 없이 아미타불이 48원을 성취하시고 중생을 구제하심을 믿는 것은 자신이 죄악의 범부이며, 出離의 緣이 없는 사람임을 信知하므로 인하여 처음으로 佛의 本願이 信知되기 때문이다. 따라서 信機는 항상 信法에 앞서 있다고 할 수 있다.

다음에 深心과 廻向發願心과의 관계는 어떠한가 라고 함에, 良忠의 『選擇傳弘決疑鈔』第四(淨全七卷二六五頁)에 의하면

以此自他所修善根 等은 앞의 二心具足의 위에 廻向心을 갖춘 것을 말한다. 心이 만약 眞實되지 않고, 마음이 만약 의심이 있다면 廻向 반드시 약하며, 發願을 어찌 갖추랴.

고 說한다. 至誠心과 深心을 갖춘 위에 일어나는 것이 廻向發願心이라고 한다. 聖冏도 『決疑鈔直牒』第八(淨全七卷五六六頁)에서 良忠의 생각을 이어서

第三心(廻向發願心)의 體는 定한 앞의 二心으로 갖춘다고 본다.

고 한다. 廻向發願心의 道라고 하는 것은 앞의 二心 즉 至誠心과 深心이라고 하고 이 二心을 體(基盤)로서 發하는 마음이 廻向發願心이라 한다.

원래 深信의 「信한다」고 하는 것은 罪惡生死의 범부를 구제하고져 하시는 아미타불의 本願을 信하는 것이다. 이 信하는 것이 있음므로 처음으로 정토에 願生하려는 마음이 生起하는 것이다. 자기의 罪障을 믿지 않고 또 佛의 本願을 信하지 않는 사람은 佛의 정토에 生한다고 하는 願生心이 生할 수가 없다. 佛의 本願을 信하는 것이 바로 정토왕생을 원하는 心이 생기는 것이다.

따라서 이 廻向發願心이 되는 것은 深心을 기본으로 일어나며, 深心 다음에 生起하는 마음이다. 그래서 이 三心은 廻向發願心까지 높여야 할 것이다. 『觀無量壽經』에서 「一者至誠心, 二者深心, 三者廻向發願心」이라고 列記하는 것은 至誠心은 眞實心이기 때문이다. 어떠한 종교에도 통하는 기본적인 마음이기 때문에 최초에 記한다. 深心은 정토신앙의 중심이며 기초이기 때문에 다음에 둔다. 廻向發願心은 深信하는 것에 의하여 生起하는 歸結의 마음이기 때문에 최후에 둔 것이다. 이 三心의 配列順序는 亂할 수 없다.

이것은 또한 정토교를 신앙하는 사람은 廻向發願心까지 높이지 않으면 안 됨을 말한다. 『法性寺左京大夫의 伯母되는 여자에게 보낸 편지』(法然全五八九頁)에서

三心이라고 함은 재차 願할 때는 오직 하나의 願心이다. 그 願하는
마음의 거짓없고 꾸미지 않는 것을 至誠心이라고 한다. 이 마음으로
진실로 念佛하면 臨終 때에 來會한다고 함은 一念이라도 의심하지
않는 것을 深心이라고 한다. 이 가운데에 나의 몸도 그의 나라에
태어나고 싶다고 생각하고, 行業 모두 왕생을 위함을 廻向心이라고
한다. 이런 까닭에 願하는 마음에 거짓없이 진실로 往生을 願하는
사람은 저절로 三心은 구족하게 된다.

고 설한다. 三心은 요약하는 바 願生心이라 하고 정토왕생을 원하고 거
짓없는 마음을 至誠心, 念佛하면 佛의 來迎을 의심하지 않는 마음을 深
心, 정토에 往生을 원하는 마음을 廻向發願心이라고 하고 三心은 廻向
發願心으로 매듭지어 지는 것이라고 한다. 이것은 深心에 있어서 자기
의 罪障을 信하고, 佛의 本願을 信하는 것은 穢土를 싫어하고 정토에
生하기를 원하기 때문이다. 三心을 요약한 바 廻向發願心으로 높일 수
있다고 한다.

다음에 聖光은 이 三心相互關係에 대하여 『末代念佛授手印』(淨全一〇卷
六頁)에서 橫竪의 三心을 설하고 있다. 즉

橫의 三心이란 一心으로 三心을 갖추면 橫의 三心이다.
竪의 三心이란 三心各別로 一二三의 말을 置하면 竪의 三心이다.

고 說한다. 聖冏은 다음에 이것을 해석하여 『釋淨土二藏義』卷十四(淨全一二卷
一五九頁)에서 다음과 같이 해석하고 있다.

묻기를 橫의 三心은 그 相이 어떠한가. 답하기를 上人의 口傳이다.
橫이란 本과 虛假, 疑心, 不廻向의 三障이 없는 사람의 往生의 行
門에 들 때에 願往生의 一心에 있어서 즉 三心을 갖추게 되는 것이
다. 소위 願往生의 마음의 꾸밈 없으면 至誠心이다. 願往生의 時 자
신에 있어서도 佛力에 있어서도 의심이 없으면 深心이다. 心과 行

을 움직여 往生을 願하는 當體는 廻向心이다. 이것을 一心卽三心이
라고 한다.

고 釋하고, 願往生心의 위에 三心을 봄을 橫의 三心이라고 釋하고 있다.
다음에 竪의 三心에 대해서는 同書에서

> 묻기를 竪의 三心은 그 相이 어떠한가, 답하기를 이것 또한 上人의
> 口傳이다. 竪이란 중생이 처음으로 行門에 들 때 만약 虛仮心이 있
> 으면 즉 왕생을 장애한다. 까닭에 佛께서 「一者至誠心」이라고 說하
> 셨을 때 虛仮心을 除하면 至誠心을 갖춘다. 그러나 아직 뒤의 二心
> 을 갖추지 못한다. 또 「二者深心」이라고 설함은 의심을 除하면 深心
> 을 갖춘다. 그러나 아직 第三心을 갖추지 못한다. 또 「三者廻向發願
> 心」이라고 說하신 때, 不廻向心을 除하고 廻向心을 갖출 때 바른 三
> 心具足의 行者라고 한다.

고 설한다. 虛仮心, 疑心, 不廻向心을 除하기 위하여 一者二者三者로
차례로 갖추는 것을 竪의 三心이라고 설하고 있다. 그러나 그 心의 주
체는 願往生의 一心이라고는 말하지도 않는다. 上述한 바와 같이 善導
는 『觀經疏』散善義에 있어서 三心의 각각에 대하여 상세한 설명을 한
뒤 二河白道의 비유를 드러내고 淨土願生者가 할 태도를 설명하고 있지
만, 三心의 歸結은 廻向發願心이라고 생각하기 때문이다. 이 二河白道
의 비유는 願生의 태도를 보여준 것이라고 생각되어 진다.

(ㄷ) 三心具足의 형태

上述한 바와 같이 法然은 염불하는 자의 마음 자세로서 三心을 설하
며 念佛行者가 반드시 갖추어야 할 마음이라고 하지만, 이 信心(三心)
을 얻는 機緣에 대하여 『항상 말씀하시는 御詞』(法然全 四九○頁)에서

> 名號를 듣는다 할지라도 이것을 信하지 않으면, 이것을 듣지 않음

과 같다. 이것을 信한다고 할지라도 이것을 唱하지 않으면 이것을
信하지 않음과 같다. 항상 염불하여라.

고 말한다. 아미타불의 名號 즉 나무아미타불이라고 하는 名號의 인연
에 대하여 들었으면 반드시 佛을 信하라. 信하지 않으면 그것은 듣지
않음과 같다. 명호를 듣고 佛을 信한다면 반드시 명호를 창하라. 稱하
지 않으면 그것은 信하지 않음과 같다. 오직 염불을 稱하는 것이 제일
중요하다고 말한다. 이 말에 의하면 名號를 들음으로 인하여 信心이 생
기고 信心이 생겼으면 염불을 唱한다고 말하기 때문에 「항상 念佛하라」
고 전제함에 「信」과 「聞」있다고 한다. 즉 念佛은 聞―信―行이라고 하
는 차례로 唱하는 것이다. 이것에 대하여 源空作이라고 傳하는 『往生記』
(法然全 一〇〇七頁)에서는 愚鈍念佛往生機로서 十六人을 列記하고 최초로

> 선지식의 가르침을 듣고 一向으로 信을 生한다. 威儀法則을 갖추지
> 않는다. 行住坐臥를 論하지 않고 日夜로 念佛하고, 얼마쯤 길게 그
> 공을 쌓아 왕생하는 사람.

을 밝힌다. 이것은 「이 宗의 本意이다」, 「單信의 大信이다」고도 하는
사람으로 정토종의 이상적인 念佛信者를 말하는 것이라고 하지만, 「日
夜念佛」함에 대하여 「一向으로 信을 生한다」는 것과 「선지식의 가르침
을 듣는다」는 것이 前提되고 있다. 즉 「日夜念佛」이라고 하는 것은 「聞」
과 「信」에 의한 것이다. 앞의 「항상 말씀하시는 御詞」의 主意와 같다.
이 말에 의하여 알수 있는 것은 聞法이 信心을 일으키는 중요한 요소를
한다고 말한다.

이 聞法은 또한 遇法이라고도 한다. 法然上人은 이 聞法에 대하여 『登
山狀』(法然全 四一六頁)에서

> 그 流浪三界의 중에 어느 세계에 있어서도 석존을 만나기 어렵다…
> 바야흐로 지금 多生曠劫을 거처 태어나기 어려운 人界에 태어났고,

無量劫을 와서 만나기 어려운 불교를 만났다. 석존의 在世에 만날 수 없음은 슬픈일이라 할지라도 敎法流布의 世에 만남을 얻은 것은 다행이다. ……여기에서 우리는 여하한 宿緣으로 답하랴, 어떠한 善業에 의함인가. 佛法流布의 時에 태어나 생사해탈의 길을 들을 수 있다…….

고 설하고 있다. 이것은 영원한 생사의 세계에 流轉하는 존재인 自己가 다행히도 태어나기 어려운 인간세계에 태어났다. 그래도 불법이 盛한 시대에 生을 받아 만나기 어려운 불교의 가르침을 만났고 생사를 해탈하는 길을 들 수가 있었고, 인간으로서 진실의 生을 알 수 있었으므로 큰 意義를 발견하여 그 기쁜 心情을 述한 것이다.

그러나 이 宿緣이라고 하는 前生의 因緣이 어떠한 것이었던가 함은 설해 지고 있지 않지만, 佛의 敎法을 만날 수 있을 만큼의 善業을 쌓았다 함을 인정하고 있는 듯하다. 따라서 이 聞法(遇法)을 偶然의 사건이라고 한다. 因果의 道理에 의하여 必然的인 것으로서 意義를 붙인다. 上人의 聞法에 대한 생각을 엿볼 수 있다.

이리하여 聞法에 의하여 生起한 信心에 대하여 智具의 三心과 行具의 三心과 仰信의 三心이란 것이 설해 진다. 이 경우 智具의 三心과 行具의 三心은 法然의 『東大寺十問答』에서 설해진 것이며, 仰信의 三心은 후세의 정토종 학자에 의하여 설명된 것이다. 『東大寺十問答』(法然全六四頁)에 의하면

> 三心으로 智具의 三心이 있고 行具의 三心이 있다. 智具의 三心이라 함은 諸宗修學의 人, 本宗의 智로서 信하여 取함에 經論의 明文을 나타내고, 해석의 내용을 談하고 念佛의 信을 취하기 위함이다. 行具의 三心이란 一向으로 돌아가면 至誠心이며, 의심없는 深心이며, 왕생하고져 생각하는 廻向心이다. 그런 까닭에 一向으로 염불하고, 의심없이 往生한다고 생각하면 行具의 三心이다. 五念四修도

一向으로 信하는 것에는 自然히 갖추어 진다.

고 한다. 三心의 내용을 信解하고 지식으로서 具足하는 三心을 智具의 三心이라고 한다. 經論疏釋의 明文에 의하여 意義內容을 이해하고 얻는 信心이다. 「소위 이해하는 信」이라고 말하는 경우의 信心이다.

이것에 대하여 行具의 三心이라고 하는 것은 「一向으로 念佛하고 의심없이 願함」이라고 함과 같이 一向으로 念佛을 相續하는 경우에 자연히 구족하게 되는 三心이다. 염불의 實修에 의한 「체험으로 인하여 얻어진 信心」이다.

이와 같이 理解하여 信하는 信心과 체험에 의하여 얻어지는 信心을 설하고 있지만, 이 밖에 『往生記』에서 「선지식의 가르침을 듣고 一向으로 信을 生한다」고 설하는 바와 같이 훌륭한 인격자(선지자)에게서 法을 들음에 의하여 바로 「감사하다」고 하는 信心을 일으킬 수 있다. 이 信心을 仰信의 三心이라고 이름한다. 이것은 선지식이라고 하는 뛰어난 인격자를 만나 그 가르침에 대하여 충분한 이해를 얻는데 까지 이르지 못한다. 또한 아직 충분하게 念佛의 行을 권하진 않지만, 가르침을 설하는 선지식의 훌륭한 인격에 접촉되어 감격하고 「오직 감사하다」고 하는 마음을 일으키는 것을 말한다.

이리하여 仰信의 三心을 機緣으로서 다음에 聞法을 반복하거나 또는 經釋을 읽고 三心의 내용을 이해하므로서 이론적으로 三心을 잘 이해하고 心中에 확고한 信念이 생겨 구족하게 된 사람을 智具의 三心이라고 한다. 聞法을 중시하고 가르침 그대로 염불을 相續할 경우에 체험에 의해 心中에 확고한 信念을 가지게 됨을 行具의 三心이라고 할 수 있다. 즉 仰信의 三心을 機緣으로서 智具의 三心으로 갖추게 되는 것과 行具의 三心으로서 갖추게 되는 것이 있지만, 이것은 그 사람의 機根(능력)에 의한 것이다. 능력이 다르므로 具有하는 信心에 二種의 신앙 형태가 생각되어 지는 것이다. 그러나 智具의 三心이라 하더라도 行具의 三心

이라고 할지라도 이러한 三心을 가지기 전의 단계로서 聞法에 의해 「一向으로 信을 生한다」고 하는 仰信의 三心이 되지 않으면 안 된다. 따라서 이 仰信의 三心이란 것은 정토교 입문의 初心이라고 생각한다.

이것에 대하여 龍樹의 『大智度論』卷一(正藏二五卷
六三頁)에서는

> 佛法의 大海는 信으로 能入하고 智로 能度한다……만약 사람이 心中에 信淸淨하면 이 사람은 능히 佛法에 든다. 만약 信이 없으면 이 사람은 佛法에 든다고 할 수 없다

고 설하는 것과 같이, 信은 불교입문의 처음 단계의 마음이다. 第一로 信하지 않으면 불교에 입문할 수 없다. 이와 같이 정토교에서도 信은 입문의 처음단계의 마음이다. 이 初心은 聞法을 契機로서 生하는 心이며, 소위 仰信의 三心이라고 하는 것이다. 이리하여 仰信의 三心은 그 사람의 능력, 생각에 의하여 智具의 三心, 또는 行具의 三心으로 展開되는 것이라고 생각되지만, 그러나 이 仰信, 智具, 行具의 三心은 각각 別個의 것이 아니고 상호 연관이 있는 것이다. 智具의 中에서 行具와 仰信을 포함하며, 行具의 中에서 智具와 仰信을 내포하는 것이다. 단 능력, 思考의 차이에 의하여 具有하는 信心의 중심이 어디에 있는가 하는 것으로 일단 구별된 것 뿐이다.

그러니까 이러한 三心이 具足된 때의 念佛者의 심경은 어떠한 것일까 라고 함에 『禪勝房傳說의 詞』(法然全
四六一頁)에서

> 上人이 말씀하시기를 今度의 生에 염불하여 來迎할 수 있음을 기쁨이라고 생각하고 踊躍歡喜의 마음을 일으킨 사람은 자연히 三心을 갖추게 된다. 念佛하면서 후세를 근심하는 사람은 三心不具의 사람이다. 만약 환희하는 마음 아직도 일으키지 않았으면 점점 기쁨도 일어나지 않는다.

고 한다. 환희심이 일어난 때는 三心이 구족되고 있는 징조이다고 한다.

이것은 末法五濁惡世에 住하는 罪惡生死의 범부가 稱名念佛함에 의하여 出離의 緣이라고 하는 것이 그대로 佛의 本願에 의하여 정토로 왕생할 수가 있는 몸이라고 함에 대한 기쁨이다. 바꾸어 말하면 영구히 구제될 수 없는 사람이 그대로 佛의 大慈悲(本願)에 의하여 구제된다고 하는 확신으로 부터 생기는 기쁨이다. 이것이 決定往生의 心이라고 하는 것이다.

이와 같이 三心을 갖추고 決定往生을 기뻐하는 念佛者에 대하여 法然은 二種의 사람을 밝히고 있다. 즉 『配流로 부터 上洛에 後示하신 御詞』(法然全 四七八頁)에서

> 決定往生의 사람으로 二人의 종류가 있다. 첫째에는 威儀를 갖추고 입으로는 念佛을 相續하며, 마음으로는 本誓을 우러러 보고, 四威儀의 행동으로 하여 遁世의 相을 나타내고……진실로 外儀도 정진으로, 內心도 賢善으로 內外相應하게 一向으로 往生을 원하는 사람도 있다. 이것이 決定往生의 人이다. 이러한 上根의 後世者는 末代에 있어서 드물다.
>
> 둘째로 이 밖에 뛰어난 相은 하지 않으나 속으로 名利의 마음도 없고 三界를 가볍게 여기며 마음을 요긴하게 하여 淨土를 밝힘에 튼튼히 하며 本願을 信知하고 마음 속으로 환희하여 왕생을 원하여 염불한다.
>
> 밖으로는 世間에 섞여 世路을 걸어간다.……그렇다 하더라도 心中에는 往生의 心에 매여 잠시도 잊지 않고 身口의 二業을 意業으로 중심하여 世路의 일을 往生의 資糧으로 삼고 첩자춘속을 知識同行으로 의지할 뿐 아니라, 나이가 하루하루 많아짐을 往生이 점점 가깝다고 기뻐한다. 云云

고 설한다. 다음에 이 사람을 評하여「이것은 진실로 後世者라고 하며, 時機相應한 決定往生의 人이다」고 한다. 이 兩者의 경우 처음의 사람은

出家遁世者로서 決定往生의 信을 얻은 사람이며, 後者는 市井에서 世路를 살아가는 在俗者의 決定往生의 信을 얻은 사람이다. 어느 것이나 三心을 구족한 念佛者로서 있어야 할 구체적인 태도를 說示한 것이라고 할 수 있다.

5 證空의 三心

(ㄱ) 領解의 三心

上述한 바와 같이 法然은 念佛의 行者는 반드시 三心을 갖추어야 한다고 설하면서 『選擇集』에 있어서 善導가 『觀經疏』 散善義 및 『往生禮讚』에서 詳說한 三心釋을 전면적으로 수용하고 있다. 다음에 『觀經釋』에 있어서 『無量壽經』에서 說한 아미타불의 제 18원의 「至心信樂欲生我國」의 文을 至誠心, 深心, 廻向發願心의 三心으로 배당하고, 제 18원은 三心具足의 염불을 행하는 사람의 왕생을 서원한 願文이라고 한다.

이 法然의 생각을 이은 證空은 『無量壽經』에서 설한 本願의 三心과 『觀經』에서 설하는 三心과의 관계에 대하여, 아미타불이 제 18원에서 「至心信樂欲生我國」이라고 서원하신 三心을 석존은 『觀經』에서 敷衍하여

> 어떤 중생이 있어서 그의 나라에 태어나고져 원한다면 三種의 心을 發하여라. 즉 왕생하고져 하면 어떤 것이 三心인가, 一者는 至誠心이요, 二者는 深心이며, 三者는 廻向發願心이다. 이 三心을 구족한 者는 반드시 그의 나라에 태어난다. (若有衆生 願生彼國者 發三種心 即便往生 何等爲三 一者至誠心 二者深心 三者廻向發願心 具三心者 必生彼國)

이라고 설하고 있다. 아미타불의 제 18원의 願意(精神)를 석존은 『觀經』의 三心에 의하여 다음에 상세히 敎示하신 것이다.

즉 아미타불이 正覺의 中에서 중생을 구원함에 쉬지 않고 攝하신 三心

(本願三心)을 석존은 『觀經』의 十六觀으로 開說하고 本願의 三心이 어떠한 것인가를 보여 준 것이라고 한다. 따라서 『觀經』의 三心은 觀經十六想觀의 心髓로서 『觀經』을 또는 「三心經」이라고도 부를만큼 중시한다.

그러나 證空이 말하는 三心은 法然의 그것과는 다르며, 領解의 三心으로서 『他筆鈔』散善義上($\substack{日佛全八卷\\ 三三二頁}$)에서

領解의 心이란 三心이다.

고 말하고, 또는

무릇 三心은 欣淨顯行으로 還하고, 機行身土를 領解하는 心이다.

고도 설한다. 領解란 佛力, 願力을 理解, 領納하는 것이지만, 이 證空이 설한 領解는 실로 깊은 내용을 가진 것이다. 석존은 『觀經』發起序의 「定善示觀緣」에서 韋提希부인에 대하여

미래세의 일체의 중생에게 서방극락세계를 觀할 것을 말씀하신다. 佛力에 힘입었기 때문에 마땅히 그의 청정국토를 보는 것이 明鏡을 가지고 스스로 얼굴을 보는 것과 같다.

고 설하며, 이어서 韋提希부인에게 대해

너는 범부로서 心想羸劣하여 아직 天眼을 얻지 못했다. 멀리 (淨土를) 觀할 수 없느니라. 諸佛如來께서는 다른 여러 가지 방편이 있기 때문에 너로 하여금 볼 수 있게끔 하느니라.

라고 설함에 대하여 韋提希는

세존이시여, 저는 이제 佛力에 힘입어 저 국토(淨土)를 볼 수 있읍니다. 云云

고 답하여 佛의 他力을 領解했다. 이 他力을 領解한 마음이 三心이며,

一心이며, 信心이다. 이것을 「示觀領解」라고 한다. 그러나 이 領解는 十六觀의 要點을 듣고 領解한 것이다. 이 十六觀(定散)은 觀門이며, 弘願을 開示(觀照)하는 것이기 때문에 이 定散十六觀門에 의하여 彌陀大悲의 他力으로 自覺하는 것이 領解의 本義이다. 바꾸어 말하면 彌陀大悲의 他力이란, 弘願인 彌陀의 本願은 중생의 왕생을 전제하는 것으로서의 佛의 正覺이고, 佛의 覺體로 중생의 왕생이 있다고 의심없이 믿는 것이 領解의 三心이다.

(ㄴ) 三心의 釋義

그러니까 證空은 『觀經』에서 설하는 至誠心, 深心, 廻向發願心의 三心을 어떻게 해석하는가 라고 함에, 至誠心에 대하여 이것을 眞實心이라고 하는 것은 善導, 法然과 같지만 『散善義觀門義鈔』一 ($\begin{smallmatrix}日佛全九卷\\一四〇頁\end{smallmatrix}$)에서

진실은 涅槃聖人覺悟로 부터 生한다. 깊이 찾으면 그 體가 나타난다. 眞金을 갈면 능히 맑아지는 것과 같이.

라고 설한다. 涅槃 깨달음(眞如)를 가지고 진실이라 하고, 이것에 聖道의 진실과 정토의 진실이 있다고 한다. 즉

聖道의 진실은 斷惑의 分齊로 마끼고 修證의 淺深에 의하여 나타난다. 따라서 범부는 그 體를 알기 어렵고, 淺位는 그 相을 얻는다. ……淨土의 眞實은 『觀經』에서 釋尊의 本意를 알며 『大經』에 돌아가서 彌陀의 別願을 찾는다. 凡夫의 出離와 佛의 利生이 둘 아님을 밝힘이 迷하지 않는 뜻이다.

고 설한다. 이와 같이 말하는 것은 聖道門에 있어서는 번뇌를 斷하는 수도를 성취하여 깨달음, 眞如, 그것을 진실이라고 하지만, 범부는 이 眞如의 實相(眞實相)을 알 수 없다. 淨土門에서는 아미타불의 弘願은 범부의 왕생과 佛의 제도중생이 하나인 것이 진실임을 迷하지 않고 아는

것이라고 한다. 즉 證空이 말하는 진실이란 佛, 깨달음, 眞如의 진실을 말하는 것이다. 아미타불의 중생구제의 진실을 말하는 것이다. 따라서 善導, 法然이 말하는 진실이란 分齊를 다르게 한다. 善導, 法然이 말하는 진실이란 범부(인간)가 虛仮心을 일으키지 않고 誠의 心을 가짐을 眞實心이라고 하지만, 證空의 그것은 아미타불의 진실이다. 佛이 凡夫往生을 「不取正覺」의 中에서 攝하신 것의 진실을 말하는 것이다. 바꾸어 말하면 「진실」이란 깨달음 眞如法性 그 자체에 이름 붙여진 것이다. 그 활동이 不取正覺이며, 凡夫往生이라고 한다.

그래서 至誠心을 善導, 法然은 「誠을 다하는 心」이라고 訓함에 대하여, 證空은 「이르르는 誠의 心」이라고 읽으면서, 부처님께서 중생을 위하여 至하시는 (行하시는) 誠의 心이라고 우러러 보는 것이다. 범부는 밖으로 賢善精進의 相을 나타내고 안으로 虛仮을 따르는 것이며, 內外表裏하게 不相應하는 것은 진실이 아니다. 「貪瞋邪僞奸詐百端으로 惡性을 버리기 어렵고, 事蛇蝎과 같다」라고 하는 機類이기 때문에, 만약 身口意 三業으로 善行을 行하여도 그것은 雜毒의 善이라고 하는 것이며, 虛仮의 行이며, 진실이라고 이름할 수 없는 것이다. 진실은 오직 佛의 측에만 있고 범부의 측에는 없기 때문이다. 그러니까 범부에 있어서 善導가 말하는 眞實心(至誠心)을 어떻게 생각하는가 라고 하면, 『散善義 觀門義鈔』─($\frac{日佛全九卷}{一四一頁}$)에서

지금 말하는 진실은 佛의 가르침에 따라서 범부가 수행하면 生한다고 意得함을 진실의 心이라고 定한다. 이와 같이 된다면 일체 범부의 행이 모두 진실이라고 말할 수 있다.

고 한다. 佛의 가르침을 따라서 염불하면 반드시 왕생할 수 있다고 心得하는 것이 진실의 心이라고 한다.

이것에 대하여 證空은 『五段鈔』($\frac{長講堂刊}{九頁}$)에서

진실의 心은 正直의 心이다. 正直의 心이란 엄격한 마음이다. 법장 보살의 因中에서 六度의 萬行을 뽑아 버린 마음이 진실하다고 아는 것은 우리들의 마음이 진실하기 때문이며, 별도로 法仮의 心을 떠나서 진실을 찾을 수 없다. 무엇으로 아는가 하면 願에서「十方衆生至心信樂」이라고 서원하신 마음에서 그 至心이란 지금 우리들이 진실을 이루었다고 하는 意得은 凡夫의 眞實이다. 虛假의 諸善으로는 본래 本願의 土에는 生할 수 없다고 아는 것을 正直心이라고 한다. 될 수 있는 것은 된다고 알고 될 수 없는 것은 될 수 없다고 아는 것을 眞實心이라고 한다.

고 한다. 아미타불은 48원을 성취하기 위하여 定善散善의 萬行을 행하실 때에 一念一刹那라고 할지라도 衆生往生을 위하여 眞實心으로 만든 것이기 때문이다. 오직 중생은 이 佛의 眞實心을 있는 그대로 信順하여 우러러 보는 것이 중생의 眞實心이다. 또 雜善으로는 本願의 정토에 生할 수 없다고 正直하게 信하는 것이 중생의 진실이라고 한다. 바꾸어 말하면 아미타불의 진실의 行을 그대로 正直(솔직히)하게 받들어 信順하는 것이 중생의 眞實心이라고 한다. 이것은 佛의 他力眞實에 隨順하는 것으로 중생의 眞實心이라고 한다. 自力을 버리고 他力으로 돌아간 마음을 말한다. 『愚要鈔』上(木版本二六丁)에서는

> 至誠心이란 眞實心이다. 즉 自力을 버리고 他力으로 돌아가는 마음이다. 他力의 佛果로 돌아가면, 그의 自正覺의 眞實心 즉 我等衆生의 眞實心을 성취함에 極에 달한다.

고 說한다.

다음으로 深心이란 『散善義觀門義鈔』二(日佛全九卷 二四二頁)에서

> 今, 深信의 心을 釋하는 것은 深은 淺에 대한 詞이다. 眞實心의 外에 深心이라 할지라도 別의 體가 아니다. …… 觀門의 道理에 의하여

> 진실의 心을 일으킨다면 弘願으로 돌아간다. 弘願으로 돌아가는 마음을 取하여 深心이라고 한다. …… 앞의 眞實心을 높여 佛意를 안다고 하면 佛心과 相應한다. 이 마음 돌아가는 곳, 佛의 別願있으며, 別願을 찾아서 알면 다음에 의심할 것 없다. 이것이 즉 眞實心의 體이다. 體를 虺하기 때문에 진실이라고 이름을 고치지 않고 바로 深心이라고 한다.

라고 설한다.

深心을 가지고 「깊이 信하는 마음」이라고 함은 證空도 善導, 法然도 같지만, 위의 至誠心의 釋義에 있어서 佛의 진실로 있는 그대로 信順하여 우러러 보는 것(他力의 佛果로 돌아가는 것)이 중생의 眞實心이라고 한다. 이 佛의 진실(弘願)로 돌아가는 것을 가지고 深信의 心이라고 한다. 眞實心과 深心과는 別體의 것이 아니다. 그러나 證空이 말하는 「深信」의 深이란 「중생이 깊이 信한다」고 하는 의미의 深만이 아니고 佛果의 深重을 말하는 것이다. 『同書』第二($_{一四五頁}^{日佛全九卷}$)에서는

> 意는 범부에게 있다고 할지라도 深의 義는 佛果의 공덕을 緣하므로 인하여 이루어 진다고 하는 意이다.

고 한다. 深이란 佛果의 공덕이 深重함을 말하는 것이다. 出離의 緣이 없는 중생을 救하는 것으로 48원을 세워 왕생을 서원한 佛果의 深重한 것을 말하는 것이다. 그래서 이 佛果의 深重을 信하는 마음이기 때문에 深心이라고 한다. 이 佛果의 深重이란 아미타불의 弘願의 일이다. 이것에 돌아가는 것은 결국 信하는 것이기 때문에 深心을 深信의 心이라고 하는 것이다. 『愚要鈔』上($_{二六丁}^{木版本}$)에서

> 二, 深心은 前의 他力眞實心의 體 즉 別願酬因의 念佛三昧의 位에 極하며, 決定往生과 信心成就하는 心이다.

고 釋한다.

다음에 이 深心으로「機의 深信」과「法의 深信」을 설하는 것은 善導, 法然이 같지만, 機의 深信이란 범부는 죄악의 因인 번뇌에 의하여 三惡五趣에 빠져 가끔 人身을 받아 法을 만날 수 있어도 行門을 즐기고 弘願의 正門에 들지 않기 때문에 出離의 緣이 없다고 한다.

法의 深信이란 觀門에서 찾아 들고 아미타불만 別意의 48원을 가지고 범부를 구제하심을 알고, 이 佛의 心에 相應(隨順)하려면 반드시 왕생할 수 있다고 하는 佛의 攝受에 의심없이, 염려없이 願力에 타는 相이 나타나면 여기에서 왕생극락은 결정된다. 이것을 法의 深信이라고 한다. 이것은 因中에서 果를 설한 것이라고 해석한다.

다음에 釋迦, 諸佛의 가르침에 대한 것을 深信함에 있어서 석가가 『觀經』에서 三福九品, 定散二善을 설한 것은 이 三福九品 定散二善은 아미타불의 공덕의 一分을 설한 것이다. 이것을 찾아 아미타불만이 범부를 구제하심을 아는 것은 弘願으로 돌아가는 것이다. 이 定散二善, 三福九品은 정토에 欣求하기 위한 것이기 때문에 欣慕를 信하는 것이 석가에 대한 深心이다. 이 釋迦所說의 法은 要門이라고 하는 것이다. 彌陀弘願과 이 要門과의 관계에 대하여 證空은 『散善義觀門義鈔』第二(日佛全九卷 一四三頁)에서

　　弘願을 信하기 때문에 要門을 信할 수 있다. 이것 즉 要門은 弘願으로 부터 열려 돌아와서 弘願을 나타낸다. 까닭에 弘願을 信하면 드디어 要門을 信할 수 있다. 要門은 진실의 要門이라고 한다.

고 설한다. 要門인 『觀經』의 三福九品, 定散二善의 가르침은 弘願에서 開顯된 것이지만, 도리어 弘願을 나타낸 것으로서 드디어 要門을 信하고 欣慕하라고 권하는 意圖를 信할 수 있다고 한다.

다음에 諸佛의 深信에 대하여 이 欣慕의 뜻이 진실이라고 信하면 諸佛은 同證하기 때문에 서로 證明하심을 의심없이 信하는 것이라고 한다. 『彌陀經』에서 설하는 諸佛의 證勸이란 證은 十方諸佛의 證誠이며, 勸은

일체범부가 이 證에 의하여 決定往生의 생각을 生하는 것을 말한다. 이 證과 勸에 의해 弘願이 나타난다고 한다.

이와 같이 彌陀, 釋迦, 諸佛에 대한 深信에 대하여 證空은 석가의 要門과 諸佛의 證誠은 언제라도 아미타불의 弘願을 나타내는 것이라고 하지만, 이 法의 深信과 機의 深信과의 관계를 어떻게 보는가 라고 함에 『散善義觀門義鈔』第二(日佛全九卷 二四二頁)에서

> 法은 機에 의하여 나타난다. 機는 法에 의하여 이루어진다. 法은 妙하다고 하지만 機에 맞지 않으면 他의 寶가 되어 버린다. 機는 生死의 凡夫라고 信해도 法이 만약 凡夫를 위한 것이 아니라면 따라서 윤회한다. 지금 가르침의 뜻이 다르다. 지금, 彌陀의 弘願은 본래 凡夫를 위하여 設했다. 凡夫는 이 願에 실려 生死를 벗어나고 그러기 때문에 機와 法을 信하여 往生의 心이 成就된다.

고 說한다. 法은 機를 위하여 있고 機는 法에 의하여 生死를 벗어날 수 있기 때문에 이 機와 法을 信하면 往生의 心이 성취된다고 한다.

다음으로 廻向發願心이란 法然의 釋義에 의하면 과거 및 금생의 諸善根을 廻向하여 淨土往生을 願하는 마음이라고 하지만, 證空은 과거 및 今生의 諸善根이라고 하는 것은 定散二善이며, 觀門의 善이라고 하는 것이다. 觀門의 善은 弘願을 開示하기 때문에 善惡의 凡夫가 本願에 의하여 自己의 決定往生을 信한다. 이러한 本願의 敎法을 만나게 된 것은 과거 및 今生에 있어서 닦은 諸善根에 의하여 隨喜(觀門의 善)하고 眞實深信(佛의 功德)으로 回心하여 決定往生을 信하는 마음이라고 한다.

上述한 바와 같이 證空은 善導, 法然이 說示한 三心에 대하여 각각 獨自의 釋義를 달아 領解의 三心을 說한다. 至誠心으로서 佛의 眞實心이라 하고, 佛의 眞實心을 있는 그대로 信順하게 받드는 것이 중생의 진실 至誠心이라고 한다. 深心이란 出離의 緣이 있는 범부를 구제한다고 하는 佛果深重의 誓願을 信하는 마음을 말한다. 이러한 超世의 本願

을 만날 수 있는 것은 과거 및 금생의 諸善根에 의한 것이라고 隨喜하고 眞實深信으로 回心하여 決定往生을 信하는 것이 廻向發願心이다.

이 三心은 眞實, 深信, 得生의 信相으로 열어 說한 것이지만, 중요한 진실, 深信의 二心은 歸依하는 아미타불의 佛體에 대하여 설한 것이며, 廻向發願心은 歸依하는 사람의 願心을 중심으로 하여 信相을 나타낸 것이다. 『愚要鈔』上(木版本 二六丁)에서

> 단지 三心이라고 하는 것을 擧하면 所詮하여 이것을 意得한다. 위의 二心은 俱한 所歸의 法體이며, 지금의 一心(廻向發願心)은 能歸의 願心이다. 能歸所歸都合하여 나무아미타불의 一行과 證得하는 位를 一心不亂이라고 明한다.

고 설하여 三心의 관계를 설명하고 있다.

그리하여 이 三心은 南無라고 歸依하는 願心이며, 아미타불은 이 歸依하는 願心을 催發하는 行體이다. 이 아미타불에게 일체를 바쳐 安住하는 心相을 三心이라고 하는 것인데, 『阿彌陀經』에서는 이것을 一心不亂이라고 說示한다. 善導가 『觀經疏』散善義(淨全二卷 六一頁)에서

> 三心 먼저 갖추면 行으로서 이루지 않음이 없다. 願行 이미 이루고 만약 生하지 않는다면 이러한 곳은 없다.

고 說하는 文에 대하여 證空은 이것을 釋하여, 三心이 具足하면 行은 佛體卽行이기 때문이다. 善導는 「먼저 이룬다」고 釋할 뿐만 아니라 『觀經』에서는 「三種의 心(至誠心, 深心, 廻向發願心)을 發하면 卽便往生한다」고 說한다. 따라서 이와 같이 三心만의 왕생을 설하고 念佛의 行을 설하지 않는 것은 三心은 아미타불의 行體에 구족하게 왕생하는 것을 보여준 것이라고 한다. 즉 三心이라고 하는 安心은 南無와 歸命하는 心相이기 때문이다. 이 願心도 佛의 側에서 이루며, 他力不思議의 行體에 구족하는 願이라고 領解하고 往生決定의 信에 安住하는 것을 證空은 信

心이라고 한다.

⑥ 一遍의 三心

一遍은「領解의 三心」을 설한 證空의 門流에서 가르침을 받았지만, 이 설을 다음에 敷衍하여 일체를 放下하고, 念佛로 전부를 의탁하는 安心을 설하고 있다.『興願僧都, 念佛의 安心을 구하여 찾았을 때 써서 보여 주신 御返事』(日佛全四六卷 八六頁)에서

> 대저 念佛 行者 用心의 일을 말하기 바란다. 나무아미타불이라고 하는 外에 다른 用心도 없이, 이 외에 또 보일 安心도 없다. 諸의 智者들이 세운 어떠한 法要에 기대하는 것도 皆諸惑에 대한 仮初의 要文이다. 그러니까 念佛行者는 이와 같은 것도 모두 버리고 염불하라.

고 설한다. 나무아미타불이라고 원하는 외에 安心도 없이, 用心도 없이 諸師가 說한 가르침 모두 諸惑(번뇌)을 對治하기 위하여 설해진 仮說의 가르침이며, 初門의 가르침이기 때문에 염불하는 사람은 이것을 할 필요가 없다고 한다.

그리고 다음에

> 염불의 行者는 지혜도 우치도 버리고 선악의 경계도 버리고, 귀천 고하의 道理도 버리고, 지옥을 두려워 하는 마음도 버리고 극락을 원하는 마음도 버리고 또 諸宗의 悟도 버리고, 일체의 事를 버린 염불이야말로 미타超世의 本願에 맞다.

고 설한다. 지혜로는 왕생이 되지 않는다. 우치로도 왕생이 되지 않기 때문에 지혜를 구하는 마음과 우치의 마음을 버리고 내지 깨달은 마음도 迷의 마음도 일체 마음의 계획을 버리고 어떠한 思慮 分別도 없이

오직 원하면 生한다고 信하여 一向으로 염불을 하는 것이 超世의 本願이라고 하는 것으로서 本願에 맡겨 하는 念佛을 설한다.

그러니까 善導, 法然이 念佛行者의 安心으로서 밝혔고, 證空도 領解의 心으로서 說한 至誠心, 深心, 廻向發願心의 三心을 어떻게 생각하고 있는가 라고 물음에 대하여, 門人이 集錄한 『一遍上人語錄』卷下($\begin{smallmatrix}日佛全四六卷\\九一頁\end{smallmatrix}$)에 의하면

> 又云, 三心이란 名號이다. 이런 까닭에 至心信樂欲生我國을 稱我名號라고 釋한다. 故로 稱名하는 외에 전혀 三心은 없다.

고 한다. 이것은 『無量壽經』의 第十八願文에서

> 設我得佛, 十方衆生 至心信樂 欲生我國 乃至十念 若不生者 不取正覺.

고 하는 文을 善導는 『往生禮讚』에서,

> 若我成佛 十方衆生 稱我名號 下至十聲 若不生者 不取正覺.

고 釋하고 있다. 一遍은 經文에서 「至心信樂欲生我國」이라고 하는 것을 善導는 「稱我名號」라고 해석함을 보고 이 釋義에 注目하였다. 이것을 逆으로 생각하여 「稱我名號」의 中에 「至心信樂欲生我國」(三心)이 포함되어 있다고 해석하고 稱名하는 외에 三心은 없다고 한다.

그러나 至誠心에 대하여 『一遍上人語錄』下($\begin{smallmatrix}日佛全四六卷\\九一頁\end{smallmatrix}$)에서는

> 又云, 至誠心은 自力我執의 心을 버리고 彌陀에로 돌아가는 것을 眞實心의 體라고 한다. 其故로 貪瞋邪僞奸詐百端라고 하는 것은 중생의 意地를 싫어 한다. 三毒은 三業의 中에서 意地具足의 번뇌이다.

고 설하고 있다. 至誠心을 가지고 眞實心이라고 하는 것은 善導, 法然 및 證空 등의 생각과 같지만, 一遍은 自力我執의 心을 버리고 아미타불

에게 귀의하는 마음이 眞實至誠心이라고 한다. 一遍에 의하면, 중생은 본래 탐욕, 진애, 우치의 三毒 번뇌의 물건이며, 我欲我執에 사로잡히는 것이기 때문이다. 중생의 자발적 행위(自力)는 모두 번뇌적 행위이며, 虛仮의 행위이며, 진실의 행위라고 할 수는 없다. 따라서 이러한 我執自力을 버리고 아미타불에게 귀의하는 것만이 중생의 진실이 있다고 하는 것이다. 그리하여 진실은 佛에게만 있는 것으로, 위의 글에 계속하여

> 又云, 至誠心을 진실이라고 하는 것은 菅三品이 말하기를, 物을 讀는 事의 사람에 따라서 訓으로 讀事하며, 訓으로 讀事하는 법이 있다. 至란 眞이며, 誠이란 實이라고 釋한다. 故로 至誠이란 訓으로는 읽지 않는다. 唯名號의 진실이다. 是則彌陀를 진실이라고 하는 意이다. 우리들의 마음에서 일으키는 眞實心은 아니다. 凡情으로 측량하는 法은 진실이 아니다……책에서 진실이란 것은 名이다. 그러니까 至誠心이란 他力의 진실로 돌아가는 마음이다.

고 설한다. 아미타불의 명호만이 진실이며, 이 佛의 진실에 귀의하는 것이 범부의 眞實心이라고 한다. 범부의 妄情에 의하여 계획하는 것은 모두 허망이며, 진실은 아니며, 我欲我執 뿐이다. 따라서 이러한 자기의 계획을 버리고, 佛에게 귀의하는 곳에 범부의 眞實心이 있다고 한다.

다음으로 深心에 대하여 『同語錄』下(日佛全四六卷 九一頁)에서는

> 深心이란 自身現是罪惡生死凡夫라고 釋하고 煩惱具足의 身을 버리고 本願의 名號에 돌아가는 것을 深心의 體라고 한다.

고 설하고 있다. 深心이란 善導, 法然은 信하는 心이라고 釋했지만, 一遍은 그 중의 機의 深信에 있어서「자신은 현재에 罪惡生死의 범부」라고 하는 것은 煩惱具足의 身이라는 것을 말하는 단어라고 해석하고, 이 貪瞋煩惱를 구족한 몸을 버리고, 佛의 本願에 돌아가는(法의 深信)것이

深心이라고 한다. 그래서 至誠心과 深心과의 관계에 대하여 至誠心은 「自力我執의 心을 버린다」고 하고 「我執의 心의 捨」할 것을 설한다. 深心에서는 「煩惱具足의 身을 捨한다」고 하고, 「身을 捨」할 것을 밝혀서 自力我執의 心과 煩惱具足의 身을 버릴 것을 설한다. 그리고 이러한 身과 心을 버리고, 他力의 명호로 돌아가는 것이 至誠心과 深心이라고 한다. 이 深心의 「身을 捨한다」고 함에 대하여 財寶妻子를 구하고 酒肉五辛으로 기르는 것은 凡夫의 습관이라고 하며, 我執煩惱가 하는 일이기 때문에 빨리 이것을 버려야 한다고 하고, 深心을 가질 것을 說한다. 그리하여 「他力으로 돌아갈 때에 여러 가지의 生死는 멈춘다」고 한다. 分段生死, 變易生死의 流轉은 멈추며, 生死의 세계로 부터 해탈할 수 있다고 한다.

다음으로 廻向發願心에 대하여 『同語錄』下($^{日佛全四六卷}_{九一頁}$)에서는

> 回向心이란 自力我執의 時의 諸善과 名號所具의 諸善이 一味和合할 때 能歸所歸一體로 이루어져 나무아미타불이라고 나타난다.

고 說한다. 善導는 廻向의 義를 釋하여 「과거 및 今生의 身口意業으로 닦는 곳의 世出世의 善根및 他의 善業을 隨喜하는 善根을 정토왕생을 위하여 回向한다」고 설하고 있지만, 一遍은 이 과거 및 今生의 諸善根을 自力我執時代(淨土門에 아직 들지 않은 時期)의 諸善이라 하고, 이것이 名號所具의 諸善과 화합한 때 能歸의 衆生心과 佛의 大悲心이 一體로 되고, 오직 나무아미타불 뿐이라고 하는 것이 回向心이라고 한다.

이와 같이 一遍은 自力我執의 心과 煩惱具足의 身을 버리고 아미타불에게 돌아가서 能歸의 중생과 能歸의 佛이 일체로 되고 염불을 願하는 곳에 三心이 있다고 한다. 自力我執을 버리는 것이 三心이라고 한다. 이것에 대하여 『一遍上人語錄』下($^{日佛全四六卷}_{九二頁}$)에서는

> 또 말하기를 能歸란 南無이며, 시방중생이며, 즉 命濁中夭의 命이

다. 그리하여 常住不滅의 無量壽에 돌아 가면 我執의 迷情을 없애
고, 能歸所歸一體로 하여 生死本無한 모습을 六字의 나무아미타불
이 성취된다. 이와 같이 領解하는 것을 三心의 지혜라고 하며, 그
지혜라는 것은 所詮自力我執의 情量을 버리는 뜻이다.

고 하여 領解하는 三心을 설하고 있다. 말하는 곳의 領解란 自力我執을
버린 지혜이다. 이러한 지혜에 의하여 身心을 버리고, 永遠不滅의 진리
인 아미타불에게 돌아갈 때 중생과 佛은 一體가 되고 空空寂寂의 眞如
海로 된다. 거기에는 生도 없고, 滅도 없으며 생사의 迷도 없다. 오직
나무아미타불의 세계로 된다고 한다. 이와 같이 領解하는 것을 「三心의
지혜」라고 칭한다.

이와 같이 一遍은 我執, 財寶, 妻子 등의 일체의 세간적 출세간적인
선악, 지혜, 우치 등을 버리고 아미타불에게 귀의하고 本願에 맡겨 念
佛하는 것을 설하고 있다. 우리 마음의 善惡是非를 論하지 말고, 마음
의 계획을 버리고 나무아미타불이라고 唱하는 사람을 信心決定의 行者
라고 한다.

7 親鸞의 三心

法然이 설한 三心具足의 念佛往生說을 이은 親鸞은 三心과 念佛을 분
리하고, 三心(信心)을 가지고 왕생의 正因이라고 하고, 念佛을 報恩行
이라고 한다. 따라서 至誠心, 深心, 廻向發願心 三心을 가지고 如來(아
미타불)로 부터 사사받은 三心이라고 한다. 그것을 信受하는 중생의 信
心으로서 정토왕생의 正因이라고 한다.

親鸞이 『無量壽經』의 第十八願文에서 설하는 「至心信樂欲生我國」(至
心으로 信樂하여 나의 나라에 生하고져 하면)의 文을 『觀經』에서 설하
는 「至誠心, 深心, 廻向發願心」으로 배치하는 것은 法然의 생각을 그대

로 답습한 것이지만, 親鸞은 善導가 『觀經疏』散善義에 있어서 해석한 三心釋에서 天台 慧心流의 訓點을 달아서 달리 읽고 如來의 三心의 信受를 밝힌 것이라고 한다. 즉 『敎行信證文類』信卷($\begin{smallmatrix}親鸞全一卷\\二〇二頁\end{smallmatrix}$)의 至誠心釋에서

> 一에는 至誠心, 至란 眞이며, 誠이란 實이다. 일체중생의 身口意業의 所修의 解行. 반드시 眞實心의 속에서 일으킨 것을 가지고 이것을 밝힌다고 생각한다. 밖으로 賢善精進의 相을 나타냄을 得하지 않고 안으로 虛假를 가지고, 貪瞋僞邪奸詐百端으로 惡性이 쉬지 않는다. 事蛇蝎과 같은 三業을 일으킬지라도 이름하여 雜毒의 善이라고 한다. 또 虛假의 行이라고 한다. 진실의 業이라고는 이름할 수 없다. 만약 이와 같이 安心起行을 일으킨 者는 비록 身心을 苦勵하여 日夜十二時 열심히 찾고 열심히 하며, 頭燃을 불타듯이 해도 모두 雜毒의 善이라고 한다. 이 雜毒의 行을 廻하여 佛의 정토에 求生하고져 하는 者는 이것으로는 不可하다. 云云 (橫點線의 곳이 惠心流의 訓點에 의해 읽는 法) (經云一者至誠心 至者眞 誠者實, 欲明一切衆生 身口意業 所修解行 必須眞實心中作 不得外現 賢善精進之相 內懷虛假, 貪瞋邪僞 奸詐百端 惡性難侵 事同蛇蝎 雖起三業 名爲雜毒之善 亦名虛假行 不名眞實業也, 若作如此 安心起行者 縱使苦勵身心 日夜十二時 急走急作 如靈頭燃者 衆名雜毒之善 欲廻此雜毒之行 求生彼佛淨土者 此必不可也)

이와 같이 읽어 佛만이 진실하고, 佛이 眞實心으로 행하신 일체의 내면적 외면적인 공덕을 信受하는 것이 중생의 진실한 마음이라고 한다. 중생은 本來 虛假의 사람이기 때문에 여하히 身心을 苦勵하고 수행으로 勵할지라도 이 모두는 雜毒의 善이며, 虛假의 行으로서 진실의 行이라고는 할 수 없다. 중생은 오직 佛이 진실하다는 것을 信受할 뿐이라고 해석한다. 親鸞에 의하면 진실은 부처님 뿐이며, 중생은 본래 虛假心한

第六章 念佛하는 마음(安心) 271

것이다. 따라서 佛이 回施하신 곳의 진실의 공덕을 信受해야 한다고 설한다. 즉 信受하는 중생에 대하여 말하면 餘行餘善으로 心을 보내지 않고, 他의 불보살에게 心을 매이지 않고, 오직 아미타불에게 귀의하는 心이 始終一貫하고 三心없는 것을 眞實心이라고 한다.
 다음으로 深心에 대하여 같은 信卷(親鸞全一卷 一〇三頁)에서

> 二에는 深心, 深心이란 즉 深信의 心이다. 또 二種이 있으니, 첫째에는 決定하여 깊이 自身은 현재에 이와 같은 罪惡生死의 凡夫, 曠劫으로 부터 항상 沒하여 항상 流轉하여 出離의 緣이 없다고 믿는다. 둘째에는 決定하여 깊이, 阿彌陀佛의 四十八願은 衆生을 攝受하기 위함이 틀림없다. 의심없이 그의 願力에 타면 틀림없이 왕생함을 信한다. (橫點線 부분이 法然의 읽는 법과 다르다)(二者深心 言深心者 卽是深信之心也, 亦有二種, 一者決定深信 自身現是 罪惡生死凡夫 曠劫已來 常沒常流轉 無有出離之緣, 二者決定深信 彼阿彌陀佛 四十八願 攝受衆生 無疑無慮 乘彼願力 定得往生)

고 읽는다. 이 두 종류의 深信의 경우 처음의 自身이 出離의 緣이 없는 罪惡의 범부임을 信하는 點은 善導, 法然의 생각과 같지만, 다음의 아미타불의 本願을 信하는 文의 「無疑無慮」에 대하여, 「의심없이, 걱정없이」라고 읽어서 아미타불이 의심없이, 걱정없이 중생을 제도하심을 말하는 것으로 해석한다. 善導, 法然은 이 文을 중생이 의심없이, 염려없이 佛의 本願을 信하여 「無疑無慮」을 중생의 深信하는 자세라고 한다. 그리하여 이 두 종류의 深信은 親鸞의 뜻에 의하면, 出離의 緣이 없는 罪惡의 凡夫가 아미타불의 四十八願에 의하여 의심없이, 염려없이(無疑無慮)구제됨을 信受하는 文이다. 따라서 이것은 중생이 如來의 원력을 信受하고 자신의 往生이 틀림없음을 기뻐하는 心이라고 밝힌 글이다.
 다음의 廻向發願心에 대하여는 같은 信卷(親鸞全一卷 一〇六頁)에서

三에는 廻向發願心 乃至 또 廻向發願하여 生하는 者는 반드시 決定하여 眞實心을 가지고 廻施하시는 願을 받아 得生의 想을 지으세. 이 心深信이란 金剛과 같이 일체의 異見異學別解別行의 사람들 때문에 動亂파괴되지 않는다. 오직 이와 같이 결정하여 一心으로 취하여 정직하게 나가라, 그 사람의 말을 듣지 않고, 즉 進退의 心이 있어 怯弱을 生하여 廻顧하면 道에 떨어져 왕생의 大益을 잃는다. (橫點線은 惠心流의 訓點에 의한 읽는 법)(三者廻向發願心 乃至 又廻向發願生者 必須決定 眞實心中廻向 願作得生想 此心深信 由若金剛不爲一切異見異學 別解別行人等 之所動亂破壞, 唯是決定 一心捉正直進 不得聞彼人語 即有進退心 生怯弱廻顧落道 即失往生之大益也)

라고 읽는다. 佛이 眞實心으로 廻向(廻施)하신 本願을 信受하여 정토왕생의 想에 住함을 말한다. 善導의 廻向發願心釋의 二釋가운데 法然은 처음의 釋義에 의하여 중생이 行하는 일체의 諸善根을 회향하여 정토왕생을 원하는 마음이라고 하는데, 親鸞은 第二釋에 의하여 그것을 다르게 읽어서 佛이 회향하신 本願을 信受하고 정토왕생의 想에 머무르는 마음이라고 한다.

이와 같이 親鸞은 法然의 三心釋에서 각각 특이한 訓點을 찍어서 다르게 읽고, 別의 의미를 보인다. 至誠心은 여래의 眞實心, 深心은 여래의 四十八願에 疑慮가 없는 마음, 廻向發願心은 願力을 廻施하신 마음이라고 해석하며, 어느 것이나 如來의 三心으로서 중생이 이것을 信受하는 행동을 밝힌 것이라고 한다.

다음에 親鸞은 三心이 여래의 三心이라고 함에 대하여 第十八願文의「至心으로 信樂하여 나의 나라에 生하고져 한다」(至心信樂欲生我國)의 文에서 상세한 해석을 붙이고 있다. 즉 『敎行信證文類』信卷(親鸞全一卷 一二五頁)에서는

  如來의 本願 이미 至心信樂欲生의 誓願을 發하셨다.

第六章　念佛하는 마음(安心)　　273

고 하여 如來가 發한 三心이라고 하고 다음에 愚惡의 중생을 구하기 위하여 아미타여래가 이 三心의 願을 發한 이유로서 같은 信卷($^{親鸞全一卷}_{一一六頁}$)에서는

> 가만히 그 마음을 살펴 보면, 一切의 群生海 無始로 부터 이런 사람 乃至 今日今時에 이르기까지 穢惡汚染하여 淸淨의 心없다. 虛假諂僞하여 眞實의 心없다. 이것을 가지고 如來, 一切苦惱의 衆生海을 悲愍하여 不可思議兆載永劫에 있어서 菩薩의 行을 行하실 때 三業의 所修 一念一刹那도 淸淨하지 않음이 없었다. 眞心 아님이 없었다. 如來淸淨의 眞心을 가지고 圓融無礙不可思議不可稱不可說의 至德을 成就하셨다. 如來의 至心으로 諸有의 一切煩惱惡業邪智의 群生海에 廻施하셨다.

고 설한다.「至心」은 여래가 보살도를 行하실 때에 진실의 心과 함께 아미타불이 중생을 구하기 위하여 廻施하신 것이 眞實心이라고 한다.

다음의 信樂에 대하여, 같은『敎行信證文類』信卷($^{親鸞全一卷}_{一二〇頁}$)에서는

> 다음으로 信樂이란 즉 如來의 滿足大悲, 圓融無礙의 信心海이다. 이 까닭에 疑蓋間雜없다. 이런 까닭에 信樂이라고 이름한다. 즉 利他廻向의 至心으로 信樂의 體로 한다.

고 한다. 여래가 疑蓋을 가짐없이 쉽게 중생을 구하는 마음이라고 한다.

다음의 欲生이란 같은「信卷」($^{親鸞全一卷}_{一二七頁}$)에서

> 다음에 欲生이란 즉 如來, 諸有의 群生을 招喚하는 勅命이며, 즉 眞實의 信樂으로 欲生의 體로 한다.

고 설한다. 佛이 중생에 대하여 나의 나라에 生하고 싶다고 하라는 勅命이며, 大功德을 廻向하신 마음이라고 한다.

이와 같이 親鸞은 本願의「至心信樂欲生我國」을 佛의 三心이라고 한

다. 이 三心은 중생이 일으키는 三心이 아니고 佛이 이미 성취하신 三心이다. 이것이 중생에게 廻向되어 처음으로 중생의 三心으로 된다고 한다. 이 廻施되어 중생의 것이 된 三心이란 여래의 名號의 威德을 의심없이 信하는 마음이 「信樂」이며, 信樂의 진실한 것이 「至心」이다. 그의 淨土往生이 틀림없다고 確信하는 마음이 「欲生」이라고 한다.

이와 같이 親鸞은 善導가 『觀經疏』에서 說한 至誠心, 深心, 廻向發願心에 대한 釋義및 第十八願에서 나오는 「至心信樂欲生我國」의 文을 해석하고, 佛이 성취하신 三心으로 여래의 眞實廻向을 설한 것이라고 한다. 그리고 다음에 이 三心은 그대로 一心이라고 하고 같은 信卷(親鸞全一卷 二頁)에서

> 실로 至心信樂欲生, 그것은 다르다고 할지라도 그 뜻은 하나이다. 어떤 이유로도 三心 이미 疑蓋하심 없다. 이런 까닭에 眞實의 一心이다. 이것을 金剛의 眞心이라고 한다. 金剛의 眞心, 이것을 眞實의 信心이라고 한다.

고 하여 三心은 그대로 一心이라고 한다. 그리고 다음에 佛이 성취하신 三心은 요약하면, 중생을 구제하시기 위한 大慈悲心이기 때문에 『淨土文類聚鈔』(親鸞全二卷 一四九頁)에서는 「三心은 모두 이 大悲廻向의 心이라고 하는 까닭에 淸淨眞實하게 疑蓋함이 없는 까닭에 一心이다」고 說하여 佛의 大慈悲의 一心이라고 한다.

이와 같이 親鸞은 善導가 『觀經疏』에서 설하는 三心과 第十八願의 至心信樂欲生」의 文에 관련하여 佛의 측에서 論할 때는 아미타불의 三心이라고 하고, 佛의 大慈悲라고 한다. 중생이 이 三心을 信受하는 三心도 설한다. 그리고 다음에 『觀經』에서 說하는 「一者至誠心, 二者深心, 三者廻向發願心」의 文에 대하여 『敎行信證文類』化身土卷에서 「顯彰隱密의 義가 있다고 하고, 「顯의 義」에 의한 때의 三心은 定散의 諸行을 닦아 왕생을 원하는 사람이 發하는 것을 自力의 安心이라고 한다. 이 경

우의 至誠心이란 虛假를 떠난 眞實心을 말한다. 內外 모두 一致하여 조금도 虛僞없는 眞實至極의 至誠心을 말한다. 深心이란 깊이 아미타불의 本願을 信하는 것이며, 廻向發願心은 자신이 닦는 一切의 善根(諸行)을 廻向하여 정토왕생을 원하는 것이다. 즉 모든 중생의 自力에 의하여 일으키는 三心이라고 한다.

「隱의 意」에 의하여 三心을 볼 경우는 여래의 眞實心을 領得한 心을 가지고 중생의 至誠心이라 한다. 깊이 여래의 願力을 信하고, 자신의 정토왕생이라고 하는 一大事를 佛의 願力에 모두 의탁하는 것을 深心이라고 한다. 廻向發願心이란 自力의 마음을 바꾸어서 他力으로 우러러 보면, 반드시 왕생을 얻는다고 하는 생각에 머무르는 心이라고 한다.

이와 같이 親鸞은 『觀經』에서 설하는 三心에 대하여 經文의 當相(表面)에 의하면 念佛諸行과 함께 三心을 구족하고, 정토왕생을 願할 것을 설하기 때문에 이것은 自力의 三心이며, 이것을 「顯의 意」라고 한다. 그러나 經文의 속에 숨겨진 佛願의 本意에서 본다면, 三心과 함께 他力을 領得한 他力의 安心을 설하는 것이라고 한다. 이것을 「隱의 意」라고 한다.

이 他力의 安心이란 진실의 信心으로 『淨土和讚』(親鸞全三卷 三八頁)에서

眞實信心이란 즉 定聚에 든다.

고 설하므로 正定聚의 位에 든다고 한다. 이 眞實信心이란 弘願의 信心 즉 他力의 信心이며, 이 信心을 얻은 사람은 正定聚 즉 往生의 決定한 位에 들 수가 있다고 한다.

그리고 이 眞實의 信心은 『無量壽經』下에서 설하는 願成就文에서

그의 名號를 듣고, 信心歡喜하기를 乃至 一念이라도…

고 하는 信心이다. 이 信心은 『一念多念證文』(親鸞全三卷 一二六頁)에서

聞其名號라고 하는 것은 本願의 名號를 듣는다. 듣는다는 것은 本

願을 들음에 의심없음을 聞이라고 한다. 듣는다는 것은 信心을 나타낸다는 것이다.

고 함에 聞卽信이라고 하는 信心이다. 佛願의 生起本來를 듣고, 의심없는 상태에 이름하는 것이다. 이러한 信心에 의하여 決定往生을 얻는 것을 正定聚에 든다고 하고, 信心에 의한 淨土往生을 說하는 것이 親鸞의 생각이다.

第七章 信仰對象의 阿彌陀佛 및 淨土

1 淨土三部經에서 설하는 阿彌陀佛 및 淨土

정토교에서 신앙대상으로 설하는 아미타불 및 그 佛이 계시는 세계인 극락정토에 대하여 해설하는 경전은 중국에서 번역된 大小經典의 총수 940여부 중 270여부로서 전체의 3분의 1 이상을 차지하고 있다. 이밖에 인도, 중국에서 아미타불 및 정토를 해석한 諸師의 論疏는 셀 수 없을 만큼 많이 있다. 이와 같이 經典 및 諸師의 論疏의 수량만을 다루어 보아도 아미타불신앙이 기원 전후에 불교 교단의 내부에서 일어난 것이기 때문에 중앙아시아, 중국 등의 여러 지역에 널리 전파되었음을 알 수 있다. 이와 같이 여러 지역에 널리 전해진 아미타불신앙의 중심경전이라고 생각되는 것은 『無量壽經』, 『觀無量壽經』, 『阿彌陀經』의 三種의 경전이 있다. 이 경전은 또 일본에서 형성된 宗派敎團(淨土宗, 眞宗, 西山淨土宗, 時宗 등)에 있어서 「淨土三部經」이고 이름하여 宗派의 根本聖典이 되고 있다. 그리하여 다음에 이러한 「淨土三部經」에서 설명하는 아미타불 및 정토에 대하여 간단하게 해설하고져 한다.

(ㄱ) 無量壽經

『無量壽經』에 있어서 아미타불은 대승불교에서 말하는 보살도를 완성하신 부처님이라고 설한다. 이 佛은 光明無量 壽命無量 등의 많은 威德을 가지고 서방에 극락정토를 건설하여 일체의 중생을 구제하시고져 하신 佛이라고 한다. 『經』에 의하면 錠光如來로 부터 세어서 제54번째에 출현하신 世自在王如來하에서 법장보살은 兆載永劫이라고 하는 오래동안 수행하여 다음에 보살도를 성취하고 성불하여 아미타불인 부처님이 되셨다. 또한 四十八願을 성취하여 서방에 정토를 만드셨다. 그 시기는 지금부터「十劫」전이라고 한다. 정토는 여기에서「西方十萬億」의 佛土를 지나가야 한다고 한다.

즉 아미타불은 법장보살이 보살도를 완성하여 성불하신 부처님이며, 四十八願을 성취하신 부처님이기 때문에 아미타불을 本願成就의 佛(本願成就身)이라고 부른다.

다음에『經』에서는 이 아미타불의 광명이 수승함을 설하여「威神光明은 最尊第一로서 諸佛의 광명 능히 미치지 못한다」고 한다. 시방세계에 계시는 많은 부처님의 광명보다 수승한 광명을 가진 부처님이다. 다음에 이 광명은 시방세계를 비추신다. 광명에 비추어진 것은 모두 번뇌가 소멸되고 善한 마음을 일으키며, 命이 마칠 때는 정토에 生할 수가 있다. 이와 같이 아미타불은 무량의 광명을 가진 부처님이며, 광명을 가지고 일체의 사람들을 구제하시는 부처님이기 때문이다. 그러기에 이 부처님을 無量光佛, 無礙光佛, 無邊光佛, 無對光佛, 燄王光佛, 淸淨光佛, 歡喜光佛, 智慧光佛, 不斷光佛, 難思光佛, 無稱光佛, 超日月光佛 이라고 불러 十二光佛의 이름을 쓴다. 거기에서 아미타불이 광명으로 모든 사람들을 구제하는 佛로서 光明攝取의 佛(光明攝取身)이라고 부른다.

다음에『經』에서는 아미타불이 영원(無量)의 수명을 가진 佛이라고 함에 대하여「無量壽佛의 壽命長久하여 稱計할 수 없다」고 한다. 聲聞과 緣覺과 같이 훌륭한 聖者가 지혜를 모아서 백천만겁의 오랜 시간동안 세어도 수명의 길이를 계산할 수 없다고 하여, 아미타불의 수명이 영원한 것을 말하고 있다. 이런 점에서 아미타불을 또는 무량수불이라고도 부른다.

이와 같이 아미타불은 本願成就의 佛이며, 광명으로 일체의 사람들을 구제하시는 佛임과 동시에 영원한 수명을 가진 佛이다. 다음에『經』에

서는 임종을 맞이하여 來迎하신 부처님으로서 현세에 있어서 수행의 공덕에 의하여 정토에 生하고져 원한다면

　　無量壽佛은 모든 대중과 함께 그 사람의 앞에 나타나신다. 즉 그 佛에 따라 그의 나라에 왕생하며, 七寶華의 가운데에서 자연히 化生한다.

고 설하여 정토로 맞아들이는 佛이시다. 이 점에서 아미타불을 來迎引接의 佛(來迎引接身)이라고 부른다.

『無量壽經』에서는 上記한 바와 같이 아미타불은 수명무량, 광명무량의 佛임과 동시에 本願成就의 佛이며, 臨終에 來迎引接하시는 佛이시다.

다음으로 아미타불이 건설한 정토에 대하여 서방십만억의 저쪽에 있다고 하고 그 정토는 金, 銀, 瑠璃, 水精, 珊瑚, 碼磁, 硨磲와 같이 우수한 七寶로 되어 있고 크고 넓고 빛나는 세계이며, 수미산과 철위산과 같은 산은 없고 또 바다와 골짜기도 없으며, 지옥, 아귀, 축생 등의 고통도 없으며, 춘하추동이라고 하는 사계절의 변화도 없으며, 항상 추위나 더위도 없는 온화한 세계이다.

따라서 그 淨土에는 七寶로 된 樹木이 整然하고, 나무와 나무 사이에 시원한 바람은 묘한 음악을 연주할 뿐만 아니라, 아미타불이 깨달음을 연 七寶의 道場樹(菩提樹)는 주위가 五十由旬이나 되는 수승한 것이다. 이 보리수에서 울려 퍼지는 묘한 음악을 듣는 사람과 보리수를 보는 사람은 진리를 깨달을 수 있는 지혜를 얻을 수 있다.

또 정토에는 七寶로 된 궁전과 樓觀이 있으며, 이 건물의 내외좌우에 沐浴하는 못이 있고, 八功德水가 가득차 있다. 이 못도 七寶로 되어 있으며, 못의 가운데는 靑色, 白色, 紅色으로 찬란한 蓮華가 피고, 좋은 향기를 내며, 또 못의 잔잔한 물결은 三寶를 念할 것을 설한다. 또 空無我와 大慈悲의 가르침을 설하고 있다. 이와 같은 정토는 청정하여 물들지 않고, 七寶로 빛이 찬란할 뿐만 아니라 못의 잔잔한 물결은 佛의 가

르침을 설하고, 즐겁고 安樂한 곳으로 文字를 極에 달하도록 말하여 아미타불의 극락정토의 아름다움, 훌륭함, 즐거움에 대하여 설하고 있다.

(ㄴ) 觀無量壽經

『觀無量壽經』을 또는 「十六觀經」이라고도 한다. 아미타불과 그 淨土 및 佛의 來迎에 대하여 16종으로 나누어 觀想하는 방법을 說한 것인데, 16종의 觀法 중 예비적인 觀法(假觀)이 셋, 佛의 來迎으로 셋(세분하면 아홉)의 觀이 설해 지고 있기 때문에 假觀이라고 하는 예비적인 것은 생략하고 佛의 來迎을 하나로 정리하여 아미타불 및 정토에 대하여 살펴 보고져 한다.

『經』에 의하면 아미타불은 수많은 보배로 장식된 빛나는 연화대에 앉아 계신다. 그 뒤는 「六十萬億那由他恒河沙由旬」이라고 할만큼 크고 높다. 眉間의 白毫相은 수미산을 다섯개나 합한 것 만큼 웅대하며, 佛의 눈은 수미산을 둘러싼 바다 만큼 크며 또한 푸르다. 그 신체는 紫金色으로 빛날 뿐만 아니라, 佛身의 毛孔에서 나오는 광명은 수미산만큼 크게 빛난다. 그리고 佛의 배후에 빛나는 圓光이 있으며, 그 中에는 無數한 化佛化菩薩이 있으니 佛의 侍者라고 한다. 이 아미타불의 몸에는 수승한 相好가 澤山같이 있으며, 이 相好로 부터 나오는 광명으로 시방세계를 비추어 念佛하는 사람을 구제하신다. 이와 같이 수승한 몸은 모두 대자비심으로 나타나며 無緣의 자비로서 일체의 사람을 구제하신다. 이와 같이 佛을 觀想하면 정토에 태어나서 無生法忍을 얻는다.

그리고 이 佛의 左에는 관세음보살이 右에는 대세지보살이 계신다. (佛의 側에서 말함) 이러한 양보살의 身長은 「八十萬億那由他由旬」이며, 身은 紫金色으로 빛나고, 머리의 배후에 圓光이 있어 많은 化佛이 계신다. 관세음보살은 이마 위의 寶冠의 안에 높이 二十五由旬의 化佛이 계시며, 대세지보살은 같은 寶冠의 가운데에 寶缾을 가지고 계신다. 그리고 빛이 찬란한 光明으로 일체 사람들을 구제하신다.

다음에 現世에 있어서 수행하신 諸善根에 의하여 정토에 왕생하고져 원한다면 臨終時에 아미타불이 정토에서 관음, 세지의 두 보살을 위시하여 많은 聖象과 함께 來迎하여 정토로 맞아들임을 밝히고 있다. 어떠한 악인이라도 염불하는 사람은 반드시 佛의 구제하심을 설하여 臨終來迎의 아미타불에 대하여 설명하고 있다.

이와 같이 『觀經』에서는 아미타불의 形相을 중심으로 佛의 광명에 의한 중생의 구제와 諸善根을 쌓은 사람의 臨終來迎을 설하고 있다.

다음으로 정토의 光景에 대해서는 『無量壽經』과 같이 文字를 극에 달하는 말로서 그 장엄의 아름다움을 나타내고 있다. 우선 처음에 정토의 大地는 투명한 유리로 되어 있다고 述한다. 유리의 大地는 팔각의 金幢에 의하여 지탱하고 있다. 유리의 대지는 황금의 길이 종횡으로 통하며 七寶로 길을 표시하고 있다. (寶地觀), 다음에 七寶로 된 樹木이 七重으로 겹쳐 眞珠의 網이 그 위에 장식되어 있다. 이 七重의 樹林의 사이에 七寶의 연못이 있으며, 八功德水가 가득차 있다. 이 물은 如意寶珠에서 흘러 나와서 많은 시냇물을 이루며, 이 시냇물에는 七寶의 蓮華가 피어서 날리고 있다(寶池觀).

또 정토에는 많은 누각이 있다. 수많은 보배로 장엄된 樓閣의 안에는 많은 天人이 있어서 미묘한 음악을 연주한다. 이 음악은 항상 佛法僧의 三寶를 念한다고 설하고 있다. 이 누각의 가운데에 佛이 앉아 계시는 蓮華臺座가 있으니 거기에는 金剛石, 붉은 보석, 摩尼寶珠, 眞珠 등으로 대단히 아름답게 장식되어 있다. 이 座臺에는 네개의 寶幢이 서 있고, 그 위에는 寶玉으로 장식된 幔幕이 쳐져 있다. 그 좌대의 위에 上述한 아미타불이 앉아 계신다. 이와 같이 정토를 지하, 지상, 허공의 셋으로 나누어 그 아름다움을 설명하고 있다.

(ㄷ) 阿彌陀經

『아미타경』에 있어서 아미타불 및 정토의 설명은 『무량수경』의 그것과

거의 같고, 조금 간단히 설해져 있다. 단지 다른 곳은 아미타불이 本願成就의 佛이라고 하는 점이 설해져 있지 않을 뿐이다.『아미타경』에서는 먼저 처음에 아미타불의 정토가 서방십만억의 佛土를 지나서 있다고 하고 이 정토를 극락이라고 이름한다고 한다. 정토는 七重의 欄楯으로 둘러싸인 세계이다. 거기에는 七寶로 된 나무가 있으며, 七寶의 연못이 있고 八功德水가 가득하다. 연못의 안에는 靑, 黃, 赤, 白의 蓮華가 피어 있고 좋은 향기를 내뿜을 뿐만 아니라 밤낮 六回의 미묘한 만다라 꽃이 비와 같이 내린다. 다음에 白鵠, 孔雀, 鸚鵡, 舍利, 迦陵頻伽, 共命鳥 등의 새가 잘 지져겨 五根五力 등의 불도수행의 要目을 설한다.

이와 같이 아름다운 극락의 敎主이신 부처님은 十劫前에「깨달음」을 얻었다. 이 부처님은 광명무량, 수명무량의 德相을 갖춘 부처님이기 때문에 아미타불이라고 칭한다고 한다. 佛의 光壽二無量에 대해서는 略說한다.

그래서 이렇게 아름답고 즐거운 정토에 生하기를 원하여 一日乃至 七日동안 염불을 행하면 臨終에 이르러 아미타불은 정토의 聖衆과 함께 來迎하여 정토로 왕생시킨다. 이와 같이『아미타경』에서는 아미타불은 광명무량, 수명무량, 臨終來迎의 佛이라고 설명하고 있다.

上述한 바와 같이「淨土三部經」에서는 아미타불은 주로 (一)本願成就의 佛 (二)광명무량의 佛 (三)수명무량의 佛 (四)來迎引接의 佛이라고 설하고 있지만「淨土三部經」이 외의 경전에서는 이 밖에 여러 가지 德性을 설하고 있다. 그러나 중국, 한국, 일본의 정토교의 主流가 이「淨土三部經」에 의한 정토교이기 때문에 上述의 四德性의 佛로서 널리 숭앙되고 있다.

2 阿彌陀佛 및 淨土의 性格

(ㄱ) 佛身論

먼저 述한 바와 같이 『無量壽經』『觀無量壽經』『阿彌陀經』등의 아미타불 경전이 중국에 전해져 이 신앙이 널리 중국의 사회에 전파되었다. 대승불교의 내부에서 점차로 발전한 佛의 覺體에 관한 思辯的인 考察(佛身論)의 영향을 받아 아미타불의 覺體 및 정토의 성격을 어떻게 생각하느냐고 하는 佛身論, 佛土論이 설해지게 되었다.

원래 佛身論이란 석존의 육신에 관한 考察을 처음으로 한 것이다. 석존의 생존 중에 佛陀는 통상의 인간을 초월한 위대하고, 청정하고, 원만하신 수승한 능력을 가진 뛰어난 인격자라고 생각했지만, 석존이 80세로서 入滅하신 뒤 석존의 육신의 속에 釋迦를 佛陀로 느껴 눈에 보이지 않는 眞精神, 實體, 또는 本體라고 하는 것을 보고 이것으로 영원불멸의 法이라 하고, 이것을 神格化하여 法身(dharma-kāya)이라고 이름하여, 釋尊의 육신을 生身이라고 하는 시작이다.

그 뒤 불교의 사상이 점차로 발전하여 졌다. 佛身論은 크게 展開하여 二身說, 三身說, 四身說, 乃至는 十身說을 낳게 되었고 그 내용도 형이상학적인 색채가 농후하게 되었다.

중국, 한국, 일본에 있어서 일반적으로 佛身을 論할 경우에 法身, 報身, 應身의 三身說에 의하여 해설되기 때문에 지금 淨影寺 慧遠의 『大乘義章』(正藏四四卷 八三七頁)의 說에 의하여 略說하고져 한다.

法身이란 산스크리트語의 다르마・카야(dharma-kāya)의 譯으로 『大乘義章』에는

> 法身佛이란 體에 대하여 이름을 나타낸다. 法이란 이른바 無始의 法性이다.

고 설한다. 이 無始의 法性이란 無始無終의 法의 本性이라고 한다. 普遍의 眞理, 眞如를 말하며, 이것을 神格化하여 法身佛이라고 한다.

대승불교에서 말하는 眞如(眞理)라고 하는 것은 全宇宙의 모든 事象에 있는 眞美로서 不變의 本性에 대하여 이름하는 것이며, 眞如法性, 眞法性, 實性이라고도 말한다. 이 眞如法性에 대한 설명은 불교의 諸學派에 있어서 다르게 나타나는데, 『阿含經』등의 생각에 의하면 「緣起의 理法」이 영원불변의 진리이기 때문에 이것을 가지고 眞如라고 한다. 法相唯識學派에서는 虛妄分別을 떠난 人法二無我의 性을 가지고 眞如라고 하고, 現象世界를 紹絕한 絕對靜的인 것으로 그 自體는 現象의 세계라고는 하지 않는다. 이것에 대하여 華嚴學派에서는 現象이 그대로 本體(眞如)라고 설한다. 萬法(現象)이 그대로 眞如이며, 眞如가 그대로 萬法差別의 現象으로서 重重無盡의 세계관을 설하고 있다.

이와 같이 철학을 존중하는 대승불교에서는 眞如法性에 대하여 種種의 학설을 세우고 있지만, 이러한 眞如를 깨달은 분이 佛이며, 佛이라고 하여지는 本性(自性)은 眞如이다. 이러한 眞如, 法性을 神格化한 것을 法身佛이라고 稱한다. 따라서 이 佛은 극히 抽象的, 理念的인 佛이다. 密敎에서는 이와 같이 극히 理念的인 佛(理佛)을 具象化시켜 大日如來라고 한다.

다음으로 報身이란 샨스크리트語의 샴프가·가야(Saṃbhoga-kāya)의 譯으로 報佛, 報身佛, 受用身, 受法樂身이라고도 말한다. 대승불교의 가르침을 받드는 보살이 수행 중에 세운 서원과 수행의 보답으로 깨달음을 얻어 성불한 佛을 말한다. 報란 「果報」 「應하다」의 뜻이며, 서원수행으로 얻어진 佛이라고 하는 의미로서 보신불이라고 한다. 『大乘義章』제 19 ($\frac{正藏四四卷}{八三八頁}$)에서는

　　報身佛이란 酬因을 報한다, 有作業德이며, 本無今有이다.

고 설한다. 『阿閦佛國經』에서는 阿閦菩薩이 大誓願을 세워 無瞋恚, 無

覺意, 無婬欲 등을 行하고, 永年(多劫)의 수행에 의하여, 드디어 七寶樹下에서 깨달음을 얻어 동방에 妙喜世界를 건설하였음을 설하고 있는데, 이 阿閦如來는 阿閦菩薩이 永年의 수행의 결과로「깨달음」을 얻은 佛이기 때문에 이것을 報身佛이라고 한다. 또 『無量壽經』에서 설하는 아미타불도 법장비구의 영겁의 수행에 의하여 깨달음을 얻은 佛이기 때문에 報身佛이라고 한다.

應身이란 샨스크리트語로 니마—나·카야(nirmāna-kāya)의 譯으로 應佛, 應身如來, 應化身이라고도 한다. 중생의 능력 소질 등에 응하여 나타나시는 佛이라고 하는 意味로서 丈六(一丈六尺)의 몸을 가지고 인도에 출현하셔서 많은 사람들을 제도하신 석가모니불을 말한다.

또 佛의 모습이 아닌 人, 天, 龍, 鬼神 등의 모습을 나타내어 사람을 제도하시는 부처님을 특히 變化身이라고 불러 구별하고 있다. 『大乘義章』第十九(正藏四四卷 八三八頁)에서는

> 應身佛이란 感化를 應한다……중생의 機感은 義, 呼喚과 같다. 如來, 化事를 示한다, 響應에 問한다. 故로 應이라고 한다.

고 설한다. 중생의 機類는 천차만별이기 때문에 이렇게 萬差의 중생을 敎化化導하기 위하여 여러 가지 化身을 示現하신 佛을 應身佛이라고 한다. 人, 天, 鬼神 등의 모습으로 나타내는 것을 變化身이라고 구별한다.

이와 같이 佛身論은 佛의 佛體의 성격을 三種으로 구별한 것인데, 여기서 말하는 法身佛이란 眞如, 法性이라고도 한다. 佛로서 佛이라고 하여 지는 것의 實性(眞理)을 神格化한 것으로 理念的인 佛이다. 報身佛이란 대승불교를 신봉하는 수행자(보살)가 永年의 수행에 의해 法性眞如를 깨닫고 성불한 것을 말한다. 應身佛이란 중생을 제도하기 위하여 佛身으로 示現하신 佛에 이름 붙여진 것이다. 또 이 報身佛을 自受用身과 他受用身으로 나눈다. 정토에서 스스로 광대한 法樂을 受用하는 佛을 自受用身, 보살을 위하여 신통을 나타내어 설법하며, 대승의

法樂을 受하는 佛을 他受用身이라고 한다. 이 외의 宗派敎學에 의하여 諸種의 佛身說이 설해 지지만, 그 가운데 기본적인 것이라고 생각되는 것이 上記의 法身, 報身, 應身의 三身說이다.

다음에 또 불교사상이 발전함에 따라서 석존이 설한 敎法에 勝劣, 淺深을 구별하는 생각(敎相判釋)이 일어났다. 勝한 敎法을 설한 佛을 法身佛, 淺薄하고 劣한 敎를 설한 佛을 應身佛이라고 하는 생각이 생겼다. 天台宗의 四敎四土說에 의하여 佛身에 勝劣을 설하는 생각이 생김에 이르게 되었다.

따라서 四敎란 天台敎學에서 설하는 法身, 藏敎, 通敎, 別敎, 圓敎의 化法四敎(敎의 내용에 따라 佛의 가르침을 四種으로 구분한 것)이다.

이것에 각각 劣應身, 勝應身, 他受用身(報身), 法身의 四佛로 배치한다. 즉

藏敎란 小乘敎의 것으로 四阿含에서 설하는 淺薄한 가르침을 말하며, 이 가르침을 설한 佛을 가지고 劣應身이라고 하고, 丈六의 身丈을 가진 卑小한 佛로서 凡聖同居土에 住한다고 한다.

通敎란 대승불교의 初門의 가르침으로 勝應身의 佛이 설한 가르침이다. 佛身은 丈六의 卑小한 佛이지만, 신통력에 의하여 變現自在의 威德을 가졌다. 이 佛은 方便有餘土에 住한다.

別敎란 앞의 藏敎, 通敎가 聲聞, 緣覺, 菩薩의 三乘에 共通한 가르침에 대하여 이것은 오직 보살만의 가르침이다. 他受用身(報身)의 佛이 설한 가르침이며, 이 佛은 實報土에 住한다고 한다.

圓敎란 宗全圓滿한 가르침이라고 하는 의미로서 『法華經』의 가르침을 가르치고, 法身佛이 寂光淨土에서 설하는 가르침이라고 한다.

이와 같이 天台宗의 敎學에 있어서 法身佛이 설하는 가르침은 深遠하며 수승한 가르침이다. 應身佛의 가르침은 淺薄하고 하열한 가르침이다. 佛敎諸法門의 가운데에 최고의 가르침인 『法華經』은 法身佛의 가르침이라고 한다. 따라서 인도의 구시나가라(kuśinagara)에서 80세로 入滅하

신 釋尊은 應身의 석존이다. 그 實體인 報身은 久遠의 옛 날에 성불하셔서 영겁동안 항상 靈鷲山에서 法을 설하고 있다고 한다. 이것을 久遠實成의 釋迦라고 부르며, 靈鷲山을 靈山淨土라고 부른다. 그리고 이 久遠實成의 석가는 法身, 報身, 應身의 三身을 相即하신 佛로서 報身이라고 할지라도 永年의 보살행을 成滿한 佛일 뿐만 아니라 本來自然의 佛이라고 하여 本地無作의 三身說을 세운 것이다.

또 眞言密敎에서는 法身毘盧舍那佛로서 설법한다고 하고 『大日經』, 『金剛頂經』의 兩部大經은 이 法身佛이 설법하신 것이라고 한다.

이와 같이 佛身의 성격에 관한 佛身論은 처음엔 석존의 인격 및 佛格에 대한 畏敬의 생각에서 일어난 것이지만, 불교사상이 展開되므로 인하여 여러 가지 佛身說이 주창되게 되었다. 불교가 지혜의 종교이며, 理念을 중시하는 가르침이기 때문에 具體性을 가진 佛(應身)이 輕視되고, 추상적인 성격을 가진 佛(法身)이 중시되게 되어 眞如法性 自體가 설법한다고 하는 것과 같이 法身說法이 설해지게 됨에 이르럿다.

(ㄴ) 佛土論

佛土란 佛이 常住하면서 그 나라에 住하는 중생을 제도하는 나라를 말하는 것으로 佛國, 佛土, 國土라고도 한다. 이 佛土의 생각은 옛 釋尊이 나오셔서 깨달음을 얻어 많은 사람들을 인도하신 세계 즉 현실의 사회(娑婆)를 말한다. 그러나 대승불교에 있어서 佛身論의 전개와 함께 각각의 佛身이 住하는 국토로서 法身佛, 報身佛, 應身佛의 국토라고 하여 法性土, 報土, 應(化)土의 三土가 설해 지고 있다.

法性土란 혹은 法土라고도 하며, 法身佛이 住하는 세계라고 한다. 그러나 이 法身佛이란 것은 上述한 바와 같이 우주의 진리(眞如), 實性을 神格化하여 佛이라고 부르기 때문이다. 法性土라고 하지만 우주의 진리 그대로를 국토라고 부를뿐 佛身도 佛土도 같은 것이다. 華嚴敎學에 의하면, 이 法性土를 國土海라고 이름하여 圓融無礙自在의 세계로서 말로서는 표현할 수 없는 佛의 경지를 말하는 것으로 佛自身의 內心의 깨달음(自內證)의 세계를 말한다. 따라서 이 세계는 佛만이 알 수 있는 세계로서 아직 깨닫지 못한 수도자의 신분으로서는 알 수 없다. 만약 어떤것을 볼 경우가 있어서 不可說, 難思라고 하며 부정적인 표현으로 나타낼 뿐이다. 그래서 이것은 혹은 眞如의 세계, 一如의 세계, 涅槃界라고도 부른다.

報土란 報身佛이 住하는 세계를 말한다. 報身佛이란 보살의 때에 세운 誓願과 수행의 果報로 된 佛이라고 하기 때문에 이 報土는 서원에 의하여 이루어진 국토를 말한다. 『阿閦佛國經』에서 설하는 阿閦如來의 妙喜世界, 아미타불의 서방극락정토는 여기에 속한다. 이 세계에서는 修行誓願에 의하여 성불하신 佛이 교주로서 항상 설법하시며, 七寶로 장엄된 아름답고 청정한 세계라고 한다.

應土란 應身佛이 住하는 세계를 말한다. 석가가 출현하셔 많은 사람을 제도하신 사바세계를 말한다. 다음에 變化身이 住하는 세계를 變化土라고 부른다.

이와 같이 佛의 三身說에 대하여 三佛土說이 설해졌지만, 天台敎學에서는 上述한 바와 같이 (一)凡聖同居土 (二)方便有餘土 (三)實報無障碍土 (四)常寂光土의 四土를 세운다. (一)凡聖同居土란 凡夫와 聖者가 함께 住하는 國土를 말하며, 四土의 가운데 가장 質이 劣한 세계라고 한다. 劣應身의 佛이 止住한다. (二)方便有餘土란 방편의 가르침인 天台의 空觀과 假觀을 닦는 聲聞과 緣覺 및 低位의 보살이 生한 세계로서 勝應身의 佛이 住하는 세계라고 한다. (三)實報無障碍土란 實報土라고도 한다. 報身佛이 住하는 세계로서 진실의 法인 中觀을 닦아 初地 이상의 수승한 보살이 生하는 세계라고 한다. (四)常寂光土란 法身佛이 住하는 세계이며 眞如實相의 세계라고도 이름한다. 이 밖에 眞言密敎에서는 密嚴淨土, 十方淨土, 諸天修羅宮의 三界를 설한다. 法相唯識敎學에서는 法性土, 自受用土, 他受用土, 變化土의 四土를 설하여 獨自의

敎學을 조직하고 있다.

3 曇鸞의 佛身佛土說

(ㄱ) 法性法身, 方便法身

上述한 바와 같이 대승불교에서 佛身에 관한 性格(佛格)論의 전개 중에 중국의 曇鸞은 『無量壽經』, 『觀無量壽經』, 『阿彌陀經』 등에서 설하는 아미타불의 佛身 및 정토의 성격에 대하여 특이한 佛身論을 설한다.
曇鸞은 『往生論註』下(淨全一卷 二五○頁)에서

> 제불보살에 二種의 法身이 있다. 一에는 法性法身, 二에는 方便法身이다. 法性法身에 의하여 方便法身을 生하며, 方便法身에 의하여 法性法身을 나타낸다. 이 二法身은 다른 것으로 나눌 수 없으며, 또 하나로 같다고 할 수도 없다. 故로 廣略相入하여 전부 法의 이름을 가진다.

고 설하여 法性法身과 方便法身의 二身을 밝히고 있다. 여기서 말하는 法性法身이란 眞如 그 자체에 佛格을 부여하여 法性法身이라고 이름하는 것이다. 法性이란 眞如의 異名이며, 一切萬法(現象)의 本體라고 하기 때문에 法性이라고 한다. 『往生論註』下(淨全一卷 二五○頁)에서는

> 無爲法身은 法性身이며, 法性寂滅인 까닭에 法身은 無相이다.

고 說하는 것을 보면 無色無形하여 絶言絶慮의 一如(眞如)를 가지고 法性法身이라고 하는 것이다. 이것을 혹은 眞實智慧無爲法身이라고도 이름한다.

다음으로 方便法身이란 『往生論註』下(淨全二卷 二五二頁)에서

> 正直을 方이라고 하며, 이것을 밖으로 나타내는 것을 便이라고 한

> 다. 正直에 依하는 까닭에 일체중생을 憐愍하게 여기는 心을 生한
> 다. 이것을 外로 하는 까닭에 자신을 공양하고 공경하는 心을 遠離
> 한다.

고 설한다. 方便의 「方」이란 正直이라고 해석하여 일체중생을 憐愍하게 여겨서 차별하지 않음을 말하며, 자신을 위하는 功利와 愛敬을 떠나는 것을 「便」이라고 해석한다. 따라서 거짓말도 방편, 수단이라고 하는 의미는 아니다. 法性法身의 內에 具有한 지혜와 자비가 여실히 활동하여 중생을 愛憐하게 여기는 것을 방편이라고 한다. 즉 無色無形의 眞如法性 그 자체가 微妙莊嚴한 形相을 顯示하고 중생구제의 활동을 示現한 모습을 가지고 方便法身이라고 한다.

따라서 이 法性法身과 方便法身의 관계에 대하여

> 이 二法身은 다르게 구분할 수 없다. 또 하나로서 같지 않다. 故로 廣略相入하여 모두 法의 名을 가진다.

고 하는 것과 같이 法性이 生起하여 方便을 이루고 方便의 모습으로 法性이 나타난다. 方便은 홀로 生하는 것이 아니고 法性에 의하여 생기며 法은 홀로 나타나는 것이 아니고 반드시 方便에 의하여 나타나는 것이다.
 그러니까 曇鸞은 『無量壽經』 등에서 說하는 아미타불을 이 二身 중 어느 쪽에 해당하는 佛인가 라고 함에 法性法身은 無色無形의 眞如의 理體이기 때문에 아미타불을 法性法身이라고는 할 수 없다. 따라서 아미타불을 가지고 方便法身이라고 생각한다. 그래서 『論註』에서는 法性을 略門이라고 하고, 방편을 廣門이라 하여, 西方에 三嚴二十九種莊嚴의 정토를 설하고 있다. 三嚴은 (一)國土莊嚴 (二)佛莊嚴 (三)菩薩莊嚴의 셋이라 한다. 이것은 극락정토의 구성을 국토와 佛과 보살로 분류하는 것이다. 그리하여 이 三種莊嚴에 대하여 『往生論註』下($\begin{smallmatrix}淨全一卷\\二五〇卷\end{smallmatrix}$)에서는

이 三種莊嚴의 성취는 이미 四十八願 등의 淸淨願心의 장엄하신 곳에 의하여 因淨인 까닭에 果淨하며, 無因, 他因 있으면 아니라고 함을 알 수 있다.

고 述한다. 서방극락정토를 구성하는 국토와 佛과 보살의 三은 아미타불이 옛날 법장보살이라고 이름하여 보살행을 행하실 때에 일으킨 四十八願의 청정한 願心에 의하여 장엄된 것이라고 한다. 따라서 아미타불은 上述한 法身, 報身, 應身의 가운데에 報身에 해당한다고 하는 것은 말할 필요도 없다. 이 報身佛은 보살행의 과보인 報身佛이라고 함과 동시에 四十八願의 酬報身임을 알 수 있다.

(ㄴ) 實相身, 爲物身

다음에 曇鸞은 『往生論註』下(淨全一卷)에서 아미타불에 대하여 實相身과 爲物身이라고 설한다.

> 그의 無碍光如來의 명호는 능히 중생의 일체무명을 파하고, 능히 중생의 一切志願을 滿한다. 그런데도 불구하고 稱名憶名 할지라도 그러나 無明이 지금도 있다. 그와 같이 所願을 만족되지 않는 것이 있으니 어찌하야 如實히 修行하지 않고, 名義와 相應하지 않음에 의한 까닭인가. 如何히 如實하게 修行하지 않고 名義와 相應하지 않으랴 소위 如來는 이 實相身이며, 이 爲物身임을 알지 못하는가.

고 한다. 無碍光如來 즉 阿彌陀佛은 實相身이라고 한다. 實相身이란 「實相」은 眞如法性의 異名이라고 하기 때문에 法性法身이라고 생각한다. 爲物의 「物」이란 중생을 말하기 때문에 爲物身이란 중생구제를 위하여 「깨달음」을 얻은 佛이라고 하여 方便法身을 가르친다고 한다. 그러나 『論註』에서는 「如來는 이 實相身, 이 爲物身이다」고 말하기 때문이다. 故로 이 實相身 爲物身은 아미타여래의 설명으로 아미타불이 實相身이며 爲物身임을 말하는 것이라고 해석하게 된다.

그러니까 아미타불의 實相身이란 어떠한 것인가 라고 함에 아미타불이 옛날 법장보살이라고 부를 때 보살도를 성취하고 眞如實相을 증득하여 성불하여서 아미타불이라고 하는 부처님이 되셨기 때문이다. 보살도를 成滿하고 眞如를 증득한 면에서 아미타불을 實相身이라고 한다. 爲物身이란 법장비구가 四十八願을 성취하여 아미타불인 부처님이 되셨기 때문에 四十八願에 의하여 이루어진 淨土의 三嚴二十九種莊嚴은 모든 중생을 구제하기 위한 정토장엄이다. 그런 까닭에 이러한 중생구제의 면에서 佛은 爲物身이라고 칭한다.

이와 같이 曇鸞은 아미타불을 가지고 眞如實相인 法性法身의 顯現인 方便法身이라고 하고, 다음에 아미타불 자신의 自利의 면을 實相身, 利他의 면을 爲物身으로서 아미타불의 體相에 대하여 독자의 설명을 덧붙이고 있다.

다음에 曇鸞은 이러한 아미타불의 정토에 왕생하는 방법에 五念門을 설하고 있는데 그 중에 觀察門에 있어서 이미 述한 바와 같이 정토를 佛莊嚴, 菩薩莊嚴, 國土莊嚴의 三嚴二十九種莊嚴으로 나누어 설하고 있다.

4 阿彌陀佛의 報身, 化身說

(ㄱ) 慧遠, 吉藏의 說

『無量壽經』등의 아미타불경전이 중국에 전해져 아미타불신앙이 점차로 불교 교단의 내부에 전해 지게 되었다. 義學佛敎의 學匠으로서 아미타불의 佛身 佛土에 대하여 諸種의 견해를 보이는 사람이 나타나게 되었다. 그 중에서 주목할 만한 사람은 淨影寺 慧遠과 嘉祥寺 吉藏이다. 淨影寺 慧遠은 地論學派의 學匠이다. 吉藏은 중국에서 三論學派의 大成者라고 하며 曇鸞의 後輩이다. 이들은 각각 地論敎學, 三論敎學의 입장에서『無量壽經』및『觀無量壽經』을 연구하고, 阿彌陀佛의 佛身의 성격을 應身이라고 判한다. 『無量壽經義疏』上(淨全五卷 三頁)에서 이 佛은 그 수명에 의해 이름을 나타낸다. 壽로 眞, 應이다. 眞은 곧 常住하며, 性은 허공과 같다. 應의 壽는 不定이다. 혹은 長, 혹은 短이다. 지금 여기에서 論하는 것은 應이며, 眞이 아니다. 應의 壽中에 있어서 이 佛의 壽는 길고, 凡夫二乘의 測度로서는 그 限算을 알 수 없기 때문에 無量이라고 한다. 命의 限을 壽라고 稱한다. 어떻게 이것이 應이며 眞이 아니라는 것을 알 수 있는가. 『觀世音菩薩及大勢至授記經』에서 설하는 것과 같이 無量壽經의 壽는 長遠하다고 할지라도 終盡이 있으며 그 佛의 滅後에 觀音大勢至가 차례로 作佛하는 까닭에 이것을 應이라고 한다.

고 설하고 있다. 즉 慧遠이 말하는 것은 아미타불의 수명은 長久하여 無量壽라고 할지라도 이것은 지혜가 劣한 凡夫와 聲聞, 緣覺과 같은 二乘의 사람은 측량하기 어려울 만큼 長遠하기 때문에 無量이라고 한다. 그러나 『觀音授記經』에 의하면 아미타불은 열반하고 관음, 세지가 차례로 극락의 교주가 된다고 하기 때문에 眞의 無量壽라고는 할 수 없다. 다음에 『觀經』의 第九眞身觀에서는 아미타불의 身相을 설하여 六十萬億那由他恒河沙由旬인 佛身의 크기를 표시하고 있으므로 이 아미타불은 應身佛이라고 할 수 있다고 한다.

　다음에 三論宗의 學匠인 吉藏은 化身에 대하여 正法佛, 修成佛, 應化佛의 三佛身을 말하고 있다. 이 正法佛, 修成佛, 應化佛의 셋은 각각 法身, 報身, 應身에 상당한다고 할 뿐만 아니라 아미타불의 佛身에 대하여 『觀無量壽經疏』(淨全五卷)(三二七頁)에서

　　胡에서는 아미타불이라고 하며 여기에서는 無量壽覺者라고 한다. 無量壽는 三佛에 通함을 가진다. 何者가 法佛인가, 彼此의 邊量은 度할 수 없다. 故로 억지로 無量이라고 한다. 修成佛의 無量은 허공과 같은 故로 無量壽라고 한다. 應佛의 無量이란 만약 通論門에 의하면 象生은 無量하며 垂迹 어찌 盡하랴. 『大經』의 십삼원에서 말

하는 것과 같다. 어찌 慈悲를 버리고 영원히 열반에 드랴. 別로 彌陀를 論하면 廣大의 願에 의하여 土를 造한다. 壽는 長遠할지라도 二乘凡夫가 측량하기 어렵다. 故로 無量이라고 한다.

고 설하고 있다. 말하는 바와 같이 아미타불을 무량수경이라고 칭하지만, 無量壽라는 것은 法身, 報身, 應身(正法佛, 修成佛, 應化佛)의 三身에 대하여도 말하는 것이다. 正法佛(法身)은 眞如法性 그것이기 때문에 이것은 영원불변한 것이다. 有量한가 無量한가를 論할 수는 없지만, 구태어 이름한다면 無量壽라고 할 수 있다. 修成佛(報身)은 수명이 허공과 같기 때문에 無量壽라고 할 수 있다. 應化佛(應身)은 通論門의 생각에 의하여 본다면 迷한 중생이 無量하기 때문에 佛은 이 중생을 見捨하고 열반에 들 수 없다. 그리하여 第十三願에서 壽命無量을 誓願하여 無量壽의 佛이라고 하게 된다.

그러나 서방 아미타불의 無量壽는 범부와 二乘과 같이 지혜가 劣한 사람들은 측량할 수가 없기 때문에 無量壽라고 하는 것이지 眞의 無量壽는 아니다. 따라서 吉藏의 생각에 의하면 서방 아미타불은 한편에서 말하면 교화해야 할 중생이 無量하기 때문에 佛도 無量壽 하지 않으면 안 되지만, 一面, 二乘과 凡夫가 계산할 수 없을 정도로 長遠하기 때문에 無量壽라고 할 뿐이다. 眞의 無量壽는 아니고 有量壽의 佛이며, 應化佛이라고 하는 것이다.

이와 같이 淨影寺의 慧遠, 嘉祥寺의 吉藏과 함께 地論, 三論의 敎學 입장에서 아미타불의 佛身을 논하며, 應身佛 또는 應化佛이라 하여 그 佛이 住하는 國土도 應化土, 應土라고 하고 있다.

(ㄴ) 道綽, 善導의 說

이러한 생각에 대하여 아미타불을 報身, 그의 정토를 報土라고 하는 사람은 道綽 및 善導이다.

道綽은 『安樂集』上(淨全二卷六七六頁)에 있어서

> 묻기를 지금 현재의 아미타불은 어떠한 몸인가, 극락의 나라는 어떠한 土인가, 答하기를 현재의 아미타불은 報佛이며, 極樂寶莊嚴의 나라는 報土이다. 그러나 옛날 말에 전해 지기는 아미타불은 化身이며, 土도 또한 化土라고 하니 이것은 크게 실수한 것이라고 한다.

고 한다. 아미타불은 報身佛이며, 극락정토는 報土라고 설하여, 淨影寺 慧遠 등이 化身化土라고 하는 설을 破斥한다. 따라서 報身報土라고 論하는 근거로 『大乘同性經』의 文을 말한다. 정토의 中에서 성불하는 佛은 報身佛이며, 穢土의 中에서 성불하는 佛은 化身이다. 지금 말하는 곳의 아미타불은 정토의 中에서 성불하신 佛이기 때문에 報身佛이며, 극락정토는 報土이다. 淨影寺의 慧遠 등이 말하는 것과 같이 化身化土라고 하는 것은 크게 잘못이라고 한다.

따라서 淨影寺의 慧遠 등이 주장하는 化身化土說의 근거인 『觀音授記經』에서 밝히는 彌陀入滅說에 대하여 『安樂集』上(淨全二卷六七六頁)에서는

> 이것은 報身의 隱沒의 相을 示現한다. 滅度는 아니다. 그 經에 말한다. 阿彌陀佛入涅槃의 후에 다시 深厚한 善根의 중생이 있어 다시 돌이켜 보니 옛과 같은 故로 그를 證한다.

고 한다. 『觀音授記經』에서 彌陀의 入涅槃을 설하는 것은 報身佛이 隱沒의 相을 나타내는 것을 말하는 것이다. 아미타불의 入滅을 보는 것은 미숙한 根機의 사람이다. 念佛三昧를 體得한 深厚한 善根의 보살은 항상 아미타불을 볼 수가 있다. 따라서 『觀音授記經』에서 入滅이라고 하는 것은 隱沒의 相을 示現하는 것을 말하는 것으로 眞의 入滅은 아니다. 그래서 아미타불은 무량수의 佛이라고 한다.

다음에 『鼓音聲王陀羅尼經』에서 아미타불에게 부모가 있다고 설한다.

父를 月上轉輪聖王, 母를 殊勝妙願이라고 이름하여 化身과 같이 설하고 있음에 대하여 『同集』($^{淨全一卷}_{六七七頁}$)에서

> 그런데 아미타는 또한 三身을 갖추었다. 극락에 출현하신 자는 즉 報身이며, 지금 부모가 있다고 하는 것은 穢土中에 示現하신 化身의 부모이다.

고 설한다. 아미타불은 諸佛과 같이 三身(法身, 報身, 應身)을 具有한 부처님이기 때문에 報身의 彌陀도 있으며, 穢土에 示現하신 化身의 彌陀도 있다. 지금 『鼓音聲經』에서 부모가 있다고 하는 것은 化身(應身)의 彌陀이며, 극락의 彌陀는 報身의 佛이라고 한다.

이와 같이 道綽은 『安樂集』에서 淨影寺의 慧遠 등 諸師가 아미타불의 佛身을 化身(應身)이라고 하는 설에 대하여 아미타불은 『無量壽經』에서 설하는 것과 같이 보살도를 완성하여 깨달음을 얻은 報身佛이며, 정토는 報身佛이 住하는 세계이기 때문에 報土라고 하여, 淨影寺의 慧遠 등이 설하는 化身化土(應身應土)설을 반박하고 있다. 이 道綽의 報身報土說은 그 뒤의 중국, 한국, 일본의 淨土敎에 있어서 佛身論의 기준이 된 것이다.

道綽이 설한 아미타불의 覺體에 대하여 報身說 및 정토의 報土說을 이어서 彌陀報身說로 확립시킨 사람은 善導이다. 善導는 당시 널리 생각되어 온 法身, 報身, 應身(化身)의 三身說에 의하여 아미타불의 覺體의 성격을 논하였다. 法身이란 無色無形으로서 無住處의 眞如나 法性이라고 하는 理體를 神格化하여 法身이라고 이름하며, 報身이란 因으로 酬(報)하신 佛이라고 하여 보살도를 완성하여 깨달음을 얻은 佛을 말하며 應身(化身)이란 穢土에 출현하신 佛이라고 한다.

그러니까 아미타불은 어떠한 覺體의 佛인가 함에 『觀經疏』玄義分($^{淨全二卷}_{一〇頁}$)에서 問答하기를

> 問, 彌陀淨國은 정확하게 報냐, 化이냐, 答하기를 이것은 報이자

第七章 信仰對象의 阿彌陀佛 및 淨土   297

化는 아니다.

고 한다. 이 문답은 佛土에 관하여 述한 것인데, 佛身과 佛土는 둘이 아니기 때문에 佛身에 대해서도 똑같다고 한다. 따라서 이 問答은 그대로 아미타불이 報身佛이며, 化身은 아님을 말한다고 해석할 수 있다.

이것에 대하여 善道는 道綽과 같이 『大乘同性經』의 설을 인용하여

『大乘同性經』에서 설하는 西方安樂의 아미타불은 報佛報土이다.

고 하며, 報身報土說을 설하는 외에도 『無量壽經』에서 설하는 법장비구의 四十八願에 관련하여 『同』玄義分(淨全二卷一○頁)

법장비구, 世饒王佛의 곳에 있을 때 四十八願을 발하여 하나 하나의 원에서 말하기를 「만약 내가 佛을 이루었을 때 시방의 중생이 나의 명호를 칭하여 나의 나라에 태어 나고져 원하기를 下十念에 이를 지라도 태어날 수 없다면 正覺을 이루지 않겠다」고 하여 今旣에 成佛하신 즉 酬報의 身이다.

고 한다. 아미타불은 四十八願에 보답된 佛로서 酬因의 報身이라고 한다. 이 아미타불을 가지고 四十八願 酬因의 佛이라고 하는 것은 대단히 주목할 만한 것이다. 일반으로 報身이라고 한 경우는 보살도를 완성한 佛, 소위 보살도(사홍서원)로 보답된 佛로서 報身이라고 稱하는 것인데 善導가 別願으로 보답된 佛이라고 하여 報身을 설하는 것은 주목할 만한 것이다.

다음에 『觀經』의 上品上生의 왕생에서 「아미타여래는 관세음 대세지 無數의 化佛, 百千의 比丘」 등과 함께 迎接하신다는 것을 설하는 文에 대하여 善導는 『同』(淨全二卷一○頁)에서

『觀經』中의 上輩의 三人은 命終의 時에 臨하여 모두 말하기를, 아미타불 및 化佛과 함께 와서 이 사람을 맞이한다. 그러므로 報身은 化를 겸하여 함께 와서 손을 내려 주신다. 故로 이름하여 與라고 한다.

고 釋하여 來迎하는 佛을 彌陀와 그의 化佛로 나누고 있다. 그러나 아미타불은 主佛로서 化身은 아니다. 그러므로 아미타불은 報身이지 化身은 아니라고 한다.

다음에 善導는 報身, 應身이라고 하는 경우의 「報」와 「應」의 字義와 의미를 찾아서 報身이라고 할 것을 應身이라고 稱하는 것은 잘못으로서 보살이 因行을 완성하여 깨달음을 얻은 佛은 報身이라고 이름할 수 있으며, 應身이라고 하지는 않는다고 하여 文字上의 「報」와 「應」의 엄밀한 구별을 하고 아미타불이 報佛이 아니면 아니 된다고 설명하고 있다. 따라서 아미타불은 三身具足의 佛이지만, 法身은 無色無形의 眞如理體를 말하는 것이기 때문에 具體性을 빠뜨리고 있으며, 化身은 報身의 佛이 중생구제하는 모습을 示現한 것이기 때문에 중생에게는 報身의 佛이 중심이 된다고 한다. 더구나 凡夫에 있어서는 眞如의 理體인 法身佛은 신앙의 대상이 되지 않기 때문에 아미타불은 항상 報身의 佛이 아니면 안 된다고 하고 있다.

다음에 淨土에 대하여 정토는 上記와 같이 化土가 아니라고 한다. 『觀經』에 의하면 정토를 依報와 正報로 나눈다. 依報(國土莊嚴)에 있어서 地下莊嚴(地下의 寶幢의 光明이 서로 映發하는 것) 地上莊嚴(一切의 寶地, 寶池, 寶樹, 樓閣 등의 것), 虛空莊嚴(一切 變化의 寶宮, 華網, 寶雲, 化鳥, 風光 등 및 動發하는 聲樂 등의 것)으로 분류하여 설하고 「三種의 차별이 있다 할지라도 모든 彌陀淨國은 無漏眞實의 勝相이다」고 한다. 淨土는 「깨달음」의 세계를 보인 眞實의 모습이라고 한다. 그리고 正報(아미타불 등)에 대하여 主莊嚴(中心)은 아미타불이다. 聖衆莊嚴은 정토에 주하는 聖衆 및 시방세계로 부터 아미타불의 정토에 生하는 것이라고 하여 二分한다. 그 主莊嚴은 또한 別正報라고 부르며, 觀音勢至 등의 聖衆莊嚴을 通正報라고 稱한다.

이와 같이 善導는 依報莊嚴을 三種, 正報莊嚴을 二種으로 나누고 그 각각의 莊嚴을 『觀經』의 說相에 의하여 구체적으로 설명하고 있는데 이

정토를 西方이라고 하는 一方角을 定하여 敎示함에 대하여 善導는 『觀經疏』定善義(淨全二卷 四七頁)에서

> 지금 이 觀門 등은 오직 方을 指하여 相을 세운다. (指方立相), 心을 住하여 境을 取한다. 대개 無相離念을 밝히지 않는다. 여래는 이미 다 알고 계신다. 末代罪濁의 凡夫의 相을 세워 心을 住하기 때문에 그 위에 더 얻을 것이 없다. 어찌 하물며 相을 떠나 事를 求하는 術通이 없는 人의 空에 居하여 舍를 立한다고 하는 것과 같으랴.

고 說한다. 西方인 一方角을 定하여 그곳에 七寶莊嚴으로 아름답게 찬란한 淨土를 說하는 것은 末法時代에 住하는 罪濁의 범부들이 淨土를 알지 못하기 때문에 凡夫를 인도하기 위하여 구체적인 事象을 나타낸 것이다. 여기서 凡夫를 인도하기 위하여 정토를 설하는(凡入報土의 淨土敎) 善導淨土敎의 성격을 볼 수가 있다.

따라서 『往生禮讚』(淨全四卷 三七〇頁)에서는 「四十八願에서 장엄을 일으킨다」고 설한다. 정토의 장엄은 아미타불의 四十八願의 성취에 의하여 生起한 것이라고 함과 더불어 『般舟讚』(淨全四卷 五三〇頁)에서는 「四十八願 여기서 發하고, 하나 하나의 서원은 중생을 위하는 것」이라고 설한다. 四十八願은 모두 중생을 구제하기 위한 諸願이며, 정토도 범부를 인도하기 위한 장엄정토로서 아미타불 및 극락정토의 모든 것은 凡夫往生을 위한 佛이며, 정토라고 한다. 이와 같이 善導가 설하는 정토는 凡夫往生을 위한 정토이며, 佛의 本願도 범부를 위한 本願이라고 한다. 아미타불의 本願을 강조하여 설하는 것은 일본의 法然에게 계승되어 일본 정토교를 크게 전개시키게 된다.

5 法然이 說하는 阿彌陀佛 및 淨土

(ㄱ) 三身說

「遍依善導一師」라고 하여 중국의 善導淨土敎의 祖述者로서 새로이 정토종인 一宗을 開創한 法然은 淨影寺의 慧遠과 曇鸞 이후의 중국의 불교계에 있어서 論究된 아미타불의 覺體(佛身)에 대하여 어떠한 생각을 가졌던가 하면 三身說 二身說이 보인다. 『逆修說法』($\frac{法然全}{二三三頁}$)에 의하면

> 經論의 중에서 佛의 공덕을 설하여 無量의 身이다. 어떤 때는 총一身을 설하고 혹은 別 二身을 설하고 혹은 三身을 설하고 혹은 四身을 설하며 乃至 『華嚴經』에서는 十身의 공덕을 설한다. 지금 잠시 眞身化身의 二身으로 미타의 공덕을 찬탄한다. 이 眞化二身을 나눈 것이 『雙卷經』三輩文의 가운데서 보인다. 眞身이란 진실의 身이다. 彌陀因位의 時, 世自在王佛의 곳에서 四十八願을 發하신 뒤 兆載永劫의 사이 보시, 지계, 인욕, 정진 등의 六度萬行을 닦아 나타나신 修因感果의 身이다. 『觀經』에서 설하기를 그 身은 六十萬億那由他恒河沙由旬이며, 眉間의 白毫는 右에서 펴며 五須彌山과 같다……이 彌陀如來眞身의 공덕이다.

고 하여 佛의 覺體로서 眞身과 化身의 둘이 있다. 『無量壽經』의 三輩往生의 文에서는 임종에 정토에서 아미타불의 眞佛이 來迎하는 것을 설한다. 또한 因位의 때 법장보살이라고 號하고 四十八願을 세워 兆載永劫의 수행을 완성하여 성불하신 佛이기 때문에 아미타불은 眞身이며 그 體相은 높이 六十萬億那由他恒河沙由旬의 佛이라고 한다. 그리고, 化身에 대해서 『同書』($\frac{法然全}{二三三頁}$)에서

> 化身이란 無에서 有를 化라고 한다. 機에 隨하여 應하고 身量을 現하며, 大小不同이다.……化佛에 대하여 多種이 있다. 먼저 圓光化

身이란 經에 말하기를 圓光의 中에서 百萬億那由他恒河沙의 化佛이다. 云云

고 설한다. 機에 應하여 大身小身을 나타내는 佛이라고 한다. 아미타불의 뒤에 빛나는 圓光의 中에서 化現하는 百萬億那由他의 佛을 가지고 化佛(化身)이라고 한다. 그리고 이것에 攝取不捨의 化佛과 來迎引接의 化佛이 있음을 說한다.

이와 같이 法然은 아미타불에 眞身과 化身이 있음을 설하고 있지만, 여기서 말하는 眞身이란 報身이며, 化身이란 아미타불의 應化身이다. 따라서 이것은 法報應의 三身說의 가운데 二身을 설할 뿐이나 二身說이라고 하지 않고 三身身說에 의한 설명으로 法身에 대한 설명이 없을 뿐이다.

또 『無量壽經釋』(法然全七八頁)에 의하면 法報應의 三身의 설명에 계속하여,

次로 報身이란 前因에 報하여 感得하는 것의 身이다.……燈燭을 施한 까닭에 광명무량의 佛이 되고, 살생을 斷하는 까닭에 壽命無量의 聖이 되었다.……무릇 萬行의 因에 답하여 萬行의 果를 感하며, 因에 의하여 果를 感하고 華의 果를 結한다. 業에 酬하여 報를 招하고 響의 聲에 隨하는 것과 같다. 이것이 즉 法藏比丘의 實修의 萬行에 酬하며, 미타여래는 實證의 萬德을 得하여 報身如來이다.

고 하여 아미타불은 五行으로 酬하신 報身佛이라고 한다.

다음에 應身에 대하여서는 同釋(法然全七九頁)에서

다음으로 應身이란 始終應同의 身이다.

고 하고 이 외에 正德版의 『無量壽經釋』에서는 이것을 釋하여

大神通을 일으켜 十方에 變現하고, 機宜에 따라서 妙法을 설한다. 모든 중생을 이익안락케 하며, 穢土의 始終에 應同하여 八相示現의

身이다.
고 설하여 穢土出現의 佛을 應身이라고 한다. 따라서 法然이 說하는 아미타불은 道綽, 善導가 說한 바와 같이 報身佛이다.

다음에 『選擇集』第三遍에서는 「미타여래 餘行으로 왕생의 本願이라고 하지 않고, 오직 念佛을 가지고 往生의 本願이고 하는 文」
이라고 題하고 아미타불의 稱名念佛을 가지고 本願이라고 하고 일체 중생을 구제하시고저 하신 佛임을 論한다. 第七篇에서는

「彌陀의 광명은 餘行의 것을 비추지 않고, 오직 念佛行者를 攝取하시는 文」이라고 한다. 아미타불의 광명은 念佛을 칭하는 사람만을 비추어 정토로 맞아 들이며, 餘行의 사람을 비추지 않는다고 한다. 아미타불은 광명으로 일체중생을 구제하시는 佛이라고 한다. 다음에 第十篇에서는

「彌陀의 化身은 來迎하여 聞經의 善을 찬탄하지 않고 오직 念佛의 行을 찬탄하는 文」
이라고 題하여, 아미타불의 化身이 念佛行者의 임종에 이르러 來迎할 때 念佛의 行을 찬탄하고 淨土에 引接하는 것을 설한다. 『選擇集』十六章段의 中에서 아미타불에 대하여 특히 章節을 받아 설명하는 사람은 이 三篇뿐이다. 그래서 아미타불을 本願成就身, 光明攝取身, 來迎引接身의 佛이라고 한다.

이와 같이 法然은 아미타불의 佛身을 報身이라고 하고 그 淨土를 報土라고 할 뿐만 아니라, 다음에 本願成就身, 光明攝取身, 來迎引接身의 佛이라고 한다. 이것에 관한 敎說은 곳곳에서 볼 수 있지만, 法身에 대해서는 거의 論하지 않고 『法然聖人御說法事』와 『選擇集』에서 無相空寂의 理를 法身이라고 한다. 극락이 無爲涅槃界라고는 述하지만, 無相空寂의 理인 法身과 報身의 아미타불과의 관계 및 無爲涅槃界와 극락정토(報土)의 관계를 論하는 곳은 거의 볼 수 없다.

이것에 대하여 『百四十五箇條問答』(法然全六六八頁)에서는

眞言에서 아미타의 供養法은 正行이라 할 수 있는가. 답하기를 佛體

는 하나라고 할지라도 그 心不同이다. 眞言敎의 彌陀는 이 己心의 如來이지 다른 것은 아니다. 이 敎의 彌陀는 法藏比丘의 成佛, 西方에 계시기 때문에 그 마음 발함에 있다. 云云

고 한다. 己心의 彌陀, 唯心의 淨土를 설해 가르친 것과 같이 思辯的인 阿彌陀佛觀은 특별히 論하지 않고 있다.

(ㄴ) 報身의 受容

그러니까 法然은 報身의 아미타불을 어떻게 수용하고 있는 가에 대하여 『示或人詞』($\binom{法然全}{五八七頁}$)에서

사람은 이 때에 서방을 향하고 있다. 또 서방을 뒤로 하여서는 안 된다. 북쪽, 남쪽은 향해도 좋다. 생각하면 집에 있을 때도 잠잘 때도 반드시 서쪽을 향해야 된다. 움직임에 편리하기 위하여 서쪽을 뒤로 할 때는 마음속으로라도 나의 뒤는 서쪽이다. 아미타불이 계시는 곳이다. 지금 일부러 향해야 하지만 마음만이라도 서방을 향한다면 무심코 서방을 향하는데 極樂을 생각하지 않는 사람보다는 낫다.

고 한다. 이 말에는 조금 文意의 선택에 어려운 곳도 있지만, 서방에 生身의 아미타불이 계시기 때문에 서방으로 등을 돌려 앉는 일이 없음을 나타내는 말이라고 생각된다. 『四十八卷傳』에서는 歸依者인 熊谷入道蓮生이 關東에 下向함에 이르러 不背西方의 文을 깊이 信하여 말의 안장을 꺼꾸로 놓고 後向하여 下向했다는 이야기를 개재하고 있지만, 事의 眞僞는 별도로 하고서도 法然의 아미타불에 대한 사고의 한면을 살펴 볼 수 있다. 또 法然은 『和歌』($\binom{法然全}{八七九頁}$)에서 토굴에서 세월이 흐른다. 저 흰구름이 언제 보라빛으로 나투실까.

라고 읊은 노래의 뜻을 보면, 서방에는 生身의 아미타불이 계시는 정토가 있으며, 臨終에는 紫雲의 속에서 生身의 아미타불이 來迎하신다고 信

受하는 듯하다.

다음에 또 『選擇集』(土川校訂本)(二三三頁)의 末尾에 의하면

> 어떠한가 大唐相傳에서 말하기를 善導는 彌陀의 化身이다.

고 한다. 『大胡의 太郎實秀에게 보낸 御返事』(法然全 五一八頁)에서

> 善導는 보통 범부가 아니다. 즉 아미타불의 化身이다. 그 佛이 本願을 넓히고 널리 중생에게 왕생을 권하기 위하여 사람으로 태어나서 善導라고 하였다.

고 말한다. 중국의 初唐에 태어나서 五部九卷의 저서를 저술하고 本願念佛을 제창한 善導를 아미타불이 널리 중생을 구제하기 위하여 임시 인간으로 태어난 분이라고 한다. 즉 法然은 善導를 報身의 아미타불이 중생을 구제하기 위하여 이 세상에 나타나신 化身佛이라고 한다. 이 모습을 회화로 보인 것이 半金色의 善導像이다.

이와 같이 法然은 아미타불을 지극히 구체적으로 받아 들이고, 佛의 覺體 정토의 本性 등에 관하여 思辯的인 敎說은 볼 수 없다.

이것에 대하여 『信空上人傳說의 詞』(法然全 六七二頁)에서

> 만약 지혜로서 生死를 해탈하려고 한다면 源空 어찌하여 聖道를 버리고 淨土門에 들었을까? 그것은 이와 같다. 聖道門의 수행은 지혜로서 生死를 해탈한다. 淨土門의 수행은 우치를 돌려 극락으로 간다.

고 한다. 또 『十二同答』(法然全 六三九頁)에서는

> 오랫동안 익힌 지혜는 왕생을 위해서는 필요없다. 그렇지만 익혀 공부한 것에 의하여 이것이 필요없음을 안 것은 無量한 일이다. 그래서 감사한다.

고 한다. 정토왕생하기 위해서는 지혜로는 달성되지 않으므로 버리는데

이것은 修學에 의하여 지혜로서 왕생에는 사용되지 않는다고 하는 것을 修學에 의하여 알게 되었다고 한다. 이것은 修學에 의하여 修學을 부정하는 것이다. 여기서 自證된 것은 「우치로 還한다」고 하는 것이다. 이것은 法然淨土敎의 특질이라고 하는 것이다.

이와 같이 「지혜를 極함」을 부정하고 「우치로 還함」으로 아미타불에게 단적으로 信順하여 염불하므로 佛의 구제가 있다고 하는 것이 法然의 가르침이다. 따라서 法然에 의하면 아미타불은 지혜의 대상, 觀念의 대상, 지혜 그것이 아니고, 우치로 돌아가 信하는 대상이다. 深心釋 가운데 法의 深信에서

아미타불이 四十八願으로 중생을 攝受하심을 의심없이, 염려없이, 그의 원력에 실려 결정코 왕생함을 믿는다.

고 해석하는 바와 같이 아미타불은 四十八願으로 일체의 중생을 구제하고 계시는 佛로서 지혜를 다하여 증득하는 것은 아니다. 지혜를 버리고 우치로 돌아가서 信順하는 佛이다. 즉 아미타불은 法然淨土敎에서는 信의 대상이 되는 부처님이다.

⑥ 證空이 說한 阿彌陀佛 및 淨土

(ㄱ) 報身說

善導, 法然의 가르침을 계승하여 특히 善導敎學의 연구에 생애의 노력을 바친 證空은 아미타불의 佛身佛土에 대하여 善導, 法然과 같이 報身報土라고 한 것에는 異論이 보이지 않지만, 報身의 「報」에 있어서는 多小 생각을 달리하고 있다. 일반으로 아미타불을 報身이라고 할 경우 보살도(總願, 度斷知證의 사홍서원)을 成滿하고, 四十八願(別願)을 성취한 酬因感果의 佛이기 때문에 이것을 報身이라고 칭하지만, 證空은 특히 別願을 강조하고 四十八願을 성취하기 위하여 兆載永劫의 보살도

를 닦은 佛이라고 한다. 『玄義分他筆鈔』卷下(日佛全八卷)에서

> 묻기를 무엇으로 알 수 있는가. 四十八願의 因으로 酬하여 正覺을 이루었다고 함을. 彌陀의 正覺도 三僧祇百大劫의 行으로 酬하여 正覺을 이루었으니 어찌 諸敎의 報身과 다르겠는가. 답하기를. 三僧祇의 行은 四十八願을 이루기 위함이었다. 이것을 가지고 本願에서는 若不生者不取正覺이라고 하여 지금 이미 이루셨다. 그런데 彌陀의 兆載永劫의 行은 함께 名號得生의 원을 성취하기 위한다고 말하는 것을. 그러므로 名號得生의 願因으로 酬하여 正覺을 이루신 佛이다.

고 한다. 아미타불은 四十八願을 성취하기 위하여 因位法藏菩薩이라고 부를 때 三僧祇大百劫라고 하는 오랫동안 보살도를 行하였다. 특히 第十八願의 名號得生願을 성취하기 위하여 正覺을 이루셨다고 한다.

일반적으로 대승의 보살이 수행할 경우 사홍서원을 發하고, 육바라밀행을 닦아 깨달음을 구한다고 하지만, 證空은 法藏菩薩이라고 하는 보살은 別願인 四十八願(특별히는 第十八願)을 성취하기 위하여 사홍서원을 발하여 깨달음을 구한 것이라고 한다. 그래서 법장보살은 十劫의 옛적에 四十八願을 성취하여 아미타불이라고 하는 佛이 되셨기 때문에 아미타불을 報身이라고 할 경우 別願으로 보답된(別願酬報) 佛이라고 하는 의미로서 報身이라고 칭한다. 육바라밀의 보살행에 의하여 보답된 (因行酬報) 佛이라고 하는 의미의 佛은 아니라고 한다.

그리고 아미타불의 本願은 전체 四十八願이지만, 그 중의 第十八願만이 정토왕생의 원(生因願)이다. 他의 四十七願은 第十八願에 欣慕하기 위한 원이라고 하며, 四十七願과 第十八願과의 사이에 能詮所詮을 論한다. 四十七願은 第十八願을 詮顯하기 위한 能詮欣慕의 願이며, 第十八願은 그것에 의하여 詮顯된 所詮所因의 願이라고 한다.

예를 들면, 第一願의 無三惡趣願에 대하여 말한다면, 극락정토는 三

惡趣가 없는 國土이기 때문에 정토에 生하기를 권하고 정토를 흠모하는 것이다. 따라서 四十八願은 모두 정토는 수승한 국토이기 때문에 念佛 一行으로 왕생할 수 있다고 하고 명호에 의하여 得生의 가르침을 詮顯하는 것이다.

그러니까 법장보살의 三僧祇百大劫의 수행도 요약하면 第十八願인 명호에 의하여 得生의 願을 성취하기 때문이다. 이러한 名號得生의 願인 第十八願을 성취하고, 깨달음(正覺)을 얻은 아미타불이기 때문에 아미타불의 正覺은 즉 중생의 왕생이다. 「만약 生하지 않으면 正覺을 얻지 않겠다」(若不生者不取正覺)라고 하므로서 중생의 往生없이 佛의 正覺은 이룰 수 없다. 중생의 往生이 즉 아미타불의 正覺이다. 이와 같이 四十八願(특히 十八願)에서 酬하여 成佛한 報身으로서 아미타불을 보는 것이 證空의 阿彌陀佛觀의 一特色이라고 할 수 있다.

그리하여 중생의 往生即 彌陀의 正覺이라고 하는 證空의 阿彌陀佛觀에 있어서 이 佛身을 구체적으로 나타낸 것이 『觀經』에서 說하는 立撮即行의 佛과 法界身의 설이라고 한다.

> 분명히 들어라. 분명히 들어라. 잘 이것을 思念하라. 佛은 틀림없이 너를 위하여 苦惱를 제거하고 法을 分別하여 解說하리라.

고 할 때 빛이 찬란한 아미타불(無量壽佛)이 觀音, 세지의 두 보살과 함께 空中에 住立하셨다. 이것을 본 韋提希는 佛의 발을 받아서 頭面에 올려 놓고 공손히 敬禮하고 絶對他力의 구제를 感得했다. 이것은 아직 수행이 모자라는 범부에 대하여 佛은 스스로 모습을 나타내어 來迎하고 佛의 大慈悲에 의하여 攝受(救濟)를 보이신 것이다. 아미타불이 因位 법장보살로 계셨을 때

> 비록 몸에 모든 고통이 있어도 내 精進으로 行하고 참음에 회화하지 않는다(證空獨自의 읽는 법).

라고 하는 것과 같다. 중생에게 앞서 있는 어려움을 정진으로 수행하여 衆生往生의 行體를 완수하여 성취하신 佛心임을 보인 것이다. 이 佛心은 佛의 佛임을 보이는 것으로 諸佛의 佛心은 아미타불의 大慈悲에 의하여 이루어 지는 것이다. 이와 같이 眞實의 佛心의 전체가 표현된 것을 立攝即行의 佛이라고 한다. 즉 坐像이 아니고 立像의 아미타불을 말하는 것이다.

다음에 『觀經』에서

> 諸佛如來는 法界身이며 일체중생의 心想의 中에 入하신다. 云云

이라고 하는 文에 대하여, 이 文은 善導의 해석에 의하면 「諸佛如來인 아부타불은 法界의 일체 사람들을 化益하시는 佛이기 때문에 만약 어떤 사람이 諸佛如來를 見佛하고져 원한다면, 佛은 無礙智로서 사람의 心中을 알기 때문에, 사람의 心想中에 들어가시거나 또는 夢中에 나타나신다」고 한다. 法界身은 法界 즉 중생계를 교화하시는 佛身이라고 해석하지만, 證空은 『定善義他筆鈔』中(日佛全八卷 二一九頁)에서 이 法界身에 대하여

> 法界衆生의 想心을 體로 하는 故로 至心信樂하면 佛心 또한 이 중생의 想心에 遍한다. 至心信樂의 心을 體로 得하여 成給하여 佛心이 된다.

고 한다. 法界의 중생이란 迷한 범부로서 이 범부의 의지, 至心信樂하는 心을 모아서 正覺을 이룬 佛體라고 함을 말한다. 중생의 왕생할 수 있는 바를 성취하신 佛의 正覺을 法界身이라고 한다. 따라서 다음에 아미타불의 十劫成道에 대하여 十劫의 十은 滿數를 나타내는 것으로 佛의 正覺과 중생의 왕생이 俱時에 이루어져 滿足된 位를 十劫이라고 說한 것이라 한다.

다음에 아미타불의 淨土에 대하여 보면 教主인 아미타불이 報身佛이기 때문에 그 정토가 報土라고 하는 것은 말할 것도 없다. 그 淨土가

四十八願에 의하여 장엄된 것은 善導, 法然과 같지만, 이 淨土는 廣大無邊際의 世界이며 三界를 勝過한 것으로 범부의 지혜로서 측량할 수 없다고 한다. 그래서 이 정토는 弘願念佛에 의하여서 만이 왕생하고, 觀見할 수 있는 세계라고 한다.

그러나 『經』에서는 佛身의 높이가 육십만억이며, 허공에 가득한 形相 설하는 것은 범부구제를 위한 觀門의 說相이다. 弘願門에 들면 미타의 경토는 無邊際이며, 周遍法界의 세계라고 설한다.

이와 같이 아미타불이 本願酬因의 佛이며, 名號得生의 願(十八願)을 갖추기 위하여 他의 四十七願이 설해진 것이다. 이 名號得生의 원의 성취가 佛의 깨달음이기 때문에 중생의 왕생과 佛의 깨달음은 同時一體로을서 往生卽成佛이며, 佛體가 그대로 왕생의 行이다. 따라서 아미타불의 正覺은 그대로 佛體卽行이라고 할 수 있다. 이와 같이 往生正覺同時一體의 佛이 서방의 아미타불이며, 정토의 敎主라고 한다.

(ㄴ) 六字釋

그리고 證空은 또한 六字의 各號에 대하여 특이한 釋義를 하고 있다. 名號란 또한 果號라고도 한다. 일반으로 이것을 입으로 稱하는 것을 稱名이라고 칭한다. 즉 나무아미타불이라고 입으로 칭하는 것인데, 이 나무아미타불인 六字의 名號를 칭하는 것에 대하여 善導는 『觀經疏』玄義分(淨全二卷 一〇頁)에서 六字釋을 나타내어

> 南無라고 하는 것은 즉 歸命 또는 發願廻向의 義이다. 아미타불이란 즉 이것은 그 行이다. 이러한 뜻이기에 반드시 왕생을 얻는다.

고 釋한다. 나무아미타불이라고 稱하는 것에 願行이 구족되어 있다고 한다. 즉 善導의 意에 의하면 南無라고 입으로 칭하는 것은 歸命이며, 發願이다. 아미타불이라고 칭하는 것은 行이라고 하고, 입으로 칭하는 나무아미타불에 願과 行이 구족되어 있다고 한다. 南無라고 하는 것은

心에 三心을 구족한 것인데, 佛에 귀의하고 정토왕생을 원하여 칭하는 말이므로 南無를 安心이라고 한다. 아미타불이란 本願成就, 光明攝取, 來迎引接의 佛의 名稱이기 때문에 佛의 內證外用의 일체공덕을 具有하는 것이다. 그런 까닭에 나무아미타불이라고 稱하는 것은 그 自體로 三心具足의 念佛이며 第十八願에 誓願한 乃至十念의 稱名念佛이므로 이것에 의하여 정토왕생이 될 수 있다고 한다. 즉 나무아미타불은 중생의 心(願)行 具足의 往生業을 보이는 것이라고 한다. 이 善導의 생각을 이은 法然은 專修念佛을 說하고 있다.

그러나 證空은 여기에 특이한 釋義를 하고 있다. 즉

南無란 구원 받는 중생이 佛에게 귀의하는 자세를 말한다. 아미타불이란 「깨달음」을 얻은 正覺의 佛로서 四十八願을 성취한 아미타불이라고 한다. 『五段鈔』(長講堂刊 一三頁)에서

> 行者의 信心, 즉 佛願에 결정코 받드는 마음을 南無라고 한다. 南無란 歸命이며, 歸命이란 願力을 信한다는 뜻이다. 이 歸命의 信心을 결정코 섭취하는 곳을 아미타라고 한다. 아미타란 慈悲深重의 뜻이며 이 뜻을 誓願하고 중생을 섭취하여 이루심을 佛이라고 한다.

고 설한다. 아미타불은 우리가 의지하는 마음을 攝하여 佛이라고 한 佛體이기 때문에 우리 心과 佛體가 兩者一體인 佛이다. 따라서 이것을 나무아미타불이라고 한다. 이 나무아미타불인 佛의 명호에 의하여 南無라고 하는 중생의 心을 得하여 성취하신 아미타불, 즉 그것은 攝取不捨의 佛體임을 領解한다고 할 수 있다. 『愚要鈔』(木版本 二十二丁)에서는 이것에 대하여

> 나무아미타불의 文字의 명호를 佛果로 望할 때는 正覺의 體이다. 중생에게 約할 때는 왕생의 體이다. 但 이와 같이 분별하는 것은 항상 義理의 敎相이다. 따라서 極體는 오직 나무아미타불이라고 稱하는 聲이다. 이 位를 言語도 心形도 같이 滅하여 우치의 왕생이라고 한다.

第七章 信仰對象의 阿彌陀佛 및 淨土　311

고 釋하고 있다.
　즉 證空에 의하면 나무아미타불은 아미타불로서 南無한 境地를 말하는 것으로 佛과 一致한 중생의 모습이라고 해석한다. 따라서 한번 阿彌陀佛他力으로 南無하여 歸命하면 범부의 念不念에 관계없이 항상 佛은 행자를 攝取하고 照覽하기 때문이다. 범부는 自力의 공을 만들지 않고 一期不退로 念佛이 상속되는 것이라고 한다.

7 一遍이 說하는 阿彌陀佛 및 淨土

(ㄱ) 報身說

　一遍은 證空의 西山義의 流를 조직한 사람이므로 善導, 法然과 같이 法報應의 三身說에 의하여 아미타불의 佛身을 설한 것은 말할 필요도 없다. 一遍上人語錄의 『別願和讚』($^{日佛全四六卷}_{八三頁}$)에서

　　自性清淨法身은 如如常住의 佛이다. 迷도 悟도 없기 때문에 아는
　　것도 모르는 것도 더할 것 없다.
　　萬行圓備의 報身은 理智冥合의 佛이다. 境智 둘도 없는 故로 心念
　　口稱의 益 없다.
　　斷惡修善의 應身은 隨緣治病의 佛이다. 十惡五逆의 罪人에게 無緣
　　出離의 益 없다.

고 설한다. 法身은 如如常住의 佛이며, 소위 眞如라고 하는 평등의 理의 세계를 神格化한 것이다. 報身은 萬行圓備라고 하기 때문에 보살도를 완성한 소위 酬因感果의 수행성취의 佛이다. 應身은 凡夫二乘이 보는 佛이므로 현세에 있어서 惑을 斷하고 善을 닦아 깨달음을 얻은 佛이다. 이와 같이 一遍은 法報應의 三身을 설하고 있지만, 證空, 一遍이 중시하는 佛은 이 三身의 中에 報身이라고 하는 것은 말할 것도 없다. 그러나 그 報身의 佛이란 證空과 같이 名號에 의하여 得生을 誓願한 名

號酬因의 佛이며, 本願의 성취에 의하여 깨달음을 얻은 報身佛이라고 한다. 이것을 『別願和讚』(日佛全四六卷 八三頁)에서

> 名號酬因의 報身은 凡夫出離의 佛이다. 시방중생이 원한다면 한 사람도 남김없이 모두가 구제된다.

고 설한다. 범부 구제의 佛은 이 名號酬因의 佛이라고 한다. 또 『一遍上人語錄』下(日佛全四六卷 九四頁)에 의하면 慈悲에 小悲, 中悲, 大悲의 셋을 설하고「大悲란 法身의 慈悲이다」고 한다. 다음에

> 지금 別願成就의 彌陀는 法身의 大悲를 베풀어 중생을 건지는 故로 眞實로 자취없다.

고 설한다. 아미타불은 別願인 四十八願 성취의 報身佛이며 法身의 大悲(無緣의 慈悲)로서 일체를 구제하시는 佛이라고 한다.

이와 같이 아미타불을 本願酬因의 佛이라고 하는 것은 證空의 생각과 같지만, 아미타불을 無量壽라고 함에 있어서 『一遍上人語錄』下(日佛全四六卷 九四頁)에서는

> 又云 無量壽란 일체중생의 壽, 不生不滅하여 常住함을 無量壽라고 한다. 이것 즉 所讚의 法이며, 西方에 無量壽佛이라고 하는 能讚의 佛이며, 諸佛同道의 佛이라 하는 까닭이다.

고 한다. 敎化할 중생이 無量하므로 佛의 壽命도 또한 無量하다고 한다. 또 『器朴論』에는 『觀經』의 法界身으로 아미타불의 無量壽임을 설한다. 이것은 『觀經』第八像想觀에서

> 諸佛如來는 이 法界身이다. 일체중생의 心想의 가운데에 들어 있다.

고 하는 文에 의하여 설한 것이다. 證空이 이 諸佛如來란 別로서는「아미타불을 가르킨다」고 하는 생각을 받아서 이와 같이 諸佛如來란 아미타불이라고 한다. 다음에 法界란 佛이 化益하는 대상인 중생계이다. 佛

은 十方의 중생을 제도하기 때문에 法界身이라고 하며, 시방세계의 중생은 그 수가 무량하기 때문에 佛의 수명도 또한 무량하지 않으면 안 된다. 따라서 아미타불을 無量壽라고 칭하는 것은 무량의 중생에 대하여 말하는 것이다. 이것은 중생의 왕생과 佛의 正覺이 一體이므로 覺他의 智를 가지고 無量壽라고 칭한다고 한다.

이 외에 『器朴論』에서는 久遠의 無量壽佛을 설하고 『無量壽經』에서 설하는 十二光佛은 久遠의 無量壽佛이 一劫을 지날 때마다 出世하시는 佛이라고 할 뿐만 아니라 『法華經』壽量品(正藏九卷 四三頁)에서 「慧光의 비침이 無量하며, 壽命無數劫이다」고 하는 文을 가지고 光明無量, 壽命無量의 아미타불을 설하며, 또 「本門의 釋迦는 즉 阿彌陀이다」라고도 하며 釋迦彌陀同體異名說을 말하고 있다.

다음에 大日如來와 아미타불에 대하여도 同體라고 한다. 大日如來에는 大光明遍照의 義가 있으며, 이 光明遍照는 아미타불의 覺體이기 때문에 彌陀와 大日은 同體라고 하고 다음에 釋迦와도 同體라고 한다. 이 밖에 託阿는 眞言密敎의 五智五佛의 설을 받아서 서방의 아미타불을 妙觀察智의 佛이라 하고, 聲塵世界에서 說法利生 하는 佛이라고 한다. 報身佛이 깨달은 法은 眞如實相의 理이지만, 이것을 無量壽라고 하며, 이것이 名號라고 한다.

다음에 注目할 것은 『條條行儀法則』(日佛全七卷 九九頁)에서 나타난 三身說로서 名號를 法身이라 하고 現世의 지식을 應身이라고 이름한다. 各地에서 獨住하는 출가의 時衆을 化身이라고 한다. 時宗敎團에 있어서 遊行上人을 현세의 지식과 추앙으로 살아 있는 應身佛이라 하고, 地方에 있는 사람들을 化導하는 사람을 遊行上人(應身佛)의 化身이라고 한다. 따라서 名號는 아미타불이 久遠十劫에 正覺을 얻은 이래로 부터 지금까지 佛을 만나지 못한 凡夫를 위하여 나타나신 理具의 名號로서 彌陀의 眞心이라고도 한다.

(ㄴ) 淨土說

다음에 정토에 대하여 보면 『一遍上人語錄』卷下(日佛全四六卷 九六頁)에서는

> 又云從是西方過十萬億佛土라고 하는 것은 실지로 십만억의 里數를 지나는 것이 아니다. 중생의 妄執을 가르친다……실로 里數를 지나는 것이 아니다. 故로 經에서는 「阿彌陀佛去此不遠」이라고 설하여 중생의 마음을 가르키는 뜻이다.

고 설한다. 『阿彌陀經』에서 서방십만억 불토를 지나 가면 저쪽에 정토가 있다고 설하지만, 이것은 里數를 말하는 것이 아니고 중생의 妄心과 정토의 淸淨性과의 質的相違를 말하는 것이다. 참으로 정토는 중생의 心外에 존재하지 않는다고 한다. 그래서 그 淨土는 報身佛이 住하는 報土이며, 本願力에 의하여 성취된 세계이기 때문에 일체중생의 本願力에 의해 누구나 평등하게 왕생할 수 있다고 한다. 그러나 『器朴論』에 의하면 佛에 있어서 久遠實成의 彌陀를 설하고 이 久遠의 彌陀가 住하는 세계를 蓮華藏世界라고 한다. 이것은 久遠의 彌陀가 心蓮開悟하여 성취된 세계이다. 天台敎學에서 설하는 寂光淨土가 이것이라고 한다.

다음에 정토는 서방에 있다고 하지만, 본래 東西는 없다. 정토는 法界에 편안해 있는 것으로 指方立相의 莊嚴淨土는 入門의 初心者에 대하여 설하는 것이다. 그 實體는 寂光淨土이며, 蓮華藏世界라고 한다.

이와 같이 『器朴論』은 天台, 眞言 등의 敎相에 의하여 아미타불 및 정토를 해설하고 있다. 一遍의 생각보다 多少의 차이가 있다고 보지만, 時宗敎團이란 것이 형성됨에 있어서 가르침을 조직화하여 他의 淨土門流의 敎說과 比肩할 필요에 의하여 이러한 가르침을 주장하게 된 것 같다.

第七章　信仰對象의 阿彌陀佛 및 淨土　315

8　親鸞이 說하는 阿彌陀佛 및 淨土

(ㄱ) 十劫, 久遠의 佛

親鸞이 설하는 佛身論이 善導, 法然이 說하는 法, 報, 應의 三身說을 기본으로 하고 있음은 말할 필요도 없다. 親鸞은 아미타불을 가지고 報身이라 하고, 四十八願을 성취하기 위하여 永劫의 수행을 하고 드디어 깨달음을 얻었다. 濁惡의 중생을 위하여 미묘한 好相을 구족하여 청정한 국토를 건설하고, 그리고 攝取不捨의 大悲를 나타내 보이고 일체중생을 化益하시는 佛이라고 한다.

그러나 親鸞은 曇鸞이 『往生論註』에서 설하는 法性法身과 方便法身의 설에 의하면 法身을 法性法身이라고 이름하고, 報身을 方便法身이라고 이름한다. 法性法身에서 方便法身을 流出한다고 하는 생각에 의하여 아미타불인 方便法身은 法性法身에서 顯現한다고 하는 것이다. 즉 『唯心鈔文意』(親鸞全三卷)에서

> 法性 즉 法身이다. 法身은 色도 없고 형상도 없다. 그래서 마음도 미치지 못하고, 말로도 되지 않는다. 이 一如의 모양을 나타내고 方便法身으로 나타나 모습을 보이여, 法藏比丘라고 하여 不可思議의 大誓願을 發하여 나타나셨다. 모습을 世親菩薩은 盡十方無碍光如來라고 하신다. 이 如來를 報身이라고 한다. 誓願의 業因으로 보답되었기 때문에 報身如來라고 한다. 報라고 하는 것은 因報이다.

고 한다. 원래 法身佛은 色도 없고 形도 없으며, 말과 思慮를 絶했기 때문에 중생은 이것을 볼 수 없고 들을 수도 없다. 따라서 이러한 중생을 위하여 無相의 處에서 相을 나타내고, 無名의 處에서 名을 나타내며 因果가 없는 處에서 因果를 나타낸 것이 『無量壽經』에서 설하는 아미타불이라고 한다.

그래서 『無量壽經』에 의하면 이 아미타불은 옛날 法藏比丘라고 號하고 四十八願을 성취하여 깨달음을 얻은 佛이다. 그 시기에 대하여 「成佛已來 무려 十劫을 지났다」거나 「지금부터 十劫되었다」고 하여 十劫前에 成佛하셨다고 한다. 이것을 十劫成道의 아미타불이라고 稱한다.

이 十劫成道의 아미타불에 대하여 親鸞은 久遠實成의 아미타불이 계심을 설한다. 즉 『大經讚』($^{親鸞全二卷}_{三六頁}$)에서

> 彌陀成佛의 이 분은 지금부터 十劫 전이라고 해도 塵點久遠劫도 더 오래된 佛이다.

고 한다. 또 『諸經讚』($^{親鸞全二卷}_{五四頁}$)에서는

> 無明의 大夜를 불쌍히 여겨 法身의 光輪만이 아니고 無碍光佛로 示現하여 安養界에 影現한다. 久遠實成阿彌陀佛, 五濁의 凡愚를 불쌍히 여겨 석가모니로 示現하여 迦耶城에서 應現한다.

고 설한다. 久遠이란 영원의 의미이다. 시간적으로 길고 먼 것을 말하며, 實成이란 진실한 佛이라고 한다. 아미타불이 영원의 과거에 성불하신 佛임을 말한다. 이 久遠實成의 아미타불이 일체중생을 구제하시고져 하신 대자비를 중생에게 알리기 위하여 방편으로 법장보살로 되어 四十八願을 세워 보살도를 닦아 깨달음을 연 분이 十劫正覺의 아미타불이다. 또 이 久遠實成의 아미타불이 이 세계의 중생을 제도하기 위하여 應身佛로 나타나신 분이 석가모니불이라고 한다.

이러한 久遠實成의 彌陀와 十劫正覺의 彌陀의 二佛을 설하는 것은 「淨土三部經」을 처음으로 중국, 일본의 정토교 列祖의 가운데에서 볼 수 없는 것이며, 또한 善導, 法然도 설한 바 없다. 이것은 親鸞 獨自의 사고라고 생각된다.

그러나 중국의 曇鸞이 『往生論註』에서 法性法身과 方便法身의 二種法身을 설하고, 그 사이에 있어서 廣略相入을 설한다. 또 일본에 있어서

天台淨土敎가 本門의 彌陀를 설하기 때문에 이러한 曇鸞과 天台淨土敎의 생각에 영향을 받아 이와 같은 二種의 아미타불을 설함에 이르른 것 같다. 그리하여 親鸞의 생각에 의하면 법장보살은 久遠의 아미타불이 應現하신 보살이며, 이 보살이 四十八願을 성취하고 十劫前에「깨달음」을 얻었을 때 일체중생은 모두 왕생한다고 하는 것이다. 이 생각은 西山義證空의 방법과 유사하다.

(ㄴ) 眞佛土, 化身土의 說

다음에 淨土에 대하여 보면, 法身佛이 住하는 세계를 法土 또는 法性土, 報身佛이 住하는 國土를 報土. 應身佛이 住하는 세계를 應土, 應化土라고 일반으로 말하는 것과 같이 親鸞도 이와 같은 생각으로 세웠다. 아미타불이 報身佛이기 때문에 극락정토를 報土라고 함에 다름이 없지만, 그러나 이 報土를 다음에 (一)眞佛土와 (二)化身土의 二土로 나누고 있다. (一)眞佛土란 弘願의 念佛行者가 住하는 淨土이다. 『敎行信證文類』眞佛土卷(親鸞全一卷二二七頁)에서는

> 삼가 眞佛土를 살펴 보면, 佛이란 즉 이 不可思議光如來이다. 土란 또한 無量光明土이다. 그러니까 즉 大悲의 誓願으로 酬報되는 까닭에 眞의 報佛土라고 한다. 그러는 사이 願이 있으니 즉 光明壽命之願이다.

고 說한다. 아미타불을 不可思議光如來라고 하며, 정토를 무량의 광명으로 빛나는 세계라고 한다. 그래서 정토를 또한 廣大無邊際의 세계, 蓮華藏世界, 無爲涅槃界라고도 하며, 第十八願의 弘願을 信하는 사람이 왕생하는 국토라고 한다. (二)化身土에 대해서는 疑城胎宮과 懈慢邊地의 二土를 설한다. 第十九願, 要門의 機(自力)가 왕생하는 세계를 懈慢邊地라고 하고, 疑城胎宮은 第二十願의 機(眞門)가 왕생하는 나라라고 한다. 여기서 말하는 化身土란 應化身의 佛이 住하는 세계라고 하는 의

미가 아니고 아미타불이 報土의 中에 있어서 化身土이다.

　疑城胎宮이란 善을 닦아 왕생을 원해도 佛智를 의심하기 때문에 정토에 왕생한 뒤에도 정토의 眞相을 볼 수 없다. 그래서 佛은 그 사람의 業의 大小에 의하여 有限的인 정토를 나타내고, 그 기간 동안 往生人을 住하게 하는 國土를 疑城胎宮이라고 한다. 疑城이란 疑惑을 가진 사람이 住하는 城이기 때문에 疑城이라고 한다. 胎宮이란 胎生의 사람이 胎內에 머무는 상태를 말하는 것으로 또한 三寶를 見聞할 수가 없음을 말한다.

　懈慢邊地란 懈慢은 정진의 반대로서 佛의 本願力을 우러러 聞法할 생각이 없음을 말한다. 邊地란 邊鄙한 處라고 하는 의미로서 五百年 동안 三寶를 볼 수 없음을 비유한 말이다. 이 二土는 要門(第十九願)과 眞門(第二十願)의 機가 왕생하는 정토이다.

(ㄷ) 名號說

　이와 같이 親鸞은 아미타불의 정토를 眞佛土와 化身土로 나누고, 또한 報土라고도 하지만, 다음에 아미타불의 명호인 나무아미타불에 대하여 어떻게 생각했느냐고 함에 善導가『觀經疏』玄義分에 있어서 덧붙인 六字釋에 의하면 법장보살의 超世不共의 大願大行이 이 六字의 명호 가운데 具足해 있다고 한다. 즉『觀經疏』玄義分($\substack{\text{淨全二卷} \\ \text{一○頁}}$)에서

> 南無라고 하는 것은 즉 歸命, 또는 發願廻向의 義. 아미타불이라고 하는 것은 즉 그 行이다. 이 義를 가진 故로 반드시 往生을 얻는다.

고 하는 文에 대하여 善導, 法然에 의한다면 南無라고 稱하는 말은 佛에 歸依하는 마음이 나타나며, 또 정토왕생의 意를 보인 것이라고 한다. 아미타불이라고 칭하는 것은 입으로 칭하는 것이기 때문에 口業에 의한 行이다. 따라서 이 나무아미타불이라고 칭하는 말에 願과 行이 具足된 것이라고 한다. 이것에 대하여 親鸞은『敎行信證文類』行卷($\substack{\text{親鸞全一卷} \\ \text{四八頁}}$)에서

> 歸命은 本願招喚의 勅命이다. 發願廻向이라고 하는 것은 如來 이미
> 發願하여 중생의 行을 廻向하신 心이다. 即是其行이라고 하는 것은
> 즉 選擇本願이다.

고 釋한다. 歸命이라고 하는 것은 아미타불이 歸命하라고 招喚하시는 말씀(勅命)이다. 「如來 이미 發願」의 發願이란 아미타불이 옛날 법장보살이라고 號하신 때에 중생을 구제하고져 하는 誓願을 이르킨 것을 말한다. 廻向이란 佛이 「깨달음」을 얻은 뒤 중생에게 往生의 業因을 베푸신 것이다. 「即是其行」이란 佛이 發願하여 廻向하는 行이라고 하는 의미로 해석한다.

따라서 이 생각에 의하면 發願도 廻向도 其行도 모두 如來의 發願이며, 廻向이며, 其行이다. 거기에서 나무아미타불이라고 하는 것은 佛이 일체중생에게 歸依하게 하고 名號로 衆生往生의 行業이라고 하고 이것을 중생에게 回施하시는 것을 말하는 것으로 如來의 大願大行을 보인 것이다.

그러나 이 如來의 大願大行은 本來衆生을 위한 大願大行으로 아미타불 자신의 自利를 위한 것은 아니다. 중생의 生死勤苦의 근원을 拔하기 위하여 利他의 大悲를 재촉하여 일으킨 것이기 때문에 이것은 佛의 所에 止住하는 것이 아니고 중생을 위하여 流出하시는 것이다. 바꾸어 말하면 법장보살의 大願大行은 중생에게 施與(回向)하기 위하여 성취하신 것이다.

善導가 말하는 六字釋은 佛의 명호를 칭하는 것에서 願과 行이 중생의 위에 具足한다고 하는 것이지만, 親鸞은 名號를 칭하는 것은 단지 口業의 行일 뿐만 아니고 名號의 意義, 즉 아미타불이 四十八願을 일으켜 名號로서 중생을 구제한다고 하는 意趣를 듣는다. 중생이 왕생하기 위해 願行이 이미 佛의 위에 있어서 성취된 것을 信하고 의심없음으로 名號를 稱하는 口業의 行이 生起한다고 하는 것이다. 즉 명호의 意義를

聞信하는 찰라에 名號에 具有한 願行이 중생의 願行이라고 하여, 卽得往生을 얻는다고 한다.

이와 같이 親鸞은 나무아미타불의 명호에 佛의 大願大行이 있다고 하지단, 다음에 蓮如는 『御文章』(日本思想大系)(六二頁)에서

> 南無라고 하는 二字는 곧 극락으로 왕생하고져 원하는 것이고, 彌陀를 깊이 의지하는 마음이다. 따라서 阿彌陀라고 하는 것은 이와 같이 의지하는 중생을 가련히 여기신다. 無如曠劫으로 부터 이 사람 무서운 죄의 몸 되었다 할지라도, 미타여래의 광명의 緣에 의하여 無如業障의 깊은 죄들이 금방 소멸되므로 이미 正定聚의 類에 든다. 그가 이와 같이 凡身을 버리고 佛身을 證하는 마음을 곧 아미타여래라고 한다.

고 설한다. 南無를 歸命이라고 하는 것은 반드시 구한다고 하는 佛의 招喚의 勅命에 대하여 도움받는 자신을 佛力에 全託하여 조금도 계획하여 혼란하지 않으며, 歸依하여 信賴하는 것이라고 하고, 이 歸依信賴하는 사람을 반드시 구한다고 하는 것이 아미타불의 四字의 뜻이다. 즉 중생의 信心과 佛의 助力으로 분류하여 나무아미타불의 六字를 해석하는 것이 蓮如의 생각이다. 다음에 『御文章』(日本思想大系)(九二頁)에서

> 南無라고 歸命하는 機와 아미타불의 助하는 法이 一體되는 것으로, 機法一體의 나무아미타불과는 廻한다.

고 하여, 機法一體의 名號를 설한다. 이 機란 스스로 信心을 발하는 機가 아니고 아미타불의 활동이 중생의 心 가운데 철저한 歸命의 信心이 된 機이다. 南無라고 하는 마음이 바로 아미타불의 활동으로 나타나며, 佛은 중생으로 南無歸命하도록 하는 것에 스스로 成佛이 있다고 한다.

이와 같이 親鸞에 있어서는 명호는 大願大行을 밝히는 것이라고 한다. 蓮如는 機法一體의 명호라고 釋하지만, 이 나무아미타불의 六字의 명호

에 아미타불이 중생구제의 大悲가 모두 나타난다고 하고 명호로서 아미타불로 변하여 本尊이라고 한다. 이 名號本尊에 六字名號, 九字名號, 十字名號의 세 가지가 있다. 六字名號란 나무아미타불의 六字의 名號를 本尊이라고 하는 것이지만, 九字名號란 南無不可思議光如來의 九字號이다. 이것은 『敎行信證文類』眞佛土卷(觀鸞全一卷 二二七頁)에서

> 삼가 眞佛土를 살펴 보면 佛은 즉 이 不可思光如來이다.

고 한다. 眞佛土인 극락정토에 계시는 阿彌陀를 不可思議光如來라고 부르는 것으로 여기에 南無를 보태어 九字名號라고 하며, 그래서 本尊이라고 한다.

다음에 十字名號란 歸命盡十方無碍光如來로서 『敎行信證文類』眞佛土卷(觀鸞全一卷 二六五頁)에서

> 眞佛이라고 하는 것은 大經에서는 無邊光佛이라고 하며……論에서는 歸命盡十方無碍光如來라고 말한다.

고 한다. 天親의 『往生論』에서 「세존 우리 一心으로 盡十方無碍光如來에게 歸命하고 云云」고 하는 文에 의하여 淨土의 眞佛을 나타내는 말이라고 하여 이것을 가지고 本尊이라고 한다. 이와 같이 三種의 명호를 가지고 本尊이라고 하지만, 그 중에서 六字名號가 本尊의 中心이라고 하는 것은 말할 것도 없다.

第八章 救濟의 對象이라고 하는 凡夫

1 凡夫의 意義

淨土敎에서 구제의 대상이라고 하는 인간을 凡夫라고 칭한다. 범부란 일반적으로 凡庸한 士夫, 平平凡凡한 일반인을 가르키는 말이라고 하지만, 이 말은 샨스크리트語의 푸리다그・쟈나(pṛthag-jana)를 번역한 것으로 異生이라고 直譯된다. 異生이란 種種의 다른 세계에 태어나 變하는 것이라고 하는 것으로, 번뇌에 의하여 業을 일으키고, 그 때문에 種種의 다른 세계에 태어난다고 한다. 다른 세계란 보통 六道라고 하여 地獄, 餓鬼, 畜生, 修羅, 人間, 天人의 6가지이다. 번뇌에 의하여 이러한 六種의 다른 세계로 轉生하기 때문에 異生이라고 부른다.

대승불교에서는 불도수행에 열심인 대승보살이 보리심을 일으켜 수행을 열심히 하고 깨달음에 이를때 까지를 五十二階位로 나누고 있다. 五十二계위란 十信位, 十住位, 十行位, 十廻向位, 十地位, 等覺位, 妙覺位이다. 이 중의 十地의 처음을 初地, 또는 歡喜地, 不退轉(地), 阿惟越致, 阿毘跋致라고도 한다. 이 初地의 段階까지 정진한 보살은 다시 앞의 十廻向과 十信位로 떨어질 수 없다고 한다. 거기에서 이 이상의 사람을 聖者라 하고, 아직 初地에 이르르지 않은 十廻向, 十行, 十住, 十信位에 있는 것을 總稱하여 凡夫라고 한다. 그것은 初地에 들어 처음 無漏智(오염되지 않은 지혜)를 얻으면 佛性을 볼 수 있고 聖者로 된다. 佛智를 길러 보존함과 동시에 진실로 일체중생을 보호하여 기르기 때문에 十聖 또는 十地上의 보살이라고도 부른다. 이것에 대하여 初地 以前의 보살을 범부라고 한다. 이 경우 처음의 十信位에 있는 것을 外凡. 十住 十行, 十廻向位의 것을 內凡이라고 한다. 아직 十信에도 들지 못한 사람을 底下의 凡夫, 信外輕毛의 凡夫라고 칭한다.

『彌勒菩薩所問經論』(正藏二六卷 二三六頁)에 의하면

> 聖人의 法을 遠離하고 身見 等에 染着하여 五欲의 資生에 住하는 故로 凡夫人이라고 이름한다.

고 한다. 聖者의 가르침을 멀리하고, 我見에 住하는 者를 凡夫라고 稱한다. 소위 번뇌에 의하여 我欲我見 등을 일으켜 번민에 迷한 사람을 말한다. 『法華經』에서는 이러한 범부는 제도할 수 없다고 하고 『法華經』譬喩品(正藏九卷 一五頁)에서는

> 또한 舍利弗아 憍慢懈怠로서 我見에 計하는 者에게는 이 經(法華經)을 설하지 말라. 범부는 淺識하여 五欲에 著하고, 들어도 이해하지 못하느니라.

고 한다. 凡夫는 智慧淺하고 五欲(재욕, 색욕, 음식욕, 명예욕, 수면욕)에 집착하기 때문에 만약 『法華經』의 가르침을 들어도 이해할 수 없다고 한다. 따라서 『法華經』의 가르침에서는 凡夫는 구제하지 않는 것이다. 거기에서 『法華』의 가르침을 중시하는 天台敎學에서는 만약 『法華經』이 외의 가르침에 의하여 淨土에 往生하여도 그 淨土는 程度가 저속한 「凡聖同居土」이며, 劣應身의 佛이 住하는 세계로서 眞實最高의 寂光淨土에 往生할 수는 없다고 한다.

이와 같이 凡夫는 淺識의 사람, 五欲에 집착하는 者, 身見 등에 집착하는 者라고 하여, 또한 제도하기 어려운 者라고 하지만, 중국의 善導는 이러한 凡夫로서도 아미타불의 眞實報土에 왕생할 수 있다고 하여, 本願의 念佛을 提唱하고, 凡入淨土說을 주장했다. 法然은 이 善導의 가르침을 계승하여 本願念佛에 의하여 凡夫往生의 가르침을 설해 밝힌 것이다.

2 法然이 說하는 凡夫

(ㄱ) 凡夫의 意味

法然이 말하는 凡夫란 일체중생으로서 거기에는 善人惡人, 有智無智도 없이 모든 사람을 凡夫라고 한다. 그것은 聖者에 대해 凡庸한 사람을 말하는 것은 아니다. 『律戶의 三部에게 보내는 御返事』($\frac{法然全}{五○一頁}$)에서

> 彌陀가 옛날 誓願한 本願도 널리 일체중생을 위함이다. 無智하기 때문에 念佛을 願하고, 有智한 者를 위해서는 다른 어렵고 깊은 行을 願하는 것은 아니다. 十方衆生을 위하여 널리 有智無智, 有罪無罪, 善人惡人, 持戒破戒, 좋아도 싫어도, 男도 女도, 혹은 佛在世, 佛滅後의 近來의 衆生, 혹은 釋迦의 末法萬年의 뒤, 三寶가 모두 파괴되는 때의 중생까지 모두 거두어 주신다.

고 설한다. 佛의 在世滅後를 묻지 않고 男女, 善人 惡人을 묻지 않고, 모든 사람을 凡夫라고 한다. 따라서 거기에는 一人의 聖者도 인정하지 않는 것이 法然의 생각이다. 다음에 이 凡夫를 「造惡의 凡夫」「罪障의 凡夫」「十惡五逆의 凡夫」「번뇌를 具足한 凡夫」라고 한다.

이 罪惡이라는 말은 중국의 善導가『觀經疏』散善義에서 현실의 인간을 설한다.「自身은 현재에 이 罪惡生死의 凡夫이며, 曠劫으로 부터 이 사람 항상 沒하고 항상 流轉하여 出離의 緣이 없다」고 설한 것에 의한 것이며, 煩惱具足의 凡夫란『往生禮讚』에서「自身은 현재 이 具足煩惱의 凡夫」라고 설한 것에 의한 생각인데, 法然은「偏依善導一師」라고 한다. 善導의 가르침을 受容함에 대하여 이「죄악의 凡夫」「煩惱具足의 凡夫」등을 전면적으로 受容하여 현실의 인간을 모두「죄악번뇌의 凡夫」라고 한다. 따라서 法然이 말하는 凡夫란 일반으로 凡庸한 士夫, 平平凡凡한 일반인이라고 하는 의미 이 외에 대승불교에서 말하는 淺識의

사람, 身見에 집착하는 사람을 말함과 동시에 「罪惡의 사람」「煩惱具足의 사람」이라고 한다. 그래서 이러한 罪業惡業의 사람에 대하여 가장 잘 상응하는 최고의 가르침으로서 本願念佛의 가르침을 開示하는 것이다.

그러니까 法然이 설하는 本願念佛에 의하여 구제되는 者는 罪業惡業의 凡夫가 第一이다. 그 凡夫란 一切 現實의 인간을 말한다. 거기에는 貴賤男女, 善人惡人의 구별없이, 모든 사람으로서 罪惡의 凡夫, 煩惱具足의 凡夫라고 한다. 그리고 法然이 말하는 聖者에 대한 凡夫던가, 賢者에 대한 愚者를 말하는 것은 아니고 佛 이외의 일체의 사람을 凡夫라고 하는 것이다.

이와 같이 法然에 의한 정토교에서는 일체 현실의 인간을 범부라고 하지만, 그 범부라고 하는 말의 중에 많은 의미가 포함되어 있다. 이것을 (一)末法의 凡夫 (二)煩惱具足의 凡夫 (三)罪惡의 凡夫 三項으로 나누어 해명하고 있다.

(ㄴ) 末法의 凡夫

末法이란 이미 述한 바와 같이 正像末의 三時思想에 의하여 說하는 것이다. 釋尊이 入滅하신 뒤 점차 해가 지나 갈수록 불교는 쇠퇴하고, 사회가 혼란하며, 惡人이 만연하며, 드디어 佛法은 멸망의 시대에 접어드는 지극히 비관적인 佛敎史觀이다.

이 사상은 중국에서는 道綽의 정토교, 일본에서는 法然의 정토교 組成의 基盤思想이라고 생각되는 것이다. 이미 前述한 (聖淨二門敎判의 項)바와 같이 釋尊이 入滅하신 뒤 500년(또는 1천년)의 사이를 正法時代라고 이름한다. 인간은 上根上智의 뛰어난 사람 뿐이고, 실제로 불도수행이 바르게 행해 지며, 따라서 깨달음을 얻는 사람이 많다. 소위 「敎」와 「行」과 「證」(깨달음)의 셋이 갖추어져 불교가 전성하는 시대이다. 그러나 다음의 像法時代(一千年)에 들어가면 인간의 능력이 쇠약해 지고 소질도 약해지며, 가르침은 있고 修業하는 사람이 있어도 修業者

의 소질은 惡하고 능력이 劣하기 때문에 證(깨달음)을 얻는 사람이 없는 시대이다. 敎行證의 셋 가운데 「證」은 없고, 「敎」와 「行」만이 있는 시대라고 한다.

末法時代에는 敎만 있고 실제로 수행하는 사람은 없으며, 따라서 證(깨달음)을 얻는 사람이 없는 시대일 뿐만 아니라 邪法惡法이 성하여 佛敎者로서 邪法惡法을 행하는 사람이 나타나고, 世間은 혼란하고 1만년의 후가 되면 불교는 멸망한다고 하는 사상이다.

이 三時思想의 時代區分은 경전에 따라서 차이가 있다. 500년마다 年次를 區切하여 解脫堅固(五百年), 禪定堅固(五百年), 多聞堅固(五百年), 造寺堅固(五百年), 鬪諍堅固(五百年)이라고 하는 說이 있지만, 어느 것이나 차차로 年次를 경과함에 따라서 敎法은 쇠퇴해 지고 邪敎가 일어나며 세상은 어지러운 시대가 된다고 하는 극히 비관적인 불교쇠퇴의 歷史觀이다.

法然의 정토교는 중국의 道綽이 『安樂集』에서 설명한 聖淨二門의 敎判을 受容하여 淨土門이야말로 지금의 시대(末法時代)에 가장 잘 相應하는 가르침이라 하고 『念佛大意』(法然全 四〇五頁)에서는

> 하물며, 지금은 第五의 五百年, 鬪諍堅固의 時이다.

고 한다. 現今은 釋尊이 入滅하신 뒤 「第五·五百年」즉 二千餘年을 지난 鬪諍이 盛한 末法의 시대라고 한다. 그래서 『四十八卷傳』第六(淨全 一六卷 六頁)에 의하면

> 聖道門의 수행은 正像의 時의 가르침이기 때문에 上根上智의 무리가 나타나드라도 證하기 어렵다……淨土門의 수행은 末法濁亂의 時의 가르침이기 때문에 下根下智의 무리를 器로 한다.

고 설한다. 聖道門의 가르침은 正法時代, 像法時代의 가르침이기 때문에 뛰어난 能力素質을 가진 사람을 대상으로 說함에 대하여, 淨土門의

가르침은 末法時代의 가르침이기 때문에 下根下智라고 하는 능력이 劣한 악인을 대상으로 하는 것이라고 한다.

이 末法惡의 모양은 『大集經』月藏分法滅盡品과 『末法燈明記』(最澄撰)에 상세히 설명하고 있지만, 法然은 『選擇集』에서 『安樂集』의 文을 인용하여 「起惡造罪를 論한다면 暴風駛雨와 다름이 없다」고 하여 악을 지어 죄를 범하는 사람이 많은 時代라고 한다. 또 『十二問答』(法然全)에서는

> 末法의 中에는 持戒도 없고, 破戒도 없고, 無戒도 없다. 오직 名字의 比丘는 있어도 傳敎大師의 末法燈明記에 기록되어 있지만, 云云

이라고 한다. 末法時代에 접어 들면 出家하여 戒法을 지키는 사람은 없고 戒法이 전연 행해 지지 않기 때문에 따라서 破戒도 없다. 오직 이름만의 出家者인 시대가 된다고 한다. 다음에 鬪諍堅固의 시대라고도 하여 鬪諍戰亂이 심한 시대라고 한다. 즉 末法時代가 되면 社會는 어지럽게 鬪諍이 盛하며, 佛敎者는 이름만의 出家로서 如實히 수행하는 사람은 없고, 악을 지어 죄를 범하는 사람이 많은 시대라고 한다.

이 末法惡이라고 하는 것은 釋尊의 入滅로 부터 해를 지날수록 불교가 衰하여 惡法邪法이 盛한다고 한다. 正法時代는 「上根上智의 무리」라고 하는 바와 같이 뛰어난 사람 뿐임에 대하여 末法은 「下根下智」라고 하므로 능력이 劣한 악인이 만연한 時代이다. 이와 같이 釋尊의 入滅로 부터 시간을 경과함에 따라서 惡法이 만연하는 것은 비유하면, 燈火의 밑은 밝지만, 점점 燈火로 부터 멀수록 희미해져 결국은 어두워지는 것과 같다. 釋尊으로 부터 시간적으로 隔絶하는 것이 末法惡을 형성하는 契機라고 생각된다. 즉 석존의 入滅로 부터 시간이 지남에 따라 석존에 대한 이미지의 淺薄化가 末法惡을 형성하는 요소라고 한다. 그러나 석존의 出世는 다시 없고 시간을 경과함에 따라서 석존으로 부터 時間的 隔絶이 점점 넓어질 뿐이므로 末法時代는 영원히 계속되는 것이라고 한다. 이

末法의 永遠性을 末法萬年이라고 하는 듯하다. 이 萬年은 9999년에 이어서 一萬年이 아니고 영원성을 나타내는 말이라고 이해할 수 있다. 따라서 末法時代에 태어난 사람은 선천적으로 下根下智의 사람이며, 起惡造罪가 심한 惡凡夫라고 한다.

(ㄷ) 煩惱具足의 凡夫

法然은 末法의 凡夫라고 하는 외에 범부를 표현함에「惡業煩惱의 중생」「煩惱具足의 범부」「煩惱惡業의 병은 극히 중하다」고 하여 범부를 煩惱具足의 者라고 한다.

煩惱란 샨스크리트語의 키네—샤(kleśa)의 譯語로서 惑이라고도 譯한다. 이것은 불교가 설하는 인간(중생)악의 근원이라고 생각하는 것으로 깨달음이라고 하는 불교의 究極目的을 달성하고져 함에 대하여 障害를 일으키는 정신작용이다. 이것은 인간(중생)의 身과 心을 번잡하게 하고 괴롭히며, 소란시키고 흐트리며, 물들게 하므로 不善한 것이다. 이 번뇌는 업을 일으키고, 고뇌의 報를 받아 영원히 중생으로서 迷의 세계로 연결된다. 따라서 이 번뇌를 斷하지 않는 限「깨달음」을 얻을 수 없다. 그래서 불교의 修道에서는 번뇌의 斷, 不斷이 그 중심이 된다.

이 번뇌는 일반적으로 貪欲, 瞋恚, 愚痴의 三毒煩惱라고 하며, 여기에 高慢, 虛僞, 惡見의 셋을 보태어 六煩惱라고 하는 생각과 見思(三世의 道理에 迷한 것), 塵沙(塵과 砂와 같이 많은 迷惑의 것), 無明(無智에 惑한 것)의 三惑을 설하는 것이다. 다음에 세분하여 108번뇌라고도 한다.

108번뇌란 번뇌의 수를 세어 108이라고 하는 것이다. 그 수를 세는 방법에 異說이 있지만, 그 첫째는 인간의 六根(眼, 耳, 鼻, 舌, 身, 意의 여섯가지 感覺器官)에 각각 苦, 樂, 捨(無關心)의 三種의 作用(受業)이 있기 때문에 都合으로 十八이라고 하는 數量이 된다. 거기에 다음으로 好, 惡, 平(보통)의 3가지 감정이 六種의 感覺器官(六根)으로 각각 있기 때문에 合하여 三十六이라고 한다. 그 三十六의 感覺器官의 운동이 과거, 현재, 미래의 三世에 계속되므로 總計百八이라고 하는 數量이 된다. 이 밖에 八萬四千의 번뇌라고도 하지만, 이것은 번뇌가 태산과 같이 많음을 말한다. 또한 번뇌는 그 작용에서 隨眠, 惑, 染, 漏, 結, 纒 등이라고도 부른다. 그러나 어느 것이던 중생을 迷의 세계에서 머물게 하고「깨달음」으로 나가고져 하는 올바른 道를 障害하는 것이다. 따라서 이 번뇌를 斷滅하지 않고는 깨달음을 얻을 수 없기 때문에 불교에 있어서 수도의 중심이라고 하는 것은 어떻게 번뇌를 斷하는 가에 있다. 소승불교에서는 見道所斷, 修道所斷이 論해 지고 있으며, 대승불교에서는 頓斷, 漸斷이 論해 지고 있다.

   法然은 『登山狀』(法然全 四二〇頁)에서

      淨土門이란 정토에 태어나 현명하게 번뇌를 斷하여 菩提에 든다.

고 설한 바와 같이 번뇌는 정토에 왕생한 뒤 정토에서 斷하는 것이라고 한다. 그것은 末法인 今時에 있는 凡夫는 下根下智이기 때문에 도저히 現世에 있어서 번뇌를 斷할 수 없다고 하기 때문이다. 따라서 우선 정토에 왕생하고 그 뒤에 번뇌를 斷하여 깨달음에 든다고 한다.

   그러나 여기에서 주의할 것은 번뇌는 無如의 無明煩惱, 無始의 탐진치라고 하므로 無始로 부터 존재하여 중생을 영원히 迷의 세계에 머물게 하는 것이다. 따라서 번뇌를 斷하지 않는 限, 영원히 迷의 세계에서 벗어날 수 없다고 한다. 그러나 번뇌라는 것은 보살도를 걸고, 六波羅密의 行을 성취하므로 최후에는 斷滅되는 것이다. 따라서 시간적으로 생각하는 번뇌는 끝이 있으며, 소멸이 있지만, 그 처음은 無始라고 하는 존재이다. 바꾸어 말하면 번뇌는 無始有終이라고 하는 모순된 성격을 가진 존재이다.

   그래서 번뇌가 無始의 존재란 것은 어떠한 것을 말하는가 한번 고찰해 보고져 한다. 만약 현실의 인간이 四苦八苦의 괴로움, 惑, 迷에 관하여 무관심하며, 我欲(貪欲)의 生에 終始하고, 동물과 같이 본능의 그대로 살아 간다면 거기에는 生老病死의 四苦는 없고, 迷와 고민이라고 할 道理도 없다. 이러한 것은 영구히 구원될 수 없으며, 濟度하기 어려운 존재이다. 따라서 이와 같은 것은 살아가기 위하여 他人을 害하고, 窃盜하며, 婬欲을 행하여도 조금도 부끄러워 하지 않는 無反省 無自覺의 者이다.

이러한 者는 인간세계에 있어서 함께 生存하도록 허락하지 않으므로 極惡人 또는 狂人으로서 收監된다. 그것은 자기 자신의 행위에 대하여 無自覺 無反省이기 때문이다. 그런데 收監이라고 하는 자유의 속박에 의하여 지금까지 행한 동물적인 행위가 모두 자기의 我欲(貪欲)에 의한 것으로서 자기 자신을 반성하고 自覺하므로 처음으로 자신이 我欲的(煩惱的) 존재였음을 알 수 있다. 즉 바꾸어 말하면, 我欲(煩惱)라고 하는 것은 自覺에 의하여 처음으로 그 존재를 알 수 있는 것이다.

이와 같이 현실의 자신이 四苦八苦의 존재임을 알며, 그것은 번뇌에 의하여 자기 자신의 內에서 그 원인을 內省할 때 그 근원인 번뇌의 존재를 알 수 있다. 이것은 번뇌인 者는 主體的으로 自覺하는 것에 인하여 認知하는 것이라고 한다. 그래서 번뇌를 認知하는 것은 처음으로 이 번뇌를 斷할 수 있는 修行의 一步이다. 바꾸어 말하면 번뇌는 주체적으로 自覺되므로 처음 존재가 확인되는 것이기 때문에 이것을「有始」라고 한다면, 이 존재를 自覺하지 않고 無自覺의 상태를「無始」라고 稱할 수 있는 듯하다. 無始의 無明煩惱라고 하는 것은 번뇌를 번뇌라고 알지 못하고 헛되이 고뇌하는 것을 말하며, 有始란 현실의 苦와 迷가 자신의 번뇌에 의한 것으로서 자신이 煩惱的 존재임을 자각하는 것을 말한다.

法然이「煩惱具足의 凡夫」라고 칭하는 범부는 자신이 번뇌적 존재임을 自覺한 범부를 말하는 것으로 현실의 자기자신의 苦와 迷에 깊은 반성과 자각 한 것을 말한다. 즉 번뇌를 가진 나라고 하는 깊은 自覺에 있는 것을 煩惱具足의 凡夫라고 말한다. 따라서 法然의 생각에 의하면

我見으로 헤아리는 無反省 無自覺의 凡夫와 煩惱的 존재임을 自覺한 범부와의 두 가지의 생각이 보여지고 있다.

(ㄹ) 罪惡生死의 凡夫

上述한 바와 같이 번뇌란 것은 현세에 있어서 斷할 수 없다. 정토에 왕생한 뒤 극락정토에서 보살행을 닦아 斷한다고 하므로 정토왕생에 대한 문제라고 하는 것은 번뇌에 의하여 生起한 죄악이 중심문제이다.

원래 죄라고 하는 것은 원시불교교단에서 釋尊이 설한 敎誡와 律儀를 범하고 어긴 행위에 대하여 이름한 것이다. 만약 죄를 범한 것이 있으면 布薩(月 2회의 懺悔日) 또는 僧自恣의 日(七月 十五日)에 衆僧의 가운데서 죄를 고백하고 참회하지 않으면 안 된다고 하였다. 따라서 참회하므로서 죄는 소멸된다고 했다.

이 죄에 대하여 『瑜伽師地論』에서는 性罪와 遮罪의 두 가지를 설하고 있다. 性罪란 出家 在家를 묻지 않고 누구던지 인간으로서 범하면 안 되는 죄로서 殺生, 偸盜, 邪婬, 妄語 등의 죄를 밝힌다. 이것은 五戒 가운데 四戒인데 이것은 불교도이기 때문에 범하면 안 되고, 불교도가 아니면 범해도 관계없다고 하는 것은 아니다. 불교도, 비불교도를 묻지 않고 인간인 이상 누구라도 殺生(사람을 죽임), 偸盜(竊盜), 邪婬, 妄語(噓言) 등의 행위는 反社會的 행위이며, 사회의 질서를 어지럽히기 때문에 이것을 범한 사람은 죄로서 형벌을 받지 않으면 안 된다.

이것에 대하여 遮罪라고 하는 것은 불교도이기 때문에 범하면 안 되는 것이다. 釋尊이 敎示하여 制定하신 敎誡와 律儀에 등질 때는 죄라고 한다. 그러나 釋尊이 敎示하여 제정하시지 않았다면 죄라고 하지 않을 것이다. 예를 들면 五戒의 중에서 不飮酒戒와 十戒 중에서 非時食戒의 경우와 같은 것이다. 釋尊은 불도수행의 장해라고 하여 飮酒를 금하고 非時(正午 이후)의 식사를 금지했기 때문에 이것을 破한 사람은 破戒罪라고 한다. 이것이 遮罪라고 한다. 그러나 非불교도라면 이것은 無關係하

第八章 救濟의 對象이라고 하는 凡夫   333

므로 죄가 되지 않는다. 이와 같이 죄에 性罪 遮罪의 구별은 있어도 어느 것이나 佛이 敎示하여 制定하신 敎誡律儀를 犯한 사람은 罪로 물어 이 輕重에 따라서 波羅夷罪(敎團에서 追放), 僧殘(일정기간의 權利停止), 偷蘭遮(未遂罪) 등으로 課한다.

이와 같이 원시불교교단에서 설하는 죄는 불교도가 현재에 범한 죄를 말하므로 過去世(前世)에 까지 거슬러 올라가지 않는다. 그러나 善導 및 法然이「죄악의 범부」「죄업의 중생」이라고 하는 경우는 이러한 것과는 다르다. 善導는『往生禮讚』(淨全四卷 三六四頁)의 畧懺悔에서 懺悔할 罪로서

> 無始에 몸을 받은 이 사람 항상 十惡으로 중생에게 加했고, 부모에게 孝하지 않고, 三寶를 비방하며, 五逆不善의 業을 지었다. 이 衆罪의 因緣으로 妄想顚倒하여 纏縛을 낳고 드디어 無量生死의 苦를 받는다.

고 한다. 無始의 옛부터 十惡五逆을 行한 죄, 또는 三寶를 비방한 죄를 설한다. 같은 廣懺悔(淨全四卷 三七四頁)에서는

> 無始로 부터 이 사람 乃至 今日에 이르도록 一切의 三寶, 師僧, 父母, 六親眷屬, 善知識, 法界의 衆生을 殺害한 數를 알지 못한다.

고 한다. 無始以來로 부터 금일에 이르도록 범한 殺生罪를, 다음에 계속하여 偷盜(窃盜), 邪心(邪婬), 妄語, 綺語, 惡口, 兩舌, 破戒 등의 죄를 설한다. 이러한 죄는 모두 無始의 옛부터 범한 죄업이라고 한다. 다음에『四十華嚴經』에서 설하는「내가 옛부터 지은 모든 죄악은 모두 無始로 부터의 탐진치에서 이다」(異懺悔)라고 하는 文은 無始의 탐진치로 인한 악업(罪業)을 설한다. 이러한 文을 보면 언제던지 無始의 옛부터 今日에 이르도록 행한 악업(罪業)을 설하고 있다.

즉『四十華嚴』및 善導가 설하는 죄는 원시불교교단에서 참회할 수 있는 죄로서 설하는 것과 같이 現生에서 현실로 범한 죄 뿐만 아니라, 無

始의 옛부터 生死에 流轉하는 사이에 번뇌에 의하여 행한 악업으로 범한 죄를 말한다. 法然이 설하는「죄악의 범부」「악업의 衆生」이라고 하는 경우의 罪惡이란 이러한 죄업, 악업을 말하는 것으로 현재에 범한 악업, 죄업 뿐만 아니라 無始의 過去世로 부터 生死에서 流轉하는 동안에 범한 죄, 악을 말하는 것이다.

불교에서는 크리스도교에서 설하는 것과 같이 原罪의 觀念은 존재하지 않는다. 永劫의 生死를 繰返하는 인간에게 있어서 악업을 일으키게 하는 것은 번뇌이다. 번뇌란 上述한 바와 같이 人間惡의 根元이라고 하는 것으로 인간을 迷의 세계에 머물게 하고, 깨달음이라고 하는 불교의 최고목적을 달성하고져 하는 노력에 대하여 장해하는 것이다. 인간은 번뇌를 가지고 있기 때문에 영원히 生死流轉을 되풀이 하고, 괴로움과 고뇌의 迷한 존재이다. 따라서 깨달음에 들 수가 없는 것이다.

佛은 이와 같이 生死에 流轉하여 迷한 인간을 깨달음의 세계로 인도하고 여러가지 敎誡를 說示하셨지만 인간은 번뇌로 인하여 佛의 敎誡에 背反하고 있다. 여기에서 악업이 만들어져 죄가 범해 지는 것이다. 따라서 인간(중생)이 無始로 부터 生死의 세계에 流轉한다고 하는 것은 번뇌에 의하여 無始의 옛부터 惡業을 짖고, 죄를 범하는 罪惡的 존재라고 하는 것이다. 法然이「번뇌를 具足한 罪惡生死의 凡夫」라고 하는 것은 이러한 의미이다. 이것이 현실에 태어난 인간이라고 한다. 따라서 法然의 가르침에 의한다면 현실의 인간은 모두「번뇌를 具足한 罪惡生死의 凡夫」이므로 거기에는 一人의 聖者의 존재도 인정하지 않는다.

이와 같이 현실의 인간존재를 罪惡의 者라고 하는 생각은 上述한 善導의 『往生禮讚』의 要懺悔에서

    이 衆罪의 因緣을 가진 까닭에 妄想顚倒하여 纏縛를 生하고 드디어 無量의 生死의 苦를 받는다.

고 하는 것과 같이, 현실의 인간존재가 生老病死 등의 四苦 및 八苦와

더불어 無量의 生과 死의 苦를 받은 존재이다. 그 生과 死의 無量의 苦에서 벗어날 수 없다고 하는 현실의 인간존재를 直證하고, 그 生起의 원인을 과거로 溯源하여 생각하고 過去世의 生死流轉하는 동안에 犯한 罪의 원인을 찾는 것이다. 이 생각은 원시불교에서 四諦의 敎說에 있어서 처음에 현실의 四苦八苦를 설한다. 현실의 인간이 先天的으로 四苦八苦의 존재임을 直證하는 것으로 시작하여 이어서 그 원인인 集諦를 설하고 있다. 현실의 四苦八苦는 과거세의 無明(번뇌)에 의한다고 하는 생각과 思考形態를 같이하고 있다.

그러나 淨土敎에 있어서는 번뇌에 의하여 과거의 生死流轉의 사이에 出現하신 많은 부처님의 敎誡律儀에 따르지 않으므로 罪가 生起했다고 생각하여 현실의 인간을 罪惡의 凡夫라고 한다.

이것에 대하여 法然은 『選擇集』(土川校訂本二頁)의 처음에 道綽의 『安樂集』의 文을 引用하여

일체중생은 모두 佛性이 있으니 遠劫으로 부터 이것은 바야흐로 多佛을 만났다. 어찌하여 지금까지 아직도 生死에 윤회하고 火宅을 벗어나지 못하는가.

고 설하는 것과 같이 현실의 인간이 번뇌의 火宅에 의하여 타고 있는 苦의 존재(火宅)이다. 生死에 윤회하는 것이란 多生曠劫의 동안에 출현하신 諸佛을 만났어도 그러한 諸佛이 生死輪廻로 부터 해탈하기 위하여 敎示하신 敎誡에 대하여 적극적 소극적임을 따지지 않고 背反한 것에 인한다. 그것은 현실인 火宅의 人生의 原因을 과거세에 있어서 諸佛의 敎誡에 대하여 背反했기 때문이다. 이 諸佛의 敎誡에 대한 背反이 罪惡으로 이 죄악은 敎法에 대한 不信이라고 한다. 이 佛에 대한 不信으로 현실 人間苦의 原因이라 하고 이것을 죄악의 根元이라고 한다.

따라서 원시불교교단에서 설하는 죄란 釋尊이 출현하셔서 설하신 敎誡律儀에 어긋나는 행위에 있어서 말하는 것에 대하여 淨土敎의 그것

은 生死流轉의 中에서 諸佛이 敎示하신 敎法에 어긋난 행위, 즉 不信에 대하여 이름붙이는 것이다. 같이 罪라고 稱해도 法然이 설하는 罪와 원시불교교단에서 설하는 죄는 내용에 있어서 크게 다름을 보이고 있다.

(ㅁ) 罪惡을 自覺하는 凡夫

上述한 바와 같이 法然은 현실 사회를 末法五濁惡世의 時代라고 할 뿐만 아니라 현실에 있는 인간을 無始以來로 부터 煩惱의 存在로서 그 때문에 生死에 流轉하는 죄악의 범부라고 한다. 따라서 法然의 가르침에 따르는 한 이와 같은 것이라 하드라도 현실에 生命을 받은 것은 모두 죄악의 범부이며, 末法五濁惡世에 佳하는 것이다.

이와 같이 현실을 客體로서 보는 사고방식에 대하여 末法五濁惡世에 佳하는 罪惡의 凡夫가「나」임으로 자기 一身上에 末法惡과 죄악을 自覺하는 사고방식이 보인다. 앞의 생각이 현실을 客體로 취급함에 대하여 이것은 自己自身上에 주체적으로 自覺하는 것이라고 할 수 있다. 法然이 자기자신을「愚痴의 法然房」「十惡의 法然」이라 하고 다음에「三學(戒, 定, 慧)의 器에 맞지 않다」고 하여 自己의 무력을 고백한 말은 표현하는 말의 차이는 보이지만, 자기자신의 惡業罪業을 主體的으로 自覺한 경지를 말한 것이라고 생각된다. 이 생각은 善導가『觀經疏』散善義($^{淨全二卷}_{五六頁}$)에서 설하는 機의 深信釋에 있어서

> 自身은 현재에 罪惡生死의 凡夫이다. 曠劫以來 계속 沒해 항상 流轉하고 出離의 緣이 없다고 信한다.

고 설한다. 자기의 죄업에 대한 深信을 說한 사고를 받게 된 것이라고 생각하지만, 이것은 현실의 자기가 영원히 구원될 수 없는 존재라고 하는 깊이 자기의 죄업에 대한 자기반성(自覺)을 말한 것이다. 이 心境을 法然은『登山狀』($^{法然全}_{四一六頁}$)에서

第八章 救濟의 對象이라고 하는 凡夫

그 流浪三界의 동안 어느 界에 따랐는가 釋尊의 出世에 맞나지 못했다. 輪廻四生의 사이 어느 生을 받았던가 如來의 說法을 듣지 못했다. 花嚴開講의 자리에도 어울리지 못했다. 般若演說의 座에도 참석치 못했다. ……우리 舍衛의 三億의 家에 살지 못했으니 어찌 地獄八熟의 거기에 그칠 수 있으랴, 부끄럽고 부끄러우며, 슬프고 슬프도다. 云云

고 설한다. 자신이 迷界인 三界에 流浪하는 사이에 佛의 敎法을 만나 聞法하지 못함에 대하여 悲歎의 情을 述한 것이다.

이 心境은 자기가 曠劫의 옛부터 生死에 流轉하고, 三界六道의 世界에 迷함을 主體的으로 自覺한 경지를 단적으로 보인 것이라고 할 수 있다. 이것은 자신이 번뇌에 의하여 生死의 세계에 流轉하는 존재이며, 佛의 敎法에 隨順하지 않았음으로 죄업이 무거운 者라고 하는 자기의 죄업을 自覺하는 경지를 말하는 것이다.

이와 같이 罪業惡業의 自覺은 자기 一身上에 主體的으로 자각된 것으로 자기자신을 죄악의 者, 번뇌를 가진 者, 우치의 者라고 하는데, 이 견해를 바꾸어 客體的으로 볼 경우는 극히 敬虔한 念佛者라고 할 수 있다. 法然은 자기 자신을 「우치의 法然房」이라고 하지만, 그러나 法然은 文字 그대로 결코 어리석고 無知한 사람은 아니다. 당시의 사람들 보다 戒德이 뛰어난 高僧으로 숭앙 받아 「智惠第一의 法然房」이라고 존경받은 사람이다.

또 「十惡의 法然」이라고도 하지만, 法然은 결코 殺生과 偸盜, 邪婬과 같은 十惡業을 行한 사람은 아니다. 念佛의 聖者이며, 淸淨僧이다. 따라서 法然의 가르침에 의하면, 가르침 그대로 念佛하고, 자기를 罪惡生死의 凡夫라고 主體的으로 自覺한 사람은 극히 信心이 깊은 念佛者이다. 그것은 이와 같이 주체적인 죄악의 자각은 機의 深信의 내용을 행하기 때문이다. 그런 사람은 深心을 갖춘 敬虔한 念佛者라고 말할 수 있다.

따라서 이와 같이 自覺한 사람은 자신이 죄업의 사람이며, 도져히 구제하기 어려운 사람이라고 하지만, 그러나 이 사람은 佛의 대자비에 의하여 구원되는 최초의 사람이라고 할 수 있다. 이것에 反하여 자기의 信心과 念佛의 數를 과신하여 자기가 최초로 구제될 수 있는 者라고 자부하는 사람은 얼핏 보면 열심한 念佛信者처럼 보이지만, 이것은 高慢의 念佛者로서 가장 구제되기 어려운 사람이다.

이것에 대하여 『往生記』(浄全一〇〇五頁)에서는 往生하기 어려운 사람이라고 하여 十三例를 보여 처음에

> 항상 용맹정진으로 염불의 공을 쌓는다고 해도 교만심으로 인하여 臨終時에 魔를 위하여 편리를 얻는 사람.

고 하는데, 이것으로 信心을 과장하여 念佛의 行으로 자만하는 高慢의 念佛者이기 때문에 가장 구제하기 어려운 것이다.

이것에 대하여 자기가 죄악의 凡夫이며, 煩惱具足의 者로서 구제되기 어려운 존재라고 自覺하는 사람은 극히 敬虔한 念佛者이다. 바꾸어 말하면, 주체적으로 자기 一身上에 번뇌, 죄악을 자각하는 사람은 자기는 죄업의 중생이라고 생각하더라도 객관적으로 볼 때는 敬虔한 念佛者이다. 이것과는 반대로 자기의 信心을 자부하고 염불을 과장하는 者는 高慢한 念佛者로서 구제받기 어려운 존재이다. 여기서 주체적으로 생각하는가, 客體로서 보는가에 따라 善惡, 賢愚, 信不信의 價値判斷에서 逆의 評價가 생긴다.

이와 같이 자기 一身의 안에서 罪惡煩惱의 自覺을 설하는 것이 法然 淨土敎의 특색이라고 본다. 이 경지를 『一枚起請文』의 끝에서는

> 一文不知의 愚鈍의 身으로 되어 尼入道의 無智의 패와 같이 하여, 智者의 행동을 하지 말고 오직 一向으로 念佛하라.

고 설하여 一向으로 念佛하는 者의 마음의 자세를 說示하고 있다.

上述한 바와 같이 法然은 인간을 가지고 (一)末法五濁惡世에 住하는 凡夫 (二)煩惱具足의 凡夫 (三)罪惡生死의 凡夫라고 하고 다음에 이러한 人間惡을 주체적으로 自覺하는 죄업의 凡夫觀이라고 설한다. 이러한 惡凡夫를 구제하는 唯一의 가르침으로서 아미타불의 本願의 가르침을 開示하는 것이다. 이와 같은 凡夫觀의 開示는 法然 이전의 일본 정토교에서는 아직 보이지 않던 것으로 法然淨土敎의 特質이라고 생각된다.

3 親鸞이 說하는 凡夫

法然의 門人인 證空, 親鸞 및 證空의 門流에서 나온 一遍 등은 누구나 法然의 凡夫觀을 계승하여 罪惡生死의 凡夫 念佛往生을 설하지만, 그 가운데 親鸞의 凡夫觀은 法然의 것과 다르게 설하기 때문에 이것에 대하여 略說하고져 한다.

親鸞의 생각에 의하면, 인간은 본래 악인으로서 佛性이라고 하는 청정한 마음은 없고, 如來로 부터 廻向(廻施)된 信心을 信受하는 곳에 罪惡生死의 凡夫의 구제가 있다고 한다. 『敎行信證文類』(親鸞全一卷 一七頁)에서

> 일체의 群生海, 無始以來 乃至 今日 今時에 이르기 까지 穢惡汚染하여 청정한 마음 없고, 虛假諂僞하여 眞實心없다……如來의 至心으로 諸有의 一切煩惱惡業邪智의 群生海에 廻施하신다. 云云

고 한다. 일체중생은 無始以來 로부터 煩惱的 존재로서 虛假諂僞하여 조금의 眞實心도 없다고 한다. 다음에 『歎異抄』(親鸞全四卷 三八頁)의 끝에서는

> 煩惱具足의 凡夫, 火宅無常의 세계는 영구히, 모두 거짓말이며, 虛言으로서 진실이라고 하는 것은 없다. 云云

고 한다. 煩惱具足의 凡夫의 행위는 모두 「거짓」「虛言」으로 조금도 眞實, 誠實한 것은 없다고 한다.

이와 같이 親鸞은 凡夫인 인간의 행위는 조금의 진실도 없이 「하는 것」 「행하는 것」은 「거짓」 「虛言」이라고 한다. 그래서 法然이 念佛行者는 반드시 具足해야 한다고 하여 至誠心 등의 三心을 밝힌다. 그 至誠心을 凡夫가 具足해야 할 眞實心이라고 한다. 어찌하여 번뇌를 具足한 凡夫인데도 佛에 대하여, 敎法에 대하여, 善知識, 同信者에 대하여, 항상 진실하지 않으면 안 된다고 하는 眞實心의 具足을 설함에 대하여 親鸞은 煩惱具足의 凡夫이기 때문에 조금의 진실도 없다고 한다. 善導가 설하는 至誠心釋은 佛로 부터 廻施하는 眞實心과 凡夫의 虛假心을 설한 것이라고 한다. 즉 『敎行信證文類』信卷($^{親鸞全一卷}_{一○二頁}$)에서

첫째로 至誠心, 至란 眞이다. 誠이란 眞이다. 일체중생의 身口意業의 所修의 解行, 즉 眞實心의 중에서 일으키는 것을 가지고 이것을 밝힌다. 이 밖에 賢善精進의 相을 나타내지 않으면 안 된다. 속으로 虛假를 가지고는 貪瞋邪僞奸詐百端으로 惡性이 쉴 수 없다. 事蛇蝎과 같이 三業을 일으킨다 할지라도 이를 이름하여 雜毒의 善이라고 하며, 또 虛假의 行이라고 한다. 眞實의 業이라고는 말 할 수 없다.

고 읽는다. 佛만이 眞實하고 凡夫는 虛假心 밖에 없으며, 凡夫의 행위는 모두 雜毒의 善이며, 虛假의 行이기 때문에 如來가 眞實心으로 성취하신 大悲本願의 他力廻向을 信受하는 곳에 凡夫의 구제가 있다고 한다. 그리고 이 至誠心釋은 如來가 「眞實心 가운데서 일으킨 것」(本願成就)를 「채용하는」(信受하는) 것을 설하는 文이라고 해석한다. 성취된 本願을 信受하는 것은 信心을 받드는 것으로 凡夫가 일으킨 信心은 아니다. 『歎異抄』($^{親鸞全 4 卷}_{34頁}$)에서

善信房의 信心도 如來로부터 하사하신 信心이다.

고 한다. 『敎行信證文類』信卷($^{親鸞全 1 卷}_{138頁}$)에서

그런데 經에서 聞이라고 하는 것은 衆生이 佛願의 生起本來를 들어

의심하지 않는다. 이것을 聞이라고 한다. 信心이란 즉 本願力廻向
의 信心이다.

고 한다. 佛의 本願을 信한다고 해도 이 信하는 마음은 여래께서 下賜
하신(廻向)信心으로 凡夫가 일으킨 信心과는 다르다. 만약 凡夫가 일으
킨 信心이라면 그것은 自力의 信心이며, 그것은 要門의 가르침으로 眞
實報土에는 往生할 수 없다고 한다.

이와 같이 親鸞은 인간은 本來煩惱具足의 者로서 조금의 眞實心도 갖
지 않은 凡夫라고 하기 때문에 이러한 凡夫의 救濟에는 佛의 絶對他力
에 의하지 않으면 안 된다고 하고, 인간의 自發心을 전면적으로 부정하
는 것이다. 따라서 『涅槃經』에서 설하는 「一切衆生悉有佛性」이라고 하
는 생각도 없고, 대승불교가 설하는 自性淸淨心(佛心)이라고 하신 것도
인정하지 않는다. 그러니까 대승불교에서 설하는 「깨달음」의 本體라고
하는 佛性을 親鸞은 어떻게 생각하고 있는가에 대하여 『諸經讚』(親鸞全二卷 56頁)에서,

　　大信心은 佛性이며, 佛性은 곧 如來이다.

고 한다. 다음에 『唯心鈔文意』(親鸞全 3卷 171頁)에서

　　佛性은 곧 如來이다. 이 如來微塵世界에 길들을 주시니 즉 一切群
　　生海의 心이다. 이 心으로 誓願을 信樂하는 까닭에 이 信心 즉 佛
　　性이며 佛性 곧 法性이다.

고 하여 信心을 가지고 佛性이라고 한다. 그러나 여기서 말하는 信心
이란 如來로 부터 廻向된 信心이다. 이 他力廻向의 信心은 大涅槃의 妙
果(깨달음) 즉 佛果를 證得할 因이라고 하기 때문에 信心을 佛性이라고
한다. 그러나 여기서 말하는 親鸞의 佛性이란 佛의 本性이라고 하는 의
미로서 眞如, 涅槃을 의미하는 말이다. 일반적으로 말하는 成佛의 가능

성, 成佛의 因子라고 하는 것과는 조금 내용이 다르다.

  法然은 凡夫의 佛性에 대하여 論하는 곳을 거의 볼 수 없지만, 念佛行者가 반드시 의지하지 않으면 안 된다고 하는 三心은 淨信心이라고도 한다. 그 첫번째인 至誠心은 凡夫가 일으키는 眞實心이기 때문에 이러한 淨信心을 發하는 基盤으로 佛性이라는 것의 존재를 생각하지 않을 수 없다. 많약 凡夫에게 自性淸淨한 佛性이 없으면 淨信心(眞實心)을 일으킬 수 없기 때문이다. 따라서 法然이 현실의 인간에 대하여 보는 견해는 인간은 本來 本性으로서 佛性을 가졌지만, 현실은 번뇌로 인하여 佛性이 감추어진 罪惡의 凡夫이다. 性善說的인 凡夫觀을 설함에 대하여, 親鸞은 인간에게는 조금의 진실도 없이 本來煩惱具足의 者로서 현실도 번뇌의 뭉치때문에 佛의 絕對他力에 의하지 않으면 안 된다는 것으로서 性惡說的인 凡夫觀을 說하고 있다.

맺 음 말

  이상 述해 온 바와 같이 淨土敎는 서방에 구제자인 아미타불이 계시는 청정한 국토의 것을 信하고 그 세계에 가서 태어날 것을 설하는 가르침이다. 이 가르침은 대승불교의 흥기와 함께 불교교단의 내부에서 발생한 신앙운동이다. 그 흥기한 당초에 있어서 아미타불인 佛은 대승불교에서 설하는 대승보살도를 완성하여 「깨달음」을 얻어 많은 사람들을 제도하고 구제하는 佛陀라고 한다. 대승불교도가 묘사하는 理想的인 대승보살 및 그 完成者라고 하고 그 정토는 보살도를 완성하는 道場(장소)이라고 생각되어 졌다고 생각된다. 그 뒤 아미타불신앙이 점차 諸地域에 널리 전파됨에 따라서 인도, 중국에 있어서 中觀 瑜伽의 敎法을 배우고 實修하는 사람과 天台, 法相, 禪 등의 敎學을 연구하는 사람으로서 死後에 정토에 轉生을 구하고 정토왕생을 원한 사람도 적지 않다.

이것은 아마도 아미타불과 같이 정토에서 보살도의 완성을 원한 것인 것 같다.

이와 같이 처음에는 아미타불을 가지고 대승보살도의 완성자라고 했지만, 중국의 善導에 의하여 本願念佛思想이 설해져 널리 퍼졌다. 凡夫도 성자와 같이 念佛에 의하여 아미타불의 정토에 왕생할 수 있다고 하여 널리 民衆을 구제하는 佛敎가 설하여 지기에 이르렀다. 특히 善導의 가르침을 受用하여 淨土宗을 연 일본의 法然은 일본불교를 크게 轉換시킨 사람이다. 귀족과 성자가 독점한 불교를 널리 민중의 것으로 한 것이다.

그래서 그 說함은 대승보살도의 완성자로서의 아미타불은 아니고 本願(四十八願)을 성취하기 위하여 兆載永劫이라고 하는 오랫동안 수행하여 보살도를 완성하고 성불하신 佛이라고 한다. 즉 아미타불은 本願을 성취하신 佛이라고 하는 면이 강조되고 있다. 그래서 그 本願도 凡夫救濟를 위하는 本願으로서 凡夫往生이 강조된다. 그 때문에 念佛이 易行으로서 뛰어난 공덕이 있는 行이라고 하여 稱名念佛에 새로운 의미가 부여 되었다.

이 法然의 가르침을 계승한 門人들은 각각 師說을 敷衍하여 念佛에 의한 民衆의 구제를 설한 것이지만, 아미타불의 本願成就에 대한 생각, 凡夫의 本性에 대한 생각 등의 차이에 의하여 稱名念佛하는 마음의 준비(三心)에 異說을 낳게 되어 門下는 五流(六流)로 分派되었다. 그 중에 지금까지 전해 지는 것은 法然의 嫡流인 聖光, 良忠으로 이어지는 정토종과 門下의 一人으로 證空의 門流인 西山淨土宗, 各派와 親鸞, 如信, 覺如로 계승되는 眞宗과 다음에 證空의 門流에서 分派된 一遍의 時宗이 손꼽을 수 있고, 그 외는 소멸하고 있다. 이 외에 天台淨土敎에서 파생하여 宗派敎團을 형성한 것은 融通念佛宗과 天台眞盛宗이 있으니, 또한 法然門流의 정토교가 성행함에 의하여 그 영향을 받아 흥기한 것이라고 생각된다.

이와 같이 일본 정토교의 主流를 형성하는 것은 法然의 정토교이기 때문에 아미타불의 구제를 信하여 念佛을 唱함에 있어서는 모두 같지만 念佛을 唱하는 각오(信心)에 있어서 異義를 설하므로 각각 다른 宗派敎義가 형성된다. 唱하는 念佛은 같아도 각각 別個의 가치와 意義를 설명하여 독자의 敎說을 자랑하는 것이 현실이다.

法然은 인간의 生과 死의 문제에 관하여 生(老病)苦와 死苦 및 이것에 의하여 파생하는 生苦의 여러가지 모습은 모두 번뇌에 의한 것이다. 또 번뇌로 因하여 佛의 가르침에 따르지 않은 罪業으로서 현실의 인간이 모두 凡夫임을 直證하고, 佛의 大慈悲에 隨順하여 念佛하면 四苦八苦의 인생으로 살아가면서「死生 모두 걱정없는」인생이 있음을 설한 것이다. 法然의 말에

> 살아서는 念佛의 功이 쌓이며, 죽으면 淨土에 간다. 아무래도 이 몸에는 걱정할 것 없다고 생각하므로 死生 모두 걱정없다.

고 설한다. 이「死生 모두 걱정없다」는 生이란 生死의 세계에 살아가면서 生에 着하지 않고, 死에도 着하지 않으며 生死를 두려워 하지 않는 安心立命한 인생이다. 또한 이것은 佛의 구제를 기뻐하는 인생이며, 佛恩에 감사하는 인생이기도 하다. 이와 같이 念佛을 稱하므로 安心立命하는 삶의 방법이 있다고 설한다.

法然의 가르침을 계승한 證空은 凡夫救濟를 위하여 보살도를 닦고 本願을 성취하신(往生決定) 佛의 願力의 위대함을 領解하므로 인하여 佛의 德을 찬탄하고 감사하는 念佛을 설한다. 親鸞에 있어서는 범부의 왕생이 결정된 本願의 生起本末을 聞信하므로 인하여 現生에서 正定聚인 자기를 알고 報恩感謝의 念佛을 唱할 것을 설하고 있다. 一遍에 있어서는 佛의 凡夫救濟의 大慈悲에 절대로 귀의하여 佛과 一體로 된 것이「南無阿彌陀佛」이라고 하고 佛에 着하지 않고 凡夫에도 着하지 않는 念佛을 설하고 있다.

이와 같이 각각의 宗派敎學에서 설하는 것은 다르지만 佛의 本願을 信하여 念佛하는 點에서는 同一하다. 本願의 大慈悲를 널리 설하고, 民衆을 평등하게 구제하고져 하는 점에 있어서는 다른 것을 볼 수 없다.

◇ 付　錄 ◇

一. 淨土敎의 諸師

阿彌陀 신앙이 어느 때 어떠한 사람에 의하여 創唱되었고 또는 어떠한 사람들에 의하여 『無量壽經』등의 아미타불 경전이 편찬되었는가 하는 것은 유감스럽게도 명확한 답을 할 수 없다. 그러나 이 신앙이 紀元前後로 하여 西北인도에서 발생하여 北인도 및 西域의 諸地域에 걸쳐 諸民族의 사이에 널리 傳해진 것은 사실이다. 北인도 또는 西北인도 西域 등의 지방으로 부터 중국에 전해진 경전에서 이 신앙이 隨處로 설해 졌다. 그렇지만 西北인도, 西域地方에서 어떠한 사람들에 의하여 이 것이 전파되었는가 라고 하는 것도 밝힐 수 없다. 이 신앙은 인도에서 중국, 한국, 일본으로 전파하여 많은 사람들에 의해 신봉되었는데, 그 대표적인 사람으로 인도에서는 龍樹와 世親, 중국에서는 盧山慧遠, 曇鸞, 道綽, 善導, 慈愍, 法照 등이 보인다. 한국에서는 慈藏, 元曉, 法位, 義寂, 景興, 太賢 등이 보이며, 일본에서는 源信, 法然, 親鸞, 證空, 一遍 등의 名稱은 정토교연구에 있어서 잊을 수 없는 사람들이다. 以下 이러한 사람들의 淨土敎史上에 있어서의 地位와 業績에 대하여 略述하고져 한다.

1　인도의 淨土敎家

龍樹

龍樹(nāgārjuna)는 또한 龍猛, 龍勝이라고도 譯한다. 西歷 150~250년 경의 사람이라고 한다. 대승불교에 있어서 中觀派의 組 또는 八宗의

祖師라고도 하여 인도 불교에 있어서 대표적인 祖師이다. 그는 옛날 南인도의 바라문족의 출신으로 처음에 소승불교를 배웠지만, 그 뒤 히말라야산에 들어가 한 老比丘에게 대승경전을 받았다. 또 南海의 龍宮에 들어가 많은 대승경전을 얻어 大乘佛敎의 연구자가 되어 경전에 註釋書를 달아 대승불교를 宣揚했다. 晩年은 南인도의 기스토라강의 上流에 있는 黑峰山에서 住했다고 한다. 龍樹는 대승불교의 경우 특히 中觀思想 宣揚者라고 하여 『中論』『十二門論』『大智度論』 등의 많은 著書를 남겼다. 그 가운데 淨土敎에 관계가 있는 『十住毘婆娑論』이 있다.

『十住毘婆娑論』은 『華嚴經』 十地品을 해석한 것인데 그 가운데 「阿惟越致相品」과 「易行品」의 二品에 있어서 阿彌陀佛에 관한 것을 說하고 있다. 즉 보살이 不退한 階位에 도달하는데 두 가지의 길이 있다. 그것은 難行道와 易行道로서 信佛의 인연에 의하여 諸佛의 이름을 稱하는 것만으로 容易하게 不退에 들어갈 수 있는 道를 易行道라고 한다. 따라서 이 稱하는 名號 중에 아미타불이 있으며 아미타불 易行이 說해 지고 있다. 이와 같이 龍樹는 아미타불의 易行을 說하여 권하고 있지만, 이것은 不退에 도달하기 위한 易行道로서 후세의 중국, 한국, 일본의 淨土敎家들이 說하는 것과 같이 왕생정토를 위한 稱名은 아니다. 그렇지만 아미타불경전이 성립하여 멀지 않아서 龍樹에 의해 보살도의 하나로서 아미타불의 名號를 稱하는 것이 다루어 졌다는 것은 注目할 일이다. 이러한 點에서 淨土宗의 相承系譜에서는 인도의 祖師로서 이름을 열거하고, 眞宗에서는 眞宗七高祖의 한 분이라고 한다.

世親. 世親(vasubandhu) 또는 天親이라고도 한다. 5世紀 頃의 사람으로 대승불교 瑜伽派의 祖라고 한다. 北인도의 간다라國의 푸르쟈 푸라에서 태어났다. 처음에는 카시밀에 가서 說一切有部의 論書인 『大毘婆娑論』을 연구하여 『俱舍論』을 저술하여 대승불교를 批判하고 攻擊했다. 그 뒤 兄인 無着(asaṅga)의 권유에 의하여 대승불교에 歸入하여 열심히 대승불교에 관한 論書를 著하여 대승교불 瑜伽派의 基礎를 다졌다.

一. 淨土敎의 諸師   349

後世의 唯識敎學, 俱舍敎學은 師로 부터 조직된 것이다. 정토교에 관한 것으로서 『無量壽經優婆提舍願生偈』 一卷이 있다. 이 願生偈는 또한 『往生論』 『淨土論』이라고도 부른다. 인도에 있어서 오직 淨土를 설한 淨土敎論書로서는 唯一한 것이다. 世親은 『往生論』에서 서방아미타불의 정토에 왕생하는 방법으로서 五念門을 밝히고 있다. 五念門이란 (一)禮拜門 (二)讚歎門 (三)作願門 (四)觀察門 (五)廻向門의 5가지로 나누어 이러한 行을 닦으므로 인해서 淨土에 왕생할 수 있다고 한다. 다음에 觀察門에 있어서 『無量壽經』에서 설하는 서방정토의 光景을 三類(三嚴)로 大別하고 이것을 二十九種으로 나누어 조직적으로 설명하고 있다. 이와 같이 世親은 『往生論』을 저술하여 아미타신앙을 宜揚했다. 龍樹는 보살도의 하나로서 阿彌陀佛名을 稱하는 것이 다루어져, 그와 같이 不退에 도달하기 위한 한 방법(易行道)이라고 함에 대하여, 世親은 淨土 往生의 行으로서 五念門인 獨自의 行이 조직된 것은 注目해야 할 것이다. 淨土宗의 法然은 世親의 『往生論』을 淨土宗 正依의 論書로서 숭앙했을 뿐만 아니라, 傳法에 있어서는 龍樹의 다음으로 傳燈列祖로서 譜脈에 열거했고, 親鸞은 七高祖의 中에 열거하고 있다.

이 외에 인도에서는 오로지 정토교를 宜揚한 사람을 찾아 볼 수 없다. 특히 八世紀 이후가 되어 密敎가 興隆하여 아미타불도 曼茶羅諸尊의 하나로 되게 되었으며 아미타불 신앙으로서 獨自의 것은 볼 수 없다.

2 中國의 淨土敎家

중국에서 정토교경전이 전해 진 것은 오래 되었다. 이미 二世紀의 末頃에는 아미타불에 관한 경전이 번역되었다. 그 뒤 인도, 西域地方에서 大小乘의 많은 경전이 계속하여 전해 졌을 때 아미타불신앙을 설하는 경전도 잇달아 번역되었다. 또 중국인으로서 아미타불을 숭배하는 사람도 차차로 나타나게 되었다. 法然은 중국의 정토교를 구분하여 (一)盧

山慧遠流 (二)道綽善導流 (三)慈愍流의 三流로 나누었기 때문에 지금 이 설에 따라서 각각의 流派에 있어서 대표적인 인물을 보면 다음과 같다.

(一) 盧山慧遠流로는 慧遠
(二) 道綽善導流로는 曇鸞, 道綽, 善導, 懷感, 法照, 少康
(三) 慈愍流로는 慈愍三藏

그 외에 地論, 三論, 禪, 天台의 學僧이면서 淨土를 信하여 독자적인 입장에서 淨土敎를 說한 사람으로 淨影寺의 慧遠, 嘉祥寺의 吉藏, 慈恩寺의 窺基, 永明寺의 延壽, 四明의 智禮 등의 사람들이 보인다. 다음에 이러한 사람들의 淨土敎에 관한 업적을 살펴 보고져 한다.

(ㄱ) 盧山慧遠流

盧山은 江西省 南康府의 北方, 鄱揚湖의 西岸에 있는 山嶽이다. 東晋의 孝武帝의 太元十二年(381)에 慧遠이 들어가 수행한 道場으로 유명하다. 그 以來 중국 정토교의 聖地일 뿐만 아니라 또한 景勝의 地로서 入山하여 修業하는 사람이 많아 불교의 聖地로서 많은 사람들이 알고 있는 곳이다. 慧遠은 여기에 入山하여 般若臺精舍를 만들어 念佛道場이라 하여 뜻을 서방에 세운 同志 123人과 함께 白蓮社인 念佛結社를 조직하여 念佛三昧를 닦았다. 慧遠은 이 밖에 경전을 整備하여 異國에서 온 翻譯三藏을 맞이하여 經典翻譯의 事業을 돕고, 名僧學僧을 맞이하여 講經을 열심히 행하였다.

그는 중국 淨土敎史의 冠頭를 장식하는 偉人이지만, 그러나 그의 淨土敎는 『無量壽經』 등의 「淨土三部經」을 중심으로 한 것이 아니고 『般舟三昧經』을 기본으로 한 淨土敎로서 佛의 相好를 觀察하고 禪定三昧의 중에서 아미타불을 觀見하여 정토에 왕생할 것을 원하는 것이다. 후세의 道綽善導流의 정토교와는 다른 것이다. 이 慧遠의 白蓮社인 結社念佛은 그 뒤도 오랫동안 전해져 일본에서 중국으로 건너간 學僧으로서 盧山의 遺風을 傳한 사람은 적지 않다.

(ㄴ) 道綽善導流

道綽善導流란 北인도로 부터 世親의 『往生論』및 『十地經論』을 傳한 菩提流支 및 曇鸞, 道綽, 善導와 같은 流派로서 일본의 法然은 이 善導의 念佛思想을 계승하여 정토종을 開創했다. 法然 以後의 일본정토교는 모두 法然의 門流에서 나온 것이기 때문에 現今의 일본 정토교 각종파는 거의 이 流派에 속한다.

菩提流支. 菩提流支(bodhiruci)는 六世紀의 사람으로 北인도로 부터 洛陽에 와서 많은 불교경전을 번역했다. 北魏時代의 대표적인 翻譯僧이다. 특히 『往生論』을 처음으로 世親이 저술한 많은 論書를 전했을 뿐만 아니라 曇鸞에게 『觀無量壽經』을 주어서 정토교로 인도한 사람으로서 주목할 사람이다.

曇鸞. 曇鸞(476~542)은 처음에 四論의 學僧이었지만, 병에 걸려 長壽의 法을 道士에게 배웠다. 우연히 洛陽에서 菩提流支를 만나 『觀無量壽經』을 받아 정토교에 歸入하여 淨土願生者로 되었다. 그는 石壁玄中寺에서 世親이 저술한 『往生論』을 註釋하여 『往生論註』二卷을 저술하여 정토교를 宣揚했을 뿐만 아니라 龍樹의 空觀思想으로 정토교를 철학적으로 조직한 사람으로서 重視된다. 法然은 중국의 淨土五祖의 初祖라고 하고, 親鸞은 七高祖의 가운데 第三祖라고 한다.

道綽. 道綽(562~645)는 山西省 大原의 사람으로 처음에 『涅槃經』을 연구했지만, 石壁玄中寺에 있는 曇鸞의 비문을 보고 깊은 感銘을 받아 정토교에 歸入했다. 그는 『觀無量壽經』의 연구에 專念하여 이 經을 講하기 二百回, 每日念佛을 七萬遍씩 했으며 또한 사람들에게 念佛하도록 권했다고 한다. 그리고 염불을 할 때 小豆로 그 수를 세었으므로 數量念佛信仰의 創始者로서 주목되는 사람이다. 그는 『安樂集』二卷을 저술하여 一代佛敎를 聖道門과 淨土門으로 구분하였다. 『觀經』에 의하여 확립한 정토교를 全佛敎 諸法門의 가운데 있어서 地位를 明確히 했다. 法

然은 淨土五祖 중 第二祖라고 숭앙했으며 眞宗에서는 七高僧 중 第四祖라고 한다.

善導. 善導(613~681)는 菩提流支——曇鸞——道綽의 다음으로 「淨土三部經」을 중심으로 하는 중국 정토교의 大成者로서 山東省 또는 安徽省의 사람이라고 한다. 道綽에게 가르침을 받아 깊이 정토교에 귀의하여 「淨土三部經」에서 설하는 本願念佛의 思想을 설하고 終南山에 있는 悟眞寺, 또는 長安의 光明寺를 중심으로 많은 사람들을 교화했다. 그는 曇鸞 이래 점차로 발전해 온 念佛思想을 『無量壽經』에서 설하는 아미타불의 本願思想에 의하여 이해하고, 凡夫 왕생의 行으로서 本願念佛을 提唱하여 중국 정토교를 大成시켰다. 현존하는 그의 著書는 총 五部九卷이다. 그 중 『觀無量壽經疏』(觀經疏) 四卷은 그의 念佛思想을 述한 것으로 「四帖疏」「御疏」「楷定의 疏」라고도 하며, 이는 善導의 念佛思想의 綱格을 나타내는 것이다. 이 외의 『法事讚』二卷, 『往生禮讚』一卷, 『觀念法門』一卷, 『般舟讚』一卷은 行儀分까지는 具疏라고 稱하여 정토교의 行儀를 설명한 것이다. 이 밖에 善導는 『阿彌陀經』을 十萬卷 筆寫했고, 『觀經』에 의하여 서방정토의 變相圖를 三百輔 그렸다고 한다. 일본 奈良縣 大和의 當麻寺에 현존하는 當麻曼茶羅는 善導가 그린 淨土變相圖의 模寫라고 한다. 또 일본정토종의 開祖인 法然은 이 『觀經疏』에 의하여 淨土宗義의 綱格을 조직했다. 法然은 淨土五祖 가운데 第三祖라고 열거할 뿐만 아니라, 아미타불의 化身으로 숭앙했으며, 또 高祖光明善導大師라고도 불렀다. 親鸞은 眞宗 七高祖 중 第五祖로 열거하고 있다.

善導의 제자 가운데 특히 유명한 사람은 懷感(七世紀末)이다. 그는 攝論宗의 學者라고 한다. 善導의 淨土敎義에 있어서 많은 疑難에 대하여 『釋淨土群疑論』六卷을 저술하여 唯識敎學의 입장에서 淨土敎를 해명하여 疑難에 답하였다. 淨土五祖의 第四祖라고 한다.

小康, 小康(?~805)은 「後善導」라고도 하여 善導淨土敎의 祖述者로서 諸處에 念佛道場을 세워 사람들을 인도하고 널리 민중의 敎化에 열심한 사람으로 유명하다. 著書로『往生淨土瑞應刪傳』은 중국에 있어서 往生傳으로 최초의 것이다. 淨土五祖의 第五祖로서 숭앙하고 있다. 다음에 善導流 念佛의 宣揚者로서 보아야 할 사람으로 唐末에 태어난 法照가 있다. 그는 「善導의 後身」이라고 숭앙받는 사람으로 五念念佛인 音曲念佛을 提唱하고 정토교의 宣布에 전념했다. 일본 천태종의 慈覺大師 圓仁이 入唐하여 전한 引聲念佛,『引聲阿彌陀經』은 이 法照의 흐름을 맞춘 것이다.

이와 같이 道綽善導流의 念佛은 唐初에 나타난 善導에 의하여 大成되었지만, 그 후는 큰 발전은 없다. 중국불교가 禪淨合行, 敎淨兼修의 總合佛敎로 발전했기 때문에 善導淨土敎를 祖述한 사람도 있지만, 稱名中心의 정토교의 展開는 중국에 있어서 찾아볼 수 없다. 그렇지만 善導滅後 오백여년 뒤에 나타난 일본의 法然에 의하여 그 念佛이 계승되어 일본정토교로서 크게 발전했다.

(ㄷ) 慈愍流 및 그 외

慈愍三藏이 提唱한 정토교이다. 慈愍(680~748) 또는 慧日이라고도 한다. 청년시대에 義淨三藏을 만나 인도 여행의 뜻을 세워 海路로 인도에 가서 淨土의 法門을 배우고 많은 경전을 가지고 歸朝했다. 그에게는『淨土慈悲集』『般舟三昧讚』등의 著作이 있으며 아미타불신앙을 鼓舞하고 염불을 널리 알려 많은 사람들을 교화했다. 이 慈愍이 전한 정토교를 慈愍流라고 稱하지만 그의 계승자는 없고 과연 그의 염불사상이 어느 정도까지 전승되었는가 밝혀지지 않는다.

唐 이후의 중국정토교는 上述한 바와 같이 禪宗, 天台宗 등의 興隆에 의하여 禪淨合行, 敎淨兼修, 律淨倂修의 정토교이며, 純粹 정토교의 신봉자는 보이지 않는다. 그 중에 있어서 禪淨合行說을 주장한 사람은 延壽(904~974)가 있다. 그는 「再生의 善導」라고 하는 사람으로 정토를 깊이 信하여 禪과 念佛과의 조화로서『萬善同歸集』을 著述하였다. 거기에서는 病僧念佛을 권하고 있다. 또 四明의 智禮(960~1028)는 깊은 뜻

을 淨土에 두고 天台敎觀 가운데 一修法으로서 念佛을 취급했다. 元照 (104~1116)는 南山律의 學匠이지만, 淨土에 귀의하여 律淨倂修說을 주장했다.

이상의 盧山慧遠流, 道綽善導流, 慈愍流의 외에도 정토교를 연구한 人師는 적지 않다. 특히 淨影寺慧遠(523~592), 嘉祥寺吉藏(549~623)과 같은 地論, 三論의 學匠이 정토교를 연구하여 『無量壽經』『觀無量壽經』에 관한 釋書를 저술하여 각각의 입장에서 淨土를 釋하여 特異한 淨土敎學을 조직했다. 그 중에 淨影寺慧遠의 정토교는 善導의 정토교 형성에 큰 역할을 한다.

3 韓國의 淨土敎家

한국의 정토교는 크게 나누어 皇龍寺를 중심으로 한 淨影寺 慧遠의 地論系 淨土敎와 玄奘, 窺基의 唯識系의 淨土敎 등 二流로 나누고 있다. 특히 신라 정토교의 특색이란 四十八願에 처음으로 願名을 붙였으며, 四十八願 중 第十八願, 第十九願, 第二十願을 중시하고 있다. 또 十念의 문제를 중시 여겼으며, 중국의 『觀經』중심의 정토교에 비교하여 신라에서는 『無量壽經』과 『阿彌陀經』을 중심으로 하고 있다고 볼 수 있다.

신라에 정토교를 누가 전했는지 확실하지는 않으나 淨影寺 慧遠의 地論系의 淨土敎가 圓光(531~630)에 의하여 전해 졌다고 보는 설이 있다. 圓光이 중국 유학시 長安에서 曇遷(542~607)에게 攝大乘論을 배울 때 淨影寺慧遠도 같이 배웠기에 서로 교류가 있은듯 하다.

圓光은 귀국 후 皇龍寺에 주석하면서 慈藏(608~677)에게 정토교를 전한 듯하다. 이 계통이 元曉, 法位, 義湘, 義寂, 玄一 등이며, 唯識系의 淨土敎家로서는 圓測, 太賢, 憬興, 遁倫 등이 있으나 엄밀한 의미에서는 구분할 수 없다. (註)

문헌상으로는 惠宿을 최초의 新羅彌陀淨土의 실천자로 보아야 할 것이다.

慈藏은 皇龍寺에서 주석하면서 『阿彌陀經疏』一卷이 있었다. 이 계통에서 많은 주석서를 낸 이는 元曉이다.

元曉. 元曉(617~686)는 많은 著述을 남겼으나 그의 著述中 1割 이상이 淨土 관계의 註釋書이다. 또 그는 貴族佛敎를 庶民佛敎로 실천함에 있어서 淨土行의 실천수행자이다. 그의 淨土 관계 저술로서는 『無量壽經宗要』一卷, 『阿彌陀經疏』一卷, 『遊心安樂道』一卷이 현존하고 있으며, 『無量壽經私記』, 『無量壽經疏』一卷, 『阿彌陀經通讚疏』三卷, 『般舟三昧經疏』一卷, 『般舟三昧經略記』 등은 散佚되어 찾아볼 수 없다. 그와 같은 시대에 入唐留學한 義湘(625~702)은 入唐後 智儼에게 華嚴學을 배워 귀국후 신라에 華嚴宗을 開創했지만, 정토신앙에도 관심을 가져 『阿彌陀經義記』一卷을 저술했으나 찾아볼 수 없다. 그의 門人으로 義寂이 있다.

義寂. 義寂(7세기~8세기초)은 淨影寺 慧遠系의 정토사상을 계승했다. 그는 四十八願을 攝淨土願, 攝法身願, 攝衆生願으로 慧遠과 같이 분류한 點은 같으나, 二十九種功德莊嚴으로 세분한 것은 그의 특유의 사상이다. 또 그는 신라 정토교에서는 특이하게 道綽, 善導의 稱名念佛을 도입하고 있다. 그의 淨土 관계 저서로는 『無量壽經述義記』三卷(惠谷隆戒 復元本)이 있으며, 그 외 『兩卷無量壽經疏』三卷, 『無量壽經疏』三卷, 『觀無量壽經綱要』一卷, 『觀無量壽經疏』一卷 등은 散佚되었다.

法位와 玄一은 傳記가 不分明하다.

法位는 七世紀頃의 사람으로 『無量壽經疏』二卷, 『無量壽經義疏』二卷, 『觀無量壽經疏』二卷이 있었으나 모두 散佚되었다. 그러나 다행히 惠谷隆戒氏에 의하여 『無量壽經義疏』二卷이 復元되므로 그의 연구에 進一步하게 되었다.

그는 四十八願에 최초로 願名을 붙인 사람이다. 그의 사상을 계승한 사람으로 玄一이 있다. 玄一은 7세기에서 8세기初 경의 사람으로 『無

量壽經記』二卷 중 一卷이 현존하며,『觀無量壽經記』『阿彌陀經疏』一卷,『隨願往生經記』一卷은 散佚되었다.

이 외에 玄奘, 慈恩의 唯識系의 정토교에 속하는 사람으로 圓測이 있다.

圓測. 圓測(613~696)은 어려서 入唐하여 玄奘의 門人으로 唯識六家 中 一人이다. 그는『無量壽經疏』三卷과『阿彌陀經疏』一卷이 있었으나 傳해지지 않는다. 그의 제자에 道證(640~710)이 있다. 道證은 귀국 후 신라 唯識을 발전시켰으며, 그의 저술로『西方極樂要讚』一卷이 있었다. 그의 門人으로 太賢이 있다.

太賢. 太賢(?~753~?)은 보기드문 大著述家로서 55部 120餘卷의 저술이 있다. 그 중에서는『無量壽經古迹記』一卷,『觀無量壽經古迹記』一卷,『阿彌陀經古迹記』一卷,『稱讚淨土經古迹記』一卷,『淨土總料簡』一卷도 포함되고 있으나 모두 散佚되었다. 이 밖에 憬興과 遁倫이 있다.

憬興. 憬興(7세기중~8세기초)은 神文王代에 王師가 되었으며, 三郎寺에 머물면서 저작에 힘썼다. 그의『無量壽經義述文贊』三卷이 현존하며『無量壽經疏』三卷,『觀無量壽經疏』二卷,『阿彌陀經略記』一卷은 현존하지 않는다. 그의『無量壽經義述文贊』에서는 淨影寺 慧遠과 法位의 學說을 破斥하며, 또 義寂의『無量壽經述義記』의 설도 批評하고 있는 點에서 본다면 慧遠流의 淨土敎와 對立되고 唯識系의 정토교라고 볼 수 있는 듯하다. 그러나 四十八願의 分類는 慧遠이나 義寂의 설을 인용하고 있으며, 願名은 法位와 같이 부르고 있다.

遁倫(660~730頃)은 傳記가 分明하지 못하다. 그는『阿彌陀經疏』一卷 이 외에도 多數의 저술이 있었으나 현존하지 않는다.

고려시대에 접어들면서 신라의 聖道門인 정토교에서 禪法의 傳來로 인하여 禪淨思想이 도입되었다.

高麗 第4代 光宗代에는 중국 法眼宗의 延壽(904~974)門下에 三十六人의 승려를 유학시켜 禪淨思想을 도입하였다. 그들은 智宗(930~1018)을 비롯하여 귀국 후 고려의 天台宗 성립과 더불어 한국불교에 큰 영향

을 미치고 있다. 또 義天(1055~1101)은 西方往生의 발원과 慈愍三藏의 『淨土集』을 刻版流通하였다.

普照. 普照(1158~1210)는 曹溪宗의 宗祖로서 한국불교에서는 鼻祖의 존재이다. 그는 『定慧結社文』에서 稱名念佛을 배척하면서 延壽의 『萬善同歸集』에 의한 唯心淨土, 自性彌陀를 주장하는 禪淨思想을 내세우고 있다. 또 『念佛要門』에서는 十種念佛이라 하여 마지막에 眞如念佛을 주장하고 있다. 이 밖에도 圓妙了世(1153~1245)는 萬德山에서 白蓮社를 조직하여 結社念佛을 하였다. 그는 특히 天台念佛이라고 볼 수 있다. 또 元昷이 集錄한 『西方現行經』은 淨密의 융합을 보여 주기도 한다. 그 뒤 太古普愚(1301~1382), 懶翁惠勤(1320~1376), 朝鮮時代의 涵虛得通(1376~1433), 淸虛休靜(1520~1604), 鞭羊彦機(1581~1644) 近世의 震鍾龍城(1864~1940) 등을 볼 수 있다.

註 ; 惠谷隆戒 著 『淨土敎の新硏究』 58頁.

4 日本의 淨土敎家

정토교가 일본에 전해진 역사는 오래 되어 飛鳥時代까지 거슬러 올라갈 수 있지만, 후세의 일본 정토교 형성에 큰 역할을 한 사람은 天台宗의 慈覺大師 圓仁이다. 그는 唐末에 중국에 건너가 天台眞言의 가르침을 배우면서 五台山에 전해진 五會念佛法을 배워 歸朝후 이것을 叡山常行三昧堂에서 行하였다. 이것이 「引聲念佛」 『引聲阿彌陀經』이라고 稱하여 지는 音曲念佛이다. 이 音曲念佛은 그 뒤 차차로 국내에 널리 퍼져 平安中期 이후에는 貴族社會에도 널리 행하여져 淨土信仰의 隆盛에 기초를 다졌다. 慈覺大師 이후 일본의 天台淨土敎의 興隆에 있어서 注目할 사람은 源信이다.

源信은 橫川의 惠心院의 住僧으로 많은 著作이 있는데 그 중 淨土敎에 관한 것으로 『往生要集』三卷이 있다. 이것은 정토교에 관한 要文을 모아 정토왕생을 宣揚한 것이다. 처음에 지옥과 극락의 광경을 상세히 해명하여 정토왕생을 권한다. 그 방법으로 觀念念佛과 稱念念佛을 설하며, 愚凡者는 稱念念佛할 것을 설하고 있다. 그의 정토교는 당시의 귀족사회에 널리 信奉되어 攝關政治의 頹廢에서 일어나 貴族社會의 혼란기에 이르도록 많은 사람들에게 受容되었다. 源信 이후에 奈良에서는 永觀, 珍海 등의 學匠이 나타나 정토교에 관한 述作을 내었지만, 鎌倉 初期가 되어 종래에 天台, 眞言, 三論 등의 諸宗에 附庸되었던 정토교를 독립시켜 정토종인 종파를 조성한 사람은 法然上人이다.

法然上人은 源空이라고도 한다. 본래 天台宗의 사람이었지만, 源信의 『往生要集』에 이끌려 정토교를 신봉하게 되었고, 그 뒤 善導의 『觀無量壽經疏』에서 說하는 念佛思想에 傾倒되어 本願念佛을 提唱하게 되었다. 이것은 法然의 43세(承安五年)때로서 이 해를 가지고 淨土宗은 一宗開創의 해라고 한다. 法然은 一切의 사람들을 末法의 五濁惡世에 住하는 죄악의 凡夫라고 판단하고 이 凡夫를 구제하는 가르침으로서 善導의 가르침을 계승하여 選擇本願念佛思想을 提唱한다. 法然의 門下에 英才가 많아 분열되어 五流, 六流로 되었지만, 聖光은 法然의 가르침을 계승하여 淨土宗 二祖가 되었다. 證空은 弘願念佛義를 주장하여 西山淨土宗의 開祖로 되었다. 成覺房의 幸西는 一念義, 長樂寺의 隆寬은 多念義, 覺明房의 長西는 諸行本願義를 주장하였다. 親鸞은 信一念義를 주장하여 眞宗의 開祖로 되었다. 그 외에 證空의 門流에서 智眞(一遍)이 나타나 舞踊念佛을 行하여 널리 일반민중에게 念佛을 권하였다. 이 智眞은 時宗의 開祖라고 한다.

이와 같이 정토교는 인도에서 成立된 이래 중국, 한국, 일본, 그 외 아시아 여러 지역에 널리 전하여져 많은 사람들에게 信奉되었다. 각각 특이한 淨土敎學, 아미타불신앙을 형성함에 이르렀지만, 그러나 이것이 天台宗, 眞言宗에 견주어 독립교단으로서 조직된 것은 일본의 法然이 처음이다.

二. 淨土敎 各 宗派의 宗典 解說

『無量壽經』二卷,『觀無量壽經』一卷,『阿彌陀經』一卷의「淨土三部經」은 일본 淨土敎 각 종파에서 중시하는 根本 聖典인데 이러한「三部經」에 대하여 생각하는 방식, 三經相互의 관계 등에 대하여 宗派敎學에 따라서 각각 獨自의 것을 說하고 있다. 그래서 같이「淨土三部經」이라고 稱해도 이해하는 내용은 반드시 一致하지 않는다. 심한 곳에서는 읽는법(訓讀)까지 다르고 정토종의「三部經」, 眞宗의「三部經」이라고 할 정도이다. 그러므로 各宗에 따라서 각각 다른 三部經이 있다고 할 수 있다.

일본의 宗派敎團은 開祖의 釋義, 그 사고방식을 宗派組成의 根本理念으로 하기 때문에 祖師의 釋義에 따라서「三部經」을 보는 것으로 그 내용이 다르며 또한 읽는 법도 다르다. 여기에서 宗派敎義의 獨自性이 보이는 반면, 他의 理解를 受容하지 않고, 他의 敎說을 排擊하는 排他性이 엿보인다.

宗學은 宗祖(開祖)의 立敎精神을 연구하여 현대에 時機相應의 가르친 바를 이해함에 있는데, 開祖의 立敎精神이란 釋尊의 중생제도의 정신으로서 一切의 사람을「眞實의 生」에 安住하도록 권하는 것이다. 따라서 宗學도 이러한 관점에서 연구되어야 하며「宗學을 위한 宗學」이라고 하는 것처럼 偏狹한 學에 떨어지면 안 된다. 이 點에서 광범하게 정토교 각파의 祖師의 釋書를 보고, 그 著述의 意圖, 특색을 파악하여 二千年에 달하도록 오래된 淨土敎展開上에 있어서 祖師의 위치와 敎法開示의 정신을 배워야 한다고 생각된다.

그러나 정토교 각종파의 釋書는 그 수가 매우 많고, 汗牛充棟도 보통이 아닌 상태이기 때문에 각 종파에서 중시하여 宗典이라고 하는 것을 간추려 그 내용을 간단하게 해설하고져 한다.

또「淨土三部經」은 정토교 각파의 근본성전으로 인도, 중국, 한국, 일본에 있어서 정토교 興起의 기초경전이기 때문에 本論에서 이미 해설했으므로 宗典만의 해설로 그치고져 한다.

1 淨土宗의 宗典

往生論註二卷   曇鸞 撰

상세하게는 『無量壽經優婆提舍願生偈並註』라고 하며, 略하여 『無量壽經論註』『往生論註』『淨土論註』라고도 하고, 또 일반적으로 『論註』라고 부른다. 이 경우 정토교에서는 『選擇集』의 호칭에 의하여 『往生論註』라고 부르며 『淨土論註』라고는 하지 않는다. 그것은 중국의 迦才에게 同名의 書가 있기 때문에 혼동을 피하기 위한 것이다. 그러나 眞宗에서는 『淨土論註』라고 한다. 인도의 天親(世親)이 저술한 『無量壽經優婆提舍願生偈』(往生論, 淨土論, 無量壽經論)을 注釋한 것으로 중국의 山西省 南西部의 石壁山 玄中寺에서 著作한 것이라고 한다. 내용은 龍樹의 中觀派의 사고를 가지고 해석한 것이다. 대승보살도로 難行道(自力) 易行道(他力)의 二道가 있는 중 五濁의 世, 無佛의 時에 있어서는 信佛의 인연으로 정토에 왕생하여 佛力에 의하여 正定聚에 드는 易行道야말로 최선의 法이라고 한다. 또한 정토왕생의 行으로서 五念門을 설하고, 아미타불의 佛身佛土에 대하여 상세한 설명을 덧붙이고 있다. 이 難易二道說, 往生行으로서 五念門, 아미타불의 身土에 관한 해설 등은 후세 중국, 한국, 일본의 정토교에 큰 영향을 미쳤다.

安樂集 二卷   道綽 撰

本書는 『觀經』을 중심으로 한 淨土敎의 綱要書라고도 하는 것으로 末法思想을 背景으로 述作된 것이다. 내용은 十二大門(章)으로 나누어 처음에 가르침이 그 時機에 相應하지 않으면 利益이 없으므로 機敎相

應을 力說한다. 現今은 末法五濁惡世이기 때문에 오직 정토교의 가르침에 의하여서 만이 구제되는 시대이므로 佛의 명호를 稱하면 懺悔修福할 수 있다고 하는 稱名을 권한다. 그래서 당시에 學匠이 아미타불을 化身, 淨土를 化土라고 함에 대하여 아미타불은 報身이며, 淨土는 報土임을 力說한다. 또한 全佛敎를 聖道門(自力), 淨土門(他力)으로 나누어 정토교를 全佛敎 諸法門 중에 있어서 地位를 밝히고 있다. 이 『安樂集』의 聖淨二門의 생각, 彌陀報身說, 末法思想에 의한 機敎相應說은 善導, 法然의 淨土敎 형성에 큰 영향을 미쳤다.

觀無量壽經疏 四卷　　善導 撰

本書는 略하여『觀經疏』라고 한다. 내용이 四卷이기 때문에『四帖疏』라고도 稱하며, 또는 法然의 淨土開宗의 根本疏章이기 때문에 존칭하여『御疏』라고도 한다. 畺良耶舍가 번역한『觀無量壽經』의 註釋書로서 第一卷을 玄義分, 第二卷을 序分義, 第三卷을 定善義, 第四卷을 散善義라고 이름한다. 그 경우 第一卷의 玄義分은『觀經』의 綱要를 述한 것이며, 第二卷의 序分義 이하에서는 經文을 註釋한 것이다. 이『觀經疏』는 曇鸞, 道綽과 더불어 점차 성행한 정토교의 敎旨를 集大成한 것이다. 善導 이전의 諸師(淨影寺의 慧遠, 嘉祥寺의 吉藏 등)에 의하여 著述된『觀經』의 釋書가 彌陀의 眞意를 開顯하지 않고, 謬見에 빠졌다고 하여 이것을 바르게 고쳐 범부의 정토왕생을 敎示한다고 한 것이다. 내용은 우선 처음에 諸師가『觀經』을 가지고 觀佛三昧를 설한 경전(觀想經典)이라고 함에 대하여 善導는 觀佛三昧와 念佛三昧의 兩三昧를 설한 경전이라고 한다. 十六觀法의 경우 처음의 十三觀을 定善(觀佛의 善) 뒤의 三을 가지고 散善(散心의 善)이라고 한다. 散善은 釋尊이 末來世의 일체범부를 위하여 자발적으로 설하신 것이다. 따라서 극락정토는 報身佛인 아미타불이 계시는 報土이며, 凡夫가 왕생하는 국토로서 凡入報土說을 설하고 있다. 그리하여 이 凡夫가 정토왕생하는 것은 佛의 本願力에 의하는 것이라 하여 本願念佛을 강조하고 있다. 다음에 稱名念佛하는 사람의 마음가짐에 있어서 至誠心 深心, 廻向發願心의 三心으로 細釋하여 三心으로 稱하는 念佛이야말로 佛의 本願에 隨順하는 行으로서 罪惡凡夫가 구제되는 유일한 길임을 설명한다. 本書는 善導가 釋迦, 彌陀, 諸佛에게 祈誓하여 佛의 指授를 받아 述作한 것으로 善導의 宗敎經驗을 기본으로 한 述作이다. 그래서 이것을 『證定疏』라고도 부른다. 일본의 法然은 「오로지 善導一師에 의한다.」라고 하여 善導의 『觀經疏』에 의하여 淨土宗을 열었다. 그 宗義의 構格은 善導의 凡入報土說, 五正行, 三心 등의 說에 의하여 組成된 것이다. 法然의 門人 중 西山淨土宗의 證空은 특히 善導敎學의 연구에 힘을 기울려 우수하고 많은 著作을 남겼다.

淨土法事讚 二卷　　　善導 撰

상세하게는 『轉經行道願往生淨土法事讚』이라고 하며, 또는 『西方淨土法事讚』 略하여 간단하게 『法事讚』이라고도 한다. 『阿彌陀經』을 讀誦하고 行道하는 行義를 밝힌 것이다. 上卷은 三寶 및 아미타불을 소청하고 그 공덕을 찬탄하며 至心으로 참회하는 行儀를 밝힌다. 下卷은 『阿彌陀經』을 十七段으로 나누어 讀誦하는 방법을 說한 것이다.

往生禮讚 一卷　　　善導 撰

略하여 『六時禮讚』이라고도 하여 日沒, 初夜, 中夜, 後夜, 晨朝, 日中의 六時에 아미타불 및 정토를 찬탄하는 讚文을 唱하며 歸命禮拜 참회하는 行儀를 설한 것이다. 本書의 내용은 前序, 六時禮法, 懺悔發願, 後序로 되어 있다. 前序에는 三心, 五念門, 四修를 설하여 專雜二修의 得佚을 밝히어 專修念佛이 十卽十生의 法임을 나타낸다. 六時禮法으로는 日沒은 『無量壽經』에 의하여 十二光佛의 이름을 찬탄하며 十九拜하고, 初夜는 같은 『無量壽經』의 중에서 要文을 選하여 二十四拜하며, 中夜는 龍樹의 『十二禮文』에 의하여 十六拜하며, 後夜는 天親의 『往生論偈』에 의하여 二十拜하며, 晨朝는 隋·彦琮의 『願往生禮讚偈』에 의하여 二十一拜하며, 日中은 善導가 自作한 十觀偈를 唱

二. 淨土敎 各 宗派의 宗典解說   363

하면서 二十拜한다. 그리고 各時 때마다 懺悔, 發願, 恭敬偈, 發願文을 唱할 것을 밝히고, 또, 無常偈를 올린다. 끝의 後序에서는 참회문을 내어 現世의 이익을 밝히고 있다. 本書는 중국, 일본의 정토교의 성행과 함께 널리 實修되어 法然의 門人 住蓮, 安樂의 六時禮讚의 수행은 유명한 이야기이다. 다음에 本書의 前後에서 밝힌 三心, 五念, 四修는 源信의 『往生要集』에 引用되었을 뿐만 아니라, 阿彌陀佛의 本願 中 第十八願에서 밝힌 「乃至十念」을 잇달아서 「稱我名號下至十聲」이라고 하여 十念을 十聲이라고 釋한 것은 法然의 稱名思想 형성의 기초가 된 것이다,

觀念法門 一卷   善導 撰

상세하게는 『觀念阿彌陀佛相海三昧功德法門』이라고 한다. 前分과 後分으로 나누어 前分은 『觀經』『般舟三昧經』등에 의하여 觀佛三昧의 法과 그 道場儀則을 설한다. 내용은 四段으로 나누어 (一)『觀經』등에서 觀佛三昧의 法을 밝히고 (二)『般舟三昧經』으로 부터 念佛三昧의 法을 밝히며 (三) 經으로 부터 道場念佛三昧의 法을 밝히고 (四) 經에서 道場內에 있어서 懺悔發願의 法을 밝힌다. 이 처음은 『觀經』의 十三觀에 의하여 觀法을 닦으면 정토에 왕생할 수 있음을 설한다. 第二는 『般舟三昧經』에 의하여 四十半偈를 설하고 一日一夜乃至 七日七夜 아미타불을 念하면 見佛三昧를 얻어 阿彌陀佛國에 왕생할 수 있다고 한다. 第三은 三昧道場의 軌則을 설하여 한달을 四分해서 一日 乃至 七日間 見佛의 想에 住하여 禮拜誦經하라고 한다. 第四는 發露懺悔하고 『阿彌陀經』을 매일 十五遍 乃至 三十遍 誦하여 十萬遍이 되게 하고, 또 매일 念佛을 一萬遍하면 臨終에 다달아서는 聖衆來迎의 想을 이룰 수 있다고 설하고 끝으로 看病人의 心得을 밝히고 있다.

後分은 『五種增上緣義』一卷이라고 이름하여 別行된 것도 있은 듯하다. 五種增上緣이란 (一)滅罪增上緣 (二)護念得長命增上緣 (三)見佛增上緣 (四)攝生增上緣 (五)證生增上緣이다. 淨土願生者가 현세에 있어서

延年轉壽, 滅罪生善, 諸護念 등의 이익을 얻고, 命終에는 정토왕생을 얻을 수 있다고 한다. 또 本書에 있어서 第十八願의 「乃至十念」을 「稱我名號下至十聲」이라고 해석한 것은 앞의 『往生禮讚』의 해석과 같이 法然의 淨土敎 형성에 기본사상이 된 것이다.

般舟讚 一卷　　　善尊 撰

자세히는 『觀經等明般舟三昧行道往生讚』이라고 한다. 『觀經』을 중심으로 『無量壽經』『阿彌陀經』『般舟三昧經』 등에서 37편 2백 81 行半의 讚偈에 의하여 극락정토의 장엄과 三輩九品往生의 相을 讚歎하고, 般舟三昧行道에 의한 往生의 行儀를 설한 것이다. 本書는 法然在世 당시에는 그 존재가 밝혀지지 않았지만, 滅後 五年 京都御室의 寶金剛院의 寶藏에서 발견된 것이다. 本讚에 설하는 「一稱稱念罪皆除」 「念念稱名常懺悔」의 說은 淨土門流의 徒에 의하여 諸書에 인용되고 있다.

往生要集 三卷　　　源信 撰

아미타불 및 극락정토에 관한 要文을 모으고 그 요지를 해설한 것으로 天台淨土敎義를 大成한 것이다. 永觀三年 (寬和元) 四月에 원고를 끝냈다. 내용은 十章(門)으로 되어 있다. (一)厭離穢土 (二)欣求淨土 (三)極樂證據 (四)正修念佛 (五)助念方法 (六)別時念佛 (七)念佛利益 (八)念佛證據 (九)往生諸業 (十)問答料簡이다. (一)厭離穢土란 六道 (地獄, 餓鬼, 畜生, 修羅, 人間, 天人)의 고통과 迷의 相을 說하고 현세가 穢土임을 밝힌 것이다. (二)欣求淨土에서는 淨土十樂을 설하며 정토를 원하는 것이다. (三)極樂證據에서는 시방정토 및 兜率淨土와 서방정토의 優劣을 설하여 서방정토를 권한다. (四)正修念佛로는 정토왕생의 行으로서 五念門(禮拜, 讚歎, 作願, 觀察, 廻向)을 설하여 觀察門을 중시하고 總想觀, 別想觀, 雜略觀의 셋을 밝히고 있다. 여기에 계속되는 것으로는 歸命想, 引接想, 念生想에 住하는 稱念을 說하여 권하고 있다. (五)助念方法으로는 觀念을 助成하는 방법으로

二. 淨土敎 各 宗派의 宗典解說   365

서 六種의 방법을 설한다. 즉 (ㄱ)方處供具(佛像을 奉祀하는 方法) (ㄴ)修行相貌(四修를 닦는 것) (ㄷ)對治懈怠(懈怠心을 일으키지 않는 방법) (ㄹ)止惡修善(持戒를 권함) (ㅁ)懺悔衆罪(事와 理의 참회를 行하는 것) (ㅂ)對治魔事(病魔邪法을 對治하는 방법)이다. (六)別時念佛로서는 平常의 念佛(尋常의 念佛)외에 別時의 念佛 및 臨終時에 있어서 念佛을 설한다. (七)念佛利益은 滅罪生善, 冥得護持, 現身見佛, 當來勝利, 彌陀別益 등에 대하여 밝힌다. (八)念綽證據로는 諸善根은 모두 往生의 利益이지만, 念佛의 一行만을 권하는 이유를 밝힌다. (九)往生諸業에서는 『華嚴經』 普賢行願品, 『十往生經』 등에 의하여 各種의 往生行을 밝히고 念佛 이 외의 다른 諸種의 行도 混修할 것을 설한다. (十)問答料簡에서는 問答을 받아 정토왕생에 관한 異說疑義를 해명하고 淨土往生을 권한다. 本書는 당시의 신봉자들에게 널리 읽혀 願生者의 指針書라고 한 것으로 중국에 보내져 天台山 國淸寺의 승려들이 감탄했다고 한다. 法然이 善導의 정토에 歸入함에 있어서 本書에 의하여 양육된 정토교가 큰 역할을 했다고 할 수 있다.

選擇本願念佛集 一卷　　　源空 撰

淨土宗의 開祖인 法然이 建久九年 66세 때에 지은 것이다. 念佛(稱名)은 아미타불, 석가여래, 諸佛의 諸善萬行 가운데에서 選擇된 중생 왕생의 唯一한 行임을 解明한 것으로 法然의 대표적인 著作이다. 眞宗에서는「センヂヤクホンガン(센쨔구혼간)이라고 읽어「擇」을「ヂヤク」(쨔구)라고 읽는다. 本書의 내용은 十六章으로 되어 있으며「淨土三部經」善導의 釋書 가운데도 要文을 뽑아서 이것에 私釋을 더하여 거기에 選擇本願의 念佛義를 해명한 것이다. 내용을 표시하면 다음과 같다.

　　(篇　目)　　　　　(引用釋書)
第一章(聖道淨土二門篇)‥‥‥‥安樂集

第二章(捨雜行歸正行篇)………觀經疏(散善義), 往生禮讚
第三章(念佛往生本願篇)………無量壽經, 觀念法門, 往生禮讚
第四章(三輩念佛往生篇)………無量壽經
第五章(念佛利益篇)……………無量壽經, 往生禮讚
第六章(末法萬年特留念佛篇)…無量壽經
第七章(光明唯攝念佛行者篇)…觀無量壽經, 觀經疏(定善義), 觀念法門
第八章(三心篇)…………………觀無量壽經, 觀經疏(散善義), 往生禮讚
第九章(四修法篇)………………往生禮讚, 西方要訣
第十章(化佛讚歎篇)……………觀無量壽經, 觀經疏(散善義)
第十一章(約對雜善讚歎念佛篇)……觀無量壽經, 觀經疏(散善義)
第十二章(付屬佛名篇)…………觀無量壽經, 觀經疏(散善義)
第十三章(念佛多善根篇)………阿彌陀經, 法事讚
第十四章(六方諸佛唯證誠念佛篇)…觀念法門, 往生禮讚, 法事讚
　　　　　　　　　　　　　　　觀經疏(散善義), 淨土五會法事讚
第十五章(六方諸佛護念篇)………觀念法門, 往生禮讚
第十六章(以彌陀名號付屬舍利弗篇)…阿彌陀經, 法事讚

이 내용의 章名과 그 引用文에 의하여 알 수 있듯이 各項 모두「淨土三部經」에서 要文을 뽑아 그것을 善導의 釋書에 의하여 해석하고 그 위에 選擇本願念佛의 要義를 해명한 것이다. 本書의 注釋書는 각 종파에 따라 五百二十數部가 있다. 各宗祖師의 著作 중에 가장 널리 읽히고 또 연구된 것이다. (篇名은 良忠의 『決疑鈔』의 說에 의함).

一枚起請文 一紙　　　源空 述

『御誓言의 書』, 『一枚消息』, 『法然上人起請文』, 『一枚起請』이라고도 한다. 法然入滅 이틀 전인 建曆二年 正月 二十三日에 門第의 勢觀房 源智에게 念佛往生의 要旨를 一紙에 요약하여 준 것이라고 한다. 현재 大本山 黑谷金戒光明寺에 소장하고 있는데 그 眞筆이라고 한다. 그

러나 여기에는 異說이 있다. 내용은 法然이 설한 念佛이 觀念의 念佛 學解의 念佛이 아니고, 오직 나무아미타불이라고 하면 왕생한다고 信하여 念佛하며, 尼入道의 無智의 무리와 같이 오직 一向으로 念佛하는 것이 肝要하다고 설명한 것이다. 念佛의 要義를 간결하게 說示한 것으로서 淨土宗에서 널리 읽히고 있는 것이다.

一紙小消息　　　源空 述

『黑田의 聖人에게 보낸 御文』이라고도 한다. 黑田의 聖人이란 어떠한 사람이라고 밝히지는 않았지만, 黑田의 莊에 살면서 歸依한 者에게 보낸 것이다. 念佛을 稱하는 사람의 마음가짐 즉 信心에 대하여 簡單 明瞭하게 要旨를 述한 것이다. 정토종에서는 『一枚起請文』과 같이 널리 읽혀지는 것이다.

徹選擇本願念佛集 二卷　　　辯長 撰

略하여 『徹選擇集』이라고도 한다. 淨土宗 第二祖인 聖光房 辯長이 嘉禎三年(1236) 六月, 七十六歲時 選述한 것으로 法然의 『選擇集』의 主意를 述徹한 것이라고 하는 뜻이다. 내용은 上下二卷이다. 上卷은 『選擇集』 十六章段의 要義를 釋하고, 下卷은 不離佛値遇佛의 義에 의하여 「通의 念佛」과 「別에 念佛」을 밝힌다. 보살의 六度萬用을 「通의 念佛」, 『選擇集』의 口稱念佛을 「別의 念佛」이라 하고, 口稱念佛의 佛敎學的 意義를 論하며, 念佛行의 뛰어난 바를 밝힌 것이다. 이것은 당시의 聖道門 諸宗으로 부터 口稱念佛이 淺薄한 行이라고 하여 비판받고, 다음에 法然門下에서도 異議가 續出하여 자칫하면 口稱念佛의 行을 경시하는 경향이 있음에 대하여 念佛行이 대승보살도에 있어서 지위를 밝히고, 그 위에 수승한 行임을 나타낸 것이다. 그 이외에 聖淨兼學, 정토의 보리심, 二十二選擇 등을 설하고, 法然의 口稱念佛의 顯正에 노력했다. 法然門下에서 異議가 續出하는 중에 있어서 法然의 正義를 전하고 대승불교의 보살도와 관련하여 口稱念佛을 顯正한 것으로서 중요한 書이다.

末代念佛授手印 一卷　　　辯阿(辯長)作

法然의 門下에서 異義가 橫行하여 어느 것이 法然의 正意인가 取捨에 迷하기 때문에 후세의 門人을 위하여 上人의 가르침을 六重二十二件으로 정리하여 정토왕생의 行을 나타낸 것이다. 내용은 袖書, 序文, 本論, 結語, 裏書이다. 袖書란 序文의 앞에 쓰여진 「究竟大乘淨土門云云」의 四句의 偈이다. 序文에서는 本書述作의 의도를 述하고, 本論에서는 淨土往生行을 六重二十二件 五十五法數로 정리하여 상세한 설명을 붙인 것이다. 六重이란 (一)五種正行 (二)正助二行 (三)三心 (四)五念門 (五)四修 (六)三種行儀이다. 각각의 항목에 대하여 法然의 생각을 祖述하고 끝부분에서 三心도, 五念도, 四修도, 三種行儀도 모두 나무아미타불로 結歸함을 설하고 있다. 本書는 淨土宗 傳法의 書로서 중요시 되는 것이다.

選擇傳弘決疑鈔 五卷　　　良忠 撰

略하여 『決疑鈔』라고도 한다. 淨土宗 第三祖인 然阿良忠이 建長六年 (1254) 6月 鏑木九郎胤定(入道在阿)의 요구에 의하여 下總國(千葉縣) 鏑木의 光明寺에서 選述한 것이다. 本書는 法然의 『選擇集』에 대한 疑義를 해명하고, 그 가르침을 널리 세상에 傳하기 위하여 著作된 것이다. 法然, 聖光, 良忠과 차례로 하는 淨土宗 三代相傳의 義를 述한 것으로 『選擇集』을 연구함에 있어서는 반드시 보지 않으면 안 될 지침서라고 한다. 良忠의 著書는 많아 총계 五十餘帖이라고 하는 가운데서 대표적인 著作이다. 내용은 『選擇集』 十六章段의 全文에 있어서 널리 經論疏釋을 이용하고 語句의 訓詁的 解明에 전력을 기울인 것이다. 『選擇集』의 內容章句를 연구하는 基準의 書이다.

觀經疏傳通記 十五卷　　　良忠 撰

『觀無量壽經四帖疏傳通記』『觀經四帖疏傳通記』 또는 『傳通記』라고 略稱한다. 善導의 『觀經疏』 四卷을 註解한 것으로 良忠이 가장 심혈을 기우려 지은 대표적인 저작이다. 내용 조직은 『觀經玄義分傳通記』 六

卷,『觀經序分義傳通記』三卷,『觀經正宗分定善義傳通記』三卷,『觀經正宗分散善義傳通記』三卷의 도합 十五卷이나 된다. 法然이 善導의 『觀經疏』에 의하여 淨土宗을 열었으므로 門下門流의 徒로서『觀經疏』을 연구하는 사람이 많고 諸種의 註釋書가 있었지만, 法然의 意趣에 反하며, 善導, 法然相傳의 眞意를 曲解하는 사람이 있기 때문에 法然 聖光의 釋義에 따라『觀經疏』의 文文句句를 註釋하고, 그 위에 祖意를 顯揚한 것이다. 上記의 『選擇傳弘決疑鈔』와 함께 良忠의 대표적 述作이다.

2 西山淨土宗의 宗典

西山淨土宗의 證空도 法然의 門人이기 때문에「淨土三部經」을 처음으로 중국, 일본의 정토교 列祖의 釋書를 중시하는 것은 말할 것도 없다. 그러한 것의 해설은 이미 記述했기 때문에 여기에서는 생략하고 證空 및 그 門流의 대표적인 釋書의 해설로 그치고져 한다.

觀門要義鈔 四三卷　　　證空 撰

『自筆鈔』,『觀門義』,『觀經要義釋觀門義』,『五部九卷要義釋觀門要義鈔』라고도 한다. 證空 39세, 建保 3年(1215)에서 50歲 嘉祿 2年(1226)까지 前後 十一年間에 달하도록 講述한 善導의 五部九卷에 대한 講述의 기록이다. 이 중『法事讚』의 講錄은 일찍이 散佚되었기 때문에 積學房實信書인『法事讚積學要義鈔』로서 보충하였다. 내용 구성은 다음과 같다.

觀經玄義要義釋觀門義鈔 五卷
觀經序分要義釋觀門義鈔 四卷
觀經定善義要義釋觀門義鈔 六卷
觀經散善義要義釋觀門義鈔 六卷
法事讚積學要義鈔 二卷

觀念法門要義釋觀門義鈔 三卷
往生禮讚要義釋觀門義鈔 十卷
般舟讚要義釋觀門義鈔 七卷

本書는 善導가 著作한 五部九卷의 해설서이지만, 단순히 註釋書, 要義書는 아니고, 그의 獨自的인 思考形態인 行門, 觀門, 弘願門의 三門分別의 思考에 의하여 해설한 것으로 아미타불의 弘願法門을 開示한 것이다. 證空의 西山義을 아는 중요한 書이다.

觀經疏他筆鈔 十四卷   證空 述

『觀經疏敎相他筆御抄』, 『觀經四帖疏抄』, 『觀經四疏他筆抄』, 『觀經四帖疏敎相鈔』라고도 하며, 간단히 『他筆鈔』라고도 한다. 證空이 講義한 善導의 『觀經疏』의 講述을 門弟인 觀鏡證入(東山義의 祖)이 筆錄한 聞書이다. 上記의 『觀門要義鈔』 43卷을 『自筆鈔』라고 함에 대하여 『他筆鈔』라고 부른다. 내용 구성은 『玄義分他筆鈔』 三卷, 『序分義他筆鈔』 五卷, 『定善義他筆鈔』 三卷, 『散善義他筆鈔』 三卷이 있다. 嘉祿二年(1226) 證空의 50세의 경에서 寬元二年(1244) 68세경 까지의 것이라고 한다. 上記의 『觀門要義鈔』(自筆鈔)의 생각을 기초로 講述한 것이다. 『觀門要義鈔』가 釋迦敎의 입장에 있어서 일체중생을 弘願의 가르침으로 歸入하도록 說示함에 대하여 이것은 彌陀弘願의 입장에 있어서 弘願의 세계를 說示한 것이다. 그것은 顯行, 示觀, 正因, 正行인 항목에 의해 善導의 『觀經疏』을 해석하여 念佛一類往生을 밝히고 있다.

觀經秘決集 二十卷   證空 撰

『觀經四帖疏秘決集』, 『觀經疏秘決集』이라고 한다. 다만 『秘決集』이라고도 한다. 著作年代는 밝혀지지 않았다. 善導의 『觀經疏』의 註釋으로 西山義의 奧義, 秘義를 記述한 事相部의 書이다. 本書는 위의 二書(自筆鈔, 他筆鈔)가 行門, 觀門, 弘願門. 顯示. 示觀. 正因, 正行 등의 名目으로 해석함에 대하여 『秘決集』은 慈悲, 智慧, 定散, 念佛,

二. 淨土敎 各 宗派의 宗典解說　371

來迎 등의 名目槪念을 利用하여 『觀經疏』를 해석한 것으로서 事相과 綱要를 述한 것이다.

當麻曼茶羅註記 十卷　　　證空 撰

大和當麻寺에 所藏하고 있는 觀經曼茶羅에 대한 解說書로서 西山義事相部의 主著라고 하는 것이다. 當麻曼茶羅는 善導의 『觀經疏』의 思考에 의하여 構圖된 것이다. 中央은 『觀經疏玄義分』, 『觀念法門』 등 정면 左緣은 『序分義』, 右緣은 『定善義』, 下緣은 『散善義』에 의한 것으로 慈悲智慧萬行, 定散念佛來迎, 能譬所譬衆譬, 方下方上橫行, 傳說直說國中人天 등의 特殊名目으로 曼茶羅를 해설하여 『觀經』의 敎旨를 述한 것이다.

女院御書 二卷　　　證空 撰

『女院御抄』라는 書로서 上下二卷이 있다. 上卷은 四條女院의 요구에 의하여 著述한 것이다. 내용은 念佛往生, 諸經念佛, 觀經念佛, 本願念佛, 他力一行, 臨平一同 등에 대한 설이다. 나무아미타불은 凡夫往生의 本體라고 한다. 下卷은 後嵯峨天皇의 皇太后인 北白河女院의 요구에 의하여 쓴 것으로 三心念佛에 대하여 설명한 것이다. 全文假名의 法語로 證空自證의 가르침을 쉬운 글로 쓴 것이다.

四帖疏私記 二十卷　　　行觀 撰

『觀經四帖疏私記』, 『觀經四帖疏秘鈔私記』, 『鵜木鈔』, 『寶幢院私記』라고도 한다. 西山義西谷流의 學匠인 鵜木寶幢院의 行觀覺融이 해설한 善導의 觀經疏의 釋書이다. 구성은 『玄義分私記』 五卷, 『序分義私記』 四卷, 『定善義私記』 五卷, 『敬善義私記』 六卷이다. 本書를 西谷流에서는 秘書로서 존중하는 것으로 他門他流, 非器의 사람에게는 傳하지 않고 口傳으로 배우게 한다. 내용은 善導의 『觀經疏』의 釋義인데, 廢助傍의 三重, 二尊一敎, 佛體佛格의 義에 대하여 자세히 述하고, 本願他力의 領解에 대하여 해설하고 있다. 西谷一流의 敎旨를 아는 중요한 書이다.

觀經疏楷定記 三十六卷　　　顯意 撰

『觀經四帖疏楷定記』,『楷定記』라고도 한다. 西山深草流의 學匠인 道教顯意의 著로서 深草義의 입장에서 善導의『觀經疏』를 註釋한 것이다. 深草義를 大成한 書라고도 한다. 내용 구성은『玄義分楷定記』十卷,『序分義楷定記』七卷,『定善義楷定記』八卷,『敬善義楷定記』十一卷이다. 내용은 法然門下의 一念義, 多念義, 諸行本願義, 鎭西義 등의 諸說 및 西谷義 등의 異義異說을 드러내어 비판하고 深草義를 顯正한 것이다. 특히 주목할 것은 二教(釋迦教, 彌陀教), 三力(自力, 佛力, 願力) 등의 名目에 의하여 一代佛教를 조직하며, 二尊二教의 要旨를 述하고 稱名念佛의 一行을 강조하고 있다. 說하는 것이 聖光房 辯長(淨土宗 第二祖)의 教說에 가까운 것으로 注目되고 있다.

3 時宗의 宗典

一遍上人語錄 二卷　　　一遍述
　　　　　　　　　　　　　一海輯

時宗의 開祖라고 하는 一遍의 語錄을 集錄한 것이다. 一遍은 命終에 이르러 모든 聖經과 述作한 것을 불태웠지만, 門人의 사이에 傳해 진 것을 德川中期에 이르러 一海에 의하여 정리된 것이다. 上卷은『別願和讚』『百利口語』『誓願偈文』『時衆制誡』『道具秘釋』『消息文』등을 모았고, 下卷은 門人에게 傳한 法語 百十一篇과 和歌四首를 모은 것이다. 一遍의 思想을 아는데 중요한 자료이다.

二祖他阿上人法語集 八卷　　　眞敎 述

『二祖大法語』,『大鏡集』,『二祖法語』라고도 한다. 時宗 第二祖인 他阿眞敎의 法語와 消息을 集錄한 것이다. 眞敎는 一遍이 入寂할 때까지 十二年間 一遍과 같이 遊行한 사람이기 때문에 一遍에 대한 思考를 알 수 있는 중요한 書이다. 내용은 처음에『道場誓文』,『他阿彌陀佛同行用心大綱』,『往生淨土和讚』을 나타내고 있다. 이하 七卷까지는

二. 淨土敎 各 宗派의 宗典解說   373

『消息法語』이며, 第八卷에는 和歌를 모은 것이다. 時宗의 敎義를 알 수 있는 것으로 『一遍上人語錄』과 같이 중요한 것이다.

器朴論 三卷   託阿 撰

京都七條道場의 託阿가 記述한 것으로 時宗의 敎義를 조직적으로 述한 것이다. 내용은 十五章(門)으로 되어 있다. 上卷은 (一)聖淨難易門, (二)本懷非懷門, (三)二尊二敎門, (四)諸佛正覺門, (五)諸敎出離門. 中卷은 (六)大小權實門, (七)二種三昧門, (八)成佛往生門, (九)發菩提心門, (十)有相無相門, (十一)諸經通讚門. 下卷은 (十二)念佛多福門, (十三)末法弘通門, (十四)臨終要心門, (十五)祖祖念佛門으로 되어 있다. 一遍上人 이래 오랫동안 조직한 敎義를 모으지 못한 時宗(衆)의 敎說을 조직적으로 記述한 것으로서 時宗敎義槪論이라고도 稱할 수 있는 것이다.

4 眞宗의 宗典

龍樹 이하 七祖의 著作 十二部 二十卷을 가지고 宗典이라 하여 「七祖聖敎」라고 부르지만, 그 중에 거의가 淨土宗의 宗典과 同一하다. 단 龍樹의 『易行品』 一卷, 曇鸞의 『讚阿彌陀佛偈』 一卷만이 다르기 때문에 二書만 해명하고 다른 것은 淨土宗 宗典의 해설로 대신하고져 한다.

易行品 一卷   龍樹 造

本書는 『十住毘婆娑論』 十七卷, 三十四品 가운데 一品을 別出하여 單行本으로 한 것이다. 大乘의 修行者(菩薩)이 不退(覺의 前位)인 位를 얻음에 難行, 易行의 二道가 있음을 說한다. 易行道에 대하여 水路의 乘船은 쉽게 목적지에 도달할 수 있듯이 「信方便易行으로 빨리 不退에 이르를 수 있다」고 한다. 東方善德佛 이하의 많은 제불보살을 보내어 이러한 諸佛菩薩을 憶念하며 敬禮하고 그 名號를 稱할 것을 說한다. 眞宗에서는 이 諸佛菩薩의 易行의 경우 특히 阿彌陀佛 易行을 주장하고 있다. 一品의 중심은 阿彌陀佛 易行으로서 중시 한다.

讚阿彌陀佛偈 一卷　　　　曇鸞 撰

『無量壽經奉讚』,『大經奉讚』이라고 하며, 간단하게『奉讚』이라고도 한다. 서방정토의 아미타불 및 淨土莊嚴을 讚歎한 것으로 七言偈 百九十五行으로 되어 있다.「淨土三部經」에 의하여 淨土를 讚歎하는 實踐法儀를 밝힌 것이다.

敎行信證文類 六卷　　　　親鸞 撰

자세히『顯淨土眞實敎行證文類』라고 하며,『敎行信證文類』,『敎行信證』이라고도 하고,『本典』이라고도 존칭한다. 親鸞이 元仁元年(1224) 52세경 關東常陸에 있을 때 構想하여 京都에 歸路한 뒤 72세 경에 完成한 것이라고 한다. 親鸞의 代表的인 著作으로 많은 經典疏章의 要文을 集錄하고 淨土眞實의 敎旨를 述한 것이다. 내용 조직은 敎, 行, 信, 證, 眞佛土, 化佛土의 六卷으로 되어 있다. 第一卷은「顯淨土眞實敎文類」라고 한다. 眞實의 經은『大無量壽經』으로서 經의 宗體는 本願의 名號임을 說한다. 第二卷은「顯淨土眞實行文類」라고 이름한다. 眞實의 大行이란 나무아미타불을 칭한다고 하는 것으로서 여래의 他力이란 願力임을 述하고 있다. 第三卷은「顯淨土眞實信文類」라고 이름한다. 信이란 南無阿彌陀佛의 大行을 信하는 것으로 眞實의 信은 本願力廻向에 있다고 한다. 第四卷은「顯淨土眞實證文類」라고 한다. 前二卷의 行과 信에 의하여 얻어진 것의「깨달음」의 경지를 밝혀 無上涅槃의 極果라고 한다. 第五卷은「顯淨土眞實眞佛土文類」라고 한다 眞佛土인 淨土는 佛의 光壽二無量의 願에 酬하여 顯現한 眞實의 淨土로서 佛의 正覺의 本體이며, 衆生의 行信에 의하여 往生할 수 있는 곳이라고 한다. 第六卷은「顯淨土方便化身土文類」라고 한다. 佛이란『觀經』의 佛身觀에서 설하는 佛이다. 佛土는『觀經』에서 설하는 化土로서 佛의 願力에 대하여 의심을 품고 자력의 行에 그치는 사람이 왕생하는 국토라고 하여 이 方便의 가르침을 要門과 眞門으로 분류한다.

二. 淨土敎 各 宗派의 宗典解說   375

弘願眞實의 法과 같이 설하여 要眞弘의 三門을 설하여 弘願門에 歸入할 것을 밝히고 있다. 이것을 略抄한 것에 『淨土文類聚鈔』가 있다.

愚秀鈔 三卷   親鸞 著

親鸞이 만년에 저작한 것이라고 한다. 愚秀란 凡愚라고 하는 것으로 이것을 悲傷하는 者란 親鸞 自身이다. 本書는 法然의 信心을 傳해 듣고 스스로의 信心을 說한 것이다. 처음에 橫竪超出의 四法에 의하여 法然의 聖淨二門判에 새로운 의미를 추가하고, 橫超他力의 道가 眞實報土에 들기 위한 가르침이다. 이것이 選擇本願, 『大無量壽經』의 가르침임을 밝힌 것이다. 下卷에서는 『選擇集』의 三心에 있어서 自力他力을 說하고 自力의 三心에서 他力의 三心으로 歸入할 것을 밝힌다. 또 이 밖에 親鸞의 『入出二門偈』 『淨土和讚』 등 많은 것이 있으며 『親鸞聖人全集』에 收錄되어 있다.

御文章 五卷   蓮如 撰

『御文』 또는 『蓮如聖人御文』이라고도 한다. 眞宗本願寺 第八世 蓮如가 眞宗의 安心을 平易한 文章으로 써서 門人에게 준 것이다. 내용은 第一帖에 十五通, 第二帖에 十五通, 第三帖에 十三通, 第四帖에 十五通, 第五帖에 二十二通이 모아진 것이다. 이것은 蓮如의 嗣인 實如가 蓮如의 入寂 뒤 정리하여 收錄한 것이라고 한다. 또 이 五帖(五卷)의 收集에 빠진 것은 『帖外御文』이라고 하여 八十二通이 모아져 있다.

5 融通念佛宗의 宗典

融通念佛宗은 近世의 中期 경에 이르러 처음으로 宗派敎團으로서 조직되었기 때문에 宗典으로는 鎌倉, 室町期의 것은 보이지 않는다.

融通圓門章 一卷   大通 著

融通念佛宗 再興의 祖인 融觀大通이 著述한 宗義의 綱要書이다. 元祿 16년(1703) 三月의 選述로서 融通念佛宗에서는 宗書라고 한다. 내용

은 (一)敎興의 本緣 (二)多聞의 勸喩 (三)略釋宗門 (四)法門의 分齊 (五)所被의 通局 (六)修行의 要法 (七)內衆의 規則 (八)辯國土 (九)明佛身 (十)入文解釋으로 나누어져 있다. 良忍의 彌陀直授의 偈文을 解釋敷衍하고 己身의 彌陀, 唯心의 淨土, 本具의 佛性, 娑婆即寂光淨土 및 一行一切行 등의 要義에 대하여 詳述하고 있다. 法然門流와는 다르며 天台淨土敎 가운데서 형성된 念佛敎團의 교리를 述한 것으로 注目되는 것이다.

融通念佛信解章 二卷　　　大通 撰

融通念佛의 敎義를 쉽게 해설할 것으로 寶永二年(1705) 五月, 大通 57세 때의 것이다 내용은 (一)淨業의 興起를 밝히고, (二)融通의 敎旨를 述하며, (三)人天을 勸하여 名帳에 記함을 밝히며, (四)多聞의 冥授를 蒙함을 밝히고, (五)菩提心의 體를 밝히고, (六)心法互融의 義를 밝히고 (七)傳法의 要文을 解하고 (八)像의 眞身임을 밝히고 (九)十種無碍의 義를 밝히고 (十)宗의 要義를 닦도록 권함 등이다. 本書는 上記의 『圓門章』과 함께 宗義의 綱格을 설하기 때문에 融通念佛宗의 宗義연구에는 꼭 보지 않으면 안 될 중요한 것이다.

❻　天台眞盛宗의 宗典

菩薩戒義疏　　　智顗 撰

本疏는 자세하게 『梵網菩薩戒經義疏』라고도 한다. 『梵網經』卷下에 대한 釋書로서 처음에 小乘戒 大乘戒에 대하여 밝히고, 이어서 戒本에 대하여 性無作의 假色임을 論하여, 끝으로 戒法受得의 인연을 설하는 것으로 天台圓頓戒의 本典이라고 하는 것이다.

奏進法語　　　眞盛 撰

明應元年, 後土御門天皇勅定에 의하여 念佛安心의 要旨를 記述한 短篇으로「나무아미타불이라고 하는 것은 佛의 正覺 即我 등이 往生한다」고 하여 念佛即往生即得正覺의 教旨를 述한다.

念佛三昧法語　　　眞盛 撰

　念佛三昧에 든 心境을 述한 것으로 극히 短文인데, 三昧에 들면 극락도 바로 나타나며, 三世의 諸佛도 日夜간에 받들 수 있다고 한다. 念佛三昧의 공덕을 설하여 念佛을 권하고 있다.

譯者의 말

이번에 번역하게 된 『淨土敎汎論』의 저자인 쓰보이순에이(坪井俊映) 敎授는 日本 佛敎大學의 元老敎授이시며, 한국불교에 깊은 관심을 가지신 저의 지도교수님이십니다. 또한 선생님은 日本 淨土宗에서 존경받는 實踐修行者로서 大德스님이기도 하며, 法然淨土敎硏究에 있어서는 어느 누구의 추종도 불허하는 第一人者이십니다.

교수님의 一生은 宗團의 발전과 대학의 후진양성에 바쳤으며, 청년시대에 저술하신 『淨土三部經槪說』은 지금도 學界에서 가장 많이 인용되고 있을 뿐만 아니라, 博士學位 논문인 『法然淨土敎の硏究』는 法然淨土敎學의 총정리서라고 일컬어 지고 있읍니다.

이번에 교수님의 古稀를 맞이하여 가르침에 대한 조그마한 보답이나마 하고져 이 책을 번역하게 되었읍니다.

本書는 전반적인 정토교의 개설과 일본 정토교파의 각기 특성에 대하여 쉽게 논술한 槪論書로서 일본의 여러 대학에서는 교과서로 사용되고 있읍니다. 아직까지 정토교에 대한 이해부족과 경시 등으로 槪論書 하나없는 우리나라에 이 책을 번역하여 同學들에게 권하므로 念佛修行에 대한 이해와 同修念佛行者를 구하는 뜻에서 교수님과 의논하게 되었읍니다. 이를 쾌히 승락하신 교수님은 한자한자의 번역에 직접지도해 주셨읍니다만, 저의 부족한 지혜와 외국어의 어려움, 미묘한 뉴앙스의 차이, 日本古語의 난해함때문에 원저자의 뜻이 충분히 전달될런지 심히 걱정 스럽습니다.

本書에 있어서 단지 아쉬움이라고 하면 한국 부분에 대한 소홀함이 없지 않읍니다. 이 부분은 저자의 동의를 얻어 보충했으나 미숙한 점이 많기 때문에 다음 기회에 다시 정리하기로 하겠습니다.

　研究生活의 奔忙中 틈틈이 번역한 원고 뭉치를 가지고 弘法院의 金正佶 사장님께 의논하였더니 선뜻 출판을 맡아주셨음에 감사드립니다. 이로부터 6판에 이르기까지 홍법원에서 출판하였으며 2000년도 7판부터는 소승이 등록한 여래장(如來藏)에서 간행하게 되었습니다. 특히 인쇄를 담당해 주신 광진문화사 사장 慧林 불자님께 감사드립니다. 또 이 책이 나오기까지 물심양면으로 협력해 주신 寶陀寺주지 金 法賢法友와 河 摩尼珠, 姜 普賢行 불자님에게 감사드리며, 정성껏 교정을 봐주신 趙 鄕雅, 姜 明子 두 불자와 淨土寺의 四部大衆께 감사드립니다.

　이 譯書가 우리 學界와 독자들에게 조금이라도 도움이 된다면 그 공덕을 관련 있는 念佛行者들에게 회향하고 싶을 뿐입니다.

佛紀2544(2000)年 부처님오신날
清溪山 淨土寺 無心堂에서
韓　普　光　合掌

参 考 文 献

淨土教概論	望月信亨著	弘文堂刊
淨土三部經概說	坪井俊映著	隆文館刊
日本淨土敎史の研究	石田充之著	百華苑刊
法然上人門下の淨土敎學の研究	石田充之著	大東出版社刊
法然門下の敎學	安井廣度著	法藏館刊
西鎭敎義概論	杉　紫朗著	百華苑刊
彌陀身土思想の展開	神子上惠龍著	永田文昌堂刊
淨土の敎義とその敎團	石井敎道著	京都富山房書店
淨土宗の敎元	知恩院宗學研究所編	山喜房佛書林刊
淨土敎の諸問題	藤吉慈海著	其中堂刊
法然上人の敎元	坪井俊映著	教育新潮社刊
淨土宗西山敎旨	禪林宗學院編	禪林宗學院刊
西山敎義綱要	三浦貫道著	信仰の友刊
西山證空上人	森英純著	光明寺刊
念佛要義（深草叢書）	渡邊杜水著	淨土宗西山深草派宗務所刊
關本諦承全集	關本諦承著　谷本淸隆編	同朋社刊
南無阿彌陀佛（一遍上人）	柳　宗悅著	春秋社刊
時宗敎學の研究	平田諦善著	山喜房佛書林刊
眞宗敎學の研究	神子上惠龍著	永田文昌堂刊
眞宗概論	稻葉秀賢著	文榮堂刊
眞宗概要	敎化研究所編	法藏館刊
眞宗概論	普賢大圓著	百華苑刊
天台眞盛宗宗學汎論	色井秀讓著	百華苑刊

索 引

(A) 佛 菩薩 人名

(ㄱ)

迦才 139
覺賢 47
觀世音菩薩 31, 281
高辯 90
空海 28
鳩摩羅什 50
吉藏(嘉祥寺) 292, 354
窺基 354
憬興 356

(ㄴ)

盧遮那佛 39, 40, 287
鹿深臣 28

(ㄷ)

曇鸞 138, 351
曇遷 354
大谷光瑞 54
大目如來 23
大日如來 41, 313
德川綱吉 206
道敎(顯意) 372
道案 28
道元 90
道綽 139, 351
듀티하가마니王 27

(ㄹ)

良忍 204, 205
良鎭 204
루이갸루샤안 54
隆寬 358

(ㅁ)

夢窓國師 108, 191
無碍(碍)光如來(佛) 138, 291, 316
無量壽佛 278
無量淸淨佛 46
彌勒菩薩 22, 26
彌勒佛 26

(ㅂ)

拔隊(得勝) 37
法灯國師 188
法位 355
法明(良辱) 205
法然 82, 150, 194, 358
法遇 28
法藏菩薩(比丘) 67, 149, 195, 278, 291
法照 353
菩提流支 351
不可思議光如來 46, 317, 321
佛馱跋陀羅 47
毘盧遮那如來 39, 41
頻婆娑羅王 72

(ㅅ)

釋迦佛(釋迦牟尼佛) 22, 285, 316
善導 30, 351
善財童子 32
聖達 188
聖岡 82, 108
世自在王如來(世饒王佛) 19, 67, 201
少康 352
勢至菩薩 280
世親 138, 348

384

親鸞　82, 194, 269, 358
僧護　28
榊亮三郎　54

(ㅇ)

아그니　49
阿彌陀佛　21, 24, 43, 46, 94, 277
아미타붇다　47, 48, 293
阿闍世　72
阿閦佛(如來)　21, 22, 23, 24, 285
야마天　49
藥師佛(藥師瑠璃光如來)　22, 24
延壽　37, 353
蓮如　320
靈幹　28
靈空(光謙)　210
榮西　90
龍樹　82, 92, 347
熊谷入道蓮生　303
熊野權現　190
韋提希　72
源信　357
圓仁　353
圓光　354, 355
元照　354
元曉　354
劉虯　107
融觀　206
義湘　354
日蓮　34, 90
一遍　188, 311

(ㅈ)

慈愍　353

慈藏　354
長西　358
貞慶　28, 90
衆香手菩薩　24
證空　172
支謙　47
知禮　39, 354
支婁迦讖　47, 50
智顗　81
眞盛　208
智眞　188, 358
珍海　147, 358

(ㅊ)

天德如來　205
竺法護　50

(ㅌ)

託阿　191
太賢　355

(ㅎ)

河口慧海　54
行觀(覺融)　184, 371
幸西　350
惠普　32
慧能　36
慧遠(廬山)　59, 119, 350
慧遠(淨影寺)　146, 292, 354
懷感　38, 352
훗드손　54
玄奘　354
玄一　355

(B) 書　名

(ㄱ)

觀經釋法(然觀)　152, 245

經疏善(導觀)　74, 175, 179, 216, 234, 236, 237, 245, 318, 361
經疏玄義分　107, 152, 202, 296, 309

索　引　385

觀經疏定善義　130, 179, 299
觀經疏散善義　175, 181, 232, 264
觀經疏楷定記　372
觀經疏他筆鈔　370
觀經疏傳通記　368
觀經秘決集　102, 370
觀無量壽經(觀經)　46, 56, 72, 91, 103, 107, 114, 113, 137, 152, 177, 181, 192, 198, 199, 200, 214, 219, 229, 232, 280, 308, 312
觀念法門　150, 363
觀音授記經　292, 293, 295
觀普賢菩薩行法經(觀普賢經)　34, 42
觀佛三昧海經　136
觀彌勒菩薩上生兜率天經　27, 28, 29
觀無量壽經疏(吉藏)　294
觀門要義鈔　369
灌頂拔除過罪生死得脫經　25
鼓音聲王陀羅尼經　295
教行信證文類　105, 196, 198, 200, 201, 202, 224, 272, 273, 318, 319, 340, 374
究竟一乘寶性論　61
金光明經　34
金剛界曼茶羅　13
金剛頂經　287
麒麟聖財論　110
器朴論　104, 192, 193, 312, 313, 373

(ㄴ)

南岳思大師立誓願文　87
楞伽經　81

(ㄷ)

當麻曼茶羅註記　371
大經讃　194, 316
大唐西域記　32
大無量壽經　51, 105, 197, 200
大般涅槃經　30, 136, 228
大寶積經　23, 42
大乘起信論　61, 227

大乘義章　284, 285
大乘玄論　20
大乘極樂莊嚴經　55
大乘同性經　296, 297
大乘密嚴經　42
大乘無量壽莊嚴經　64
大隨求陀羅尼經　120
大智度論　30, 34, 227, 254
大集經　40, 42, 86, 88, 316
大阿彌陀經　54
大日經　287
大品般若經　24
大胡의 太郎實秀에게 보낸答書　304
兜沙經　22, 29, 30
道行般若經　22, 24
東大寺十問答　252
登山狀　251

(ㅁ)

摩訶止觀　39, 126
마하―바므사　27
萬善同歸集　37
末代念佛授手印　122, 124, 171, 249, 368
末法灯明記　88, 89
無量清淨平等覺經　50, 54, 55, 56, 143
無量壽經　18, 51, 53, 66, 71, 107, 113, 143, 144, 147, 148, 149, 200, 215, 229, 315
無量壽經優婆提舍願生偈　58, 76, 121
無量壽經義疏(惠遠)　146, 293
無量壽經釋　303
無量壽經鈔　144
無量壽經隨聞講錄　44
無量壽根本陀羅尼經　121
無量壽莊嚴經　143
無量壽至眞等正覺經　55
無量壽如來會　54, 143
無門關　188
文殊般若經　136, 158
彌勒下生經　28, 29
彌勒成佛經　26

彌勒菩薩所問經　26, 143324
彌勒講式　28
彌勒淨土變相圖　29

(ㅂ)

般若經　51
般舟三昧經　47, 50, 59, 119
般舟讚　59, 200, 299, 364
拔一切業障根本得生淨土神呪　121
拔陂菩薩經　59
放光般若經　17, 143
配流로부터 上洛한뒤 하신 말씀　255
百四十五箇條問答　302
梵網經　41, 42, 208
梵文阿彌陀經　57
法苑珠林　28
法事讚　152, 362
法華經(妙法蓮華經)　22, 24, 34, 51, 60, 90, 120, 136, 313
法華經優婆提舍　34
法華玄義　81
法性寺左京太夫의 伯母되는 여자에게 보낸 答書　248
別願和讚　311, 312
菩薩戒經義疏　376
菩薩本業瓔珞經　227
寶月童子問法經　29
本願寺聖人傳繪　194
佛頂尊勝陀羅尼經　120
悲華經　24, 143

(ㅅ)

四十八卷　327
四帖疏私記　371
山門橫川眞緣上人에게 보낸 答書　373
散善義觀門羞鈔　177, 187, 223, 259, 260, 261, 262, 263
散善顯行錄　115
산스크리트文無量壽經　53, 54, 143
三心經　257
三心義　244

三千佛名經　21
三部經釋　108
三部經大意　247
小無量壽經　57
續高僧傳　139
首楞嚴三昧經　24
隨求陀羅尼經　60
隨願十方往生經　22, 28, 29
釋迦淨土變　34
釋淨土群疑論　38
釋淨土二藏頌義　109, 249
禪勝房傳說의 말씀　165, 254
撰集百緣經　136
選擇本願念佛集(選擇集)　59, 96, 98, 154, 135, 162, 167, 194, 217, 220, 241, 302, 304, 365
選擇集秘鈔　184
選擇傳弘決疑鈔　247
選擇傳弘決疑鈔直牒　248
選擇密要決　223
攝大乘論　61
聖大乘樂有莊嚴經　57
聖無量光莊嚴大乘經　54
示或人詞　303
信空上人傳說의 말씀　304
神勒의 頌　191
新無量壽經　55
深草抄　173
十一不二頌　188, 190
十四行偈　244
十住毘婆娑論(易行品)　21, 61, 82, 91, 92, 348
十二問答　165, 304, 328
十六觀經　114

(ㅇ)

阿彌陀經　21, 45, 47, 57, 75, 118, 121, 140, 197, 202, 230, 281
阿彌陀經疏(慈藏, 元曉)　355
阿彌陀經鈔(袾宏)　44
阿彌陀佛說林　61

索　引　*387*

阿彌陀三耶三佛薩樓佛壇過度人道經
　　47, 50, 54, 55, 143
阿閦佛國經　22, 23, 143, 284, 288
阿閦佛刹諸菩薩學成品經　23
阿含經　126
安樂集　87, 95, 97, 99, 101, 139, 201,
　　206, 231, 295, 296, 360
藥師瑠璃光如來功德本願經　25
藥師瑠璃光七佛本願功德經　25
藥師淨土變相圖　26
藥有莊嚴經　57
御消息　245
御文章　320, 375
如來修行鈔　34
女院御書　371
念佛三味法語　208, 377
念佛自行問答　206
念佛大意　327
念佛要門　357
靈山淨土變　34
逆修說法　226
五段抄　174, 296, 310
와이 그루語譯觀經　57
往生記　251, 338
往生大要抄　241, 242, 243, 246, 247
往生要集　45, 123, 133, 208, 216, 241,
　　357, 364
往生禮讚　124, 150, 163, 170, 232, 234,
　　240, 266, 299, 334, 362
往生論　58, 122, 124, 138
往生論註　83, 93, 94, 95, 100, 122, 138,
　　195, 204, 215, 230, 289, 290, 291, 292,
　　316, 318, 351
愚禿鈔　105, 201, 375
愚要鈔　186, 260, 261, 264
元亨釋書　108
瑜伽師地論　332
唯識論　37
唯心鈔文意　315, 341
遊心安樂道　355
維摩經　22, 24, 35, 36, 51, 80

六祖檀經　36
六十萬人頌　188
六要鈔　106
融通圓門章　62, 111, 207, 375
融通念佛緣起　204, 206
融通念佛信解章　376
二祖他阿上人法語集　372
引聲阿彌陀經　357
一念多念證文　275
一枚起請文　338, 366
一紙小消息　367
日本靈異記　88
一遍上人語錄　104, 189, 268, 312, 314,
　　372

(ㅈ)

自筆鈔　370
諸經讚　195, 316, 341
諸經要集　20
正信偈　203
定善示觀緣　181, 257
定善義他筆鈔　308
淨土希聞抄　170
淨土三部經　53, 57, 66, 119, 227, 282,
　　259
淨土眞要鈔　176
淨土法門源流章　110
淨土文類聚鈔　274
淨土論(迦才)　140
淨土和讚　275
條條箋法則　313
尊勝陀羅尼經　60
尊號眞像銘文　204
奏進法語　208
津戶의 三郎에게 보낸 答書　32:

(ㅊ)

讚阿彌陀佛偈　373
蔡州和傳要　141, 192
徹選擇集　169, 222, **267**
摧邪輪　221

稱讚淨土佛攝受經　29, 57, 58

(ㅌ)

他筆鈔　257, 370
歎異鈔　194
胎藏界曼茶羅　13
티벳트譯無量壽經　143

(ㅍ)

破邪顯正記　209

(ㅎ)

항상 당부하시는 말씀　250
和泥合水集
華嚴經　31, 32, 39, 40, 60, 119, 228, 333
解深密經　81
海龍王經　42
玄義分他筆鈔　306
興願僧都念佛의 安心을 찾도록 써주신
　答書　265

(C) 術語, 기타

(ㄱ)

假說의 敎　265
去此不遠　314
決定往生(心, 信, 人)　255, 256, 263, 364
介爾의 一念心　39
戒門　208
戒稱二而不二　210
戒稱二門　207
開合具略의 異　143
觀經의 序　192
觀經의 三選擇　168
觀念　125
觀念의 念佛　125
觀念不堪　125, 135
觀門　178, 179, 180, 183, 185, 309
觀門의 菩提心　223
觀佛三昧　74, 192
觀佛往生　124
觀法의 利益과 稱名　73
觀想滅罪往生　133
觀의 意味(證空)　178
觀察門　122, 123, 133, 158
光明攝取身　278, 302
光明無量　282
光明無量의 願　317
廣宣流布　90

廣의 念佛　103, 187
廣懺悔　333
恭敬修　171
敎相判釋　79, 80
敎法의 組織論　79
久遠(實成)의 阿彌陀佛　195, 197, 316, 317
久遠實成의 釋迦　287
口傳法門　194
九字名號　321
口稱儀禮　136
九品正行　115, 181
歸命　320
歸命想(引接想, 往生想)　135, 137
國土　16
國土海　287
國土莊嚴　127
權方便의 敎　107
勸信의 經　76
極樂　43
極略觀　135
根本聖典　53
近遠對　161
今剛의 眞心　274
今時難證　102
今時不成佛　102
機法二種深信의 關係　263

索　引　*389*

機法一體의 名號　320
耆闍會　74
機의 深信　235, 262, 268
祈願的稱名　136, 137
己心의 如來　303
己心領解　188

(ㄴ)

奈良法師　89
南無　309
南無阿彌陀佛　186, 190, 191, 193, 207,
　　263, 319, 320
南無阿彌陀佛의 釋　186
南無佛陀　126
南謨彌勒如來應正等覺　28
難易二道　138, 139
難易二道判　82, 92, 100
難易二道說　93, 95
難易의 義　155
難行道　82, 92, 93, 94, 101
難行聖道의 實教　105
難思往生　200, 201
難證　102
難證의 意味　102
南三北七의 教判　81
盧山慧遠流　350
能歸의 衆生　268
能說小說　182
能爲行爲　183
能詮　177
能詮欣慕의 願　306
能詮의 教　182
能讚의 佛　312
能請所請　182
能領解의 智　192
乃至十念　151, 175, 196
內凡　232

(ㄷ)

다하는 誠의 마음　259
單信稱名　135

單信의 大信　251
斷惡修善의 應身　311
當得往生　185, 193
對機說法　79
大權大聖의 垂示　104
大悲　312
大悲廻向의 心　273
大乘小乘　80
大乘實教　98
大乘佛教運動　51
大乘菩薩道　83
大願業力　202
度斷知證　142
切利天　26
兜率天　22, 23, 26, 29
道元曹洞宗　88
道綽淨土의 特色　88
道綽善導流　351
讀誦正行　159
讀誦雜行　159
獨一의 念佛　188
頓教　106
頓漸二教(判)　82, 91, 92, 109
頓中의 頓　109
頓의 意味　91
同類의 助業　165
東方善德佛　93

(ㄹ)

來迎引接의 願　199
來迎引接의 化佛　301
來迎의 佛體　180
來迎引接身　302
來迎引接의 佛　279

(ㅁ)

萬德所歸　154
萬行圓備의 報身　311
末法　86, 326, 327
末法惡　328
末法相應　90

末法第一年　90
末法萬年　329
末法思想　84, 88, 98
末法史觀　89
末法의 凡夫　326
名號　203
名號酬因의 佛　312
名號說　318
名號得生願　306, 307, 309
名號本尊　321
名體不二　203
名體不離　193
名體不離의 名號　186
夢中相承　205
妙喜世界　21, 23
無間修　170
無間有間對　160
無觀稱名　166
無戒比丘　89
無明煩惱　330
無問自說의 經　76
無量光　46
無量光明土　317
無量壽　293
無量壽經의 三選擇　167
無漏의 土　38
無相離念　299
無生法忍　183, 280
無生의 往生　210
無勝淨土　22, 30
無始無明　331, 332
無餘佛　170
無疑無慮　271
無惡趣의 願　306
無爲涅槃界　302
無爲法身　289
無瞋恚의 願　23
聞法　251
聞信　320, 344
聞信 行251
聞信의 一念　197

聞即信　276
彌勒淨土　26, 42
彌陀定散의 念佛　201
彌陀大日同體說　313
彌陀入滅　295, 296
彌陀의 化身　304
彌陀報身說　296
密嚴淨土　42

(ㅂ)

半金色의 善導　304
半滿權實의 法門　199
般航三昧經의 一選擇　168
發願　141, 319
傍依經典　119
傍依의 經論　113
傍依의 論書　61
傍明往生淨土敎　100
方便　289
方便有餘土　288
方便假門　198
方便眞門　107, 200
方便의 願　107
方便法身　195, 289, 315, 316
百八煩惱　329
法界身　308
法身　146, 283, 284, 317
法身說法　287
法身大悲　312
法性土　287, 317
法性法身　195, 289, 290, 316, 317
法然의 三身說　300
法然의 聖淨二門判　100, 101
法然의 第十八願釋　150
法然의 淨土宗　88
法然의 菩提心　217
法의 深信　235, 263, 268
法佛　293
凡夫　323, 329
凡夫往生　343
凡聖同居土　286, 324

凡聖不二　191
凡頓一乘　110
凡頓敎　110
凡位의　菩提心　222
煩惱　329
煩惱具足의　凡夫　325, 326, 329
變化身　285, 288
變化土　288
別意의　弘願　177, 201
別願　141
別願酬報의　身　297
別敎　286
別時行儀　171
別正報　298
別想觀　133, 158
布施波羅密　18
補陀落(普陀落)　31, 33
補陀落淨土　42
補陀落渡海　33
補處의　菩薩　26
普賢十大願　119
報佛　295
報身　284, 311
報身佛　284, 294, 295, 305
報身의　彌陀　296
報身如來　34
報恩行　203
報恩念佛　202
報土　295
菩提心　213, 214, 215, 217
菩提心願　223
菩提心行　223
菩提心正因　213, 214
菩提心總安心說　223
菩提心廢捨說　223
菩薩　18
菩薩의　五十二階位　227
菩薩莊嚴(四種)　130
菩薩聖衆의　往生　70
菩薩道　51, 297
菩薩藏　107, 108

菩薩藏頓敎　91, 107
本門의　釋迦　313
本地無作의　三身　287
本願　141, 343
本願三心의　願　203
本願의　三心　257
本願寺義　194
本願成就의　佛　273
本願成就文　196, 203
本願眞實의　經　194
本願에　포함된　稱名　190
本願에　對한　理解의　相違　141
本願名號의　이유　192
本願의　呼稱　144
本願의　分類　144
不背西方　303
不退　44
佛意一乘　109
佛恩感謝　203
佛果의　深重　261, 263
佛身論　283
佛性　341
佛性即法性　341
佛莊嚴(八種)　129
佛體即行　185, 264, 307
佛土　16, 287
佛土를　밝힘　17
佛의　三心　274
佛의　大慈悲　173
佛의　八選擇　169
비파샤나　127

(ㅅ)

事觀　127
事理俱頓의　敎　109
四果　23
四敎四土說　286
四修　170, 241
四種信心　228
四十二相　133
四十八願　67, 144

四十八願生起의 因緣　147
四十八願成就　149
四十八願酬報身　297
四乘의 道　99
四大靈場　36
四佛四土說　288
四弘誓願　142, 305
思惟正受　182
娑婆世界　288
散善　74, 115
散善自開　183
三願轉入　202
三敎八宗의 敎判　81
三經一論　59, 62
三經一致門　202
三經價値의 輕重　62
三經差別門　202
三經通申論　76, 121
三經別願의 念佛　193
三嚴二十九種莊嚴　76, 158, 290, 292
三權一實說　107
三時思想　82, 84
三時想方便說　90
三種行儀　191
三重選擇　167, 194
三重六義　177, 181, 186
三心　152, 189, 193, 240, 258, 266
三心旣具無行不成　186
三心具足　174
三心具足의 形態　250
三心具足의 念佛　310
三心釋(善導)　232
三心釋(證空)　258
三心相互의 關係　246
三身卽菩提心　223
三心의 歸結　250
三心의 智惠　269
三心의 配列　248
三心의 要　247
三心領解　186, 187, 192, 193
三身相卽의 佛　287

三選의 文　167
三毒의 煩惱　229
三念　126
三輩往生　70, 113
三不三心　230
三福　115
三福九品開合의 異　118
三福正因　115, 181
三福能詮　180
三部經의 結經　76
三佛三土說　288
三煩惱의 惡　71
三惑　229
山法師　89
常念　170
像法의 末期　89
像法時代　326
常寂光土　42
常行三昧　13
常光淨土　286, 314
相頓敎　109
雙林樹下往生　198
生身　283
三佛一體　191
生佛一如　208
生死에 걱정없는 삶　344
西方往生　119
西方極樂　21
西方十萬億佛土　68, 75, 149, 278, 282
西方淨土　16, 21
西山義　173
西山淨土宗의 三部經　66
西山淨土宗의 宗典　63
誓願　141
釋迦彌陀同體異名說　313
釋迦의 五百大願　30
釋迦의 選擇　169
釋迦의 發遣과 彌陀의 招喚　240
善導의 頓漸二敎判　208
善導의 後身　353
禪淨倂修　13

索　引　395

禪定波羅密　18
選擇　166
選擇我名　168
選擇化讚　168
選擇讚歎　168
選擇證誠　168
選擇攝取　168
選擇付屬　168
選擇本願　166, 167, 319
選擇留敎　168
攝法身願　146
攝淨土願　146
攝衆生願　146
攝取不捨의 化佛　301
聖道의 眞實　258
聖道門　99, 100
聖道門不成佛　103
聖道門을 버리고　102
聖道化前　104
聖道方便　103
聖道無得道　102, 103
聖頓敎　110
聖淨二門判　82, 84, 97
性罪　332
性頓敎　109
性惡說　342
性善說　342
성실한 後世者　255
世戒行의 三福　214
世尊我一心　204
所歸의 佛　268
所讚의 法　312
所詮　178
所詮所因의 願　306
所領解　193
小悲　312
小乘敎　98, 108
小乘不了義敎　108
小坂義　173
修道的稱名　136
修成佛　293

壽命無量　282
聖의 三心　249
竪出竪超의 菩提心　224
數量信仰　139, 140, 207
數珠　140
隨其心淨即佛土淨　35
隨自意의 說　74
隨他意의 說　74
슈큐와바티　43
順次往生　205
純雜對　161
勝劣의 義　154, 155
勝應身　286
스무리티　126
僧自恣의 日　332
示觀(領解)　180, 181, 158
時間的隔絕　328
時機相應　92
時機不相應　92
時代意識　84
時宗의 開祖　188
時宗의 宗典　64
施無畏의 印　24
是心作佛　38
是心作佛 是心是佛　210
植諸德本願　200, 201
信 (śradaha)　226
信心　340
信心往生　203
信心正因　203, 269
信心正因稱名報恩　197
信心佛性　341
信心을 얻는 機緣　250
信惠의 二心　193
信外輕毛의 凡夫　324
信樂　272
信은 道元, 功德의 母　228
信佛의 因緣　94
神識의 回復　25
神呪往生　120
親鸞의 聖淨二門論　104

親鸞의 眞宗 88
親鸞이 說하는 本願念佛 194
實報土 288
失此法財 192
尋常行儀 171
深心 267, 271
深心釋 235, 243, 260
深信있는 사람 336
深心의 體 267
深心과 廻向發願心의 關係 248
十惡의 法然 337
十惡五逆의 凡夫 325
十界互具 207
十劫 68, 195
十劫正覺 173, 176, 185, 198, 194, 195
十劫成道 149
十劫成道의 彌陀 316
十三得失 162, 165
十字名號 321
十聲稱佛 151
十二光佛 69, 278, 313
十念 151, 152
十波羅密 19
十方淨土 21, 22, 29, 30, 288
十萬億刹 148, 314
十六觀法 73, 115

(ㅇ)

아미타바 46
阿彌陀 311
阿彌陀供養法 302
阿彌陀經의 一選擇 163
阿彌陀佛의 三心 274
阿彌陀佛의 直授 207
阿比羅提 23
阿毘跋致 94
阿惟越致 83, 92, 93, 138
惡緣을 만난 凡夫 220
惡人往生說 219
安樂 43, 44, 67
仰信의 三心 252

若不生者不取正覺 173, 307
藥師十二大願 24, 25
約心觀佛 210
略懺悔 333
略選擇 167
略門 290
攘災招福의 念佛 210
良忍의 念佛 204
億百萬遍 207
如來의 三心 270, 272
如來他力廻向 186
如來의 大願大行 319
緣起의 理法 284
緣理의 菩提心 213
緣事의 菩提心 213
延曆二十年辛巳 89
蓮華藏世界 41, 314
蓮華藏世界海 42
蓮華胎藏世界 42
劣應身 286
염부다이 26
念佛 125
念佛易行 96
念佛一乘 104
念佛往生願 145, 150, 151
念佛開會 192
念佛이 念佛을 하게된다 191
念佛三昧 208
念佛三昧를 宗으로하고 74
念佛하는 삶 165
念佛相續의 規範 169
念佛卽往生 208
念佛의 行儀 171
念佛의 功德 185
念佛의 聲 193
念佛의 五種區分 126
念佛의 念佛 193
念佛百萬遍 140
念佛融合 186
念佛利益 75
影像相分 38

榮西의 臨濟宗　88
永承七年　90
靈山淨土　31, 33
靈場信仰　13
領解　186, 256, 269
領解의 三心　175, 186, 256, 263
穢國　16
穢土　16
禮拜正行　159
禮拜雜行　159
禮拜門　122, 123
五惡　71
五會念佛　354
五願開示　197
五教十宗判　82
五教判(融觀)　111
五功德門　77
五時八教判　82
五種正行　156, 158, 204
五種雜行　159
五正行　157
五十五번째의 佛　149
十二位　83
五五百年說　85, 87
五存七欠　53
五念門　76, 121, 124, 204
五番相對　160
五番得失　162, 245
外凡　323
王宮會　74
王宮의 悲劇　72
往生의 規　153
往生行의 價値轉換　157
往生決定　174, 185, 190
往生成佛　174
往生卽成佛　307
往生卽佛의 正覺　208
往生想　135
往生人의 德相　69
往生의 未來完了　174
往生의 過去完了　174

寓宗　109
愚痴　305
愚痴로 돌아가서　305
愚痴의 法然房　337
爲物身　291
韋提의 見佛　179
了義敎 不了義敎　81
要門　197, 198
要門의 機　317, 318
要門의 方便權假　199
要眞弘三門　197
要懺悔　334
欲生　273
踊躍歡喜의 心　254
龍華樹下의 說法　27
圓敎　286
圓敎融通念佛　111
圓光化佛　300
圓融念佛　205
願力廻向의 信樂　225
願力廻施　272
願成就의 文　95, 275
願作佛心　215
願行具足　186, 301
原罪　334
有量壽　294
有漏의 土廻　38
有始의 存在　331
瑠璃光淨土　24
由旬　26
唯識所變의 淨土　38
唯心淨土　35, 37, 210
遊行上人　313
遊行生活　189
遊行聖　188
肉身　284
六波羅蜜　18
六方諸佛의 證明　75
六方諸佛의 選擇　169
六方淨土　21
六字釋　175, 309, 318, 319

六欲天　26
輪廻回生　337
律淨彙修　13
律淨併修說　353
融通念佛宗　63
融通念佛宗의 宗典　65
依報　298
疑城胎宮　318, 319
應身(佛)　285, 293, 294, 301, 311, 313
應身의 釋迦　287
應(化)土　287
隱沒의 相　295
理觀　127
理具의 名號　313
理佛　284
離三業의 往生　193
離三業의 念佛　186
異類助業　165
異類助成　218
이란의 宗敎　49
易行道　82, 94, 95, 100
易行本願眞實의 敎　100
二敎二超　105
二敎二出　105
二權二實　107
二十願　200
二十二種選擇　169
二雙四重(敎判)　105, 106
二藏三輪의 敎判　81
二藏二敎判　108
二種深信　236, 247
二河白道譬　238
引攝想　135
引聲念佛　357
忍辱波羅密　18
日蓮의 日蓮宗　88
一經二會의 經　74
一經二宗의 廢立　74
一行三昧　136
一向義　194
一向專修　201

一向專稱彌陀佛名　178
一向專念無量壽佛　127
一切衆生悉有佛性　341
一心　274
一心不亂　264
一七日의 念佛　75, 140
一乘開會　172, 185
一佛一切佛　206
一法一切法　111
一遍의 聖淨二門判　104
一遍의 念佛　188
一遍의 報身說　311
一法句　76
臨終往生　293
臨終現前願　199
臨終行儀　171
臨終來迎　281
立撮即行　180, 308
立撮의 佛　179

(ㅈ)

自覺한 凡夫　332
自力廻向　200
自力行門　182
自力我執　266
自力의 三心　275
自力念佛　197, 201
自性의 彌陀　210
自性淸淨法身　311
自證分의 心　38
自受用身　286
慈愍流　350
作願門　122, 123, 216
雜修　162
雜行　156, 157, 159, 163
雜行廻向　244
雜略觀　133
藏經　286
長時修　171
障重神飛의 衆生　125
在家敎團　51

索　引　397

在俗信者　51
諸行을 거두어 들이다　184
諸行往生　199, 200
諸行開會　185
諸行來迎願　197
諸佛現前三昧　73
諸佛稱揚願　197
諸佛如來　312
諸佛의 證勸　262
再生의 善導　353
底下의 凡夫　324
寂光淨土　286, 314
專修　184
專稱佛名　153
漸敎의 意味　109
漸悟의 機　91
正因五行　177
正依經論　62
正依論書　58
正覺往生不二一體　190
正行　156
正行散心念佛　201
正修念佛門　122, 123
正定業　164
正定聚　94, 197, 320
正直　290
正信과 邪信　228
正報　298
正法時代　326
正法佛　294
定散諸善　201
定散諸行　177
定散二善　103, 178, 184, 185
定善　115
定善觀　74
定善十三觀　131, 179, 198
정성을 다하는 마음　259
淨土　16, 20, 43, 299, 314
淨土易往正宗　104
淨土往詣　35
淨土往生의 行　70, 75

淨土敎學　16
淨土十樂　45
淨土의 모양　68, 75
淨土의 行　20
淨土의 莊嚴　278, 281
淨土宗의 宗典　62
淨土의 眞實　298
淨土神呪　121
淨土門　101
淨土要門　106, 107
淨瑠璃世界　22, 24
精進波羅密　18
精進의 菩薩　31
第一重選擇　166
第二重의 選擇　163, 166
第三重選擇　166
第五의 五百年　327
第十七願　197, 203
第十八願(文)　150, 153, 154, 185, 189, 202, 203
第十八願釋　150, 176
第十八願의 三心　245
第十九願　197, 199
第二十願　197
調機誘引　103, 183
助業　157, 163, 164, 187, 218
助業顯業　187
助正　219
造惡의 凡夫　325
罪　332
罪惡　325
罪惡의 自覺　336
罪惡(生死)의 凡夫　326, 332
罪障의 凡夫　325
宗典　53, 62
宗派敎團의 閉鎖性　80
宗學　359
住立空中의 佛　179
中悲　312
卽得往生　320
卽心念佛　210

即相不退　109
即是其行　319
即便往生　105, 193
證空의 聖淨二門判　102
證空의 報身說　205
證空의 本願念佛　172
持戒波羅密　18
持戒念佛　210
指方立相의 淨土　299, 314
地上莊嚴　298
地下莊嚴　298
至誠心　358, 340
至誠心釋　232, 233, 241, 267, 270
至誠心의 體　246
至心　273
至心信樂欲生我國　150, 151
至心發願의 願　199
智具의 三心　252
智惠　227, 337
智惠波羅密　19
直心　35
眞言淨土敎　13
眞宗의 三部經　66
眞宗의 宗典　64
眞化二身　300
眞實　258
眞實의 願　106
眞實心　260
眞實智惠無爲法身　77
眞身　300
眞門　200
眞門의 機　318
眞門方便　200
眞佛弟子　236
眞佛土　317
眞如法性　284

(ㅊ)

遮罪　332
此土成佛의 願
讚歎供養正行　159

讚歎供養雜行　160
歎讀門　122, 123
懺悔　332
千釋迦　41
千百億의 釋迦　41
天台惠心流의 訓點　270
天台淨土敎　13
天台眞盛宗　62
天台眞盛宗의 宗典　65
體驗에 의한 信心　253
初分敎　109
總決要行의 文　209
總別二種安心　222
總想觀　133
總願　141
最後身의 菩薩
追善의 念佛　210
出家敎團　51
出世本懷　183
七欠經典　56
七祖聖經　61
七日念佛　119
七寶　279
七萬遍念佛　140
츰念佛　210
就人立信　236
就行立信　156, 157
親疎對　160
稱名　125, 135
稱名億百萬遍　207
稱名懺悔　139
稱名正行　159
稱名勝行說　155
稱名選取　154
稱名卽往生　193
稱名雜行　160
稱名과 觀念의 價値觀의 轉換　166
稱名不退　137
稱名報恩　203
稱名滅罪　139, 140
稱 念　135

稱揚의 意 175

(ㅌ)

他受用身 286, 287
他方淨土 21
他力廻向 202, 341
他力의 領解 257
太陽神話 49
通 敎 286
鬪諍堅固의 時代 328

(ㅍ)

破戒罪 332
八相示現 301
偏依善導 140, 300
平生往生 293
廢 立 219
布 薩 332
푸라나 49
푸리다크쟈나 323
彼土成佛願 143
彼土不退 138

(ㅎ)

下至十聲 151
懈慢邊地 317, 318
行 門 176, 177, 262
行門의 菩提心 212
行의 難 93
行具의 三心 252
虛空莊嚴 298
顯行示觀 180
顯彰隱密의 義 274
現生往生 196

現世淨土 35
現世擁護
現世利益的信仰
狹義의 淨土敎 41
惠心流訓點 195, 272
惠心流天台 195
化儀四敎 91
化 身 298, 300, 313
化身의 彌陀 296
化身土 317
華座觀 180
廻 向 319
廻向心 244, 268
廻向發願心 245, 263, 268, 271
廻向發願心釋 237, 238
廻向門 122, 123
回向不回向對 161
橫出의 菩提心 225
橫竪의 三心 250
橫竪의 菩提心 224
橫超의 菩提心 224
橫의 三心 250
橫의 大菩提心 224
惑 329
歡喜의 마음 186
弘願 181, 182, 203
弘願觀照 178
弘願念佛 153, 187
弘願念佛顯示 103
弘願의 信心 275
弘願能詮의 法 223
弘願門 185, 200, 203
弘誓多聞四十八 153
後分敎 109
後善導 352

■ 著者 略歷

坪井 俗映(쓰보이 순에이)

- 1914年 10月 日本 京都市에서 출생
- 佛教專門學校 卒業
- 龍谷大學 佛教學科 卒業
- 龍谷大學 研究科 卒業
- 佛教大學 文學部 教授
- 佛教文化研究所長
- 文學博士
- 長德寺 住持
- 黑谷光明寺 法主
- 日本 淨土宗 門主(宗正)

■ 著書

- 『法然 上人의 가르침』
- 『佛教 書誌學』
- 『淨土教 凡論』
- 『淨土三部經概說』
- 『法然淨土教의 研究』

■ 譯者 略歷

韓普光(泰植)

- 경북 경주시 모량리에서 출생
- 경주 분황사에서 득도
- 동국대학교 불교학과 및 대학원 졸업
- 일본 불교대학에서 문학박사 취득
- 일본 경도대학 인문과학연구소 연구원
- 동국대학교 정각원장, 대외협력처장, 동국대학교 불교대학장, 불교대학원장, EBTI(국제전자불전협회) 회장, 동국대학교 전자불전문화콘텐츠연구소장, 동국대학교 불교학술원장 역임
- 국가인권위원회 인권위원 역임
- 대한불교조계종 화쟁위원회 위원 역임
- 청계산 정토사 주지 역임

■ 현재

- 대각사상연구원장
- 한국정토학회 명예회장
- 일본 인도불교학회 이사
- 동국역경원 원장
- 청계산 정토사 회주
- 조계종 장학위원회 위원장
- 문화재청 문화재위원(근대문화재분과)
- 제18대 동국대학교 총장

■ 著書 및 譯書

『龍城禪師研究』,『淨土敎槪論』(坪井俊映 著),
『新羅淨土思想의 硏究』(일본판),『禪과 日本文化』(柳田聖山 著),
『信仰結社硏究』,『禪淨雙修의 展開』(藤吉慈海 著),『日本禪의 歷史』,
『淨土三部經』,『般舟三昧經』,『譯註 正法眼藏 講義』제1, 2권 등

■ 論文

- 「延壽門下의 高麗修學僧에 대하여」
- 「來迎院本의 遊心·安樂道에 대하여」
- 「念佛의 實踐方法에 관한 硏究」등 150여 편이 있음.

■ 受賞

- 日本印度學佛敎學會賞(1991)
- 동국대 Best Teaching Award 수상
- 불교대학 Best Teaching Professor 수상(2013)
- 동국대 우수교원상(산학협력부문, 연구비) Best Professor 수상(2014)
- TV조선경영대상(참교육부분, 2016.7)
- 한국대학신문대상(교육콘텐츠 우수대학, 2017.10)
- 고용노동부, 동아일보 공동 주최 베스트푸레티스상
  (청년드림 창업분야 최고실천대학, 2017.12)
- 동국대학 30년 장기근속상(2018.5)

淨土教概論

정가 20,000원

佛紀 2528年(1984) 8月 3日 초판발행
佛紀 2562年(2018) 10月 15日 9쇄

　　　　저　자 : 坪井 俗映
　　　　발행인 : 韓普光
　　　　인쇄처 : 대명피엔피컴　02)722-0586
　　　　발행처 : 如來藏
　　　　발행처 주소 : 경기도 성남시 수정구 옛골로42번길 3
　　　　전　화 : 031) 723-9797　FAX 031) 723-9798
　　　　http://www.jungto.or.kr

ISBN 89-950861-3-0　93220
登錄日 : 1999.4.26 / 登錄番號 : 1-20號